# 1940.
# Hans Gmelin
## Leben und Urteil eines Juristen

Rückschau auf eine versinkende Welt
im beginnenden Weltuntergang

DR. HANS GMELIN
O. PROFESSOR F. ÖFF. RECHT A. D. UNIVERSITÄT GIESSEN
MITGLIED DES HESS. VERWALTUNGSGERICHTSHOFS

GIESSEN                                    WIESENSTR. 2

Eine Biographie
nach seinen Selbstzeugnissen verfasst von
**Ralf-Andreas Gmelin**

**Impressum**

Bibliografische Information der Deutschen Nationalbibliothek:
Die Deutsche Nationalbibliothek verzeichnet diese Publikation in der
Deutschen Nationalbibliografie; detaillierte bibliografische Daten sind im
Internet über http://dnb.dnb.de abrufbar.

© 2024 Ralf-Andreas Gmelin.

Verlag: BoD • Books on Demand GmbH, In de Tarpen 42, 22848 Norderstedt
Druck: Libri Plureos GmbH, Friedensallee 273, 22763 Hamburg

ISBN: 978-3-7597-7966-3

**Seitenzahlen 1/ 117, 2/212 u.ä. in den Verweisen ohne
weitere Quellenbezeichnung beziehen sich auf den
jeweiligen Band der drei Quellenbände
„1940. Die versunkene bürgerliche Welt. 1 - 3"
von Hans Gmelin, herausgegeben vom Verfasser, BoD.**

MIX
Papier aus verantwortungsvollen Quellen
Paper from responsible sources
FSC® C105338
FSC
www.fsc.org

# INHALT

Vielen Dank den **Wiesbadener Stadtteil-Historikern** der
Wiesbaden Stiftung und der Stiftung Polytechnische
Gesellschaft und dem Kulturamt der Landeshauptstadt
Wiesbaden und der Casino-Gesellschaft Wiesbaden.für die
Unterstützung dieser Arbeit.

Vielen Dank an **Manfred Gerber** für das Probelesen, für
Vorschläge und Korrekturen und für viele gute Gespräche –
nicht nur über dieses Projekt...

Hans Gmelin mit seinem Malkoffer vor einer mediterranen Berg-
szenerie auf einem Platz mit gutem Überblick, um eine Ölskizze zu
gestalten. Auch wenn er nie zur Künstlerexistenz geneigt hat, dies
sind für ihn glückliche Momente seines Lebens gewesen.

## Zum Geleit

Vom mir hochgeschätzten *Ian Kershaw* stammt der ermutigende Gedanke, dass er die meisten seiner historischen Werke geschaffen habe, um sich selbst Klarheit zu verschaffen. Ohne mich mit seinen Qualitäten messen zu wollen, folge ich ihm mit dieser Annäherung an die Lebensgeschichte eines Menschen, der lange vor meiner Geburt aus dem Leben gerufen worden ist. Die Beschäftigung mit *Hans Gmelin* vom Herbst 2021 bis heute, im Sommer 2024, ist ein wenig aus dem Ruder gelaufen: Ursprünglich war von mir geplant, mich etwa ein Jahr mit den spärlichen Resten des Manuskripts zu befassen, das mir in einer Pappkiste mitgeteilt worden war. Dabei erwies es sich, dass viele wichtige Fragen durch diese Auswahl unbeantwortet geblieben sind. Als ich dann erfuhr, dass es noch einen großen Bestand von handschriftlichem Quellenmaterial im Universitätsarchiv von Gießen gäbe, musste ich die damals bereits abgeschlossene Arbeit einstampfen und wieder von vorn beginnen. Nach drei Jahren konnte ich die Transskription der in einer ordentlichen Currentschrift niedergeschriebenen Erinnerungen meines Großvaters abschließen. Drei Quellenbände sind daraus geworden, obwohl einige Seiten nicht zuzuordnen waren und eine Reise nach Bosnien kurz vor dem Ersten Weltkrieg von mir willkürlich ausgesondert wurde. Leider bleiben auch nach der „Ergänzungslieferung" etliche Fragen offen. Gerade die Jahre nach 1933 sind wenig ergiebig und mussten mit einigen privaten Briefen ergänzt werden. Hier ist sehr wahrscheinlich, dass die Frau von *Hans Gmelin, Martha Gmelin* geb. *Meili,* eine Auswahl von Seiten vernichtet hat, um einer befürchteten Kontrolle durch die Gestapo kein Material zu bieten, die ggf. eine Einstellung der Pensionszahlungen zur Folge hätte haben können.

Da es sich bei dem Gegenstand dieser Lebensbeschreibung um meinen Großvater handelt, ist nicht ganz auszuschließen, dass ich bei der Arbeit auch zu einem gewissen Grade nach einem Echo meiner Herkunft gesucht habe. Manche Ähnlichkeiten haben mich jedenfalls verblüfft – nicht immer zu meiner Freude. Wie meine beiden voraufgegangenen Arbeiten ist auch diese Arbeit gefördert worden von den *Stadtteilhistorikern der Landeshauptstadt Wiesbaden*. Der Verfasser bedankt sich in diesem Falle besonders herzlich, weil der Zusammenhang dieser Arbeit mit Wiesbaden nur darin besteht, dass Wiesbaden die juristische Nachfolgerin der ehedem großherzoglich hessischen Hauptstadt Darmstadt ist, deren Landesuniversität Gießen eine große Bedeutung für die Verfassung des Volksstaates Hessen und damit für deren demokratische Ausprägung in den zwanziger Jahren des vergangenen Jahrhunderts gehabt hat. Als dortiger Inhaber des Lehrstuhls für öffentliches Recht stand *Hans Gmelin* im Zentrum dieses Ringens um die hessen-darmstädtische Verfassung – nicht als politisch Verantwortlicher, sondern als überparteilicher sachkundiger Berater der hessen-darmstädtischen Landesregierung.

Da Wiesbaden und Nassau – zusammen mit Kurhessen – zum insgesamt größeren ursprünglich preußischen Teil des späteren Hessenlandes zählt, gehört es zu den Wirkkräften, die bei der Formulierung einer neuen Verfassung für das neue Bundesland Hessen nach dem Zweiten Weltkrieg die preußische Verfassung als Vorlage nahelegten. Die von *Hans Gmelin* noch beschworene süddeutsche Tradition, die die alte hessen-darmstädtische Verfassung mit Baden, Württemberg, dem Elsaß und der Schweiz verband, ging bei der neuen hessischen Nachkriegs-Verfassung verloren.

Dennoch gehört diese Phase der Suche nach einer demokratischen, funktionierenden und dauerhaften Verfasstheit des kleinen süddeutschen Hessen zur Erinnerung unseres Landes und verbindet sich so auch mit dessen Hauptstadt, Wiesbaden. Wie schnell eine autokratische Regierung alle Grundlagen des Rechtsstaates beiseite räumen kann, ist eine erschreckende Lektion auf den Seiten über das Leben nach 1933. Sie vertiefen das Erschrecken, dass Menschen heute sich erneut diesem Wahnsinn zuwenden. Wiesbaden, im September 2024,

Ralf-Andreas Gmelin

# A. Einem Menschen auf der Spur

Großvater ist mir von klein auf bekannt. Meine Großmutter, „Oma" *Martha,* oder mein Vater *Günter* erzählten manchmal von ihm und von „früher", aber es war, als wäre diese vergangene Welt von *Hans Gmelin* hinter einer Scheibe von grauem Mattglas verborgen. 1945 markierte in unserer Giessener Familie eine saubere Trennung der Geschichten davor und danach. Zu uns, zu unserem wirklichen Leben in der sechsköpfigen Familie mit drei Kindern samt Großmutter *Martha,* gehörte allein die Zeit danach. Was zuvor geschehen war, war nicht tabuisiert, aber es war wie das Märchen vom Dattelmütterchen, mit dem unsere Oma uns Kinder begeistert hat: Die Geschichten waren packend und spannend, aber sie gehörten nicht zu unserer Welt, zu unserer Nachkriegswirklichkeit. Aus der Zeit von vor unserer persönlichen Zeitrechnung ragten noch einige Kriegsruinen in der Gießener Innenstadt hervor, vor allem schräg gegenüber unserem Haus am Nahrungsberg, die Ruine des Stadthauses an Steins Garten, die wir Kinder gern erforscht hätten. Allerdings haben wir uns dem Verbot der Eltern gefügt, bis 1968 ein Hotelneubau unsere Neugier beendete. Da *Hans Gmelin* bereits 1941 gestorben ist, gehörte er zu dieser grauen fernen Welt, die es einmal gegeben hatte.

Diese Lebensbeschreibung will uns in die Welt dieses *Hans Gmelin* versetzen oder genauer: Sie soll uns helfen, uns sein Leben und seine Gedankenwelt vorzustellen und uns seine Zeit und Erinnerungen vermitteln. Die „Narrative", Geschichtchen oder Sprachregelungen, in denen uns diese alte Zeit vermittelt wurde, werden dabei neu ausgeleuchtet und verlieren ihre zeitlose Gültigkeit, angesichts einer präziseren Schilderung dieser Zeit.

Ich glaube nicht, dass man einlinig einen Menschen als Produkt seiner Kindheit begreifen kann, weil allein die Kindheit alles prägen würde, was ihn später ausmachen wird. Aber wer das Leben eines Menschen nachzeichnet, der sucht nach biographischen Strängen, die einer gewissen Stringenz folgen. Wir werden solche Stränge entdecken, auch im Bewusstsein, dass sie spekulativ sind und uns die Welt von *Hans Gmelin* in der Rückschau vielleicht eher verzerren als erhellen.

Als Enkel schreibe ich über meinen Großvater, mein Interesse hat auch mit der Verwandtschaft zu tun. Was macht für Leserinnen und Leser dieses Leben von *Hans Gmelin* interessant? Er ist kein glänzender Held, der sich einsam dem Dritten Reich entgegengestellt hätte, weil er wusste, dass der NS-Staat für Deutschland eine Katastrophe bedeutete. Er war kein typischer Mitläufer, der für ein paar Sprossen auf der Karriereleiter fünfe hätte gerade sein lassen, oder Freunde oder Kollegen ans Messer geliefert hätte. Und schließlich ist er kein Gleichgültiger, dem egal gewesen wäre, wer immer Deutschland regiert oder was aus ihm wird. Schließlich und vor allem verstand er sich als Staatsrechtler und Politiker, aber auch als verantwortlicher Ehemann und Vater von zwei Söhnen, Hochschullehrer einer im Dritten Reich prekären Disziplin und Gegner des Nazi-Regimes, der allerdings zur offenen Gegnerschaft nicht bereit war. *Hans Gmelin*[1] war ein politisch handelnder Mensch, der indessen wenig Einfluss gewann: Er wurde kein erfolgreicher Lenker unseres Landes in der Weimarer Zeit. Allerdings: Er gehörte 1919 zu den Vordenkern bei der Entwicklung eines demokratischen Deutschland als Mensch, als Jurist und als Spezialist für vergleichendes Verfassungsrecht. Er verlor im Zuge der „Daily-Telegraph Affäre" im Oktober 1908 sein Vertrauen in die Monarchie, als sich zeigte, dass sich das unbedachte Gerede einer einzigen kaiserlichen Person zu einer außenpolitischen Katastrophe auswachsen konnte. Dem Juristen lieferte die Republik ein hohes Maß an Zuverlässigkeit und Rechtssicherheit. *Hans Gmelin*

---

[1] Wer Hans Gmelin nachschlägt, wird unweigerlich einem Hans Gmelin (1911 bis 1991) begegnen, der ebenfalls Jurist war, später SA und NSDAP-Mitglied wurde und an den Judendeportationen aus der Slowakei verantwortlich mitgewirkt hat. Mit diesem späteren Oberbürgermeister von Tübingen (1954 – 1975) hat der Hans Gmelin in dieser Arbeit nur den Namen gemein.

kann als ein typischer Mensch des 19. Jahrhunderts gelten, insofern er die bürgerliche Idee als Schlussstein eines Kulturgewölbes begreift, das von ästhetischer Bildung, aktiver Kunstkompetenz und kommunikativer Neugier für alle Welt zusammengehalten wird. –

Dabei ist nicht zu übersehen, dass sich in Folge der napoleonischen Kriege zu Beginn seines Geburtsjahrhunderts das völkische Denken zum Fundament dieser Generationen entwickelte hatte. Überall in der Welt hat diese nationale Orientierung die demokratischen Entwicklungen hervorgebracht und gefördert, in Deutschland jedoch versandete das liberale Denken in der Spaltung zwischen Nationalliberalen und Liberaldemokraten und wurde politisch zahnlos. *Hans Gmelin* folgte der gemäßigt nationalliberalen Richtung, weil er sich zu den politischen Freunden *Bismarcks* gezählt hatte. Das war in seiner badischen Frühzeit ohne große Bedeutung. Nach dem Zusammenbruch des Kaiserreichs, 1918, hätten indessen die Liberalen über ihren Schatten springen und eine gemeinsame Sammelpartei gründen müssen.

Die „Deutsche Demokratische Partei" war ein solcher Versuch mit zahlreichen gebildeten Mitgliedern, in deren Reihen ich mir *Hans Gmelin* gut hätte vorstellen können. Doch ihm war die DDP zu radikal gerade in ihrem Urteil über die Kriegsschuldfrage zum Ersten Weltkrieg und bei der Benennung von Verantwortlichen auch „zu demokratisch" und er schloss sich der DVP an, der etwas nationaler liberalen „Deutschen Volkspartei". Diese begann zwar mit dem Schielen nach der Monarchie, war aber zunächst ein verlässlicher Koalitionspartner von Koalitionsregierungen, die sich um die Aufrechterhaltung einer politischen Ordnung in der ersten deutschen Demokratie gekümmert haben. Sie war häufiger an Weimarer Reichsregierungen beteiligt als die SPD.[2] All das hatte für *Gmelin* persönlich keine großen Folgen, die manifeste liberale Spaltung bedeutete indessen für Deutschland, dass die Liberalen verzwergten, während zuerst Sozialdemokraten und das

---

[2] Vgl. Weimarer Koalition", Wikipedia, 6.1.2024.

Zentrum das Spiel machten, bevor sie von Kommunisten und Nationalsozialisten eingekesselt und von den letzteren de facto gleichgeschaltet wurden.

## Nichts wie weg von Karlsruhe

*Hans Gmelin*, der spätere Professor für öffentliches Recht an der kleinen
hessen-darmstädtischen Landesuniversität Ludoviciana in Gießen war keineswegs ein etwas zurückgebliebener Monarchist. Als solcher erschien er viel
später seinem Sohn *Günter*, der seinen Vater als Siebzehnjähriger verloren
hatte und dessen Positionen nur schwer einschätzen konnte. *Hans Gmelin*
hat unter dem Eindruck des Meinungsterrors im „Dritten Reich" wohl viele
persönliche Einschätzungen nicht an seine Söhne weitergegeben, zumal bereits sein Versuch, sie der Hitlerjugend vorzuenthalten, dazu geführt hatte,
dass die Schuldirektoren diese ihrer Schulen verweisen wollte. Meine spätere
Deutschlehrerin, *Ursula Koch*, Tochter des Ethnologen und Forschungs-
reisenden *Theodor Koch-Grünberg* (1872-1924 – sie wurde geboren, als ihr
Vater bereits tot war), erinnerte sich daran, dass sie und mein Onkel allein
auf dem Pausenhof zurückblieben, während der Rest der Schule HJ-Unter-
richt bekam.

Als Staatsrechtslehrer wird *Hans Gmelin* bereits 1933 aus erster Hand mitbekommen, wie grundlegend und schnell der nationalsozialistische Staat das
Recht und seine Rechtsgelehrten korrumpieren würde und für seine Macht-
spiele benutzte unter Kaltstellung des Rechtsstaates. Die Willkür als Ausdrucksmittel des überwunden geglaubten Feudalismus kehrt als „Führerprinzip" ins öffentliche Leben zurück. Seine Söhne *Ulrich* und *Günter* haben
von den Sorgen ihres Vaters nicht alles mitbekommen. Nach dem Tod des
Vaters machte *Günter* sein Abitur und wurde kurze Zeit später zur Deutschen Wehrmacht eingezogen, um in einem mörderischen Krieg zu kämpfen. Welche Einstellung er damals persönlich dazu hatte, bleibt im Dunkeln.

Nach diesem Krieg wurden die politischen Verhältnisse grundlegend andere, als die, in denen *Hans Gmelin* gewirkt hatte. Sinnlos musste der Krieg jedem erscheinen, der nicht die Ideale eines nationalsozialistischen Großdeutschland teilte. Das Leben von *Hans Gmelin* endet 1941 während des „Dritten Reiches" kurz nach Beginn des Krieges, der ja zunächst große militärische Erfolge zeigte. Die bizarr umfangreiche Autobiographie von *Hans Gmelin* enthält auch eine sorgfältige Analyse der nationalsozialistischen Staatsidee, die er als Ergebnis einer nationalen Revolution betrachtet, in genauer Parallele zur deutschen Räte - Revolution 1919, gegen die er mit allen Mitteln den Rechtsstaat zu entwickeln hilft, nach dem Grundsatz „Demokratische Rechtsordnung gegen willkürliche Arbeiter- und Bauernräte." Darin führt er auch folgerichtig die Verfassungsgeschichte des 19. Jahrhunderts fort, die in erster Linie darauf zielte, die Willkürherrschaft der Monarchen in ein berechenbares Rechtssystem zu überführen.

*Hans Gmelin* hat mit seinem ausführlichen Manuskript ein detailreiches Kaleidoskop von Erinnerungen und Meinungen hinterlassen, die als mentalitätsgeschichtliches Werk durchaus nicht langweilig ist. – Er schreibt am Ende, dass diese gewaltige Menge ordentlich handgeschriebener Manuskriptseiten weniger für einen bestimmten Leser geschrieben worden sei, sondern als Ausgleich für die Zeit, die er vordem darauf verwendet habe, die literarische Produktion von juristischen Fachveröffentlichungen zu erstellen. Seit 1933 die Meinungsfreiheit zerstört wurde, wird er keinen Satz mehr veröffentlichen. Dennoch: Er hat seine Autobiographie offenbar mehrfach redigiert und überarbeitet, vielleicht in der vagen Hoffnung, dass einmal die Zeit käme, in der seine Söhne die Gedanken ihres Vaters veröffentlichen könnten. Der ältere Sohn, *Ulrich*, Geburtsjahrgang 1921, starb wenige Jahre nach seinem Vater als Sanitätssoldat und der jüngere Sohn, *Günter*, Jahrgang 1923, hätte die Arbeit mit diesen Gedanken gern einem Dritten überlassen. Der Zustand der Tausende von Blättern war indessen so von Unordnung, Entnahmen und Chaos entstellt, dass auch der Enkel sich immer wieder gut zureden musste, um an der Decodierung des

Manuskripts weiter zu arbeiten. Mit Unterstützung der beiden Archivare im Universitätsarchiv Gießen, fand ich den gewaltigen Fundus von zusätzlichen Blättern, die mir mehr aus dem Leben meiner Großeltern erzählten, als ich Erinnerungen an mein eigenes Leben habe. Der Grund für diesen Detailreichtum liegt wohl im frühen Tod von *Hans'* Vater: *Moriz* hatte seinem Sohn kaum Erinnerungen an den lebenden Vater mitgeben können, aber einige Schriften, die durchweg historische Untersuchungen und Reiseberichte enthielten. Damit hat er zwei der vier Lebensthemen von *Hans* festgelegt: Geschichte und Reiselust. Die anderen beiden Themen sind die Juristerei und schließlich die Nähe zu seiner Mutter, die während seiner Kinderzeit auch noch den Tod der Tochter erleben musste und schließlich die Pflege ihres dementen Vaters, bevor dieser in eine „Irrenanstalt" eingewiesen werden konnte.

Das überschattete die Kindheit von *Hans*, schmiedete ihn lebenslang eng mit seiner Mutter zusammen. Wenn sie nicht gerade unter einem Dach lebten, schrieb der Sohn seiner Mutter mindestens einmal pro Woche alles, was er erlebt hatte – das Geheimnis seines brillanten Gedächtnisses. Darum hat dieses gewaltige Manuskript überall dort dunkle Flecken, wo *Johanna* bei ihrem Sohn *Hans* lebte, entweder noch in der gemeinsamen Wohnung in Freiburg, oder im Günterstaler Haus oder in Gießen zunächst in der Wiesenstraße und dann im Haus des Sohnes, am Nahrungsberg.

Dem Hinweis von *Rolf Eilers,* Freiburg, habe ich den Hinweis zu verdanken, dass *Hans Gmelin* im Mitteilungsblatt des Familienverbandes Gmelin im Jahre 1938 eine Autobiographie verfasst hat, die eine weitere wertvolle Quelle bedeutet:

> „Ich bin geboren am 13. August 1878 in Karlsruhe in Baden als Sohn von Archivrat Dr. *Moriz Gmelin* und *Johanna Gmelin*, geborene *Gmelin*. Da ich meinen Vater so frühe verlor, lag meine Erziehung in den Händen meiner Mutter. Ich wuchs in Karlsruhe

im Hause ihrer Eltern auf, besuchte zunächst die zum Lehrerseminar gehörige Vorschule und dann das humanistische Gymnasium. So sehr sich meine Mutter bemühte, unsere Kindheit schön zu gestalten, so habe ich doch eine etwas freudlose Jugend durchlebt, einerseits weil meine begabte Schwester *Elise*, die Gefährtin meiner Kindertage, am 7. August 1894 durch Diphterie hinweggerafft wurde, andererseits, weil meine Mutter durch meinen Großvater, mit dem wir seit dem Tode meiner Großmutter 1890 zusammenlebten, sehr in Anspruch genommen wurde; dazu kam, daß ich selbst durch schwere Erkrankung (Blinddarmentzündung) sowohl in der Schule wie in jugendlichem Lebensgenuß behindert wurde, und daß ich einen Widerwillen gegen das nüchterne und gebirgiger Umgebung entbehrende Karlsruhe empfand. Ich lebte eigentlich erst auf, als ich nach Erlangung des Reifezeugnisses im Jahre 1897 an verschiedenen Universitäten: Tübingen, Heidelberg, München, Berlin, Bonn und Freiburg studierte. Überall verweilte ich nur ein Semester, nur in München und in Freiburg, wohin meine Mutter mit mir im Oktober 1900 übersiedelte, je zwei Semester."

Hans Gmelin in der Zeit der Abfassung des zugrundliegenden
Manuskripts. Das Bild von einer Kaffee-Gesellschaft zeigt ihn
schon mit Spuren des Leids. Es ist 1939 entstanden
und ist das letzte Bild, das von ihm überliefert ist.

# Ein Manuskript aus der Zeit von 1934 bis 1940 und seine Rätsel

Als *Hans Gmelin* 1941 stirbt, erlebt Deutschland ein erfolgreiches national-sozialistisches Regime zu Beginn des zweiten Weltkriegs. Er selbst ist ein Patriot alter Schule, orientiert an den dynastischen Epochen der europäischen Vergangenheit, seit jungen Jahren begeistert er sich für Geschichte, wirkt aktiv in nationalliberalen Verbänden und Parteien mit. *Hans Gmelin* erlebt Nationalsozialisten als Angriff auf sein bildungsorientiertes Lebensprogramm: Leute, die sich uniformiert auf den Straßen prügeln[3], haben sein Vaterland usurpiert und alle Lebensbereiche mit dem Schlamm ihrer braunen Politik überzogen. Braun ist der Hintergrund von Rembrandtgemälden. Die werthaltigen Hauptsachen haben sich in leuchtenden Farben davor abzuspielen. Indessen: Der braune Schlamm wälzt sich eilig über Deutschland und dann im Zweiten Weltkrieg mit den ungeheuren Erfolgen des „Blitzkrieges" über die deutschen Grenzen. Die militärischen Erfolge werden im deutschen Volk begrüßt. Dessen ungeachtet wächst zugleich der Fremdenhass, der Judenhass, die Propaganda gegen „Feindvölker": *Hans* hatte bis zum Ersten Weltkrieg zahlreiche Freunde im Ausland, die nun wieder als öffentliche Feindbilder dienen. Die Propaganda engstirniger Ideologen, die Tyrannei der Mediokren und der Terror der Ungebildeten verletzen seinen Patriotismus. Die, die gegen den nationalsozialistischen Machtapparat anrennen gehen unter, ihnen wird ihre wirtschaftliche Lebensgrundlage entzogen, oft weitaus mehr. Davor fürchtet sich *Hans Gmelin*. Sein Studienfreund, *Otto Moerike* (1880-1965), Großneffe des schwäbischen Dichters *Eduard*,[4] hatte Karriere in der Kommunalverwaltung gemacht und war zum

---

[3] Aus mündlich mitgeteilten Erinnerungen des Sohnes *Günter*.
[4] Eduard Mörike, * 1804 in Ludwigsburg, † 1875 in Stuttgart.

23

Oberbürgermeister von Konstanz aufgestiegen. 1933, „nach der nationalen Revolution wurde er auf schmale Pension gesetzt."[5]

Die parteipolitischen Ambitionen *Gmelins* endeten bereits 1919. Er gründet seine Familie in der kleinen Universitätsstadt Gießen. Zu seiner Vorstellung von Bildung gehörten weiterhin Reisen. Sie dienen der Begegnung mit fremden Menschen und Kulturen, der Einübung fremder Sprachen und – wo möglich – auch der Klärung juristischer Fachfragen, für die es dann im Dritten Reich bei dessen treudeutscher Nabelschauperspektive kaum noch ein Interesse geben wird.[6] Er wird keinen Widerstand gegen die Nationalsozialisten leisten. Aber er erlebt unter ihnen den zweiten Untergang seiner Welt, die bereits nach dem Ersten Weltkrieg nicht mehr die Alte bleiben durfte, als die sozialistische Revolution alles in Frage stellte. Die Weimarer Republik hatte allerdings ein Mehr an Rechtssicherheit und juristischer Kultur gebracht, das das zivilisatorische Niveau des wilhelminischen Deutschland überstiegen hatte. Die Verfassungen des Weimarer Staates und seiner Länder von 1919 hatten sich an den Traditionen der anderen Demokratien in der Welt orientiert und nahmen Anteil an der verfassungsgeschichtlichen Entwicklung vieler Länder der Erde. Der Politikwissenschaftler *Manfred Friedrich* ist überzeugt, dass die Weimarer Verfassung in der kurzen Zeit ihres Bestehens auf die wissenschaftliche Arbeit „beispiellos befruchtend gewirkt" hat.[7]

---

[5] 1/ 102.

[6] „Schon die Heranziehung fremdsprachiger oder gar jüdischer Autoren mochte auf einen unpassenden ‚Relativismus', auf Pazifismus oder sonstwie ‚undeutsches Denken' hindeuten. Mit diesem abschüssigen Gelände bewegten sich nun die völkerrechtlichen Autoren und die Institutionen." Michael Stolleis, Geschichte des öffentlichen Rechts in Deutschland, Beck, München, 1999, Bd. III, 384.

[7] Manfred Friedrich: Geschichte der deutschen Staatsrechtswissenschaft. Schriften zur Verfassungsgeschichte, Bd. 50. Duncker & Humblodt, Berlin, 1997, 320.

Da und dort eine ironische Bemerkung, offene Gespräche im kleinen privaten Kreis – entgegen der Angst seiner Ehefrau *Martha*[8]. Sie wird Politik auch noch nach dem Krieg als ein „schmutziges Geschäft" bezeichnen und vielleicht fürchtet sie sich auch besonders, weil sie einen Schweizer Paß hatte, obwohl sie ein Leben lang in Deutschland gelebt hat. *Hans* sorgt dafür, dass die amerikanische Gesamtausgabe der Werke *Heinrich Heines* – die unzensierte – im Bücherschrank sichtbar bleibt, der in seinem Haus in einem Raum steht, der von Besuchern und Studierenden betreten wird. Die schwarzen Heinebändchen wurden 1941 unmittelbar nach dem Tod von *Hans Gmelin* von Witwe *Martha* auf den Dachboden verbannt, von wo sie erst dessen Enkel, der Verfasser dieser Zeilen, wieder herunterholte. Zu Lebzeiten war *Hans Gmelin* nicht bereit, auch nur *ein* Buch aus dem Blickfeld seiner Besucher zu entfernen.

Die juristische Fakultät Gießens diente in besseren Zeiten u. a. der Ausbildung von Beamten, die in Hessen-Darmstadt ihre Anstellung suchen würden. Als Hessen und seine Verfassung 1933 aufgehoben wird, konnten Studenten auch jede andere Universität besuchen. Die Gießener hatten das Nachsehen. Professoren, die noch vom Großherzog ihre Bestallung erfahren hatten, konnten im NS-Staat nur Misstrauen wecken, zumal, wenn sie Staatsrecht lehrten und sich ein Leben lang mit der Staatsrechtslehre anderer Völker befasst haben. *Hans* setzte der nationalsozialistischen Blut- und Bodeneinfalt kosmopolitische Sprach- und Kulturkenntnisse entgegen, für die diese keinerlei Sinn hatte. Er tritt für Rechtssicherheit durch verfasste Gesetze ein, die NS-Politik will Gesetze außer Kraft setzen, um der Willkür ihrer Usurpatoren Platz zu verschaffen. Was hätte *Hans Gmelin* zu dem protzigen Statement des Ministers ohne Geschäftsbereich, *Hermann Göring* gesagt: „Meine Maßnahmen werden nicht angekränkelt sein durch irgend-

---

[8] Hans nennt seine Frau in seinen Erinnerungen durchweg „Marthel", eine Namensversion, die die Zeit nach dem Zweiten Weltkrieg nicht überstanden hat. So nannte sie niemand mehr.

welche juristische Bedenken. Meine Maßnahmen werden nicht angekränkelt sein durch irgendeine Bürokratie. Hier habe ich keine Gerechtigkeit zu üben, hier habe ich nur zu vernichten und auszurotten, weiter nichts!"[9] – Rechtliches Denken gerät unter die Stiefel des NS-Regimes. Und dennoch: Unter vielen Kollegen an den Universitäten machte sich Liebedienerei gegenüber dem NS-Regime breit.

Wie sehr – und wie schnell - die Rechtswissenschaft gerade im Hinblick auf das Staatsrecht bereits 1933 im nationalsozialistischen Sinne ausgehebelt wird, schockiert auch heute noch. Dass Juristen sich gegenseitig auszustechen versuchten, eine beherrschende Stellung nach der völkischen Revolution einzunehmen, war vielleicht für die anderen ein Glück, die sich vorsichtig in neutralen Nischen versteckt hielten. Auch *Hans Gmelin* verbarg sich in einer solchen Nische. Die Prüfungsbedingungen des Faches Rechtswissenschaft wurden bereits 1933 von den Nationalsozialisten diktiert. Hochschullehrer hatten kaum noch persönlichen Einfluss auf die fachliche Tendenz ihrer Lehre. Die Examina wurden nicht – wie früher in Gießen – von den angehörigen Professoren der Rechtsfakultät abgenommen, sondern schließlich in der Hauptstadt Darmstadt von Rechtspraktikern, unter denen sich rasch viele Anhänger des NS-Staats fanden. Eine gute Zeit hat *Hans* nach der Machtergreifung durch die Nationalsozialisten 1933 nicht mehr gehabt, weder politisch noch gesundheitlich noch wirtschaftlich. Er spricht von der Zeit seines persönlichen „Abstiegs"[10].

Auch wenn von ihm ein umfangreicheres systematisches Werk fehlt: *Hans Gmelin* erarbeitete neben einem großen Lehrdeputat in seinem Fach eine große Zahl von Veröffentlichungen, die im Anhang durch eine Bibliographie dokumentiert ist. Viele Aufsätze undankbarer Thematik, weil sie zeit-

---

[9] Rede in Essen am 3. März 1933. Zitiert nach Jähner, Höhenrausch, a.a.O., 460.
[10] 3 / 877.

raubender Vorbereitung und Recherche bedurften und nur wenige interessierte Leser finden würden.

*Hans* hat Erinnerungen zurückbekommen, die weitgehend aus seiner eigenen Hand stammten: Briefe und Karten, die er seiner Mutter *Johanna* geschrieben hatte. Sie war 1934 gestorben und die sorgsam gesammelten Zeugnisse seines eigenen Lebens waren wieder zu *Hans* zurückgekehrt. Zum anderen verfügte er auch über Photographien, Bleistiftskizzen und kleinformatige Ölgemälde, die er selbst aufbewahrt hatte. *Hans Gmelin* fragt nicht danach, was für einen späteren Leser von Interesse sein könnte, sondern wertet sie aus, weil nach ihm niemand mehr mit diesen Zeugnissen seines Lebens etwas anfangen wird.

Zum anderen wird der Historiker *Hans Gmelin* gewusst haben, dass zur Zeit *Heines* alle Werke über 20 Papierbögen von der Zensur frei blieben. Auch wenn der Nationalsozialismus mit seiner Reichsschrifttumskammer organisatorisch andere Wege ging, war nicht unwahrscheinlich, dass ein Werk mit tausenden von Seiten weniger gründlich auf seine Linientreue hin überprüft würde. Vielleicht rechnete er insgeheim doch damit, dass dieses umfangreiche Manuskript eines Tages einmal gedruckt werden könnte, ohne Lebensgefahr für den, der es in Auftrag gibt. Obwohl das Manuskript der drei Quellenbände noch ziemlich umfangreich ist, zeigen zahlreiche Textabrisse und fehlende Anschlüsse, dass es ursprünglich noch detaillierter – und umfangreicher – gewesen ist.

Das Manuskript enthält Stellen, bei denen *Gmelin* den damals modischen Ton des „Stürmers" mit seinen nationalsozialistischen Sprachregelungen verwendet.[11] Während dem Enkel der Schweiß auf die Stirn trat, zeigte aber

---

[11] 1/25 im Quellenband bezeichnet er den Chemiker Emil Fromm als kleines, etwas vorlautes Jüdchen. 1/26 jedoch: „Auch mit den Fromms freundeten wir uns an."

die Weiterarbeit, dass er trotz seines Bekenntnisses zur Rassenlehre ambivalent bleibt. Liest man da und dort bei *Hans Gmelin* judenfeindliche Bemerkungen, so rühmt er im Fortgang die Warmherzigkeit und menschliche Qualität eines Juden und bekennt sich zur Freundschaft mit ihm. Wo keine nähere Bekanntschaft vorliegt, kann er indessen auch eine rassenästhetische Antipathie zum Ausdruck bringen, die mit nichts zu retten ist: Im Seebad Zopot mokiert er sich über „Judentypen", die ihm ein ästhetisches Problem sind[12]. Hier hat seine Invektive Stürmerniveau.

Ein anderes Charakteristikum für die Niederschrift seines umfangreichen Werkes ist Eile. Als habe *Hans Gmelin* geahnt, dass ihm nicht mehr viel Zeit bleibt. Trotz der vielen Korrekturen und einer nachträglich eingebauten Gliederung fehlen häufig Worte, sind Sätze nicht komplett oder werden unpassende Formulierungen nicht korrigiert. Warum eine Seitenzählung fehlt, bleibt ein Rätsel. – Bei der Wortwahl ist für *Gmelin* z.B. „Ausländer" kein herabsetzender Begriff, sondern der sachliche Ausdruck für jemanden, der sein Vaterland woanders hat. Er bezeichnet sich in Italien ganz selbstverständlich als Ausländer und Angehörige anderer Nationen in Deutschland ebenso. Allerdings: Er geht auf solche Leute zu und macht sie zu Trainingspartnern bei seinem Sprachenstudium, was häufig zu Freundschaften mit ihnen führt. In den Quellenbänden haben wir weitgehend die Rechtschreibung von *Hans Gmelin* beibehalten, damit den Lesenden klar ist, dass sie einen Text aus den Jahren kurz vor dem Zweiten Weltkriegs lesen. Es war eine Zeit, die andere Sprachregelungen kannte, als die Jetztzeit, 2024, in der politische Korrektheiten die Grenze zwischen Sprache und Wirklichkeit aufzuheben drohen. Den Sprachzwängen der heutigen Kommunikationsgesellschaft konnte – und musste – sich *Gmelin* noch nicht unterziehen, mit den Sprachregelungen seiner Zeit hat er sich auseinandergesetzt und ist ihnen manchmal unterlegen.

---

[12] 3/706: … „erschraken nicht wenig ob der den Ort bevölkernden, recht polnisch anmutenden Judentypen mit enormen Nasen, assyrischen Bärten, Plattfüßen und Säbelbeinen."

Viele wichtige Romane über die Zeit vor dem Ersten Weltkrieg entstehen erst nach 1918 und schildern eine Welt, die nicht mehr existiert. Wir wissen, dass *Gmelin* unter vielen anderen auch *Manns* Zauberberg oder die Buddenbrocks kannte. Und ein wenig versetzt uns die Prosa aus der Zeit vor dem Zweiten Weltkrieg über sein Leben in eine solche Lage, wie sie diese und viele andere Romane schildern. Noch einmal wird die untergegangene Welt Deutschlands und Europas vor dem Ersten Weltkrieg lebendig, noch einmal vollzieht *Hans Gmelin* in der Erinnerung die Höhepunkte seiner ästhetischen Erziehung, die sich um Kunstgeschichte, Malerei und Musik gedreht hat, auch wenn wir wissen, dass diese Welt ab 1933 so nicht mehr existiert hat.

Wenn wir *Hans Gmelin* bei seinen Aussichten und Begegnungen betrachten, dann merken wir da und dort seinen Kampf um sein eigenes Urteil: Immer wieder spüren wir seine harsche Bewertung von fremden Sitten und Gebräuchen, die auf denselben Ethnozentrismus schließen lassen, der dem Nationalsozialisten eigen ist. Aber dann wieder wird sich *Gmelin* dessen bewusst und er lässt erkennen, dass er diese Haltung zu überwinden sucht: „Insbesondere setzten sich die beiden Damen wacker zur Wehr, wenn ich gelegentlich ohne verletzende Absicht in der Selbstgefälligkeit des deutschen Kulturdünkels als in manchem Bereich zurückgebliebene Spanien etwas zu stramm beurteilte.“[13] Das bekennt er von einem Gespräch in der Schweiz mit spanischstämmigen Frauen, mit denen er seine Spanienreise besprochen hatte. Zu solcher Selbstreflexion wird es der Nazi-Spuk nicht bringen!

Diese Geschichte *Gmelins* möchte ein Bild gewinnen von diesem Menschen, der in seiner Jugendzeit unter familiären Verwerfungen gelitten hat, der sich für die politische Gestaltung seines Vaterlandes einsetzte, dem es zunächst gelang, bei der Sicherung der demokratischen Ordnung in Deutschland nach dem Ersten Weltkrieg aktiv mitzuwirken, dem dann der Glaube an

---

[13] 1/258.

seine politische Mission 1933 geraubt wurde und sich als Ehemann und Familienvater in die Verantwortung hat rufen lassen.

Wie schonend geht der Enkel mit seinem Großvater um? Wie schon angedeutet, stünde der Enkel gern parteiisch auf der Seite seines Großvaters, aber ich hielte es für unredlich, ein anderes Bild von ihm zu zeichnen als das, was er von sich selbst wiedergibt. Mit großer Sicherheit hätte aber auch *Hans Gmelin* vor der Drucklegung in der Nachkriegszeit vieles verändert – wenn er diese erlebt hätte. Auch *Ernst Jünger* hat seine „Tagebücher" entsprechend dem Zeitgeist angepasst... Dennoch: Die Herausgabe eines solchen Werkes wäre unsinnig, wenn ich geschönte „Narrative" stricken würde. So wurden in den Quellenbänden auch die peinlichen Stellen beibehalten.

Da ich 17 Jahre nach dem Todestag meines Großvaters geboren wurde, gibt es keine sentimentale Nähe, die der Wahrheit gefährlich werden könnte. Da ich mich in zwei umfangreichen Arbeiten mit Personen aus der völkischen Epoche befasst habe, halte ich mich für gewappnet, mit dem Leben meines Großvaters auf die letzte Reise zu gehen, die ich mit ihm nach drei Jahren im September 2024 mit diesem Buch beende.

# B. Die Biographie – chronologisch

## I.  Die Zeit vor dem Ersten Weltkrieg
### 1878 bis 1913

### Kindheit und Jugend – eine Spurensuche

In *Hans'* Selbstzeugnissen fehlen die Erinnerungen und Entscheidungen aus Kindheit, Jugend und Studium. Obige Autobiographie in dem Mitteilungsblatt des frisch gegründeten Familienverbands bezeichnet seine Kindheit als „freudlos". Sein Sohn *Günter* hat dafür dessen Mutter *Johanna* verantwortlich gemacht, was allerdings im Kontrast steht zu der großen Nähe, mit der *Hans* seiner Mutter begegnet, vor allem in den Freiburger Tagen nach dem Tode des Großvaters, die zugleich auch die Befreiung der Mutter von der intensiven Fürsorge für ihren tyrannischen Vater und auch vom ungeliebten Karlsruhe bedeutet haben. *Hans* selber räumt seiner Mutter ein, dass sie sich sehr bemüht habe, die Kinderzeit schön zu gestalten. - *Günter* war 1934 elf Jahre alt, als er seine Großmutter verliert. Er hatte sie in– nicht allzu guter - kleinkindlicher Erinnerung, weil sie schon eine sehr betagte alte Dame war, obwohl er bei den Krankheiten seiner Mutter und den Reisen seiner Eltern viele Wochen und Monate bei seiner Großmutter gelebt hat. Von seinen Großeltern mütterlicherseits, die öfters im Sommer in Brombach bei Lörrach besucht wurden und ebenfalls die beiden Söhne öfter als Hausgäste betreuten, war in unserer späteren Familie fast nie die Rede. Obwohl das Leben im großbürgerlichen Haushalt des mütterlichen Groß-vaters Sicherheit und Wohlstand bot, war der Zustand des Großvaters etwa ab 1890 – und damit vor allem nach dem Tod von dessen Ehefrau *Elisabeth* problematisch. Johanna musste ihn zunehmend pflegen und wurde mit einer sich steigernden aggressiven Verwirrung konfrontiert. Ein großer Verlust für ihre beiden Kinder. Die progressive Senilität des Vaters verlangte

Hans Gmelin, 1878-1941

von der Tochter sehr viel Aufmerksamkeit, die ihren Kindern abging. 1894 musste *Hans* das Leiden und Sterben seiner Schwester *Elisabeth Luise (1879-1894)* an der Diphterie (Croup) erleben. Zwar war dieses Jahrzehnt ein Durchbruch für die Impfung und Behandlung dieses „Würgeengels der Kinder", aber für *Elisabeth* kamen diese Forschungsergebnisse zu spät.

Die gesundheitlichen Einschränkungen, denen *Hans Gmelin* selbst als Kind unterworfen war, bezeichnet er als Blinddarmentzündung. Erst nach 1910 wird die chirurgische Entfernung des Wurmfortsatzes zur medizinischen Regelleistung. Noch 1925 wird Reichspräsident *Friedrich Ebert* an einer Blinddarmentzündung sterben, weil er sich wegen eines Prozesses nicht rechtzeitig operieren ließ.[14] Da *Gmelin* später, 1905, auf Reisen bei einer Erkrankung damit rechnet, dass es wiederum der Blinddarm sei,[15] hat man auch seinen Appendix offenbar nicht herausgenommen. In einem Brief an seinen Großonkel, *Adolf Mayer*, schreibt er, dass der Zustand seines Herzens und Gefäßsystems nie in besonders gutem Zustand gewesen sei.[16] Auch sein Abiturzeugnis, das ihm das Großherzogliche Gymnasium zu Karlsruhe am 14. Juli 1897 ausfertigt, bescheinigt ihm „ziemlich gute Leistungen", aber unter „Besondere Bemerkungen": „Er war ... viel leidend." Im gleichen Dokument erfahren wir zudem, dass sein Plan zu dieser Zeit war, Geschichte zu studieren. In diesem Fach hatte er auch die beste Note, ein „sehr gut" in einem sonstigen Dreierzeugnis.

Das älteste Zeugnis, das *Hans Gmelin* aufgehoben hat, ist anderer Natur: Am 7. September 1888 hat er als Zehnjähriger in der Schwimmschule der Garnison Karlsruhe die „große Probe im Schwimmen" abgelegt und dafür

---

[14] Wikipedia, Friedrich Ebert (Art.), 12.1.2023.
[15] 1/338.
[16] 3/858.

Schwimmzeugnis 1888

eine schmucke Urkunde erlangt. Wandern und Schwimmen wird sein Leben in jungen Jahren zur körperlichen Ertüchtigung begleiten. Bei den vielen Reisen, die er zunächst ohne und später mit seiner Familie unternehmen wird, wird ihm das zugutekommen.

Mit einem letzten Blick auf sein „Abiturienten-Zeugnis" kommen wir zum Ende dieses Kapitels. Vielleicht ist es keine übertriebene Interpretation, wenn wir sagen, dass *Hans Gmelin* damit eine wenig geliebte Kindheit mit einem durchschnittlichen Zeugnis abschließt, auf das ihm als Gesamtzensur eine „III ziemlich gut" erteilt wird. Erst danach wird er sich finden, wird moderne Sprachen erlernen und sich, sein Fach und seine Orientierung suchen. Im Abitur wurden Französisch-, aber keine Englischkenntnisse nachgewiesen, dafür aber Latein und Griechisch.

In Religion hatte er „im Ganzen gut", seine besten Fächer waren, wie gesagt: Geschichte und Geographie, „sehr gut". Gefolgt von der „Philosophischen Propädeutik" mit „gut". Dieses Zeugnis vom 14. Juli 1897 gewährt uns einen kleinen Eindruck von den Neigungen des jungen *Hans Gmelin*.

Werfen wir noch einen Blick in die von *Hans* aufgehobene Abiturzeitung „Miles", die mit einem Gedicht beginnt, dessen Autor namentlich nicht gekennzeichnet ist, aber von ihm selbst stammen könnte:

Groesh. Gymnasium in Karlsruhe.

# Abiturienten-Zeugnis.



Sein **sittliches Verhalten** ...

Sein **Fleiss** ...

Seine **Kenntnisse** und **Fertigkeiten** ...

a. Obligatorische Fächer:

Religion ... Mathematik ...
Deutsch ... Geschichte u. Geographie ...
Lateinisch ... Physik ...
Griechisch ... Philosophische Propädeutik ...
Französisch ... 

b. Fakultative Fächer:

Hebräisch ... Englisch ...

Karlsruhe, den ... 1897

Der Vorsitzende
der Prüfungskommission:

Direktion
des Gymnasiums:

---

Das Abiturzeugnis von 1897

In einem Traum sah in jüngster Nacht
Bergan ich mich auf sanftem Pfade schreiten.
Früh morgens war's , vor Sonnenaufgang noch,
Vom unbekannten Weg ließ ich mich leiten.

Im grauen Nebelschleier lag die Welt,
In Dämmrungschatten undeutlich verzogen.
Kalt weht's mich an, es nahte sich der Tag,
Im Osten rötet sich der Himmelsbogen.

Und plötzlich find ich mich auf freiem Platz,
Im Zauberglanze steigt empor die Sonne;
Die Nebel weichen ihrem Purpurschein,
Enthüllet lag vor mir ein Land der Wonne.

Ich stand und schaut! Ein Paradies erschien
Der Weg, den in der Dämmrung ich genommen.
Doch minder schön nicht war der weite Pfad,
Als der, den eben ich war hochgekommen.

Zwar steiler war er, wand sich durch Gestrüpp,
doch dehnt er sich vor mir in goldnem Strahle.
Drum auf zur Höhe, auf zur Sonne! Statt
Dort unten nur zu schleichen in dem Thale. –

Und heut auch fühl ich, wie auf jenem Platz,
Da ich's Gymnasium verlassen habe:
Ein Stück der sonndurchglänzten Jugendzeit
Liegt hinter mir, auf ewig in dem Grabe.

Doch nur in Dämmrung wandelten wir hier,
Die Welt wir sahen nur durch trübe Brillen,
Der Freiheit Sonne steigt am Himmelsdom,
Mit Glanz den Lebensweg uns zu erfüllen.
Drum auf, und wenn auch rauher wird der Pfad,

Muthig voran und laßt's Euch nicht verdrießen.
Nur, wer da ausharrt, wird den Gipfel schaun
Und von den Höh'n die Aussicht voll genießen.

Die letzte Seite der Abiturzeitung
„Miles" des Großherzoglichen
Gymnasiums Karlsruhe, 1897.

## Das Studium

„Während der ersten Semester beschäftigte ich mich mehr mit Geschichte, dann wandte ich mich der Rechtswissenschaft zu. Im November 1901 bestand ich in Karlsruhe die erste juristische Staatsprüfung und trat in Freiburg als Rechtspraktikant in den juristischen Vorbereitungsdienst ein, aus dem ich jedoch nach einem Jahr ausschied, um mich ausschließlich der Wissenschaft zu widmen."[17]

Nach dem Abitur beginnt *Hans* zielstrebig mit dem Jurastudium, bezieht als erstes die Universität **Tübingen** und wird in seinen Hochschulorten immer nur kurze Zeit verweilen. Obwohl er später in Freiburg auch korporative Festveranstaltungen besucht, ist nicht bekannt, dass er irgendwo einer Studentenverbindung angehört hätte.

*Heinhard Steiger* beklagt in seinem Lebensbild[18], dass es keine Quellen dazu gäbe, wie *Hans Gmelin* zur Jurisprudenz gelangt sei – oder gar zum Staatsrecht unter besonderer Berücksichtigung internationaler Rechtsfragen. Im Jahr 1897 hatte dieser – wie angemerkt – bei seinem Abitur zu Protokoll gegeben, dass er das Studium der Geschichte aufnehmen wolle. Diesem Fach, das im Zentrum der Berufsarbeit seines früh verstorbenen Vaters *Moriz* gestanden hatte, hält er auch lebenslang die Treue, ebenso bewegt ihn die Kunst- und Kulturgeschichte. Sein Interesse an internationalen Verhältnissen lässt sich unschwer auf seine Reisebegeisterung zurückführen.

---

[17] Aus einer Autobiographie Gmelins 1938.
[18] Heinhard Steiger: Gmelin, Hans, Jurist. (Art.) in: Gundel, Hans Georg, Moraw, Peter, Press, Volker (Hrsg.): Gießener Gelehrte in der ersten Hälfte des 20. Jahrhunderts (Vol. 1-2), Marburg a. d. Lahn, 1982, 309ff.

Unter den Hinterlassungen seines Vaters Moriz findet Hans den von diesem verfassten und gedruckten „Stammbaum der Familie Gmelin"[19], der es ermöglicht, dass alle mit dem Namen *„Gmelin"* feststellen können, wie sie miteinander verwandt sind. Unter diesen Hinterlassungen findet sich auch der Originalstammbaum von *Isaak Gmelin*, den dieser um 1750 während seines Studiums der Theologie in Tübingen gemalt hatte.

Das ist für den jungen *Hans* von besonderem Interesse, weil auch seine Mutter eine geborene *Gmelin* war, allerdings aus anderer Linie als Vater *Moriz*: Väterlicherseits bewegt man sich im Geäst der „Jüngeren Stuttgarter Linie", wo *Moriz* verzeichnet ist, dessen Vater *Friedrich August Gotthelf Gmelin* (1785-1853) und Mutter *Katharine Barbara*, geborene *Aickelin* (1798-1841) hießen, die mit ihm und seinen 14 Geschwistern zusammen in Ludwigsburg gelebt hatten. –

[20]

---

[19] Moriz Gmelin: Stammbaum der Familie Gmelin. G. Braun'sche Hofbuch-handlung, Karlsruhe, 1877.
[20] Titelblatt der Abiturszeitung von Hans Gmelin.

Das etwas dilettantisch
kolorierte Couleurbild soll
nach einer Aufschrift
hinten „Großvater Moriz
Gmelin" (Bezeichnung
durch Ulrich?) zeigen.
Dafür spricht die
Datierung, Tübingen,
1858, nicht aber die
Übereignung an einen
Dritten namens Bilfinger:
„seinem Bilfinger zur
freundlichen Erinnerung,
Tübingen, 1858."

Da *August* kein besonders erfolgreicher Kaufmann gewesen ist, wuchs *Moriz*
in der kinderreichen Familie höchstwahrscheinlich unter ärmlichen Verhältnissen auf. Das wird eine Rolle bei seiner Berufswahl spielen. Da ihm
seine Familie kein Studium bezahlen konnte, gab es nur die Möglichkeit, ein
Stipendium der württembergischen Landeskirche zu erlangen, das verbunden war mit einem „Landexamen", durch das junge Männer in ursprünglich
vier Internate aufgenommen werden konnten, wo sie auf das geistliche Amt
vorbereitet wurden: Maulbronn und Blaubeuren, die heute noch existieren,
und damals noch Urach und Kloster Schöntal. *Moriz* kam nach Blaubeuren
und wurde vier Jahre später im Tübinger Stift aufgenommen. Einer Zukunft
als wohlversorgter Pfarrer stand hauptsächlich seine zarte Gesundheit entgegen, die den Belastungen des Landpfarrdienstes nicht standhielt, - wohl aber
auch sein Interesse an historischer Arbeit, das mit diesem Dienst schwer
vereinbar war. Das Couleurbild, das *Moriz* als Mitglied einer Verbindung

zeigen soll, gibt Rätsel auf: Die Kolorierung des getragenen Bandes sieht heute – nach ca. 164 Jahren - wie rot-weiß-rot aus, eine Farbe, von deren Nutzung seitens Tübinger Verbindungen nichts bekannt ist. Denkbar wäre vielleicht eine Mitgliedschaft in der Stiftsverbindung Staufia, die von 1852 bis 1868 existiert hat und die Farben grün-weiß-rot getragen hat. Sie war von einem älteren Bruder von *Moriz* mitgegründet worden. Zu den großen Verbindungen, die in dieser Zeit beginnen, stattliche Häuser zu errichten, würde der weitgehend mittellose Student *Moriz* nicht gut passen. Der obere Teil des Zirkels, der unten zu erkennen ist, würde zur Verbindung „Roigel" passen, die seit 1838 allerdings schwarz-gold-rot trägt.

Ob *Hans* die zahllosen Aufsätze seines Vaters insbesondere zur badischen Geschichte gelesen hat, wissen wir nicht, aber es ist wahrscheinlich. Zu den Erkenntnissen des historisch interessierten jungen Menschen könnte gehört haben, dass historische Entscheidungen von Menschen getroffen werden, die politische Verantwortung tragen. Von da aus ist es dann nicht mehr weit zum Staatsrecht. Wenn *Hans Gmelin* im Stammbaum seines Vaters ge-

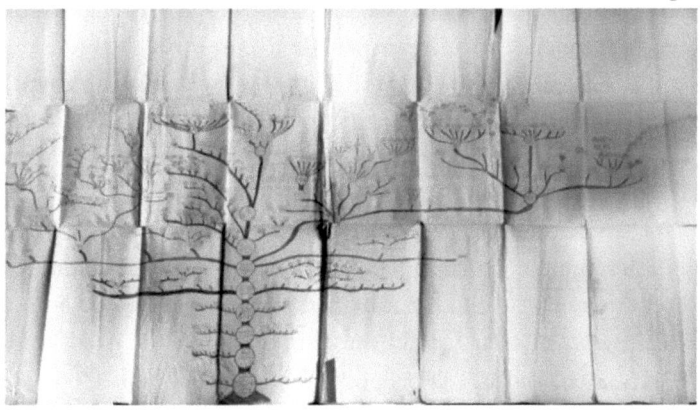

Barocker handgemalter Stammbaum von Isaak Gmelin (1734-1762) mit Wasserfarbe bunt ausgeführt um das Jahr 1750 aus dem Besitz von Moriz Gmelin.

schmökert hat, hätte er auch in der Linie seiner Mutter, der „Jüngeren Tübinger Linie" promovierte Juristen wie *Eduard Gmelin* (1786-1873) oder *Christian Heinrich Gmelin* (1780 – 1824) oder den Politiker *Ludwig Friedrich Gmelin* (1784-1847) gefunden, die zumindest nahe an den Entscheidungsstellen ihrer Zeit gewirkt haben, auch wenn in aufsteigender direkter Linie seine Herkunft auf den großen Naturwissenschaftler und Mitbegründer einer modernen Chemie, *Leopold Gmelin* (1788 – 1853), zurückzuführen ist, dessen Vater *Johann Friedrich* (1748-1804) ebenfalls naturwissenschaftlich orientiert war. Sein Fach „Naturgeschichte" an der Universität Göttingen umfasste sowohl die Medizin als auch die Philosophie. Mit dem Schwiegersohn *Leopolds*, *Adolf Mayer (1843-1942)*, seinem Patenonkel, blieb *Hans* bis in dessen sehr hohes Alter im Briefkontakt.

Indem *Leopold* einem Ruf an die Universität Heidelberg folgt, wird er den Zweig der *Gmelins*, der bis zu Hans' Mutter *Johanna* führt, in Baden einpflanzen, wo sich *Hans* zeitlebens heimisch fühlen wird. Auf einem eigenartigen handschriftlichen Zählblatt aus dem Jahr 1939 gibt er sich Rechenschaft, wieviel Monate er seit dem Jahr 1900 in Freiburg, in Gießen oder auf Reisen zugebracht hat. Die Jahre in Karlsruhe zuvor finden sich unten rechts mit 18 Jahren verzeichnet. Im Hinblick auf Gießen kommt er auf 26 Jahre, von denen er allerdings sechs Jahre und zwei Monate abzieht, in denen er reisebedingt nicht dort war, sodass es nur noch 20 Jahre sind. Auch nach dem Umzug nach Gießen wird es kein Jahr geben, in dem er nicht mindestens einen Monat in Freiburg lebt. So kommen zu den 10 1/2 Jahren in Freiburg noch 5 1/3 Jahre hinzu, sodass er auf 16 Jahre kommt. Mit Punkten stellt *Gmelin* seine Urlaubsmonate dar, in denen er auf Reisen war: Seit 1883 kommt er auf 45 Wochen, beinahe ein Jahr ist er oder seine Familie auf Achse gewesen. Das Zählblatt zeigt: *Hans* wird sich auch nach 26 Jahren in Gießen, wo er mit seiner Frau *Martha* ein Zuhause hat und seine beiden Söhne geboren sind, noch immer als Freiburger fühlen und man spürt es der Tabelle ab, wie er jeden Monat bedauert, den er nicht in seiner Wahlheimat

Freiburg – einschließlich später Hinterzarten – verbracht hat. Er hat unter dem Kapitel Freiburg als zweite Heimat ausführlich berichtet.[21]

Da *Hans Gmelin* kein technisches Studium beginnen wollte, brauchte er nicht zögern, Karlsruhe zu verlassen. Wie er später schrieb, mochte er seine Heimatstadt nicht, die ihm entweder zu heiß oder zu windig vorkam[22] und keine bergige Umgebung hatte, die ihm schöne Ausblicke hätten bieten können. Dennoch hat man ihn 1941 auf dem dortigen Friedhof beigesetzt, bis das Grab aufgegeben wurde und die Familie ihn nach Gießen auf den Nordfriedhof überführen ließ. Der sepulchrale Umweg über Karlsruhe bleibt zunächst unverständlich.

Sein erster Studienort ist die Stadt seiner Vorfahren, die einst eng verbunden gewesen waren mit **Tübingen** und seiner Universität. Am 25. November 1897 schrieb er sich dort ein. Sehr juristisch ging es nicht zu: Sein Studienbuch verzeichnet Römisches Privatrecht und Römische Rechtsgeschichte, aber ansonsten widmet er sich der Kunst: Italienische Kunstgeschichte und italienische Dichtung. Und schließlich hörte er noch ein historisches Fach: Deutsche Geschichte der Reformation.

Offenbar hielt ihn nicht viel in der schwäbischen Universitätsstadt, denn schon zum Sommersemester 1898 schreibt er sich in **Heidelberg** ein, zurück in der badischen Heimat. Fachnah sind Lehrveranstaltungen wie Allgemeines Strafrecht, Kolonialgeschichte und allgemeine Nationalökonomie. Aber auch hier legt er sein Studium weit an und lernt über die Sprachen der Germanen, Geschichte des 19. Jahrhunderts und Deutsche Literaturgeschichte.

Seine Studienorte sind rasch getaktet, schon im darauffolgenden Wintersemester geht es in **München** weiter, wo er sich am 21.10.1898 einschreibt. Hier in der alpennahen bayrischen Hauptstadt fühlt er sich wohler und wird

---

[21] 1/47.
[22] 1/23.

ein Jahr dort ausharren. Hier lebt er mit seinem Onkel *Leopold*[23] und dessen Söhnen *Erwin* und *Hermann* und der Tochter *Hedwig*, jedenfalls musiziert er mit ihnen regelmäßig. Die Verbundenheit mit München wird bleiben, so vergleicht er die Lage Madrids mit der der bayrischen Metropole oder kauft in späteren Jahren (1938) für kurze Zeit dort ein Haus, von dem er sich aber bald wieder trennt, weil er Ärger mit dem Mieter hat und die Stadt München ihm den Vorgarten enteignet.[24] In seinem Studienplan hat die Jurisprudenz Vorrang: Rechtsgeschichte und Privatrecht, Bürgerliches Recht, Deutsches Handelsrecht, Strafrecht und noch einmal Bürgerliches Recht. Neben diesen fachspezifischen Themen belegt er auch Malerei bei dem Kunsthistoriker *Berthold Riehl* (1858-1911), einem Spezialisten für regionale bayrische Kunstgeschichte. Zuletzt kam auch Geschichte vor, die er bei *Karl Theodor von Heigel* (1842-1915) belegt hatte.

Zum Wintersemester geht *Hans Gmelin* wieder auf Achse und bezieht am 3. 11. 1899 für ein Semester die Friedrich-Wilhelms-Universität[25] **Berlin**, die in dieser Zeit einen exzellenten Ruf genießt. Dort widmet er sich ausschließlich seinem Fach: Bei dem prominenten „Juraprofessor und Universalgelehrten", dem Straf- und Zivilprozeßler *Josef Kohler* (1849-1919) studiert er Zivilprozeßrecht. Leider gibt es keine persönlichen Erinnerungen an diese Zeit, denn es ist wahrscheinlich, dass *Kohler* – abgesehen von dessen ungeheurer Eitelkeit - für *Gmelin* ein Seelenverwandter war: „Zeitzeugen beschrieben ihn als feurigen Badenser[26] mit einer Löwenmähne, leuchtenden Augen und markanten Zügen, die an den Kopf des Großen Kurfürsten erinnern". Man unterstellte ihm, dass er die

---

[23] Eduard Leopold Gmelin, *Emmendingen, 15.12.1847, †München, 30.4.1916, Professor für Keramik an der Kunstgewerbeschule. Verheiratet mit Anna Zeller, nach deren Tod 1904 mit Maria Niehaus.
[24] 3/796.
[25] Die heutige Humboldt-Universität.
[26] „Badenser" ist für Badener ein Schimpfwort. Das konnte der preußische Autor nicht wissen...

Ähnlichkeit mit diesem nach *Schlüters* Bildnis anstrebe. Er gleiche mehr einem Künstler als einem Professor. Wohl kaum zufällig war er meist mit Kalabreser-Hut und Künstlermantel unterwegs. In einem Nachruf heißt es: „so gab er sich auch wohl mit einer nicht wegzuleugnenden Selbstgefälligkeit gern unter Professoren als Professor und unter Poeten aber als Poet".[27] Dazu hörte *Gmelin* noch Völkerrecht und Praktische Nationalökonomie. Doch schon zum Sommersemester 1900 schreibt sich *Gmelin* in **Bonn** ein, der einst bevorzugten Universität blaublütiger Kommilitonen, wo er neben Strafprozessrecht, Zivilprozess und Kirchenrecht noch die Entwicklung des französischen Romans im 19. Jahrhundert studiert. Doch hält ihn auch die Massenuniversität in Bonn nicht lange, denn jetzt geht es wieder ins heimatliche Baden, diesmal in dessen bergigen Süden.

Am 9. 11. 1900 meldet sich *Gmelin* zur Fortführung seines Jurastudiums in **Freiburg** im Breisgau. Hier wird er bis zum Abschluss studieren. Die entsprechenden Examina wurden den Juristen in der badischen Hauptstadt **Karlsruhe** abgenommen. Nach dem Studium wird er weiterhin in Freiburg leben, seiner zweiten Heimat. Hier wird er sich auch später noch zuhause fühlen, als er längst in Gießen an der Lahn lebte. Als Grund für diese Anhänglichkeit gibt er sowohl seine dort lebende Mutter *Johanna* als auch die Landschaft am Schwarzwald an. Seine Promotion „Studien zur Spanischen Verfassungsgeschichte des 19. Jahrhunderts" wird auf einer riesigen lateinischen Urkunde die Note: „Summa cum laude superato" bekommen.

---

[27] Andreas Gängel: "Berlin um 1900: Der Juraprofessor und Universalgelehrte, der fast nie schlief. (Art.) Berliner Zeitung, 18.3. 2022.

## Von der Studienzeit zur Professur

Zwar beginnen die uns vorliegenden Annalen *Gmelins* erst mit der Zeit nach seinem Studium, aber da die Personen an der juristischen Fakultät in Freiburg die gleichen waren, mit denen er auch als Dozent zu tun hat, kommen wir im Quellenbuch in den Genuß von persönlichen Charakterskizzen seiner Freiburger Lehrer.[28]

Einer der großen seines Faches, den *Michael Stolleis* als „eigentlichen Begründer eines wissenschaftlich systematisierten Sozialversicherungsrechts"[29] nennt, war der Verwaltungsrechtler *Heinrich Rosin* (1855-1927). Bei dessen Schilderung musste der Nachgeborene zunächst die Luft anhalten: „*Rosin* war Volljude, ein kleiner, untersetzter mit hängendem Schnurrbart und schiefsitzendem Zwicker. Ich erlebte es, daß ein Bekannter, den ich *Rosin* zeigte, ihn für einen Viehhändler hielt; aber dabei handelte es sich nur um einen ganz oberflächlichen Eindruck, denn wer ihn aufmerksam betrachtete, dem konnte nicht verborgen bleiben, daß seine Züge durch Wissen und Verstehen veredelt waren."[30]

Durchatmen, *Hans Gmelin* hat die Kurve gekriegt, aus dem negativen Vorurteil ein positives Urteil zu wenden. Gott sei Dank. Von den anderen Universitätslehrern sei hier *Konrad Beyerle* (1872—1933) genannt, den *Gmelin* bei seinem Aufenthalt im Generalgouvernement im Brüssel des Ersten Weltkriegs und bei einem Treffen in Würzburg wiedersehen wird. Am Ende von dessen Portrait findet sich *Gmelins* Bewertung des Nationalsozialismus: „Die Schwenkung zum Nationalsozialismus hätte er als überzeugter Anhänger des politischen Katholizismus sicher nicht über sich bringen

---

[28] Vgl. die Eindrücke von Dozenten und Vorlesungen im IV. Kapitel, 1/ 32-45...
[29] Michael Stolleis, Geschichte des öffentlichen Rechts in Deutschland, Beck, München, 1999, Bd. III, 43.
[30] 1/34f.

können; insofern war es ein Glück für ihn, daß er kurz nach *Hitlers* Machtübernahme gestorben ist."

Großen Respekt bezeugt er dem Schweizer Rechtsgeschichtler und Kirchenrechtler *Ulrich Stutz* (1868-1938), dessen Vermächtnis später eine große Rolle spielen wird bei der Neudefinition des Verhältnisses zwischen Kirche und Staat nach dem Zweiten Weltkrieg. Dessen Bildwort von der „hinkenden Trennung" von Kirche und Staat wurde später dem Göttinger Kollegen *Rudolf Smend* untergeschoben. Dessen vermeintliche Verfasserschaft wurde mir in meinem Studium des Kirchenrechts um 1980 mitgeteilt.

Viel wichtiger für *Hans Gmelin* wurde der gebürtige Sachse *Richard Schmidt* (1862-1944), zu dem er sich hingezogen fühlte. Als Student hörte er bei *Schmidt* Zivilprozess und Allgemeine Rechtslehre. *Gmelin* rühmt an ihm ein ungeheures Redetalent, zumal man ihm seine sprachliche Heimat nicht angehört hat: „Seine Vorlesungen, die er vollständig frei sprach, stellten rhetorische Meisterleistungen dar."[31] Dass sich *Schmidt* in vielen Rechtsgebieten zuhause fühlte, sah *Gmelin* nicht als Vorteil; ihm war es lieber, wenn sich Juristen nur in einem Fachgebiet profilierten. Das Werk *Schmidts* zur „Allgemeinen Staatslehre" rühmt *Gmelin* dennoch, zumal es in den Bänden zwei und drei „die ganze Weltgeschichte bis zur Französischen Revolution vorüberziehen ließ, so eröffnete die Staatslehre *Richard Schmidts* mir, dem Historiker, einen viel gangbareren Weg, um in diesem Wissenschaftszweig einzudringen, als die mehr dogmatische Rechtslehre von *Georg Jellinek*" (1851-1911). Dessen Sohn, *Walter Jellinek* (1885-1955) wird gegen *Gmelin* bei der Berufung zum Ordinarius für Öffentliches Recht an der Gießener Ludoviciana unterliegen. Er wird nach dem Zweiten Weltkrieg 1949 einer der Väter der (groß-)hessischen Verfassung. - „Die staatsphilosophischen Lehren der einzelnen Denker haben auch einen historische Wert, - nämlich

---

[31] 1/39.

insoweit sie Glieder der praktisch-politischen Entwicklung sind: Sie sind Spiegelbilder der staatlichen Zustände ihrer Zeit oder der Wünsche dieser Zeit nach politischen Veränderungen und Verbesserungen, - häufig werden sie umgekehrt ein mächtiger Hebel für das thatsächliche Wachsen oder Werden solcher Umgestaltungen selbst."[32] Im Gegensatz zu den positivistischen Vorstellungen *Georg Jellineks* entspricht diese Haltung *Schmidts* den Vorstellungen *Gmelins*.

Da *Schmidt* sowohl die Doktorarbeit als auch die Habilitation von *Hans Gmelin* betreut hat, gilt dessen Satz: „Wenn ich überhaupt jemandes Schüler genannt werden darf, dann kann ich als Schüler von *Richard Schmidt* gelten." Auch nach dessen Rückkehr nach Leipzig bleiben die Kontakte rege, *Schmidt* wird 1921 der Patenonkel des erstgeborenen Sohnes *Ulrich* werden.[33] Ursprünglich waren *Gmelin* und *Schmidt* auch politisch sehr nah bei einander als Nationalliberale. Ob die Freundschaft beider den Wechsel *Schmidts* 1933 in die NS-Akademie für Deutsches Recht *Hans Frank* überstanden hat, hat sich nicht feststellen lassen. Es ist denkbar, dass ein ursprünglich vorhandener Briefwechsel vernichtet wurde, weil er gerade die unterschiedliche Haltung der beiden zum NS-Staat thematisiert hat. – Wiederum eine Spekulation.

*Richard Schmidt* hatte indessen nicht nur positiven Einfluss auf die Karriere seines Schülers. *Hans Gmelin* berichtet: „Im Jahr 1912 wurde ich an der Universität Basel für die dortige staatsrechtliche Professur an erster Stelle vorgeschlagen, der Ruf zerschlug sich jedoch aus politischen Gründen." Was dahinter steckt berichtet die „Geschichte der Basler juristischen Fakultät"[34]:

---

[32] Richard Schmidt: Allgemeine Staatslehre. Bd. 1: Die gemeinsamen Grundlagen des politischen Lebens. Verlag C.L. Hirschfeld, Leipzig, 1901, 35.
[33] 1/40.
[34] Roland Kunz: Geschichte der Basler Juristischen Fakultät 1835-2010, hrg. Von Felix Hafner, Kurt Seelmann und Thomas Sutter-Somm, Schwabe-Verlag, Basel, 2011, 163.

Demnach ärgerte sich das Erziehungsministerium über den zuvor von *Richard Schmidt* an Basel empfohlenen Vorgänger auf dem Lehrstuhl, *Hans von Frisch*. Der gebürtige Wiener war durch Arroganz und Hochmut gegen das eidgenössische Rechtswesen aufgefallen, bevor er sich später dem Nationalsozialismus zuwendete. Darum empfahl das Erziehungsministerium, *Gmelin* den Tübinger Dozenten *Erwin Ruck* vorzuziehen, der dann auch 40 Jahre die öffentlich rechtliche Professur in Basel vertreten wird.

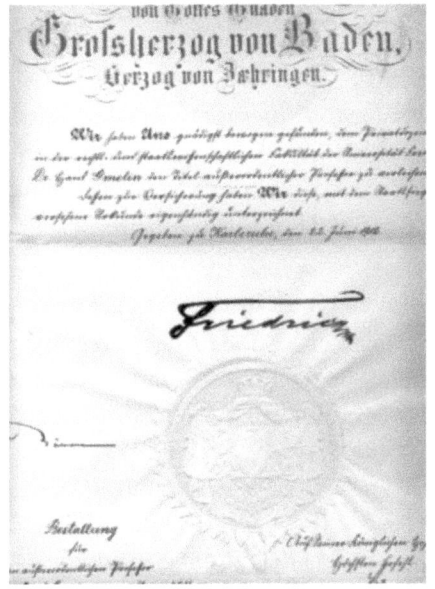

Die Bestallung Hans Gmelins zum außerordentlichen Professor in Freiburg durch den Großherzog von Baden, 1912

# Freiburg und der Schwarzwald

*Hans Gmelin* hatte das Gefühl, seine Kindheit verpasst zu haben: Früh verlor er seinen Vater *Moriz* (1839-1879), dann später, 1894, die noch kindliche Schwester *Elisabeth* (1879-1894) an Diphterie. Großvater *Konrad Adolf* wurde immer despotischer und debiler, bis er in die „Irrenanstalt" Illenau eingeliefert wurde. So können wir nachvollziehen, dass es *Hans* von Karlsruhe weggezogen hat. Nach seinem unsteten Studium fand er in Freiburg seine zweite Heimat: „In Freiburg verlebte ich die für mein Leben wichtigsten Jahre: Den Abschluß der Berufsausbildung, und den Eintritt in den Beruf, genoß die Freiheit des Studenten und trotz der trüben Erfahrungen[35] die Ungebundenheit des Privatdozenten; holte im gemütlichen Zusammenleben mit meiner Mutter ein gut Stück versäumten Familienglücks nach und sog immer Lebensfreude aus dem landschaftlichen Reichtum der Umgegend."[36] Als nicht besonders karrierefördlich erwiesen sich die Forschungsschwerpunkte *Gmelins*: Seiner Reiselust geschuldet spezialisierte er sich auf Internationales Verfassungsrecht. Seiner nationalen Begeisterung entsprach die Neigung zum Kolonialrecht, das als Rechtsgebiet mit dem Verlust der Kolonien nach dem Ersten Weltkrieg unterging – und damit waren auch die Vorarbeiten, die *Gmelin* dafür geleistet hatte, obsolet.

Wie es seine Art war, hatte sich *Hans Gmelin* mit kunsthistorischer Literatur auf seine neue Heimat vorbereitet, wobei er besonders dem Freiburger Münster große Aufmerksamkeit widmete, bis er Freunde und Gäste mit entsprechenden Führungen durch das Münster und die Stadt erfreuen konnte.[37]

---

[35] An anderer Stelle präzisiert er das: Er musste sehr lange auf eine auskömmliche Stelle warten, da der Stellenmarkt an den Universitäten knapp bemessen war.

[36] 1/47.

[37] 1/49-53.

Wer den virtuellen Stadtrundgang durch das Freiburg der Zeit nach der Jahrhundertwende[38] mit dem späteren satirischen Spaziergang durch Gießen[39] vergleicht, wird eine große emotionale Differenz feststellen: Für die Exzellenz Freiburgs und seiner Bauten wirbt er mit jedem Wort, während es ihm offenbar Freude macht, alle Aspekte Gießens durch den Kakao zu ziehen. Objektiv hat Gießen unabhängig von persönlichem Geschmack kunsthistorisch gegen Freiburg nur wenig Chancen; zum Vergleich steht dabei das Vorkriegs-Gießen, das am 6.12.1944 unter dem Bombenhagel der Alliierten endgültig vernichtet wurde und dessen Innenstadt nach dem Zweiten Weltkrieg schnell und ohne Genie aufgebaut worden ist. Das heutige Gießen hätte bei *Hans* noch weitaus weniger Gnade gefunden. - Auch wenn die Genres dieser beiden Texte zu Freiburg und Gießen schwer vergleichbar sind: Umgekehrt hätte man sich die beiden Stadtbetrachtungen aus *Gmelins* Feder nicht vorstellen können.

Nicht allein die Stadt Freiburg mit ihrer altehrwürdigen Architektur, sondern vor allem ihr Hinterland, eingebettet in den Südschwarzwald und umgeben von „lohnenden" Bergen, verbinden ihn mit dem Breisgau. Er schreibt sogar, dass ihn mehr die landschaftliche Einbettung interessiere, als Freundschaften im Hinblick auf die Menschen dort. Zahlreiche Bilder zeigen, dass er auch als Zeichner und Maler in dieser Landschaft jahrzehntelang unterwegs gewesen ist.

Die Menschen, mit denen er in Freiburg zu tun hat, unterscheiden sich erheblich: Die katholische Urbevölkerung, die mehr nach Österreich als nach Preußen orientiert gewesen war - und zum Teil damals noch ist, blieb *Gmelin* fremd, zumal sie auch politisch ein klerikalgehorsames Zentrumsmilieu bilden, das er politisch bekämpft, auch durch Koalitionen mit den sonst nicht besonders geliebten Sozialdemokraten.

---

[38] 1/49ff.
[39] 2/432ff.

Wichtiger sind für ihn die durch die Universität nach Freiburg Zugewanderten, die zu seiner Zeit eine eigene Schicht in der Stadt Freiburg bilden. In dieser Gruppe des akademischen Freiburg gewannen Mutter und Sohn einen größeren Bekanntenkreis.

Zuletzt findet er einige wenige weitläufige Verwandte vor, die es schon früher nach Freiburg verschlagen hatte, wie den Bruder *Karl* seines eingeheirateten Onkels *Gustav Döll* (1843-1920), der *Luise Gmelin* (1846-1930), die Schwester seiner Mutter *Johanna* geheiratet hatte. Ihn hatte sein Beruf als Postdirektor nach Freiburg gespült, den er hier „seufzend" ausführte. Abgesehen von seinem Galgenhumor, der in Worten wie „Ewig währt am längsten!" zum Ausdruck kam, verrät die Beschreibung eine gewisse Distanz: Im Hinblick auf die Auswahl seiner zweiten Frau, *Minna*, geborene *Schumacher*, sei die hauspaschamäßige Haltung von dessen Vater wieder zum Ausdruck gekommen, der es um „bereitstehende Pantoffeln, Schlafrock, Hauskäppchen, Bettflasche" gegangen sei.[40] Die Beschreibung erinnert an *Wilhelm Buschs* Onkel Fritz, von dem es in „Max und Moritz"[41] heißt:

„Oder kommt er spät nach Haus,
Zieht man ihm die Stiefel aus,
Holt Pantoffel, Schlafrock, Mütze,
Daß er nicht im Kalten sitze.
Kurz, man ist darauf bedacht,
Was dem Onkel Freude macht."

Auch die drei Kinder von *Karl Döll* gehören zum näheren Umgang: *Elisabeth*, die von der Natur „stiefmütterlich behandelt" worden sei, die hübsche *Minna*, die *Hans Gmelins* Freund, den späteren Oberbürgermeister von Konstanz, *Otto Möricke* heiraten wird, aber auch ihm selbst gut gefallen habe und schließlich *Georg*, der als Theologe nach Bosnien und Böhmen ging und

---

[40] 1/87
[41] Wilhelm Busch, Max und Moritz, Braun und Schneider, München 1865.

nach seiner Rückkehr nach Baden seiner „Frau berechtigten Grund zur Eifersucht" gegeben habe.

Der Sohn von *Gustav Döll*, *Adolf Döll*, wird ebenfalls in Freiburg studieren und bei *Gmelins* wohnen. *Hans* und *Adolf*[42] verbindet eine lebenslange Freundschaft. *Adolf* wird später in Bern wohnen und regelmäßig von *Hans* besucht werden. Wohl von *Gustav Döll* stammte ein unübersehbarer Fundus von Glasplatten-Negativen mit Alpenblumen und Bergszenen, die unbearbeitet jahrzehntelang auf dem Dachboden des Gießener Hauses Nahrungsberg 51 schlummerten, bevor sie samt vielem anderen entrümpelt wurden.

---

[42] Die Lebensdaten von Adolf Döll sind uns unbekannt. Eine Postkarte aus dem Jahr 1953 aus Bern beweist, dass er die Kriegszeit überlebt hat und älter als sein Cousin Hans geworden ist.

Ein Eindruck vom Schwarzwald bei
Günterstal im Süden von Freiburg – vor dem
Bauboom. Aus dem Skizzenbuch von Hans
Gmelin, 1901.

# Der Katzenprofessor

Zu den wenigen außerfamiliären Menschen, die Erinnerungen an die Vorkriegszeit mit *Hans Gmelin* hatten, gehörte in meiner Kinderzeit neben unserem Milchmann *Schmabeck* und einer Eierfrau, *Lotte Stöhr*, eine Freundin meiner Großmutter *Martha*, dann eine Schneiderin, das Fräulein *Rahn*, das meine *Oma* mit „Frau Professor" titulierte und ein lebendiges Zeugnis aus einer vergangenen Zeit darstellte. Schließlich lernte ich während meiner Studienzeit in Tübingen die damals schon sehr betagte „Tante" *Lina Gmelin* kennen, eine weitläufige Verwandte aus Heilbronn, deren Vater *Jeremias* Pfarrer in Schwäbisch Hall gewesen war und,- wie das „Fräulein" *Rahn* – Wert darauf legte, mit „Fräulein" angeredet zu werden: „Ich hab halt keinen abgekriegt!" Tante *Lina* hatte noch eigene Erinnerungen an *Hans Gmelin* und dass man in ihrem Familienkreis von ihm als dem „Katzenprofessor" gesprochen habe, der wohl nie heiraten werde, weil ihm seine Katzen genug gewesen seien.

Es kam dann anders, aber es hat mich nicht überrascht, in den Annalen meines Großvaters ein eigenes Kapitel über die Katzen zu finden, denn beim Thema „Hausgenossen" dürften „auch die Katzen nicht übergangen werden."[43] Bereits in Karlsruhe lebte eine Katze namens „*Müs*" in der Familie, die allerdings den Umzug nach Freiburg nicht lange überlebt hatte. Und so kam der Name *Müs* 1902 an eine neue, besonders reinliche Katze, zu der sich ein Junges namens *Imbs* gesellte.

Einige *Müs'* später lebte eine Katze mit in Freiburg, zog unbeschadet 1912 nach Günterstal um, dem 1898 eingemeindeten Dörfchen im Süden der Stadt, und wurde dann noch 1913 nach Gießen transportiert, wo sie dann aber wiederum starb. Umzügen sind Katzen nicht sehr zugetan. Dass in der

---

[43] 1/29-31.

Gießener Zeit Katzen wichtig waren, davon wusste mancher Gast ein Lied zu singen, wenn er sich bei einem Besuch bei Professor *Gmelin* versehentlich auf den Lieblingssessel der Katze zu setzen wagte. Er musste dann gewärtig sein, ein fauchendes Monster vor sich zu haben. Dass seine Katzenliebe anderen übertrieben scheinen könnte, wusste *Hans*: „Mancher mag über meine Fürsorge für die Katzen gelächelt haben, aber sie haben auch eine Stelle in meinem Dasein ausgefüllt. Oft haben sie mich aufgeheitert, wenn ich verstimmt über meine geringen Berufsaussichten mich schwermütigen Betrachtungen hingab."[44]

Als die Kinder einzogen, 1921 und 1923, wurde die Katzenbegeisterung ausschließlich in Günterstal ausgelebt. Nur wenn das dortige Haus verwaist war, wurden die Katze oder die Katzen mit nach Gießen genommen. Mit dem Tod des Professors endete auch die Vorherrschaft der Katzen am Nahrungsberg: Nachdem das Ehepaar ein paar Mal erfolglos Anlauf genommen hatte, einen Hund zu erwerben, kam Witwe *Martha* auf den Hund: Sie erlebte den Rest der Kriegszeit an der Seite eines Dackels namens „*Meise*", die mit ihr durch Dick und Dünn gegangen ist. Wir Kinder liebten ihre Erzählungen von Kriegserlebnissen mit dem kleinen Hund, auch wenn sie an schlimme Zeiten erinnerten. So war Oma nach den verheerenden Bombenangriffen der Royal Air Force am 6. Dezember 1944 samt Hund in Steinbach[45] „ausquartiert". Obwohl die mittelalterliche Altstadt von Gießen, die fast vollständig aus Fachwerkhäusern bestanden hatte, schon zu 86 Prozent zerstört war, erfolgte am 11. Dezember ein zweiter Luftangriff, diesmal durch die US-Airforce. *Martha* wanderte mit ihrem Dackel zur Hohen Warte hinter Annerod, um einen Blick auf das brennende Gießen zu werfen, in dem zu ihren Füßen die Reste der vertrauten Umgebung ihrer vergangenen 24 Jahre umkam.

---

[44] 1/31.
[45] Heute „Fernwald".

Im Rückblick erscheint es mir eigenartig, dass in der Familie all die Vorlieben meines Großvaters, die ungewöhnliche Begeisterung für Malerei – aktiv und passiv – für Musik – vorwiegend aktiv – für Sprachen -und für die Katzen in unserer Welt nach dem Krieg keine Rolle mehr spielte. Sie war mit ihm untergegangen. Doch eine Ausnahme gab und gibt es:

Nicht der Katzen-professor, sondern sein Schwieger-vater, Heinrich Meili. Von Hans fotografiert.

## Das Wandern und der Rennklub

*Hans Gmelin* erwanderte sich sein Umfeld und beschrieb viele seiner Wandertouren in seinen Erinnerungen ausführlich. Fast täglich „nach Tisch" ging es mit seiner Mutter auf den Freiburger Schlossberg[46] und an Wochenenden erschlossen sich Mutter und Sohn die höheren Berge rings um

---

[46] 1/67 ff.

die Stadt. Roßkopf, Brombergkopf, Kybfelsen, Lorettoberg, Schönberg, bis hin zum Schauinsland, Feldberg und Kaiserstuhl oder den von ihm am meisten geschätzten Belchen. Obwohl er den Blick vom Feldberg nicht so schätzte wie den vom Schauinsland, hat er beide Gipfel an die 25mal bestiegen.

Er schildert auch Wanderausflüge ins Elsaß oder in die Schweiz. Späterhin zählte sich *Hans* dem „Rennklub" zugehörig, einer Gießener Wanderriege von meist Universitätsangehörigen, gegründet von dem Germanisten *Otto Behagel*, (1854-1936) später gefördert von dem Kriminologen *Wolfgang Mittermaier*, (1867-1956) der mit anderen regelmäßig die umliegenden Wälder und Landschaften unsicher machte. Noch in der Zeit meiner Kindheit trug ein Weg in der Nähe des von *Mittermaier* geschätzten Dünsbergs bei Fellingshausen den Namen „Mittermaierweg". Nach einer Venenentzündung im Juni 1939 konnte *Hans* aus gesundheitlichen Gründen seiner Leidenschaft nicht mehr folgen und berichtete aus einem Urlaub, dass seine Frau und seine Söhne für ihn gewandert seien.[47] War das Wandern ursprünglich eine gesunde, gehobene Freizeitbeschäftigung mit dem nützlichen Nebeneffekt, dass man im Gespräch Universitätskollegen und deren Fachgebiete kennen lernte, wandelte sich sein Charakter nach der Machtübernahme durch die Nationalsozialisten: 1933 wurde der akademische Senat aufgehoben. Es gab kein gemeinsames Forum mehr, um bei Entscheidungen der Universität mitzuwirken oder auch nur seine Kollegen kennen zu lernen. Die einzige Struktur, die als kommunikative Basis überlebt hat, war der Rennklub[48]. Für die wanderbegeisterten meist älteren Herren blieb er ein Forum, zumal offenbar nur ein kleiner Teil der jüngeren nationalsozialistischen Dozenten diesen Kreis durchsetzt hatte.

---

[47] 3/856.
[48] 3/685.

„So emsig ich den Wandersport pflegte, so wenig habe ich das in Freiburg nach 1900 stark in Mode gekommene Skilaufen ausgeübt."[49] Seine frühen Bemühungen auf den Brettern endeten zwar ohne Knochenbruch, aber in Schneewehen. - Im Winter widmete sich *Hans* seinen beruflichen Herausforderungen und er sparte das Geld, um für sommerliche Fern- und Studienreisen Mittel zu haben. Nach dem Umzug nach Freiburg war Mutter *Johanna* die Partnerin beim Wandern gewesen, aber auch Freunde und Verwandte begleiteten ihn häufig, und später dann gab es gemeinsame Wandertouren mit seiner Frau *Martha* und seinen Söhnen *Ulrich* und *Günter*.[50] Letzterer hat das Wandern in geringerem Umfang auch ein Leben lang betrieben. Im Gegensatz zu seinem Vater mochte er aber keine einsamen Spaziergänge und beendete die Wanderschaft, als weder Freunde noch Angehörige ihn dabei begleiten mochten.

Von den vielen fotografischen Aufnahmen, die *Hans* von seiner Frau *Martha* gemacht hat, sind sehr viele verschollen. Einige der Familienalben weisen merkwürdige Ausrisse auf. *Martha* wollte auch späterhin nicht gern fotografiert werden. Offenbar hat sie sich einiger nicht so geschätzter Bilder in den Familienalben nach 1941 entledigt. Allerdings: Ein Bündel zusammengerollter Negative in einer Pappschachtel zeigt viele Aufnahmen aus der frühesten Zeit der Verbundenheit von *Hans* und *Martha*. Offenbar wurden diese nicht vergrößerten Aufnahmen keiner Zensur unterzogen. Wenn es von ihnen einstmals Vergrößerungen gegeben hat, sind diese jedenfalls untergegangen. Wir finden hier eindrucksvolle Bilder aus der Zeit von Verlobung und Hochzeit. Aus dieser Reihe der Negative stammt das folgende Bild, auch wenn es – wie die meisten - nicht brillant ist.

---

[49] 1/79.
[50] 1/79

Mit Martha auf Wander-schaft, eine frühe Auf-nahme aus dem Jahr 1920, die als Negativ die Zeit über-dauert hat.

## Die Sprachen

*Hans* kam vorwiegend mit alten Sprachen aus dem Gymnasium. Allerdings einschließlich des Französischen, das ihn dann auch am intensivsten und längsten beschäftigte. In Frankreich besaß er einige Freunde, mit denen er, so lange es ging, Kontakt hielt. Wir erfahren von einem Offizier aus Besançon namens *Gnillemeney*[51], der zum Sprachenstudium nach Freiburg gekommen war und auf der Rückfahrt nach Hause *Hans* mitgenommen hat. Die Schilderung dieser kleinen Ausflugsfahrt 1901 zeigt die gereizte Stimmung im Frankreich der Zeit vor dem Ersten Weltkrieg, aber vor allem stellt sie uns einen langjährigen Brieffreund *Gmelins* vor. - Auch wenn wir darüber keine Berichte besitzen, war *Hans* oft in Paris und nutzte die dortigen Kulturangebote, vor allem die Bibliotheken, in denen er mehr Material zur spanischen Verfassungsgeschichte gefunden hat als in Madrid: „Ich sammelte meinen Stoff nämlich nicht in Spanien selbst, wo ich nur kurze Zeit weilte, sondern in der Nationalbibliothek in Paris, die leider nicht in genügendem Maße mit spanischen Zeitungen und Büchern ausgestattet ist. Auch im Britischen Museum konnte ich nur wenig Ergänzungsmaterial finden, ist doch dort bis zum Jahre 1870 überhaupt keine spanische Zeitung in fortlaufender Reihe vorhanden, und von da ab nur die Epoca."[52]

In Italien überraschte er Italienerinnen, die ihn gefragt hatten, ob sein weibliches Ideal die Freiburgerin sei, mit der Erwiderung, dass ihm Französinnen am liebsten seien.[53] Die meist „etwas korpulenten Römerinnen" hatten nicht seinem Ideal entsprochen, auch wenn er das Diktum eines Römers für

---

[51] 1/126.
[52] Hans Gmelin: Studien zur spanischen Verfassungsgeschichte des neunzehnten Jahrhunderts. Inaugural-Dissertation. Union, Deutsche Verlagsgesellschaft, Stuttgart, 1905, V.
[53] 1/303.

unhöflich hielt, der die Römerinnen als „grasse e grosse", fett und gewöhnlich, bezeichnet hatte. Immerhin bekannte er, sich in eine Italienerin verliebt zu haben, von der er indessen nur deren Bild als Fotografie bewundern konnte.

Von den vielen Sprachen, die er beherrschte, war Französisch die erste und am innigsten gesprochene. - Während es in anderen Sprachen wohl nur selten Gelegenheit gab, sie auch praktisch zu benutzen, wie Schwedisch oder Türkisch, nutzte er jede Gelegenheit, im Französischen up to date zu bleiben. Dazu gehörte in erster Linie eine französische Wochenzeitung, „Le Journal", die ihn „mehrere Jahre hindurch" darauf aufmerksam machte, worüber in Frankreich gesprochen wurde.[54] Von Freiburg aus ist er öfter nach Straßburg gefahren, um auch dort die französischen Bibliotheken zu nutzen, auch als es nominell „deutsch" war, bzw. unter preußischer Militärverwaltung stand.[55]

Während der Bildungskanon in höheren Schulen des deutschsprachigen Raumes mehr die „alten Sprachen" betonte, Latein, Griechisch und Hebräisch, fand sich *Gmelin* nicht mit seinem Schulfranzösisch ab, sondern verfeinerte seine Kenntnisse bis in die Verästelungen französischer Konversation.

Während des Ersten Weltkrieges studierte *Gmelin* die Türkische Sprache, zumal deren Dozenten *Paul Kahle*, der Theologe und Orientalist, und der spätere türkische Schulleiter *Mehmet Ali* seine Freunde waren. Bereits in Freiburg hatte er bei *Reckendorf* die Anfangsgründe des Arabischen, vor allem die arabischen Schriftzeichen, erlernt[56].

---

[54] 1/114.
[55] Vgl. Christopher Clark, Wilhelm II. Die Herrschaft des letzten deutschen Kaisers. DVA, Kindle-Ausgabe. 2008, 156ff, vor allem 161.
[56] 2/207.

Auch in späteren Jahren, in Gießen, traf er sich in einem „Kränzchen", in dem unterschiedliche Sprachen gesprochen und eingeübt wurden. Einer der Teilnehmer war mein späterer Französischlehrer, *Schmidt, Karl,* (Eska), der sich vergeblich mühte, mir auch nur einen Bruchteil der Kenntnisse zu vermitteln, die er als junger Mann mit meinem Großvater ausgetauscht hatte.

Aber schon früher hatte *Hans* Begleiterinnen und Begleiter auf dem Weg zu guter Sprachenkenntnis. Gerade in der Freiburger Zeit berichtet er von mannigfachen Besuchern aus Frankreich, die er zu sich einlud, um sich mit ihnen zu unterhalten.

Bei einer Bekannten, einem Fräulein *Merkel,*[57] Schwester eines Oberamtsrichters, die selbst Sprachen lernte, konnte *Hans* 1901 eine der von ihr gebuchten Konversationsstunden in italienischer Sprache übernehmen und traf dabei ein erstaunliches Vorbild in dem durchaus „merkwürdigen" Kommilitonen *Ugo Cimino.*[58] Geheimnisvoll bleibt seine Herkunft, da er zwar eindeutig italienischen Ursprungs war, aber schon als Kind von Land zu Land geschickt worden war und sein Medizinstudium in Freiburg als englischer Staatsbürger betrieb. Für einen Studenten aus dem „Ausland" bedeutete das, dass er nicht zum Staatsexamen zugelassen wurde, sondern ein spezielles „Rigorosum" zu bestehen hatte, das *Ugo* aber mit Bravour ableistete.

Das Besondere an *Ugo* war, dass er Sprachkenntnisse sammelte, wie wenige andere: Italienisch, Französisch, Englisch, Deutsch und Schwyzerdytsch beherrschte er schon, lernte dazu noch Spanisch, Russisch, Arabisch, Persisch und Sanskrit. Die früh erworbenen Sprachen waren auch ein biographischer Beleg für ein Kind, das ständig herumgeschickt worden war von Frankreich, England, ins italienische Como, dann nach Davos und Chur in

---

[57] 1/94.
[58] 1/94-98.

der Schweiz. Später dienten ihm seine Sprachfähigkeiten, um sich mit Sprachunterricht ein Zubrot zu verdienen. Seine beiden Fächer, Medizin und Fremdsprachen, bestimmten dann auch seine Karriere; immer wenn er als Arzt arbeitete, befürchtete er, dass er sein sprachliches Talent missachte – und wenn er dann als Sprachenlehrer wirkte, ging es ihm umgekehrt. *Hans Gmelin* wird am Schicksal seines Freundes noch eine Weile Anteil nehmen, sie verpassen sich bei seiner Italienreise, es gibt dann noch einen Hinweis, dass *Cimino* während des Ersten Weltkrieges auf deutschem Territorium aufgegriffen wird, dann aber verliert sich seine Spur für immer. Vor allem beim Erwerb besserer Spanischkenntnisse bei der Vorbereitung auf die Spanienreise, war er *Gmelin* ein wichtiger Partner.

Das Erbstück: Der Schreibtisch, wohl aus der Karlsruher Familie, war später – hier im Jahr 1938 – auf Hans' Sohn Ugi übergegangen, und wurde im gleichen Zimmer am Gießener Nahrungsberg 51 von Hans' Enkel Ralf benutzt. An diesem Möbel entsteht gerade dieses Buch, allerdings in Wiesbaden...

# Die Reisen

*Hans* war viel auf Reisen. Leider fehlen einige Informationen, zum Beispiel über seine zahlreichen Besuche in Frankreich bzw. in Paris mit seinen Bibliotheken und Galerien oder auch die Fahrten nach London. Wir erfahren, dass sich seine Mutter eine Krankheit zugezogen hat, als sie mit ihm in Paris gewesen ist.[59] Auch vergleicht er auf seinen anderen Reisen gern Gesehenes mit französischen Beispielen, die seine Vertrautheit mit der französischen Kultur beweisen.

Seine Reise in die Türkei, die *Hans* mit seiner Ehefrau im September 1926 nach Istanbul, geführt hat, endete mit einer Passage über Athen, Ithaka und Korfu. In Istanbul besuchten sie den Schulleiter einer elitären Schule, *Mehemet Ali,* und dessen Frau. Ihn hatten sie gebeten, unabhängig von seinem religiösen Bekenntnis Patenonkel meines Vaters *Günter* zu werden. Mein Vater trug den in seinem Geburtsjahrgang 1923 ausgesprochen exklusiven Namen *Günter Walter Mehmet. Mehmet Ali* war vor dem Zweiten Weltkrieg einige Male zu Besuch in Deutschland.

*Hans'* ausführlich dokumentierte Reisen betreffen die Vorbereitung seiner Doktorarbeit über die spanische Verfassungslage, die er zugleich nutzte, um die kulturellen Schätze Spaniens kennen zu lernen, sowie die Reise nach Italien, auf der er für seine Habilitation recherchierte, mit der er über den Ausnahmezustand im italienischen Verfassungsrecht gearbeitet hat. Beide Reisen beweisen seinen Hunger nach Kulturkenntnissen, Museen, Kirchengebäuden und anderen Architekturbeispielen, die ihn unabhängig von seinem juristischen Anliegen umtrieb. Nach 1933 wurden die Reisen der Familie mehr und mehr Ausdruck des Ringens um Gesundheit. So versuchte man Erholung mit Badeurlauben zu gewinnen. Erkundungen gingen sowohl nach Franken und Bayern, aber auch nach Norddeutschland und schließlich

---

[59] 1/24.

nach Ostpreußen, nach Danzig, Marienburg und Königsberg im Jahr 1936–
in diesem Fall nicht mit dem eigenen Auto, sondern mit der Reichsbahn.[60]

*Ein Foto aus dem Jahr 1934 zeigt Ulrich, Martha,*
*Mehemet Ali und dessen Patensohn Günter,*
*während eines Ausflugs in die Gießener Umgebung.*
*Aus dem Fotoalbum*

---

[60] 3/ 692ff.

## Die Reise nach Spanien
## von Ende März bis 28. Juni 1902

Die Spanienreise, auf der *Hans Gmelin* Recherchen für seine Dissertation ausführte, ist seine bis dahin weiteste Reise, mit der er die Welt erkundet. Zuvor hat er schon mehrfach Ziele in Frankreich und England bereist und kann bereits als erfahrener Reisender bezeichnet werden. Im Gegensatz zu heutigen Reisen, die der Erholung dienen, reist *Gmelin* mit „großem Gepäck", also einem Koffer, in dem z.B. auch Gesellschaftskleidung Platz findet. Zu seinen Reisen gehört, dass die Essenszeiten eingehalten werden. Eine warme Mahlzeit am Mittag ist unverzichtbar und man speist in geselligem Rahmen in angemessener Kleidung.

Nach gründlicher Vorbereitung, was Sprache und Kunstgeschichte Spaniens anbetrifft, bemühte *Hans* sich um Kontakte in Spanien, indem er einen väterlichen Freund, einen international anerkannten Fachmann für europäische Geschichte, den Historiker *Alfred Stern* (1846-1936), einem engen Freund von *Albert Einstein*, in Zürich besucht hatte, der ihm aber nur wenig helfen konnte.

Ende März 1902 [61] fuhr *Hans* Richtung Süden, Gotthard, Luzern, Mailand und Genua[62], wo er die Familie von *Carlo Dufour* besuchte, bevor es nach Marseille weiterging. Bei seinen Reisen besucht er eine erstaunliche Zahl von Menschen, die ihm einmal begegnet sind und lernt deren familiäres Leben kennen. Eine längere Fahrtunterbrechung gab es im katalonischen Barcelona[63], wo er einen in Freiburg gebürtigen Juwelier traf, der ihn in den Deutschen Club einführte. Er erkundete die Stadt, den Stierkampf - bei ihm

---

[61] 1/146ff.
[62] 1/151ff.
[63] 1/160f.

„Stiergefecht" genannt - wo ihn ein „gräußliches Johlen"[64] des Publikums abstößt. Es geht auf den Tibidabo, einen Berg mit „überwältigend schöner" Aussicht[65]. Einer seiner Ausflüge galt dem Kloster Montserrat, wo sich die Legende vom Heiligen Gral zugetragen haben soll. Die vorwiegend touristischen Erlebnisse, die *Hans* in Spanien genoss, sind ausführlich im Quellenband abgedruckt und werden hier nur angedeutet.

Am 13. April nahm *Hans* den Zug über Zaragoza nach Madrid, wo er am 17. April eine deutsche Pension der Witwe *Kraus* und ihrer Kinder bezog.[66] Der etwa 28jährige Sohn *Federico* hatte im Frankfurter Städel Kunst studiert und wird *Hans* bei einigen seiner Ausflüge durch Spanien begleiten. Am Mittagstisch der Witwe *Kraus* trifft er regelmäßig auf einen österreichisch-ungarischen Konsulatssekretär namens *Mittelmann* aus Czernowitz, der seit sieben Jahren in Madrid lebte und zahlreiche Informationen über spanische Verwaltungseinrichtungen, soziale und wirtschaftliche Verhältnisse und spanische Literatur geben konnte.

Zum Eindruck, den er von seinem Reiseland gewinnt, gehören die „schweren Schäden der klerikalen Herrschaft"[67], die über Spanien lägen, während die kleinen Geistlichen dort, wie der wiederholte Gast der Witwe, Padre Don *Antonio Rodriguez* aus Estremadura, bettelarm und leichtgläubig durchs Leben gehen müssten. Dabei gewann *Antonio* durchaus die Sympathien des Deutschen mit seiner heiteren Art und lustigen Geschichten oder seinem Gitarrenspiel. Abends gab es mitunter festliche Gesellschaften, auf denen Nationaltänze zum Besten gegeben wurden: „Ich tanzte auch gelegentlich selber mit, denn der langsame spanische Tanz lag mir eher als der schnelle deutsche Walzer."[68] Dennoch wirft ihm der Tanz auch ein Zwie-

---

[64] 1/165.
[65] 1/170.
[66] 1/182.
[67] 1/184.
[68] 1/188.

licht auf die spanischen Frauen: „Ohne Tanz hätten diese Gesellschaften auch kaum etwas geboten, da eine Unterhaltung bei dem niederen Bildungsgrad der Mädchen ausgeschlossen war. Das galt damals nicht nur für die mittleren Klassen, denen meine Bekannten angehörten, sondern auch für die höhere Gesellschaftsschicht. Man muß bedenken, daß in Spanien noch 1880 die Zahl der Analphabeten beinahe 70 Prozent betrug und daß diese Durchschnittsziffer bei den Frauen noch höher war."

Ähnlich wie später in Italien entspricht die Madrilenin nicht *Gmelins* Schönheitsideal; „so mißfiel" ihm trotz des stolzen Schreitens „die untersetzte kleine Gestalt und der allzu kräftig entwickelte Busen, der für den Spanier den Gipfel der Schönheit bedeutet, indem er die Worte: „Es una doña muy famosa", sie ist eine schöne Frau, mit einer ausladenden Handbewegung begleitet."[69]

Erfreulich an dem vielleicht nicht sehr charmanten Urteil, dem in einer dem Autor unbekannten gedruckten Reisebeschreibung[70] noch Urteile über den Spanier folgten, ist die Erkenntnis *Gmelins*, dass er diese Urteile nicht wiederholen wolle, „weil sie in ihrer Verallgemeinerung doch zu oberflächlich sind und aus ihnen noch zu sehr die Selbstgefälligkeit des Intellektuellen und die für die Beurteilung eines fremden Volkes sehr hinderliche Selbstüberhebung des Deutschen spricht."[71]

Als er in Madrid lebt, wird *Hans Gmelin* Zeuge der Krönungsfeierlichkeiten, während denen der eben volljährig gewordene König *Alfons XIII.* den Eid auf die Verfassung leistete, als auf den Straßen ein hohes Maß an Mo-

---

[69] 1/189.

[70] Eine leider nicht mehr zugängliche Beilage zur „Badischen Landeszeitung" namens „Badisches Museum", in der vom 26.11.1902 bis 3.1.1903 Hans Gmelins spanischer Reisebericht abgedruckt worden war, sein erstes literarisches Erzeugnis... 1/263.

[71] .1/189.

narchieverdrossenheit zum Ausdruck kommt. Der früh verwaiste Prinz übernahm die Herrschaft aus den Händen seiner Mutter, *Maria Christina von Österreich*, die zwischenzeitlich als Regentin gewirkt hatte. Und die „große Zahl meist uralter Hofkutschen mit prächtig aufgeschirrten Pferden"[72] transportierten einen lustig winkenden König, - der bis zum Ende seiner Herrschaft ein schwankender Pappkamerad bleiben wird, und schon 1923 durch den Militärdiktator *Miguel Primo de Rivera* zum aristokratischen Kleiderständer degradiert wird, bevor er 1931 ins Exil musste.

Die damals noch nur 600.000 Einwohner zählende spanische Hauptstadt Madrid schildert *Gmelin* als quirligen Ort, der mit 650 Metern über dem Meeresspiegel noch 130 Meter höher liege als München: „Elektrische Tramwagen, mit elenden Maultieren bespannte Pferdebahnen, Droschken, Fußgänger, bilden hier, namentlich um die Mittagsstunde, einen schwer entwirrbaren Knäuel und am Abend spielt sich der Knäuel der Schaulustigen ab von der Pantra aus der nach Osten Corrado an Jerónimo, die Calle de Sevilla und zurück durch die Calle de Alcala. Eine Masse halbmüßiger Leute verkauft Zeitungen, Wachszündkerzen, Programme für die Festlichkeiten und die mit großer Ungeduld erwartete „Lista grande", das heißt die Gewinnliste der alle 14 Tage zur Ziehung gelangenden Staatslotterie. Dann wieder schleicht ein schönes, aber schmutziges Zigeunermädchen heran mit der Frage: „Quiere que le diga la ventra? Das heißt, sie will einem die Zukunft aufdecken oder den Namen des Mädchens, auf das man Eindruck gemacht hat, verraten und zwar für „una perra dica" oder „grande", das heißt für einen kleinen oder großen Hund, wie man in Spanien die Stücke von fünf oder zehn Céntimos nannte, weil nämlich der aufgeprägte spanische Löwe eine verzweifelte Ähnlichkeit mit einem Hund hatte."[73] Da Spanien 1902 noch zu den wenig touristisch erschlossenen Ländern Europas zählte, beschreibt der Quellenband in der Ausführlichkeit eines Reiseführers die vielen Sehenswürdigkeiten in Madrid oder Toledo, den Escorial und Cordoba, wohin *Gmelin*

---

[72] 1/190.
[73] 1/193.

Ausflüge unternimmt. Über Madrid fällt er ein Urteil, das weniger als Beleidigung, als vielmehr als Kompliment des Prado gewertet werden sollte: „Was einen Besuch von Madrid lohnt, ist nicht eigentlich die Stadt, sondern die Gemäldegallerie im Pradomuseum."[74] Er vergleicht diese Sammlung „mit den schönsten Gallerien Europas, denen von Paris, Wien und München".[75]

Merkwürdig für den protestantischen Juristen ist die auch hier zum Ausdruck gebrachte Verehrung des Habsburger Kaisers *Karl V.* (1500-1558), der gut und gern als Widersacher *Luthers* bezeichnet werden kann. Dennoch gilt ihm die Darstellung *Tizians,* der den Kaiser nach dem Sieg von Mühlberg zu Pferde gemalt hat, als das bedeutendste Gemälde. Kriterien für sein Urteil sind – außer dem Gegenstand, die Person *Karl V.,* - die Naturnähe, die *Hans* auch bei seinen eigenen Arbeiten als Maler sucht und die „dramatische Kraft"[76], die er mehr bei *Tizian* als bei *Velazquez* wahrnimmt.

Als Kind seiner Zeit vergleicht *Hans* Künstlerpersönlichkeiten mit entsprechender Prominenz, so *Velazquez* mit *Bismarck,* „weil er auch den Widerwilligen zur Anerkennung zwingt."[77] Dieser romantischen Assoziation können die meisten Menschen heute wenig abgewinnen, aber sie entsprach – auch später bei meiner Großmutter *Martha* – den damaligen Kriterien der Kunstgeschichte.

Für den wissenschaftlichen Anlass der Reise benennt er einige Hindernisse: Zunächst sei er zu wenig vorbereitet gewesen, zumal er anfangs noch nicht genau gewusst habe, worum es in seiner Arbeit gehen wird, dann aber hätten ihm Bezugspersonen gefehlt, die ihm hätten zur Seite stehen können, da sich das Konsulat als recht unergiebig erwiesen hatte. Gut war, dass ihm die

---

[74] 1/200.
[75] 1/201.
[76] 1/203.
[77] 1/204.

Möglichkeit eröffnet wurde, die Bibliothek des spanischen Senats zu benutzen, aber als hinderlich erwiesen sich die Feierlichkeiten des Thronfolgers anlässlich seiner Volljährigkeit, weil drei Wochen lang sämtliche Bibliotheken geschlossen blieben.

Im Hinblick auf die Ausflüge zu den touristischen Highlights Spaniens, fällt eine Betrachtung der damaligen Geschichte auf: Toledo war von Alters her die Schmiede zweier Machtfaktoren auf der iberischen Halbinsel: Der Offiziere und der geistlichen Alumnen. Ohne offensichtlich genau zu wissen, worum es in dem Kampf 1936 ging, rühmt *Hans* den Erfolg der wenigen Kadetten im Alkazar, die von einem republikanischen Heer belagert worden waren. Das Häuflein hielt den Belagerern stand, bis es von dem falangistischen Heer *Francos* entsetzt wurde. Die Bewertung *Gmelins* entspricht der nationalsozialistischen Propaganda, die die Presse im Deutschen Reich beherrschte, die diese militärisch recht bedeutungslose Episode symbolisch aufgeblasen hatte. Im Grunde hatte *Franco* den kriegerischen Konflikt um die Zukunft der spanischen Herrschaft im Sinne der Carlisten fortgesetzt.

Bei der Reise nach Andalusien, deren Höhepunkt Cordoba bildete, fällt auf, dass die kunstgeschichtliche Ursprünglichkeit ihm weitaus wichtiger war als die weltanschauliche und religiöse Funktion der dort angetroffenen Bauten. Die Christianisierung sowohl der Synagogen als auch der Moscheen gilt ihm als Barbarei. Er zitiert in diesem Zusammenhang *Karl V*.: „Ihr habt gebaut, was jeder bauen kann, aber ihr habt zerstört, was einzig in der Welt war."[78]

Die Rückschau auf das Reiseerlebnis in Spanien ist zwiespältig: Die „wissenschaftliche Ausbeute" bezeichnet *Gmelin* als unvollständig, indessen er die Eindrücke von der Natur und den Kunstwerken dieses Landes als unvergesslich bewertet.

---

[78] 1/223.

Die zugrunde gelegte Quelle für die Eindrücke von Spanien waren die Reiseberichte, die *Hans* seiner Mutter geschickt hatte. Dabei hätten Landschaft und Kunst im Vordergrund gestanden. „Doch ich beobachtete bei meinen Reisen auch die Menschen und suchte, soweit sich Gelegenheit bot, auch die politischen Zustände und die sozialen Nöte des Volkes kennen zu lernen. Die Ergebnisse solcher Beobachtung haben ihren Niederschlag freilich nicht in den Reiseberichten an meine Mutter gefunden, sondern eher in meinen literarischen Arbeiten, zum Beispiel in meiner Spanischen Verfassungsgeschichte ... Wie ich, um eine Reise fruchtbar zu gestalten, stets vor ihrem Antritt mich durch sprachliche, geschichtliche und künstlerische Studien darauf vorbereitete, so hatte ich auch nach Beendigung der Reise den aus ihr gezogenen Gewinn dadurch zu mehren, daß ich meine Kenntnis von Land und Leuten durch Nachstudium vertiefte.“[79]

In seiner Doktorarbeit, den „Studien zur spanischen Verfassungsgeschichte" wird *Gmelin* die politische Geschichte des Landes im 19. Jahrhundert beschreiben und die Elemente, die darauf Einfluss nahmen, von den Cortes, den Regionalinteressen, dem Klerus, dem Königshaus und Frankreich als Nachbarstaat, Invasionsmacht und Herkunftsland revolutionärer Impulse. *Gmelin* lässt dabei erkennen, dass er liberale Einflüsse als die zukunftsfähige Richtung sieht, auch wenn sie in der spanischen Geschichte durchaus problematische Züge trugen. Erschwert wurde die politische Entwicklung durch die innerdynastischen Auseinandersetzungen um die Erbfolge zwischen den konservativen Carlisten und den sich für eine konstitutionelle Monarchie einsetzenden Isabelinos, die in drei blutigen „Carlistenkriegen" endeten. Schließlich kommen noch Volksaufstände dazu, *Gmelin* bezeichnet sie als „furchtbare Aufregung", die 1835 zur Erstürmung der Klöster geführt hatten. Daraufhin – erst nachträglich – wurden die Klöster vom Kabinett aufgehoben. Auch regionalistische Tendenzen behinderten eine

---

[79] 1/260.

geradlinige Entwicklung, so im Baskenland, Navarra, und in Katalonien. *Gmelin* vergleicht die verschiedenen Verfassungsentwürfe z.B. von 1808, 1812 und 1837 und benennt jeweils deren Mängel.[80] Dennoch könnte man fast von einem happy end sprechen, wenn *Gmelin* schreibt: „Es war der Kommission gelungen, durch geschickte Auswahl und Anordnung des Stoffes das alte Grundgesetz in eine moderne Verfassung zu verwandeln, die sich den besten zeitgenössischen Verfassungsurkunden würdig an die Seite stellen konnte; dieser glücklichen Abfassung war es wohl zu danken, wenn die Verfassung, trotz aller Verschiebungen im einzelnen, heute noch in Geltung ist.“[81]

*Gmelin* wird seine letzte Veröffentlichung, die kurz nach der Machtergreifung der Nationalsozialisten erscheinen wird, noch einmal der spanischen Verfassungsgeschichte widmen[82]. Die dann im Mittelpunkt stehende Verfassung von 1931 ist eng mit der Weimarer Reichsverfassung verwandt. Umgekehrt bildet sich in den spanischen regionalistischen Tendenzen ab, was *Gmelin* auch für Deutschland fürchtet. Auch als süddeutscher Föderalist hält er die deutsche Einheit für gefährdet, wenn nicht Preußen als Führungsmacht den Zusammenhalt Deutschlands garantiert.

---

[80] Vgl. Gmelin: Studien zur spanischen Verfassungsgeschichte, 56.
[81] Gmelin: Studien zur spanischen Verfassungsgeschichte, 61f.
[82] Hans Gmelin: Die Entwicklung des Verfassungsrechts in Spanien von 1913-1932, Jahrbuch des öffentlichen Rechts Bd. 21, 1933/34, herausgegeben von Otto Koellreutter, J.C.B. Mohr (Paul Siebeck), Tübingen, 1934, 335 – 465.

Studien zur

# spanischen Verfassungsgeschichte

des

neunzehnten Jahrhunderts.

INAUGURAL-DISSERTATION

DER HOHEN JURISTISCHEN FAKULTÄT DER UNIVERSITÄT FREIBURG I. BR.

ZUR ERLANGUNG DER DOKTORWÜRDE

VORGELEGT VON

## HANS GMELIN

AUS KARLSRUHE I. B.

STUTTGART.
DRUCK DER UNION DEUTSCHE VERLAGSGESELLSCHAFT.
1905.

Das wissenschaftliche Ergebnis der Spanienreise, mit dem Hans Gmelin in Freiburg promoviert worden ist. Der Titel zeigt eine kürzere Version (72 Seiten), die Langfassung (272 Seiten) liegt uns nicht vor. Die Fakultät verlangte nur von der Kurzfassung 150 Pflichtexemplare, sodass die 400 Exemplare für den Druck in den Verkauf gehen konnten.

## Die Reise nach Rom
## vom 28. Februar bis 23. Juni 1905

Am 17. Februar 1905 brachte der Oberpedell der Universität Freiburg *Hans* die in einer roten Papprolle verwahrte Promotionsurkunde im Großformat, nachdem *Gmelin* die Pflichtexemplare seiner Dissertationsarbeit abgegeben hatte. Nachdem im Januar Mutter *Johanna* an die Riviera abgereist war, genießt *Hans* seine Freiheit und hält einen Vortrag in Karlsruhe, wo er bei der vertrauten Familie *Döll* liebevolle Aufnahme findet und auch einen Vortrag im „Altliberalen Verein" anhört, den der österreichische Historiker *Johann Zwiedineck Edler von Südenhorst* über einen damals ausgebrochenen Bergarbeiterstreik gehalten hat. Wie viele Liberale stand auch *Hans* auf Seiten der Streikenden und an vielen Orten wurde für die Streikkasse gesammelt, die indessen rasch zusammenschmolz und den Streik beendete. Allerdings: „So bewirkte doch der Druck der öffentlichen Meinung, daß der preußische Landtag im Wege der Gesetzgebung die Lage der Bergarbeiter verbesserte."[83]

In der mutterfernen Zeit füllt er die Abende mit weiteren Vorträgen und politischen Kundgebungen aus und begibt sich auf Wanderungen zur Louisenhöhe und auf den Roßkopf „in völliger Einsamkeit, wie ich sie liebe, denn es begegnete mir kein Mensch in den weiten Wäldern."[84] Nachdem *Gmelin* alle Korrekturen der Langfassung seiner Dissertation auf den Weg zur Druckerei gebracht hat, beginnt sein neues Projekt, die Vorbereitung einer Habilitationsschrift über italienisches Verfassungsrecht, für die er am 28. Februar 1905 nach Italien abreist.

Während andere Kollegen für ihre wissenschaftlichen Arbeiten einen Stapel Bücher auf ihrem Schreibtisch durch einen anderen Stapel Bücher ersetzen,

---

[83] 1/269.
[84] 1/270.

packt *Hans Gmelin* die Koffer und setzt sich einem anderen Land, seiner Kultur und seinen Rechtsverhältnissen aus – und natürlich dem dazu passenden Wetter! Trotz Bummelstreik unter italienischen Eisenbahnern, besuchte er seine Mutter in deren Urlaubsziel an der Riviera, bevor er am 13. März 1905 die Weiterreise nach Rom antrat.[85] Dort hat ihm eine Freiburger Bekannte eine Herberge empfohlen, die sich bei näherer Betrachtung als Nonnenpension entpuppte, - die natürlich keine Männer aufnahm. Zur Beruhigung las *Hans* einige klerikale Zeitungen „um meine etwas erschütterte Seelenruhe wieder zu gewinnen,"[86] versuchte seinen Freund *Cimino* zu besuchen, der aber bereits wieder aus Rom emigriert war, und fand schließlich Unterkunft in einer Pension in der Via Gregoriana.

Auch der Aufenthalt in Rom liest sich zu weiten Teilen als ausführlicher Reisebericht, in dem *Hans* seine ästhetische Erziehung unter Beweis stellt. Am Ende wird er 40 der damals etwa 250 Kirchen Roms besucht haben, auch wenn er sich beklagt, dass der Barockstil sich dominant auch über die schönen alten Basiliken gelegt habe, sodass er dieser barocken Pracht überdrüssig geworden sei.[87] Im Hinblick auf das „römische Rom" der Antike ist er zwar enttäuscht über die geringe Größe, zeigt sich damit aber durchaus vertraut von Schulkindesbeinen an. Bei vielen seiner Ausflüge begleiten ihn drei Norwegerinnen, aber vor allem ein deutscher Maler, der als ein wichtiges Bindeglied zwischen dem französischen Impressionismus und der deutschen Malerei gelten kann, *Hans von Faber du Faur* (1863 bis 1940), ein württembergischer Offizier, der in München gelebt hat. Er ist *Hans* ein guter Reisekamerad bis zu seiner vorzeitigen Abreise. Besser als in Madrid gelingt es *Hans Gmelin* in Rom, interessante fachliche Kontakte zu knüpfen, um

---

[85] 1/271f.
[86] 1/273.
[87] 1/344.

Aus dem Skizzenblock von Hans Gmelin: Die Accademia di Spagna am 30. Mai 1905.

seinen Zielen rascher näher kommen zu können. So hört er Vorlesungen des Staatsrechtlers *Pietro Chimienti*, der als Abgeordneter zugleich den Wahlkreis Reggio di Calabria vertrat. Mit ihm wird er später engeren Kontakt halten, den er als „aufrichtige Freundschaft" bezeichnete.[88]

Während *Hans* nachmittags mit *Hans Faber* Rom unsicher machte, galten die Vormittage dem Studium, für das er sich täglich in die Viktor-Emanuel-Bibliothek begab. Wie in seiner spanischen Recherche hängt viel von der Qualität der Bibliothek ab, deren Qualität indessen bei schlechter Beleuchtung und empfindlicher Kälte eingeschränkt war.[89] Auch die römischen

---

[88] 1/279.
[89] 1/288.

Mitstreiter boten *Hans* nicht viel Anlass zur Begeisterung: Die edlen Römer schwatzen unaufhörlich und spuckten auf den Fußboden! Getröstet wurde *Hans* von einer hübschen Katze, die von Zeit zu Zeit durch den Saal spazierte. Für ein effektives Studium hinderlich war, dass man in der Bibliothek Vittorio Emanuele im allgemeinen Lesesaal weder reservieren, noch mehr als zwei Bücher ordern konnte. [90] Die Verfolgung von Parlamentsdebatten, die über Jahre hinweggingen, war damit ausgeschlossen. Um in den privilegierten Saal zu kommen, in dem sinnvoll gearbeitet werden konnte, erhielt *Hans* ein Empfehlungsschreiben des deutschen Botschafters, Geheimer Rat *Stock*, das ihm zu einem persönlichen Gespräch mit dem Bibliotheksleiter, dem Grafen *Domenico Gnoli* verhalf. Da aber manche Niederschriften in den Bibliotheken Roms nicht verfügbar waren, bedurfte es der Protektion durch den Deputierten *Mantica*, um in der Kammerbibliothek zugelassen zu werden, die zusätzlich den Vorteil hatte, dass sie erst um vier Uhr geschlossen wurde. Sie lag im Palazzo del Montecitorio, in dem seit 1871 die Abgeordnetenkammer ihren Sitz hat. Diese Bibliothek erwies sich als erstklassige Quelle für die erforderliche Literatur.[91] - Gegen Ende des Romaufenthalts stellten sich gesundheitliche Probleme ein, die *Hans* als Blinddarmbeschwerden einschätzt und mit einer Diät bekämpft.[92] Da er im zweiten Teil der Romreise vorwiegend von Italienern umgeben ist, lernte er auch deren Mentalität kennen, wie sie in dem Bonmot zum Ausdruck kommt: „I Tedeschi e i cani vanno al sole" – Die Deutschen und die Hunde suchen die Sonne auf. - Zugleich beobachtet er, dass Italiener sich aus der Sonne ziehen, wenn sie einander begegnen: „Lei sta al sole!"[93] Als er von seiner Mutter beunruhigende Nachrichten hinsichtlich ihrer Gesundheit empfängt, beschließt *Hans*, seinen Romaufenthalt vorzeitig abzubrechen. Vom 10. Juni an hat er nicht mehr an seine Mutter berichtet, am 16. Juni

---

[90] 1/320.
[91] 1/322.
[92] 1/338.
[93] 1/341.

holt er die letzten Besichtigungen nach und beginnt, am Sonntag, den 18. Juni die Rückreise, die von der Besichtigung einiger Sehenswürdigkeiten unterbrochen wird. Im Rückblick auf die Studienreisen und im Vergleich zu seiner Spanienreise hält *Hans* seine Begegnungen mit Italienern für fruchtbarer, weil er deren Sprache geläufiger beherrscht habe als das Spanische. Sympathisch war ihm das Italien der Regionen, wo man die regionalen Dialekte bis hin zur Dichtung hochhielt, wie dies auch in Deutschland geschehe.[94] Was ihm in Italien und in Spanien gefehlt habe, sei die enge Verbindung der Menschen zu ihrer umgebenden Natur, wie er dies von Deutschen und Franzosen kenne. Als Zeichen für völlige Naturvergessenheit erschien ihm die Technik, die Blüten von Schnittblumen durch Ein-

Villa beim Borghesepark, 1. Juni 1905. Zeichnung aus dem Skizzenbuch von Hans Gmelin.

---

[94] 1/353.

tauchen in farbiges Wasser einzufärben,[95] wie er dies an der Piazza di Spagna beobachtet hatte. An den Italienern gefiel ihm noch deren Genügsamkeit und dass ihre „sorglose Lebensbejahung" ihn ermutigt habe, das Leben leichter zu nehmen „trotz meiner Schwerblütigkeit".[96]

## II.  Die Habilitationsschrift und die letzten Freiburger Jahre

Die folgende Zeit nutzt *Gmelin*, um seine Habilitation über das königliche Verordnungsrecht und den Ausnahmezustand in Italien zu verfassen, der er voranstellt: „Herrn Professor Dr. *Alfred Stern* in Zürich in Freundschaft gewidmet." Und: „Den Stoff selbst sammelte ich während eines dreimonatlichen Aufenthaltes zu Rom in der Staatsbibliothek Vittorio Emanuele, in der Universitätsbibliothek (Alessandrina) und vor allem in der Bibliothek der Deputiertenkammer."[97] Da *Gmelin* hier viele aktuelle Fragen der Verfassungsgebung in Deutschland und Hessen-Darmstadt von 1919 vorwegnimmt, sei hier einiges aus dem Inhalt wiedergegeben:

Er beginnt damit, dass Gesetzgebung und Verwaltung erst differenzierbar wurden, als die Organe getrennt wurden, die diese Aufgaben zu lösen hatten. Die Gesetzgebung erlässt Gesetze, die vollziehende Gewalt Verordnungen.[98] Zum Erlass von Rechtsverordnungen sei die Exekutive nur berechtigt, wenn ihr in der Verfassung oder in Gesetzen die Befugnis zum Erlass von Verwaltungsverordnungen übertragen worden sei, dagegen sei sie über-

---

[95] 1/356.

[96] 1/354.

[97] Hans Gmelin: Über den Umfang des königlichen Verordnungsrechts und das Recht zur Verhängung des Ausnahmezustands in Italien. Freiburger Abhandlungen aus dem Gebiete des öffentlichen Rechts, hrg. von Woldemar von Roland, Heinrich Rosin, Richard Schmidt, Heft XII. Druck und Verlag der G. Braunschen Hofbuchdruckerei, Karlsruhe i.B., 1907, V.

[98] Vgl. Gmelin: Über den Umfang, a.a.O., 2,3.

all befugt, sofern nicht Gesetze oder ein ausdrücklicher Vorbehalt für die formelle Gesetzgebung bestünden.[99]

Die Arbeit betrachtet die Verfassungsentwicklung unter den Bedingungen der sich entwickelnden konstitutionellen Monarchie, in der nicht mehr allein der Souverän die rechtliche Gestalt und die Entscheidungsprozesse dominiere, sondern in dem differenzierte Organisationen differenzierte Bestimmungen erließen: So werde das Parlament zum Gesetzgeber und der König zu einem Teil der Exekutive, die nur Verordnungen, aber keine Gesetze erlassen könne. Dabei betont *Gmelin*, dass es zwar ein „selbständiges Verordnungsrecht" gebe, dass dieses jedoch nicht „praeter legem" verstanden werden dürfe: „die selbständigen Verordnungen haben kein spezielles Gesetz zu ihrer Voraussetzung, ‚das Gesetz normiert nicht ihren Inhalt, sondern nur ihre rechtliche Möglichkeit."' (Verweis auf *G. Jellinek*, Gesetz und Verordnung, Freiburg, 1887)[100] Zwischen Gesetz und Verordnung liegen die Notverordnungen als eine formelle Verordnung mit formeller Gesetzeskraft im Sinne einer besonderen Art von Staatswillensakt. Sie widerspreche insofern nicht der Verfassung, als sie „den Stempel des Außerordentlichen, des Vorübergehenden, auf der Stirn" trage.[101] *Gmelin* zeigt auf, dass in Italien ein besonderes Misstrauen herrschte, dem König ein Notverordnungsrecht einzuräumen, außer der Verhängung des Belagerungszustandes, dem der zweite Teil der Arbeit gewidmet ist.[102] „Die Befugnis der Regierung, sich über die Verfassung zu stellen, würde das Recht des Staatsstreiches bedeuten, was das genaue Gegenstück zum Recht auf Revolution darstellen würde", zitiert *Gmelin U. Galeotti.*

Warum Notverordnungen im italienischen Verfassungsrecht einen so schlechten Ruf genießen, zeigt *Gmelin* an einigen Beispielen auf. Allerdings:

---

[99] Vgl. Gmelin: Über den Umfang, a.a.O., 9.
[100] Vgl. Gmelin: Über den Umfang, a.a.O., 28f.
[101] Vgl. Gmelin: Über den Umfang, a.a.O., 90f.
[102] Vgl. Gmelin: Über den Umfang, a.a.O., 97.

„Die öfter vorgekommenen Mißbräuche sollen jedoch nicht dazu verleiten, das Notverordnungsrecht überhaupt wegzustreiten, indem man sich auf den Buchstaben des Statuts beruft, vielmehr besteht die Aufgabe des Theoretikers darin, verfassungswidrige Handlungen von gewohnheitsrechtlicher Umbildung der Verfassung zu trennen und so die Linie des geltenden Rechts festzulegen."[103] In Italien sei die Notverordnung dem Parlament vorzulegen, das sie als legal oder illegal einstufe. Ist sie illegal, kann dennoch durch Beschluss beider Kammern die Regierung Idemnität bekommen, was einer positiv verlaufenen Vertrauensfrage entspricht. Das Parlament könne der Notverordnung Gesetzescharakter verleihen.[104]

Im zweiten Teil geht es um den Belagerungszustand, also Ausnahmemaßregeln, die in Kraft gesetzt werden können, sobald der Bestand des Staates von außen oder von innen bedroht werde. Den Belagerungszustand im Krieg nennt man den tatsächlichen, während man den Belagerungszustand im Frieden „als fingierten bezeichnet".[105] Während zwischen militärischem und politischem Belagerungszustand unterschieden werde, komme für die Arbeit nur der Ausnahmezustand im Frieden in Betracht.

Folge des A. sei die Suspension von Individualrechten und die Änderung der Zuständigkeit und des Verfahrens in Strafsachen.[106] Sowohl die Suspendierung der Individualrechte als auch die Unterstellung der Zivilbehörden unter die Militärbehörden bedürfe als Akt der Rechtsetzung immer eines parlamentarischen Beschlusses. Der Grundsatz, dass die Regierung auch nicht zeitweilig ein Gesetz außerkraftsetzen darf, sei nach dem Muster der Bill of Rights in verschiedenen Verfassungen ausdrücklich ausgesprochen worden, z.B. in der zweiten französischen Charte, in der belgischen, itali-

---

103 Gmelin: Über den Umfang, a.a.O., 105.
104 Gmelin: Über den Umfang, a.a.O., 133f.
105 Vgl. Gmelin: Über den Umfang, a.a.O., 142.
106 Gmelin: Über den Umfang, a.a.O., 143.

enischen, griechischen und rumänischen Verfassung; er gelte aber auch dort, wo er nicht besonders erwähnt sei."[107]

*Gmelin* zitiert einige italienische Abgeordnete, die einen Ausnahmezustand im Frieden für unzulässig halten, da ein Belagerungszustand verfassungswidrig sei. Allerdings verbiete das Statut den Belagerungszustand nicht, und die Individualrechte seien nur insoweit anerkannt, soweit sie nicht durch Gesetze beschränkt wurden. Über die Frage, wer für die Verhängung des Ausnahmezustandes im Frieden zuständig sei, habe sich „in Italien ein lebhafter Meinungsaustausch entwickelt".[108]

Strittig sei, ob der Belagerungszustand, der von der Regierung ausgerufen werde, erst durch die Billigung des Parlamentes rechtsgültig werde. Plötzlich ausbrechende Unruhen seien Grund für gesetzwidriges Handeln der Regierung. Nachträglich müsse das Parlament die Verhängung gutheißen, indem sie Dringlichkeit und Notwendigkeit prüfe.[109] Enthalte eine Ausnahmemaßregel einen Akt der Rechtsetzung oder die Suspension eines formellen Gesetzes, dürfe sie grundsätzlich nur mit Zustimmung der Volksvertretung erlassen werden, im Notfalle aber von der Regierung allein im Wege der Notverordnung, die nachher dem Parlament zur Genehmigung vorgelegt werden müsse. „So wie eine Notverordnung nur vom König erlassen werden kann, so kann auch die Verhängung des Belagerungszustandes im Frieden durch Verordnung nur von ihm ausgehen. Eine Verkündung des Belagerungszustandes durch die Militärbehörden entweder auf Antrag der Zivilbehörden oder gar ohne solchen Antrag, wie beides in der preußischen und in der spanischen Gesetzgebung vorgesehen ist, ist in Italien ausgeschlossen, ..."[110]

---

[107] Gmelin: Über den Umfang, a.a.O., 147.
[108] Gmelin: Über den Umfang, a.a.O., 152f.
[109] Vgl. Gmelin: Über den Umfang, a.a.O., 157-159.
[110] Gmelin: Über den Umfang, a.a.O.,168f.

„Über den Inhalt des Belagerungszustandes lassen sich für Italien nur schwer Regeln aufstellen", da es keine gesetzlichen Vorschriften dafür gibt und die königlichen Kommissäre unbegrenzten Spielraum für ihre Maßnahmen hätten. Wesentlich sei, dass es im Ausnahmezustand in Italien ausschließlich Militärdiktaturen gebe, sodass sämtliche Behörden dem Kommissär unterstellt würden.[111] Als typische Polizeimaßregel führt *Gmelin* die Ungültigerklärung aller Waffenpässe (Waffenscheine) an und die Anordnung, die Waffen abzuliefern. Behördliche Maßnahmen, strafbaren Handlungen vorzubeugen, sei es die Anweisung eines Zwangsaufenthalts, die Polizeiaufsicht, die Vermahnung, bei Ausländern die Ausweisung und endlich die zwangsweise Beförderung zur Heimat.[112] Ferner auch die Einschränkung des Versammlungsrechts und die Suspension der Pressefreiheit, die eigentlich gesetzlich nicht zugelassen sei.[113]

Der Belagerungszustand führe zur Aufhebung der Garantien der persönlichen Freiheit und der Unverletzlichkeit der Wohnung. Das bedeutet, Verhaftungen könnten auch außer in den von der Strafprozeßordnung vorgesehenen Fällen erfolgen, und Haussuchungen könnten jederzeit stattfinden."[114] Strittig sei auch der Einsatz der Militärgerichtsbarkeit gegen Zivilpersonen – in Friedenszeiten.[115] Der Wegfall jeglicher Rechtsmittel gegenüber den Urteilen der Kriegsgerichte zeige deutlich, dass die auf diese Gerichte bezüglichen Bestimmungen des Militärstrafgesetzbuchs nur auf den eigentlichen Kriegszustand zugeschnitten seien.[116] Aufgehoben werden dürfe der Belagerungszustand grundsätzlich nur durch Gesetz.[117]

---

[111] Vgl. Gmelin: Über den Umfang, a.a.O., 178.
[112] Gmelin: Über den Umfang, a.a.O., 180.
[113] Vgl. Gmelin: Über den Umfang, a.a.O., 182.
[114] Vgl. Gmelin: Über den Umfang, a.a.O., 184f.
[115] Vgl. Gmelin: Über den Umfang, a.a.O., 193ff.
[116] Vgl. Gmelin: Über den Umfang, a.a.O., 198.
[117] Vgl. Gmelin: Über den Umfang, a.a.O., 209.

Die hier bearbeiteten Grundfragen einer politischen Verfassung waren eher theoretischer Art, wurden aber bei der Diskussion um eine demokratische Verfassung von Reich und Volksstaat Hessen-Darmstadt wichtig, zum Beispiel bei der Frage, ob ein Bundesland ein Staatsoberhaupt brauche, das unabhängig vom Parlament sei. Dafür setzte sich *Gmelin* erfolglos ein, allerdings bekam der Ministerpräsident den stolzen – aber im Grunde falschen – Titel „Staatspräsident". Auch bei der Diskussion um eine Kolonialverfassung für das militärisch besetzte Belgien gegen Ende des Ersten Weltkriegs spielten solche Fragen eine Rolle.

## Probevorlesung: Belgien und das Sprachenrecht

Nachdem *Gmelin* im November 1905 die Arbeit an seiner Habilitationsschrift abgeschlossen hatte, stellte er das Gesuch, ihm in Freiburg eine venia legendi zu erteilen, die ihn berechtigt, Vorlesungen zu halten. Dabei verzichtete er auf das ihm vorgeschlagene Verwaltungsrecht, da *Richard Thoma* (1874-1957) dieses Feld abdeckte, solange er keinen Ruf bekam und konzentrierte sich allein auf das Staatsrecht. Die venia für Verwaltungsrecht bekam er dann, als *Thoma* Freiburg verließ[118]. Für seine Probevorlesung suchte er sich als Thema das Sprachenrecht, da es ihm wiederum ermöglichte, seine Reiselust mit einer Rechercheaufgabe zu verbinden. Zur Bearbeitung dieser Rechtsfrage begann er seine Studien in Belgien, wohin er am 31. Juni 1906 aufbrach. Das Königreich Belgien hatte – wie heute – drei Sprachengruppen, die französischsprachigen Wallonier, die einen niederländischen Dialekt, das Flämische sprechenden Flamen und eine kleinere deutsche Sprachgruppe, die aber weitgehend ignoriert wurde. In Brüssel fand *Gmelin* erstes Material.[119] Anfang August lernte er Land und Leute auf einer Badereise in Nieuwpoort in Westflandern kennen, indem er seine

[118] 1/363.
[119] 1/366.

zahllosen Ausflüge nutzte, mit Einheimischen und Touristen ins Gespräch zu kommen, wobei ihm seine Sprachkenntnisse des Niederländischen sehr hilfreich waren. Aber auch seine französischen Konversationsfähigkeiten waren ihm nützlich gerade im Gebiet um Dunkirchen im französischsprachigen Südflandern. Anfang September führte ihn seine Rückreise wiederum nach Brüssel, wo er weiteres sprachenrechtliches Material sammelte.[120] Nach seiner Rückkehr reichte seine Ausbeute für eine Probevorlesung über „Sprachenrecht in Nationalitätenstaaten", die sich drei Beispielen zuwendete, der Schweiz mit ihren drei Kultursprachen, Belgiens zwei Hauptsprachen und Österreich mit damals acht Volksstämmen. Ende Oktober konnte er sie vor der Rechts- und Staatswissenschaftlichen Fakultät halten. Am 30. Oktober wird ihm die venia legendi durch den Minister der Justiz, des Kultus und Unterrichts, *Alexander Freiherr von Dusch* genehmigt und dem Freiburger Senat mitgeteilt. Damit begann im Wintersemester 1906/07, das bereits begonnen hatte, die Unterrichtstätigkeit von *Hans Gmelin*.

## Kolonialstaatsrecht in Paris

In dieser Zeit machten die Versuche des Deutschen Reiches Schlagzeilen, sich auf dem Gebiet des Kolonialismus als „verspätete Nation" zu beteiligen. Die Lage in Deutsch-Südwestafrika ist kritisch, da nach einer Viehseuche, die ab 1897 die Existenz der einheimischen Herero bedroht hatte, diese ihre überlebenden Tiere im deutschen Kolonialgebiet verteilt hatten, ohne Rücksicht auf die deutschen Großgrundbesitzer zu nehmen. 1904 führte die Lage zu einem Aufstand der Herero und Nama, gegen den die Reichsregierung ein Marineexpeditionscorps unter Generalleutnant *Lothar von Throta* entsandte, das in einer blutigen Schlacht am Waterberg den Aufstand niederschlug. Innenpolitisch führte diese Lage zur Frage, ob das Kolonialabenteuer zu etwas nütze sei. Sowohl in der Sozialdemokratie wie auch

---

[120] 1/378f.

im Zentrum mehrten sich die Stimmen gegen die Kolonien und weitere Ausgaben für deren Ausbau, zum Beispiel der Südbahn nach Keetmanshoop, der im Mai 1906 zunächst abgelehnt worden war.[121] *Gmelin* steht bei der Diskussion um die Kolonien auf der Seite derer, die deutsche Kolonien für eine wirtschaftliche und imperiale Notwendigkeiten hielten. Bis zum Ende des Ersten Weltkriegs bemüht er sich um eine wissenschaftliche Spezialisierung auf das Kolonialstaatsrecht.[122] Diesem Rechtsgebiet entstammt seine Vorlesung im Jahr 1907.

Zu Beginn hatten Kolonialvereine die Kolonialismus-Idee getragen, um in entsprechenden Gebieten Land aufzukaufen, das an deutsche Siedler vergeben wurde. Der VdA, der Deutsche Schulverein, dem *Hans Gmelin* angehörte, unterstützte solche Siedlungen durch den Bau von Schulen. Er selbst wird einen Siedlungsverein, einen Landerwerbs und Plantagenverein zur Besiedlung von Bosnien gründen, der dann auch nach dem Ersten Weltkrieg liquidiert werden wird.

Bis 1900 spielten die deutschen Kolonien für den Außenhandel keine wirkliche Rolle (0,5 Prozent des Außenhandels). Mit der Bestellung von *Bernhard von Dernburg*[123] zum Staatssekretär des Reichskolonialamts wurde systematisch eine bessere Ausbildung von Kolonialbeamten gefordert und gefördert. Gab es in Frankreich bereits seit 1889 eine Ecole Coloniale, wurden nun Kolonialschulen errichtet und insbesondere, allerdings erst im Jahr 1908, das Hamburger Kolonialinstitut[124] gegründet. Den dortigen Lehrstuhl für Öffentliches Recht hätte *Hans Gmelin* gern bekommen. Er war

---

[121] Ab 1913 nahm sie ihren Betrieb auf.

[122] 1/385.

[123] Bernhard Dernburg (* 17. Juli 1865 in Darmstadt; † 14. Oktober 1937 in Berlin) war ein deutscher Politiker und Bankier. Wikipedia, 18.5.2024.

[124] Zu dessen Entstehung vgl. Johanna Elisabeth Becker, Die Gründung des Deutschen Kolonialistituts in Hamburg. Zur Vorgeschichte der Hamburgischen Universität, Hamburg, 2005. https://www.aai.uni-hamburg.de/voror/medien / becker-kolonialinstitut-ma.pdf

sehr überrascht, als dieser mit seinem aus Freiburg stammenden Kollegen *Richard Thoma*[125] besetzt wurde, der bei *Gmelin* nachfragen musste, welche kolonialrechtliche Literatur angeschafft werden sollte.

Im August 1907 vertiefte *Gmelin* seine Eindrücke von Belgien auf einer zweiten Belgienreise nach Nieuwpoort, wo er eine Völkerrechtsvorlesung vorbereitete, die ihm in Freiburg angeboten worden war,[126] und die er vor 20 Hörern im Wintersemester 1907/08 gehalten hat.

Seine Aufnahme in den Dozentenkreis der Freiburger Fakultät veranlasst *Gmelin*, seine damaligen Kollegen vorzustellen. Von diesen seien hier *Richard Thoma* genannt, der wohlhabende Freiburger, der rasch Karriere als Staatsrechtler gemacht hat, *Fritz Schulz*, ein persönlicher Freund und ein führender Vertreter des Römischen Rechts, der bereits 1931 an die Berliner Universität berufen wurde, aber wegen jüdischer Vorfahren nach 1933 ins britische Exil ging. Das Verhältnis von *Gmelin* zu *Hermann Kantorowicz* ist nicht ungetrübt. Von ihren Profilen her, historische und kunsthistorische Kenntnisse, polyglotte Vorbildung und im Grunde auch von ihren juristischen Anschauungen her, hätten sie sich nahe stehen können. Aber dagegen standen zwei massive Vorurteilsmauern: *Kantorowicz* stammte aus einer jüdischen Familie und war zumeist in Berlin aufgewachsen, was ihn kommunikativ durch Geschwindigkeit und Mundart auszeichnete, „echt Berliner Zungengewandtheit"[127]. Offenbar löste diese geballte Kompetenz bei dem gemütlichen Süddeutschen ein Minderwertigkeitsgefühl aus. Immerhin sprach *Gmelin* ihm juristischen Scharfsinn, historische Fähigkeiten und „überraschende Vielseitigkeit" zu. Auch *Kantorowicz* emigrierte nach 1933 zunächst nach Italien, dann in die USA und England. 1940 ist er in Cambridge gestorben. Ein ähnliches Urteil wird *Gmelin* über den Gießener

---

[125] 1/451.
[126] 1/393.
[127] 1/407

Staatswissenschaftler *Werner Friedrich Bruck* fällen, der eigentlich evangelischen Bekenntnisses war: Er sei „ein richtiger Berliner Jude von unglaublicher Zungenfertigkeit und schlagfertigem frechen Witz und kleiner Gestalt"[128] gewesen. Zu den fragwürdigsten Freunden im Kollegenkreis gehörte *Otto Koellreutter*,[129] (1883-1972) der ab 1930 zum zeitlich ersten nationalsozialistischen Staatsrechtler avancierte. *Hans Gmelin* hatte an ihn noch Erinnerungen aus Kindertagen, was sein Urteil m.E. etwas getrübt hat. *Koellreutter* gehört zu der Kamarilla, die sich um den Vorzug balgten, das nationalsozialistische Regime mit einem passenden Staatsrecht zu dekorieren. Er bildete sich nach 1945 ein, dagegen gewesen zu sein, weil er Reste von Rechtssicherheit nicht aufgeben mochte, was ihn in Widerspruch zu den nationalsozialistischen Vorstellungen vom Führerprinzip und von der rechtlich ungebundenen Willkür des jeweiligen „Führers" in der Volksgemeinschaft brachte. Das ändert aber nichts an dem zehrenden Ehrgeiz des Staatsrechtslehrers, der erst ehrenvolle Rufe bekam, als hauptsächlich seine Parteizugehörigkeit zur NSDAP zählte. Wegen eines Sprachfehlers hatte man ihn zuvor aufgefordert, seine venia legendi zurückzugeben.[130] Bei der Liquidation der **Vereinigung deutscher Staatsrechtslehrer** wird er eine sinistre Rolle spielen.

Zu den weiteren Kräften im Unrechtsstaat zählten der charakterfreie aber formulierungsstarke und belesene – polyglotte – *Carl Schmitt*[131] und dessen Schüler, der Freiburger Staatsrechtler *Ernst Rudolf Huber*, der zum Kronjuristen des Dritten Reiches aufstieg, dennoch nach dessen Zusammenbruch 1952 wieder eine Professur erlangte, ab 1962 in Wilhelmshaven. Schließlich war die Spinne im Netz der SS-Staatsrechtler *Reinhard Höhn*[132], dem es zwar

---

[128] 2/85f.
[129] NSDAP Partei Nr. 2.199.595: Mitglied ab 1. Mai 1933.
[130] 1/410.
[131] Siehe unten.
[132] Reinhard Höhn (* 29. Juli 1904 in Gräfenthal; † 14. Mai 2000 in Pöcking am Starnberger See) war ein führender deutscher Ideologe in der Zeit des Natio-

nicht gelang ein NS-Staatsrecht zu gestalten, der aber z.B. *Carl Schmitt* erfolgreich von einer noch größeren Karriere abhalten konnte. Weil er sich unter einem schäbigen Alias versteckte, entging *Höhn* nach 1945 der verdienten Strafe als einer der wenigen aus dem direkten obersten Täterkreis des Nationalsozialismus als direkter Untergebener von *Reinhard Heydrich*. Der Vollständigkeit halber gehört noch ein selbsternannter Spitzenjurist zu dieser Riege, der Reichsrechtsführer *Hans Michael Frank*[133] (1900-1946), der indessen im Unterschied zu *Höhn* 1946 nach einem Urteil im Zuge der Nürnberger Prozessen hingerichtet wurde, vor allem wegen der mörderischen Ausplünderung Polens unter seiner Gouvernementschaft.

Unter den zahlreichen Kontakten, die auch das Fachgebiet *Gmelins* überschritten, befindet sich *Eugen Fischer*[134], der eigentlich Anatom war, aber im Dritten Reich einer der profiliertesten Rassenhygieniker wurde. Da dieser einen Teil seiner Erkenntnisse bei Exkursionen nach Afrika gewonnen hat, war zwischen ihm und dem geographisch begeisterten und an den Kolonien interessierte *Gmelin* schnell eine Brücke gebaut: „Der einzige Mediziner, mit dem mich gemeinsame wissenschaftliche Interessen verknüpften."[135]. Aus heutiger Perspektive muss dieses Verhältnis als toxisch betrachtet werden, weil *Fischer* die rassistischen Vorurteile *Gmelins* mit einem Mäntelchen der Wissenschaftlichkeit überhängte. Ebenso bedrückend, dass *Fischer* als ehemaliger Direktor des Kaiser-Wilhelm-Instituts für Anthropologie, menschliche Erblehre und Eugenik ein erster Wegbereiter vieler NS – Medizin-Verbrechen war und dass seine Ermutigung, Juden zu bekämpfen, um die deutsche Rasse zu retten, die nach dem Zweiten Weltkrieg wieder

---

nalsozialismus und Verwaltungsrechtler. Der Mitarbeiter des SD-Hauptamts schuf in der Nachkriegszeit das Harzburger Modell. Wikipedia, 18.4.2024.

[133] (* 23. Mai 1900 in Karlsruhe; † 16. Oktober 1946 in Nürnberg) war ein nationalsozialistischer deutscher Politiker. Vgl. Wikipedia, 18.5.2024.

[134] 1/427.

[135] 1/427.

begründete Deutsche Gesellschaft für Anthropologie nicht daran hinderte, ihn 1952 zum Ehrenmitglied zu erklären. Offenbar hat nicht nur mit ihm der Rassismus in der Anthropologie das Dritte Reich überlebt.

## Kolonialstaatsrecht in Paris

Zwei Reisen nach Paris wurden nicht dokumentiert. 1908 bricht *Gmelin* zur dritten Pariser Reise auf, wo er drei Monate lang den französischen Kolonialismus studierte, zunächst in der Nationalbibliothek, dann mehr und mehr in der Bibliothek des Office Colonial im Palais Royal[136], wo er Quellen für das Kolonialstaatsrecht erforschte. Da Senatoren und Deputierte die ihnen überlassenen Drucksachen in der Librairie Roustan zu Geld machten, nahm *Gmelin* die Gelegenheit wahr, „eine stattliche Bibliothek bestehend aus den berühmtesten Kammer- und Senatsberichten über koloniale und algerische Probleme und aus den wichtigsten Büchern namentlich über algerische Fragen nach Hause" zu bringen.[137]

## Die Daily-Telegraph-Affaire

Während *Gmelin* wieder nach Freiburg zurückgekehrt an einer grundlegenden Arbeit über das Kolonialstaatsrecht am Beispiel von Algerien sitzt, ereignet sich im November 1908 eine – auch für ihn – erschütternde Krise: Die Daily Telegraph Affaire, in der Kanzler *Bernhard von Bülow* billigend in Kauf nahm, dass unüberlegte Bemerkungen von Kaiser *Wilhem II.* in einem Gespräch mit dem britischen Obersten *Edward Montagu-Stuart-Wortley* im Daily Telegraph abgedruckt wurden und damit das Klima zwischen Großbritannien und Deutschland nachhaltig beschädigten. *Gmelin* schildert die Wirkung des Skandals: „Die Äußerungen des Kaisers riefen eine ungeheure Erregung im deutschen Volk hervor, weil sie geeignet waren, die Beziehungen zwischen dem deutschen Reiche und einigen ausländischen Staaten, namentlich England zu trüben. Auch solche Kreise, die sich bis da-

---

[136] 1/433f.
[137] Vgl. 1/435.

hin zu einer starken monarchischen Gewalt bekannt hatten, wurden nun an der Regierungskunst *Wilhelms II.* irre."[138] Auch *Hans Gmelin* drängt sich im Nachhinein der Gedanke auf, ob dem deutschen Volk die Niederlage im Ersten Weltkrieg erspart worden wäre, wenn damals *Wilhelm II.* zurückgetreten wäre. In jedem Fall hat der Skandal für politisch aufmerksame und verantwortliche Menschen gezeigt, dass das Schicksal eines Landes und Staates nicht allein an den Launen und Schrullen einer monarchischen Person hängen darf.

Unter den Nachwirkungen der Affaire, im Dezember 1908 hielt *Gmelin* vor dem nationalliberalen und jungliberalen Verein einen Vortrag, in dem er über das parlamentarische Regierungswesen sprach, dem zwar nicht alle seine Sympathien galten, das aber die „schweren Gefahren des persönlichen Regierens" reduziere. Obwohl im Quellenband ein Textabschnitt fehlt, ist die Tendenz wahrnehmbar, das sich *Gmelin* die Zukunft als konstitutionelle Monarchie vorstellen kann, in der die Institution des Kaisers klaren parlamentarischen Gesetzen unterworfen ist, was *Wilhelm* II. in seiner Regierungszeit konsequent zu verhindern suchte, bis hin zu seiner kindischen Ablehnung des Deutschen Reichstags.

## Belgien zum Vierten und Wintersemester 1909/10

Der akademische Betrieb läuft im Jahr 1909 ohne große Auffälligkeiten und in den Sommerferien reist *Gmelin* ein weiteres Mal nach Belgien, diesmal allerdings in das Seebad de Panne, wo es ziemlich ähnlich zuging wie in Nieuwpoort. Im Wintersemester las er Staatsrecht und Völkerrecht, nicht ohne aufmerksam das Stellenkarussell zu beobachten, in dem ihm bislang noch kein Ruf erteilt worden war. Die Dozentur in Freiburg war unbesoldet, was bedeutete, dass das Einkommen auf ein geringfügiges Hörergeld beschränkt war, das von der Zahl der Hörer abhing. Während der Arbeit, mit der er sich im Kolonialstaatsrecht profilieren will, wird ihm klar, dass er noch

---

[138] 1/449.

einmal nach Paris muss. 1910 reiste er zum vierten Mal dorthin. Diesmal suchte er das Office de l'Algérie auf – gegenüber von dem schon bekannten Office Colonial. Überschattet war dieser Parisbesuch von heftigem Regenwetter, durch das die tiefergelegenen Stadtteile von Paris von der Seine überflutet wurden.

Wieder zurückgekehrt kann *Gmelin* die Frage klären, wie sein Werk über Algerien gedruckt wird. Nachdem er bei Mohr-Siebeck 500 Mark Druckkostenzuschuss hätte zahlen müssen, ist er froh, dass das Hamburger Kolonialinstitut es als Band seiner eigenen Schriftenreihe unentgeltlich veröffentlichen wird. Die Abschlussarbeiten für das Algerienbuch ziehen sich noch bis 1911. Der hohe Anteil an französischsprachigen Passagen überfordert allerdings die deutschsprachige „Tippdame", Fräulein *Schmidt*. Darum erwirbt *Gmelin* eine Blickensdorfer Schreibmaschine und tippt die französischsprachigen Anteile selbst.[139] Nach Einrichtung eines Registers und einer verbesserten Gliederung kann das Algerienbuch im Sommer 1911 in den Druck gehen.

Am 16. November 1911 berichtet *Gmelin* von einem Erdbeben, dessen Epizentrum in Albstadt-Ebingen gelegen hat und in einem großen Teil Westeuropas zu spüren war. Dabei erfahren wir, dass *Hans Gmelin* um halb elf Uhr nachts an seiner Schreibmaschine gesessen hat und dass er und seine Mutter am darauffolgenden Tag die Baustelle ihres neuen Hauses in Günterstal[140] besucht haben, in dem Mutter *Johanna* von 1913 bis 1930 wohnen wird. – Die Baustelle hatte nicht unter dem Erdbeben gelitten.[141]

Etwa ab 1911 dreht sich für *Hans Gmelin* das Personalkarussell, denn die Universitätsstellen für Öffentlichrechtler sind rar und die Ratschläge seines Förderers *Richard Schmidt* wurden nicht überall sehr ernst genommen. Von

---

[139] 1/483.
[140] Siehe unten.
[141] Vgl. 1/486.

wem er sich Förderung erwartete, war *Rudolf Smend*, der als Senkrecht-starter von Fakultät zu Fakultät gereicht wurde. So landete dieser kurz in Tübingen, wo er indessen erkrankte und *Hans* um eine Vertretung bat, die dieser jedoch wegen eigener Freiburger Verpflichtungen ausschlug. Um die Gesundheit seines Freundes *Smend* hätte sich *Hans* keine ernsten Sorgen machen müssen: Dieser wurde – im Gegensatz zu *Gmelin* – 93 Jahre alt und starb erst 1975.[142]

## Das Eigenheim in Günterstal

Obwohl die Karriere von *Hans Gmelin* noch sehr ungewiss ist, beschließen er und seine Mutter – nachdem sie einige Einfamilienhäuser besichtigt hatten, ein eigenes Haus im Raum Freiburg zu errichten. Als Bauplatz fanden sie etwas Passendes in Günterstal, dem südlichen Vorort von Freiburg, der sich von einem winzigen Dörfchen zum Villenvorort mauserte. Da ein Grundstück neben der riesigen Villa Wohlgemut – heute das Kloster von Klarissen - nicht in Frage kam, erwarb *Gmelin* ein Grundstück links von der Kybfelsenstraße in der St. Valentinstraße. Der Vorteil dieses Standortes war zugleich sein Nachteil: Er lag etwa zehn Meter über dem benachbarten Milieu, beinahe 100 Meter höher als Freiburg[143] und bot so eine schöne Aussicht nach allen Seiten, aber alles Lebensnotwendige musste eigens auf einem Saumpfad nach oben geschleppt werden. Da das Haus noch nicht mit Zentralheizung geplant wurde, bedeutete das, dass alle Heizmittel, Holz-scheite etc. hinaufzutragen waren. Das markiert später den Endpunkt dieses Eigentums, weil weder die Dienerin *Therese* noch *Johanna* im Alter noch dieser Aufgabe gewachsen waren. Mit dem Architekten, *Holtz*, wurde eine Mischung von Schwarzwaldhaus und Villa geplant. Ein gewaltiger Fehler war es, die Zufahrt zum rückwärtigen Rehhagweg nach den Baumaßnahmen

---

[142] Vgl. 1/491ff. Carl Friedrich Rudolf Smend (* 15.Januar 1882 in Basel; † 5. Juli 1975 in Göttingen). Wikipedia, 16.5.2024.
[143] 1/501.

aufzugeben, denn diese hätte langfristig eine bequemere Andienung ermöglicht, auch wenn man 1911 noch nicht mit individuellem Autoverkehr rechnen musste.

Als Bauherr beteiligt sich *Hans Gmelin* an der Gestaltung: Wichtiges Kriterium auch für die Beurteilung anderer Wohnhäuser war, dass die Gesellschaftsräume, das Wohn-, Musik-, oder Esszimmer so zueinander liegen, dass man leicht größere Gesellschaften unterbringen konnte. Ästhetische Erwägungen werden architektonischen Notwendigkeiten vorgezogen, was dann zu einem optimierten Standort eines Kachelofens führt, der indessen zur Folge hat, dass man den Rauchabzug durch die Küche führen musste.[144] Eine ähnliche Absonderlichkeit wird *Hans* auch bei der Planung der Küche im Haus in Gießen durchsetzen, was später aber bei der Verwendung von Gas- und Elektroherden keine große Rolle mehr spielen wird. Für *Johanna* und *Hans* wird das Günterstaler Haus für viele Jahre – bis 1930 – zum wichtigsten Lebenszentrum, bis dahin, dass der zweite Sohn 1923 den Vornamen Günter tragen wird, obwohl er Zeit Lebens persönlich nichts mit dem namensgebenden Günterstal zu tun haben wird. Für uns Nachgeborene wäre am originalen Bauzustand wohl am ungewöhnlichsten, dass alle Räume an den Wänden Tapeten mit Volltonfarben aufgewiesen haben, deren Verhältnis zu den Farben der Möbel abgestimmt waren, uns aber nach heutigem Geschmack düster vorkommen würden. Gegenüber der alten Wohnsituation in Freiburg wies Günterstal den Nachteil auf, dass man 20 Minuten mit der Tram zum Bertholdsbrunnen brauchte, aber dafür lebte man in bevorzugter Schwarzwaldluft, hatte eine wunderbare Fernsicht und nur wenige Minuten, um in der Waldeinsamkeit wandern zu können.

---

[144] 1/505f.

## 1912: Der gescheiterte Ruf nach Basel

Kaum waren Haus und Garten im Bau, tut sich etwas beim Personal-karussell der Öffentlichrechtler. Die juristische Fakultät der Basler Univer-sität beschließt, *Hans Gmelin* einen Ruf zu erteilen. Er wird zu einem Vor-stellungsgespräch beim Präsidenten der Kuratel der Universität Basel, *Sa-rasin*[145] gebeten, dem *Gmelin* unmittelbar Folge leistet. Das Gespräch ver-läuft vielversprechend, es kommt zu Begegnungen mit dem Vertreter des Römischen Rechts, *Otto Eger,* mit dem *Gmelin* in Gießen lange zusammen lehren wird und mit dem Vorgänger auf dem zu besetzenden Lehrstuhl, *Frisch,* einem Wiener, der daran war, einem Ruf nach Czernowitz zu folgen. Obwohl alles bestens scheint, bekommt *Gmelin* am 30. Dezember 1912 ein Schreiben von *Sarasin,* dass die Basler Regierungsbehörde die einstimmige Entscheidung von Fakultät und Kuratel zurückgewiesen habe. Der schei-dende Kollege *Frisch* tröstet ihn, dass in der Demokratie alles politisch per-sönlich hinterrücks abgemacht werde. „Wenn Sie erst einmal sechs Jahre hier sind, werden Sie auch mit Freuden nach Czernowitz gehen."[146] Als Schuldigen sehen *Gmelin* und sein Doktorvater *Richard Schmidt* den Basler Regierungsrat *Mangold* und den in Heidelberg lehrenden Verwaltungs-rechtler *Fleiner,* der als Schweizer Einfluss gehabt habe, den er für die Beru-fung eines Dozenten *Rück,* der in Tübingen lehrte, genutzt und über *Gmelin* in Umlauf gebracht habe, dass er im Alldeutschen Verband sei, ohne Hinweis darauf, dass er als Jungliberaler „eine sehr freiheitliche Richtung" vertrete. Was immer sich in Basel abgespielt hat, neuere Untersuchungen

---

[145] Isaak Iselin-Sarasin (* 18. Juli 1851 in Basel; † 16. Juli 1930 ebenda) war ein Schweizer Jurist, Politiker und Offizier. Er wirkte unter anderem als Regie-rungsrat des Kantons Basel-Stadt, als Nationalrat sowie von 1910 bis 1919 als Präsident des Schweizerischen Roten Kreuzes. Wikipedia, 20.5.2024. Die falsche Schreibung im Quellenband beruht auf einem Lesefehler: Sorry!
[146] 1/517.

der Universität Basel ergaben, dass zu den „Schuldigen" *Gmelins* Doktor-vater *Richard Schmidt* gehört hat.[147] Wie oben berichtet, galt *Schmidts* Empfehlung dem bereits erwähnten Strafrechtler *Johannes Nagler*, der dem Schweizer Recht gegenüber arrogant und anmaßend aufgetreten war. Nach dieser Empfehlung wollte man einen nächsten Schüler von *Richard Schmidt* in Basel verhindern. *Johannes Nagler* wird mit *Friedrich Oetker* und *Hellmuth von Weber* 1933 Verfasser eines rechtsbeugenden Gutachtens, das nach dem Reichstagsbrand die rückwirkende Wiedereinführung der Todes-strafe für schwere Brandstiftung in der „Verordnung des Reichspräsidenten zum Schutz von Volk und Staat" entgegen der herrschenden Meinung für verfassungsgemäß hielt.[148]

Der seit Jahren auf den erlösenden Ruf wartende *Hans Gmelin* ist in jedem Fall das Opfer dieser Vorgänge, auch wenn er in drei Arbeiten bewiesen hatte, dass er auswärtige Rechtssysteme ernst nehmen konnte und mit ih-nen zu arbeiten gewohnt war. Die Basler Fakultät und die Kuratel der Uni-versität gaben *Gmelin* die Genugtuung, dass sie ihre Liste in der Frankfur-ter Zeitung am 26. Juni 1912 veröffentlichten, in der *Gmelins* Name primo loco stand. Auch wurde er in Freiburg etwas eher als üblich zum außeror-dentlichen Professor ernannt. An seinen prekären Einkommensverhältnis-sen, die er nach Abzug berufsbedingter Kosten mit 340 Reichsmark pro Jahr bezifferte, änderte das nichts.[149]

Nach Fertigstellung des Günterstaler Hauses, mussten die Möbel überstürzt dorthin geliefert werden, weil die Stadt Freiburg die einzige Zufahrtsstraße für Kanalbauarbeiten sperren wollte. Mit zwei kleineren Pferdewagen wur-den die Sachen bergauf transportiert. Erst nach dem Tapezieren konnten dann die Möbel an ihre vorgesehene Stelle gerückt werden. Erschwert wurden die ersten Tage im neuen Heim, weil die elektrische Lichtleitung

---

[147] Vergleiche oben Seite 43.
[148] Wikipedia, 20.5.2024.
[149] 1/520.

noch nicht angeschlossen war, und man sich mit Kerzen und Petroleum-
lampen behelfen musste.

## Europäische Verfassungsgeschichte –
## ein Anlauf ohne Sprung

Durch den Freiburger Historiker *Friedrich Meinecke* wurde *Hans Gmelin*
aufgefordert für den Verlag Th. Oldenburg in München eine Verfassungsgeschichte der europäischen Staaten seit 1815 auf 576 Seiten zu schreiben.[150] Obwohl das Thema ganz nach dem Herzen von *Hans Gmelin* gewesen wäre, war ihm der Umfang im Grunde zu klein.[151] Auch konnten
während des bald folgenden Weltkriegs keinerlei Recherchen im Ausland
durchgeführt werden – und in der Nachkriegszeit verlängerte sich dieser
Zustand durch die erhebliche Devisenknappheit durch die hohen Reparationszahlungen. Darum wurden nur einzelne Verfassungsgeschichten ausgeführt, für Belgien, Schweiz, Rußland, Italien und einige deutsche Staaten.
Obwohl die Frist zuerst bis 1926, dann sogar bis 1935 verlängert wurde,
blieb das Werk ungeschrieben, von dem er selbst sagte, dass es sein „Hauptwerk hätte werden können".[152] Aber nach 1933, da neue Willkür um sich
griff, wäre das Interesse an der Geschichte der verfassten Loslösung von der
feudalen Willkürherrschaft sehr gering gewesen.

Auch im Jahr 1913 drehte sich wiederum das Personalkarussell: *Erich
Kaufmann,*(1880-1972) mit dem es *Gmelin* künftig sehr oft zu tun
bekommen sollte, ging von Kiel nach Königsberg, um dort ein Ordinariat

---

[150] 2/ 13f.
[151] 1/522. Das aktuelle von Arthur Benz, Stephan Bröchler und Hans-Joachim
Lauth herausgegebene Handbuch der Europäischen Verfassungsgeschichte
im 20. Jahrhundert (2020) hat fünf Bände, von denen der Band 5 allein 1.752
Seiten umfasst. Auch die – lediglich deutsche - Verfassungsgeschichte von
Ernst Rudolf Huber benötigte acht Bände zwischen 800 und 1200 Seiten.
[152] 2/14.

anzutreten. Der Dekan der Kieler Juristenfakultät und gute Freund *Gmelins, Fritz Schulz,* konnte ihm bereits im Januar mitteilen, dass er keine ernsthafte Konkurrenz für den staats- und verwaltungsrechtlichen Lehrstuhl habe. Im Februar stand fest, dass *Hans Gmelin* primo loco platziert war. Während er auf den Fortgang des Verfahrens wartete, wurde *Richard Schmidt* nach Leipzig berufen, der Extraordinarius *Ringler* nach Erlangen, der Keltenforscher *Eduard Rudolf Thuneysen* nach Bonn. Im April trifft der Ruf nach Kiel ein, er verzichtet auf die venia legendi in Freiburg und unter anderen gratuliert ihm sein Kieler Vorgänger *Erich Kaufmann,* dass er sich freue, dass ihm nun die „längst verdiente Anerkennung zuteil" würde[153]. Bereits am 5. Mai sollte der Vorlesungsbetrieb beginnen. So tritt er am 2. Mai die Reise in den Norden an. Zwar war das Extraordinariat nicht übermäßig gut dotiert, aber im Vergleich zu der Zeit zuvor waren ein Jahresgehalt von 2.600 Mark, ein Wohngeldzuschuss von 920 Mark und eine Kolleggeldgarantie von 1.200 Mark nahezu fürstlich. [154]

---

[153] 2/19
[154] 2/20f.

# III.   Professor in Kiel und Gießen

Kiel blieb nur ein sehr kurzes Unternehmen, da *Gmelin* nur das Sommersemester dort gelehrt hat. Sein Freund, *Fritz Schulz,* holte ihn vom Bahnhof ab und zeigte ihm die notwendigen Einrichtungen von Stadt und Universität. Zum ersten Mal steht die Trennung von dem gemeinsamen Haushalt mit Mutter *Johanna* an. Zwar wird sie einen erheblichen Teil des Semesters in Kiel zubringen, aber die beiden einigen sich, dass sie weiterhin in Günterstal wohnen wird, wo *Hans* regelmäßig die Ferien verbringen wird. Er findet ein möbliertes Unterkommen, muss aber über die sanitären Zustände staunen: Es gab weder Kanalisation noch Gruben, damit die Abwässer nicht in den Kieler Kriegshafen geleitet würden. So mussten die Bürger sich mit primitiven Donnerbalken und einer unausstehlich riechenden Blechtonne behelfen. Zu lesen hatte *Gmelin* nur Staatsrecht und konnte sich über 50 Hörer freuen. Für das kommende Semester bereitete er schon Kirchenrecht und allgemeine Staatslehre vor. Als *Gmelin* sein Amt antritt, ist noch *Heinrich Triepel* dort als Staatsrechtler berufen, obwohl er sich bereits nach Berlin aufgemacht hatte. In Lexikonartikeln steht zwar bei fast jedem Staatsrechtler, er sei der größte seiner Generation gewesen, aber man kann *Triepel* als Nestor seines Fachs in seiner Generation bezeichnen, zumal er die **Vereinigung deutscher Staatsrechtslehrer** gründen wird. Die Anerkennung *Gmelins* genoss er in jedem Fall.

Bei der Beschreibung der anderen juristischen Kollegen bemüht *Gmelin* wieder seine rassistischen Vorurteile, da einige Professoren jüdischer Herkunft waren, wobei er dem Juden *Moritz Liepmann* einräumt, er sei ein sehr schafsinniger Prozessualist und sei durch hohe Gestalt und „regelmäßige, geradezu edle Gesichtszüge" ausgezeichnet. Mit seinem Kollegen *Werner Wedemeyer* – einem Niedersachsen – vertrug er sich gut, der sich später für seinen Freund *Hermann Kantorowicz* stark machen würde, was ihn in

Konflikt mit dem Dritten Reich brachte. Gesellig war *Gmelin* meist mit seinem Freund *Fritz Schulz* unterwegs: Man aß mittags mit einander und besuchte zuweilen Feiern von Kollegen. Gegen Ende des Semesters zeichnete sich ab, dass *Fritz Schulz* ein Fräulein *Plaut*, Assistenzärztin in der Inneren Klinik, heiraten würde. – Die Kieler Woche mit krachendem Kaisersalut für sämtliche ein- und ausreisende Könige wurde rücksichtslos im Hinblick auf das Ruhebedürfnis der Bürger abgehalten, auch Mutter *Johanna* und der Vetter *Hermann Gmelin*, damals Ingenieur bei der Vulkanwerft (1909-1928) in Hamburg, waren zu Besuch gekommen. Bei Regen und Flaute durften die Universitätsangehörigen mit ihren Gästen auf einem Dampfer die Segelregatta betrachten, die bald von einer frischen Brise angefacht wurde. Vetter *Hermann* bediente sich offenbar lärmender Münchener Fröhlichkeit „die nicht ganz nach dem Geschmack meines Freundes *Fritz Schulz* war". [155] Architektonisch fand *Gmelin* an Kiel nichts Besonderes, aber seine Lage ermöglichte während der Pfingstferien einen ausführlichen Ausflug ins dänische Kopenhagen. Der erste Abend wurde dem Tivoli gewidmet, der zugleich der „Erholung, der Volksbelustigung und der Volksbildung diente."[156] Der darauffolgende Mittwoch diente dem Sightseeing, dem Christiansborg-Schloss und dem Thorvaldsen Museum, dass *Gmelin* missbehagte, weil dort viele „geschmacklose Gipsfiguren" aufgestellt seien, die allerdings die Originale darstellen, nach denen die Gusskopien erstellt worden sind. Begeisterter sahen sie die Bilder und Gemälde der Ny Carlsberg Glyptothek, die *Carl Jacobsen*, der Inhaber der Carlsbergbrauerei gestiftet hatte. Am 15. Mai besuchten sie schließlich im Reichstags-Gebäude eine Sitzung der Seerechtskonferenz, bei denen ihnen ein deutscher Teilnehmer auffiel, der ein weitaus schlechteres Englisch sprach als die beiden Franzosen zuvor. [157]

---

[155] 2/32.
[156] 2/ 34ff.
[157] 2/37.

Die alte Innenstadt von Gießen, dessen Marktplatz mit vier
Trambahnen keinen weiteren Passanten mehr brauchte. Ein enges
Fachwerkstädtchen. Zeitgenössische Postkarte

## Neue Heimat Gießen

Nach dem Weggang von *Heinrich Triepel* nach Berlin wurde ein Ordinariat
in Kiel für Staats- und Verwaltungsrecht frei, auf das der ebenfalls in Freiburg bei *Richard Schmidt* promovierte *Wilhelm van Calker* einen Ruf erhielt, der bis dahin den entsprechenden Lehrstuhl an der kleinen hessen-
darmstädtischen Universität Ludoviciana in Gießen vertreten hatte. Er
hatte dort seit 1903 als ordentlicher Professor gewirkt und sich besonders
um das hessische Landesstaats- und Landesverwaltungsrecht verdient gemacht. Wie dann auch *Gmelin* später war er ab 1912 Mitglied des Hessischen Verwaltungsgerichtshofs. *Van Calker* wird in Kiel neben der Lehrtätigkeit an der Universität Kiel zugleich Dozent für Völkerrecht an der Kai-

serlichen Marineakademie. Später wird er an die Universität Freiburg berufen, wohin *Gmelin* trotz seiner Vorliebe für diese Stadt nicht wechseln konnte.

Am 26. Juli 1913 teilte *van Calker Gmelin* vertraulich mit, dass dieser auf dem Senatsvorschlag an die hessische Regierung primo loco stehe. „Er fügte hinzu, als künftiger Kieler müsse er wünschen, daß es der preußischen Regierung möglich sei, mich in Kiel zu halten, als heutiger Gießener habe er den entgegengesetzten Wunsch.“[158] Am 1. August erreicht ihn das Schreiben des hessischen Ministers des Inneren, in dem ihm der Hochschulreferent *Weber* mitteilt, er sei für die Professur für Öffentliches Recht in Gießen vorgeschlagen, wo er Staats-, Verwaltungs-. Kirchen- und Völkerrecht lehren solle. Als Ordinarius würde er dann auch einen auskömmlichen Sold beziehen. Unmittelbar darauf reiste *Gmelin* nach Darmstadt zu *Weber*, um zuzusagen, vorausgesetzt, dass man ihn denn in Berlin gehen ließe. Im Anschluss an die darauffolgende kurze Reise nach Berlin wird er am 3. September 1913 entlassen und kann den Ruf nach Gießen annehmen. Großherzog *Ernst Ludwig* hatte die Ernennungsurkunde bereits am 16. August unterzeichnet.[159]

Da sich *Hans* um den Ferienkurs an der Universität Freiburg kümmern musste, überließ er die Wohnungssuche in Gießen seiner Mutter, die dazu am 13. August dorthin reiste. Sie fand eine Parterrewohnung in der Wiesenstraße 2, direkt am Anlagenring. Da *Johanna* und *Hans* sich einig waren, dass der Günterstaler Haushalt bleiben solle, musste nun eine komplette Wohn- und Haushaltsausstattung erworben werden, wofür er 5.350 Mark aufwendete. Obwohl die im Sommer heiße und im Winter fußkalte Wohnung einen ungewöhnlichen und nicht sehr praktischen Grundriss hatte, blieb *Hans Gmelin* über 14 Jahre von 1913 bis 1928 dort wohnen. Der mangelnde Komfort der Wohnung wurde ausgeglichen durch die regelmäßigen

---

[158] 2/39.
[159] 2/40.

Ferienaufenthalte in Günterstal. Dafür hatte man es nahe zum Botanischen Garten, der als ältester unverlegter Botanische Garten auch noch immer seinen Platz dort hat. Auf der anderen Seite der Senckenbergstraße lagen Versuchsgärten des Landwirtschaftlichen Instituts – die heute dort nicht mehr liegen. Zur Stadtmitte hatte man es nur wenige Minuten weit, zu Bürgermeisterei, Tram und Universität seien es acht Minuten Entfernung gewesen.[160] Zum Wiesecktal oder zur Liebigshöhe, die damals ein beliebter Naherholungsort war, waren es ebenfalls nur wenige Gehminuten.

Vor Semesterbeginn galt es nun die Wohnung einzurichten. Dazu reisten Mutter und Sohn mit zwei Hausmädchen und zwei Katzen nach Gießen. Bei der Einrichtung der Wohnung hatte man darauf geachtet, dass der komplette Freiburger Haushalt auch in Gießen Platz finden konnte.

## Fremdeln mit der neuen Heimat

Im Vergleich mit Freiburg kommt Gießen nicht gut weg: Das Stadtbild des Vorkriegs-Gießen ist im Gegensatz zu dem deutlich mondäneren Freiburg durch seine kleinformatige Fachwerkarchitektur geprägt, altes und neues Schloss sind keine Sehenswürdigkeiten, nichts ließe sich mit dem Freiburger Münster vergleichen. Noch ärger fällt der erste Eindruck von der Natur um Gießen aus, wenn man sie mit dem Schwarzwald vergleicht.

Die Stadt Gießen erscheint *Hans* weniger gemütlich als Tübingen oder Marburg, andererseits sei ihr Kulturangebot gegenüber einer Großstadt sehr viel dürftiger. Dennoch ist sie eine Pendlerstadt, die einer zahlreichen Landbevölkerung Arbeitsplätze stellt. Geprägt wird ihr Stadtbild durch die Bahngleise, die ihr eigentlich den Namen zutragen müßten: „Gießen an der Bahn", deren gewaltiger Bahndamm sie von der Lahn trennt. [161] Auch der Bahnhof ist ein Objekt des frühen Spottes. Er gehört zu den wenigen Bau-

---

[160] 2/53.
[161] 2/54.

werken die auch heute nach den Luftangriffen des Zweiten Weltkriegs 1944 so aussehen wie zur Zeit von *Hans Gmelin*. Im Gegensatz zu anderen Bahnhofsanlagen sei hier der Sackbahnhof für den Straßenverkehr gültig, der am Bahnhof endet, während die Eisenbahnen durchfahren könnten.

Die Lage zwischen Vogelsberg, Taunus und Wetterau ist ihm auf den zweiten Blick vertraut geworden: „Um Gießen herum ist alles klein und eng, auf beschränktem Raum ist alles mögliche, Feld, Wald, Fluß, Brücken, Burgen, niedere Berge, wie auf einer Tafel für den Schulgebrauch oft zu gefälligem Bild vereint, aber eben der Zug ins Große fehlt, und dies spiegelt sich auch im Wesen der Bevölkerung wieder.“[162]

## Der Sonderklub

Die Universität wirkt noch etwas altertümlich mit einer gewaltigen philosophischen Fakultät, zu der auch noch Land- und Forstwirtschaft gehören. Sie wird später in zwei Fakultäten aufgeteilt. Der in den früheren Jahren große Zusammenhalt der Dozenten ergab sich aus zwei Strukturen: Zum einen der Sonderklub, der aus allen Dozenten bestand, die am Anfang ihres Dienstes Antrittsbesuche bei allen Kollegen gemacht hatten. Er diente sowohl der Geselligkeit, als auch der allgemeinen Fortbildung.

## Der Rennklub

Zum anderen gab es eine besondere Einrichtung, die auf den Philologen *Otto Behagel* zurückzuführen war, der 1888 von Basel nach Gießen berufen worden war und der Stadt und ihrer Universität treu blieb bis zu seiner Emeritierung 1925 bzw. seinem Tod im Jahr 1936. *Behagel* stammte ursprünglich aus Karlsruhe und behielt den dort heimischen Sprechton bei. „Als ich ihn kennen lernte, war sein steilstehendes Haupthaar und sein Ziegenbart

---

[162] 2/56.

bereits gebleicht, aber er erfreute sich noch lange einer unverwüstlichen körperlichen Rüstigkeit. Er dankte sie zum guten Teil dem Wandersport, dem er als erster Badener mit Begeisterung huldigte."[163] Im Rahmen der Rennkläufe durchstreifte er mit den anderen Teilnehmern alle 14 Tage die Umgebung der Stadt. „Bei diesen Ausflügen spendete er, an alltägliche Dinge anknüpfend, unauffällig aus dem reichen Schatz seines Wissens um die deutsche Sprache und ihre Mundarten. Bis über sein siebzigstes Jahr hinaus schritt *Behaghel* noch regelmäßig mit bei den Rennkläufen."[164]

Im Rennklub trafen sich regelmäßig alle Dozenten, die einigermaßen wanderbegeistert waren. Für den Wanderfreund und ebenso kommunikativen wie neugierigen *Hans Gmelin* war der Rennklub eine wunderbare Gelegenheit, Kollegen und deren Kompetenzen und Lebensgeschichten kennenzulernen und dabei die Umgebung zu erkunden.

## Gesellschaften

In der Zeit vor Radio, Fernseher und Internet traf sich das Bürgertum regelmäßig mit einigermaßen Gleichgesinnten zu Gesellschaften, die sowohl dem Gespräch, als auch dem Musizieren dienten. Wichtige Nebenbeschäftigung war dabei Essen und Trinken, mit denen sich die Gastgeber bei ihren Gästen profilierten, wenn es die Verhältnisse zuließen. Gerngesehener Gast war jeweils der Universitäts-Musikdirektor, zum Beispiel *Gustav Trautmann*, später *Stephan Temesvary,* die die Gesangsdarbietungen kundig begleiten konnte. Auch erwiesen sich hier viele Professoren und/oder ihre Ehefrauen als besondere musikalische Bereicherung – oder eben nicht. *Hans Gmelin* hat dabei öfter die Geige gespielt, als Ehemann später auch mit der Klavierbegleitung seiner Frau. Dass beim Musizieren leicht der Charakter eines Menschen zum Ausdruck kommt, davon ist *Gmelin* überzeugt: So hält

---

[163] 2/72.
[164] 2/73.

er den Philosophen *August Messer* für einen eitlen Menschen, der sein politisches Mäntelchen stets nach dem aktuellen Wind hängt und liest dies auch an dessen Violinspiel ab, „an den auffallenden Bewegungen und Körperverrenkungen",[165] die er dabei ausführt.

## Junggesellen

Wie bereits im Fall *Fritz Schulz* angemerkt, war *Gmelin* besonders mit Männern verbunden, die wie er unverheiratet waren. Dazu gehörte in Gießen *Paul Kahle*, gebürtiger Ostpreuße, der ursprünglich evangelischer Theologe und ehemaliger Pfarrer in Kairo, Privatdozent in Halle und dann Orientalist seit 1914 in Gießen war. Als Wanderfreund und als geselliger Gefährte war er ein wichtiger Weggenosse – bis er 1919 die Tochter des Professors für Landwirtschaft, *Paul Gisevius*, heiratete[166] und damit die Genossenschaft der Junggesellen verließ. Mit seiner Frau folgte er später einem Ruf nach Bonn. Sein Verlust war sicherlich einer der Gründe, die *Gmelin* dazu brachten, selbst in den Ehestand zu treten. Zusammen mit *Mehmet Ali*, einem Istanbuler Türken, der als Lektor tätig war und sich zugleich fortbildete, waren *Gmelin* und *Kahle* ein (Junggesellen-) Team, das sich in Gießen um die Förderung der türkischen Sprache bemühte, da die Türkei ja ein Verbündeter im Ersten Weltkrieg war. Nach dem unglücklichen Ausgang des Krieges war das Interesse am Türkischen rasch erloschen.[167]

Der letzte Junggeselle, der auch noch nach der Heirat *Gmelins* diesem Stand weiter zugehörte, war der gebürtige Karlsruher *Adolf von Grolman*, ein promovierter Jurist und ebenso promovierter Literaturwissenschaftler, der in den Gesellschaften als begabter Musiker auftrat und der, nachdem er aufgrund seiner Unbeherrschtheit seine venia legendi in Gießen als Philologe zurückgeben musste, als freischaffender Autor wieder in Karlsruhe mit

---

[165] 2/80.
[166] 2/92.
[167] 2/78.

seiner Mutter lebte. Auch wenn er die Hochzeitsfeier von *Gmelin* in der Röttler Kirche musikalisch begleitet hat: Er hat unmissverständlich zu Protokoll gegeben, dass er *Gmelin* als einen Abtrünnigen vom Stand der Junggesellen betrachtete. Zu den schönen Szenen der Biographie *Gmelins* zählt das Bild, wie *Grolman* auf den Knien robbend dem Freund hilft, vor der Ankunft von dessen Frau *Martha* die Dielenböden in der Wohnung Wiesenstraße 2 neu zu streichen.

## Hochschullehrer in Gießen

Unmittelbar nach der Einrichtung der Wohnung begann *Hans Gmelin* mit der Teilnahme an der Referendarsprüfungen, die in Hessen-Darmstadt anders abliefen als in Baden oder Preußen: Musste sich der zu examinierende Student dort einer Kommission stellen, die überwiegend aus „Verwaltungsbeamten und Richtern und nur zum kleinen Teil aus Universitätsprofessoren bestand, prüfte in Hessen, ähnlich wie in Sachsen, einfach die Rechtsfakultät unter Vorsitz des Dekans, verstärkt um einen Professor der Volkswirtschaft. Aus dieser Prüfungsart ergab sich der große Vorteil, daß der Kandidat wußte, was der Prüfende verlangte, und – was noch wichtiger war, daß der Examinator den Kandidaten kannte und deswegen bei der Beurteilung seiner Leistung nicht nur auf das mehr oder minder zufällige Ergebnis der Prüfung angewiesen war."[168] Statt der wenig fälschungssicheren Hausarbeit gab es in Gießen acht Klausuren, in denen es galt, schwierige Fälle zu beurteilen. Wer insgesamt eine ausreichende Leistung hatte, wurde zur mündlichen Prüfung zugelassen. Diese Prüfungen fanden zweimal im Jahr statt, jeweils zu Beginn des neuen Semesters.

Bis zum Ersten Weltkrieg sahen die Doktorprüfungen den Kandidaten im Frack und die Dozenten im Gehrock. Während des Krieges trugen die meisten Prüflinge Uniform und nach dem Krieg versank der festliche Stil

---

[168] 2/128.

unter der Not der Verhältnisse. Mit dreizehn Stunden Vorlesungen und einer zweistündigen verwaltungsrechtlichen Übung hatte *Gmelin* im ersten Gießener Semester gut zu tun.

## Reise nach Vevey im April 1913

Im April reist *Hans Gmelin* in die Schweiz, wo er unvermutet zwei Gießener Kollegen trifft: Den Laryngologen *v. Eicken* und den Anatomen *Henneberg*, von denen er erfährt, dass auch sein Vorgänger *van Calker* auf dem nahen Mont Pélerin Urlaub mache. Bedeutung erlangt der Urlaub, weil *Gmelin* von seinen Kollegen wegen seines Junggesellentums aufgezogen wird. Daraufhin wird er konkret, wie er sich die Frau seiner Träume vorstellt: „Ich machte keinen Hehl aus meiner Vorliebe für Französinnen, wies akademische Bildung unbedingt zurück, verlangte aber schwarze Haare und ein Alter von 16 Jahren. Darum erhielt ich von *Eickens* und *Hennebergs*, als ich nach Gießen zurückgekehrt war, eine Ansichtskarte aus Champéry, die eine Bäurin der dortigen Gegend zeigte und den köstlichen Vers trug:

„Voila la belle Francaise
Cheveux noirs et agée seize,
Sans abitree et belle
Une charmante demoiselle,
Qu'en pensee-tu, Junggeselle?"

„Das Idealbild ist mir später wirklich zuteil geworden. Wennzwar keine Französin, so doch eine blutjunge, hübsche Ausländerin ohne Abitur."[169]

---

[169] 2/141.

## Mitglied des Verwaltungsgerichtshofs

Noch in Friedenszeiten des Jahres 1914 wurde *Hans Gmelin* am 7. Januar als Nachfolger *van Calkers* zum Mitglied des hessischen Verwaltungsgerichtshofes ernannt, dem höchsten Gericht von Hessen-Darmstadt. Er hat dort fast 20 Jahre mitgewirkt, bis er zu Beginn des Jahres 1933 auf eigenen Wunsch – noch vor der Machtübernahme – ausschied. Für den Theoretiker des Rechts war diese Mitarbeit ein guter Ausgleich, weil hier sehr viel pragmatischer geurteilt wurde als es aus der Perspektive des akademischen Katheders für richtig gehalten wurde.

Vielleicht einer der ersten künstlerischen Versuche von Hans Gmelin, sich 1914 mit dem Pinsel Gießen, seiner dritten Heimat, vertraut zu machen. Er zeigt die Ruinen Vetz- und Gleiberg und dahinter den Dünsberg, aus der Perspektive des Schiffenbergs, vor dem Klostereingang.

## Bosnische Kolonie im Auftrag des Schulvereins

Bereits im März 1913 war in Basel die Gründung einer bosnischen Sied-lungsgesellschaft gegründet worden. Mitwirkende waren ein Dr. *Oehler* vom VdA und *Alfred Sarasin*, der Inhaber des Basler Bankhauses Sarasin und Co., der wiederum als Basler Patrizier viele Kontakte zu kapitalkräftigen Schweizern hatte. Für das Unternehmen hatte der Sitz in der Schweiz den Vorteil, dass es dadurch politisch weitaus neutraler wirkte. Inmitten des muslimischen Großgrudbesitzes in Bosnien gab es einige Angebote, weil die bosnischen Magnaten ihre Hörigen verloren hatten und darum die Flächen nicht mehr bearbeiten konnten. Auch viele Serben verkauften ihre Flächen in Bosnien, um nach Serbien überzusiedeln.[170] Da große Flächen zu hohen Preisen angeboten wurden, konnten Kleinbauern solche Güter nicht erwerben. Dies taten für sie die kapitalkräftigen Landgesellschaften. Da man *Gmelin* in den Aufsichtsrat berufen wollte, musste er sich mit etwa 12.000 Mark an dem Kapital beteiligen. 20 Kilometer vor Banja Luka erwarb die Gesellschaft ein 470 Hektar großes Gebiet zu günstigem Preis. „So trat die von uns aufgelegte Landgesellschaft ins Leben. In möglichst neutralem Gewande, nämlich als schweizerische Genossenschaft mit dem Sitz in Basel. Der nationale Zweck des Unternehmens, das Deutschtum in Bosnien zu stärken, den die Basler Herren sehr wohl kannten und billigten, blieb unausgesprochen, um schweizerische Geldgeber nicht abzuschrecken und um keine deutschfeindliche Gegenbewegung in Bosnien zu wecken."[171] Nach dem erworbenen Gut wurde die Siedlungsgesellschaft Ivanskja Landgesellschaft genannt. Nach ersten Erfolgen und Schikanen eines Serben namens *Babic* brach der Krieg aus und machte alle Bemühungen zunichte. Zwar gelang es noch das Gut und seine Flächen wieder zu verkaufen, aber der Erlös wurde einer Bank in Wien anvertraut und löste sich im Zuge der Inflation komplett auf.

---

170 Vgl. 2/135.
171 2/137.

# IV. Der Erste Weltkrieg 1914 bis 1918

„Während des Weltkriegs setzte ich, da ich nicht felddiensttauglich war, meine Lehrtätigkeit fort, arbeitete aber zugleich als freiwilliger Dolmetscher namentlich für russische, französische und flämische Sprache am Kriegsgefangenenlager Gießen. Im Jahre 1915 veröffentlichte ich eine Abhandlung über die Gesetzgebung zum Schutz der flämischen Sprache in Belgien (Zeitschrift für Politik, Bd. VIII S. 195ff), als Frucht mehrmaligen Aufenthalts in diesem Lande. Dieser Schrift ist es wohl zuzuschreiben, daß ich 1917 und 1918 mehrmals in Brüssel verwendet wurde, zuerst bei der vom Generalgouvernement abhängigen Verwaltung von Flandern, nachher in der vom Auswärtigen Amt abhängigen Politischen Abteilung. Meine, damals im Auftrag des Verwaltungschefs für Flandern verfaßte Denkschrift über die Amtssprache der Stadt Brüssel und der umliegenden Gemeinden wurde vom Generalgouvernement veröffentlicht."[172]

## Zum Lebensgefühl der Generation Weltkrieg

Für die Generation von *Hans Gmelin* ist der Beginn des Ersten Weltkrieges das Ende einer über vierzigjährigen Friedenphase, die in Deutschland eine Mentalität der Verdrossenheit und Lethargie hervorgebracht hatte, sodass weite Kreise der Bevölkerung den Kriegsausbruch offen begrüßten. *Ian Kershaw* zitiert *August Bebel* mit dem visionären Wort: „Die Götterdämmerung der bürgerlichen Welt ist im Anzuge."[173] Auch wenn *Kershaw* ihm zurecht widerspricht, wird der Weltkrieg zum „Auftakt zu einer Epoche – dem ‚Dreißigjährigen Krieg' des 20. Jahrhunderts -, in der der europäische Kontinent nahe daran war, sich selbst zu zerstören."[174] Bereits vorher war ein

---

[172] Aus der Autobiographie von 1938 von Hans Gmelin.
[173] Ian Kershaw: Höllensturz, Europa 1914 bis 1949, DVA, München, 2016,23.
[174] Kershaw, Höllensturz, a.a.O. 24.

Schreckgespenst über die bürgerliche Welt hereingebrochen, das der französische Sozialpsychologe *Gustave Le Bon* (1841-1931) bereits 1895 in seinem Werk „Psychologie der Massen" beschrieben hatte. *Michael Stolleis* konkretisiert die bürgerliche Verlustangst: „Noch während die Überbleibsel der ständischen Gesellschaft verschwanden, sah sich schon ihre Erbin, die bürgerliche Gesellschaft, ihrerseits vom Zeitalter der Massen bedroht."[175] Darauf, dass dieser Gedanke auch den geistigen Horizont von *Hans Gmelin* beeinflusst hat, deutet das Werk seines Vetters, des Schriftstellers *Otto Gmelin*, „Naturgeschichte des Bürgers. Beobachtungen und Bemühungen", das in *Hans'* Nachlass die Widmung trägt: „Für *Hans Gmelin* mit herzlichem Gruß und Dank *Otto Gmelin*, November 1929." Bleistiftspuren zeigen, dass es nicht im Bücherschrank auf Nimmerwiedersehen verschwunden war.[176] Für *Hans* war *Ottos* Bürgerkritik zu scharf.

*Otto* und *Hans* verband eine Freundschaft unter Vettern. *Otto* (1886-1940) war der Sohn von *Hans'* Onkel *Franz* Gmelin (1849-1912), Kaufmann in Karlsruhe. Wie *Hans* hatte auch *Otto* seit Jugendtagen gesundheitliche Probleme, die ihn sogar dazu brachten, einige Jahre in Mexiko zu leben und dafür sorgten, dass er 1936 vorzeitig in den Ruhestand ging. Später verband auch die Ehefrauen und die Kinder eine Freundschaft. *Otto* und seine Frau *Kläre* geb. *Stegmann* hatten eine Tochter, *Ursula* (*1923-†?), die später als Dolmetscherin in München arbeitete und starb. - In Briefen und mündlichen Überlieferungen ist belegt, dass sich *Otto* und *Hans* auch über ihre geistigen Fragestellungen auseinandersetzten. Bilder aus den Fotoalben zeigen Treffen der beiden Familien. Versuchen wir eine weltanschauliche Verortung der beiden Vettern, die beide in Karlsruhe aufgewachsen sind,

---

[175] Michael Stolleis, Geschichte des öffentlichen Rechts in Deutschland, Beck, München, 1999, Bd. III, 39.
[176] Otto Gmelin, Naturgeschichte des Bürgers. Beobachtungen und Bemühungen. Eugen Diederichs, Jena, 1929.

auch wenn sie trotz ihrer Freundschaft sehr unterschiedliche Wege gegangen sind.

Die eingedruckte Widmung im bekanntesten Werk von *Otto Gmelin*, „Konradin reitet", einem Reclam-Bändchen heißt: *„Leopold Ziegler* in Freundschaft und Dankbarkeit gewidmet." *Ziegler* (1881-1958), ein wie *Hans* und *Otto* in Karlsruhe geborener Philosoph, soll Einfluss genommen haben auf die sogenannte „Konservative Revolution"[177], zum Beispiel auf die prominenten Brüder *Ernst* und *Friedrich Georg Jünger*. Diese Widmung ist ein Hinweis auf bürgerliche Kulturkritik aber nicht zwangsläufig eine politische Zuschreibung, ebensowenig wie die Mitgliedschaft von *Otto Gmelin* im „Bamberger Dichterkreis", der einer überwiegend nationalsozialistischen Gesinnung geziehen wird, - was nur für einzelne Mitglieder zutrifft. *Otto Gmelin* hat selbst nie einer politisch orientierten Richtung der Konservativen Revolution wie dem Nationalbolschwismus o.ä. zugehört. Wie sein Vetter *Hans* geht es ihm weder um die politische Restitution des Alten noch um die Gestaltung einer idealischen utopischen Gesellschaft, vielmehr drückt die „Naturgeschichte des Bürgers" die Trauer um die zuende gehende bürgerliche Bildungskultur aus. Eher scheint der Verlag *Eugen Diederichs* einen Hinweis auf die Richtung von *Otto Gmelin* zu geben, in dem *Gmelin* einige seiner Titel erscheinen ließ. In den zwanziger Jahren bewegte dieser sich zwischen Romantik und Heimatschutzbewegung.

Unter den von *Hans Gmelin* überkommenen Büchern gibt es keinerlei Titel, die dem Dunstkreis der Konservativen Revolution entstammen. *Otto Gmelin* stellt in der „Naturgeschichte des Bürgers" den Charakter des Bürger-

---

[177] „Leopold Ziegler" (Art.), Wikipedia, 2.2.2023: „Bedeutung erlangt hat Ziegler auch als konservativer politischer Schriftsteller im Umkreis von Edgar Julius Jung und Franz von Papen. Mit seinen Büchern Das heilige Reich der Deutschen (1925) und Der europäische Geist (1929) hat er auf die Konservative Revolution eingewirkt..."

lichen heraus: „Nicht die materiellen Güter machen die Überlegenheit – dagegen sträubt sich jeder Bürger –, die Bildung macht sie."[178] Andererseits kommt hier ein Lebensgefühl zum Ausdruck, das vielleicht auch als Überschrift über *Hans'* Manuskript stehen könnte, als Ausdruck einer „bürgerlichen Apokalyptik": „Kein Zweifel also: Es ist etwas Unbürgerliches, Neues in diese unsere Welt eingedrungen. Die zum Sportplatz drängenden Massen, die dem Fußballmeister, dem Schwergewichtsmeister, dem Weltrekordmann phrenetisch zujubeln, die aus Fabrik und Kontor ins Kino stürzenden Scharen, die dort flimmernd verzitterte Welt im Spiegel sehen und ein fremdes Leben und wilde Ereignisse voll von ekstatischer Sinnlichkeit, unwirklicher Sentimentalität flächenhaft mitleben, wie einen Ersatz ihrer unterdrückten, nicht gemeisterten Triebe und Sehnsüchte, oder die in den Tanzbars und Kabaretts in unorganischen, stets nur die Oberfläche verzückenden Steigerungen ihr gefährliches, haltloses Leben Erkrampfenden, das alles sind Erscheinungen krassester Unbürgerlichkeit. Unbürgerlich ist die Musik des Radios, des Grammophons, unbürgerlich die Hast, zu der selbst der Stillste gezwungen wird, unbürgerlich die Härte des Kampfes ums tägliche, spärliche Dasein, unbürgerlich die Presse, unbürgerlich die Psyche selber, die das Genügen verlor, die die Stille und Schwere opfern mußte, die den Boden wanken fühlt."[179] Hier markiert die bürgerliche Kulturkritik das Aufdämmern der Massenkultur. Im nationalsozialistischen Massenwahn beweist sich diese Angst, bevor beide Wurzeln in der Nachkriegszeit nach dem Zweiten Weltkrieg eine neue Synthese eingehen, die sowohl die bürgerliche Bildung als auch die Massenkultur verändern und bewahren wird. Als Väter werden sowohl *Otto* als auch *Hans* gewahr, dass die „unbürgerlichen" Früchte des technischen Fortschritts auch das Leben ihrer Kinder beeinflussen.

---

[178] Otto Gmelin, a.a.O. 27f.
[179] Otto Gmelin, a.a.O. 103f. Solche Vermassung ist auch Thema in dem Zeitroman des Pfarrers Fritz Philippi, Niemandsland, der 1923 erschienen ist.

Ob *Hans* auch das bekannteste Hauptwerk des spanischen Philosophen *José Ortega y Gasset* kannte, das sich mit dem „Aufstand der Massen"[180] beschäftigte, bleibt Spekulation. Den Namen kannte er, denn er wird in *Hans'* letztem Werk über die spanische Verfassungsgeschichte als Redner in der Generaldebatte zur Verfassungsreform von 1931 zitiert.[181] *Ortega*, der lange in Deutschland studiert hatte und mit dessen geistigen Strömungen vertraut war, kann als zentraler Brückenkopf für die Vermittlung deutscher Bildungsgüter in Spanien gelten. In einem Vorwort, das der deutschen Ausgabe vorangestellt wurde, fasst *Ortega* zusammen:

„...Die Idee, dass der Mensch von Mythen und ohne Wahrheiten, also von Unwahrheiten leben könne, hat unter anderem den Nachteil, ein typisches Merkmal zu sein, das in der Geschichte stets dann auftritt, wenn der Aufstand der Massen und in seinem Gefolge die Vergötterung des Kollektivs stattfindet. Masse und Kollektiv können in der Tat ohne Wahrheit leben: Sie sind ihrer weder bedürftig noch fähig. Was den Verdacht aufkommen lässt, dass Masse und Kollektiv nicht der Mensch oder nur eine absonderliche, mangelhafte Erscheinungsform des Menschlichen sind."[182]

Auch wenn *Hans* diesen Gedanken nicht gekannt haben sollte, würde er doch seiner Haltung entsprechen. Die pathetisch hypnotischen Aufnahmen der *Leni Riefenstahl* von Nazi-Parteitagen hat sich *Hans Gmelin* sicherlich niemals angesehen, aber sie sollten heute mit dem Text von *Ortega y Gasset* gezeigt werden. Die stereotype Wiederholung der Machtdemonstration der

---

[180] José Ortega y Gasset: Der Aufstand der Massen, (span. La Rebelion de las Masas, 1929), deutsche Ausgabe, 1931, verwendete Ausgabe DVA, Stuttgart, 1957.

[181] Gmelin, Entwicklung des Verfassungsrechts, a.a.O., 395.

[182] Ortega y Gasset, Aufstand, a.a.O. Vorwort, 48f. Das Vorwort gehörte ursprünglich zu der deutschen Ausgabe von Ortega, „Die Aufgabe unserer Zeit" und versteht sich als Kurzeinführung in das persönliche Werk und Denken des Verfassers.

Lügenherrscher bis heute in Russland oder der Türkei oder zu Füßen eines *Donald Trump* etc. pp. wären weitere Gelegenheiten für die Propagierung dieser Erkenntnis...

Vor dem Ersten Weltkrieg war eine Wurzel der Kriegsbegeisterung in Deutschland der völkische Chauvinismus, der eine blinde Liebe zum Vaterland et qui illam regit, mit Hass und Misstrauen gegen den Rest der Welt verband. Aus diesem Geist schuf im September 1914 der sonst mutige Bühnenautor *Ludwig Fulda* das **„Manifest der 93"**, das – um den Lügen der Feinde zu begegnen – im Namen von 93 Kunstschaffenden und Wissenschaftlern aller Fachrichtungen offensichtliche Lügen hervorbrachte, die sich auf die barbarischen Übergriffe der deutschen Armee bei der Besetzung des neutralen Belgiens bezogen – und in der Welt Entsetzen auslöste. Es gipfelt in der Aussage: „Glaubt, daß wir diesen Kampf zu Ende kämpfen werden als ein Kulturvolk, dem das Vermächtnis eines *Goethe*, eines *Beethoven*, eines *Kant* ebenso heilig ist wie sein Herd und seine Scholle."

Auch hier klingt ein Bekenntnis an, dass der Verlust des Krieges einen Verlust der bildungsgeschichtlichen Mission des deutschen Bürgertums bedeuten würde. Eine Haltung, die auch aus der Reminiszenz von *Hans Gmelin* spricht. - Dem „Manifest der 93" wollte die deutsche Wissenschaft nicht nachstehen: Im Oktober 1914 wird eine **Erklärung der deutschen Hochschullehrer zum Kriegsbeginn** veröffentlicht, die von etwa 3000 akademischen Lehrern unterzeichnet wird, von fast allen, die Rang und Namen haben – *Hans Gmelin* ist nicht unter ihnen – wie auch sein früherer Lehrer *Max Weber* fehlt. Der Wortlaut stammte dieses Mal von dem reaktionären Junker *Ulrich von Wilamowitz-Moellendorff* (1848 – 1931), einem klassischen Philologen. Es heißt da, nachdem als Hauptfeind England bezeichnet worden ist u.a.: „Der Dienst im Heere macht unsere Jugend tüchtig auch für alle Werke des Friedens, auch für die Wissenschaft. Denn er erzieht sie zu selbstentsagender Pflichttreue und verleiht ihr das Selbstbewußtsein und das Ehrgefühl des wahrhaft freien Mannes, der sich willig dem Ganzen unterordnet. Dieser Geist lebt nicht nur in Preußen, sondern ist derselbe in allen Landen des Deutschen Reiches. Er ist der gleiche in Krieg und Frieden. Jetzt steht unser Heer im Kampfe für Deutschlands Freiheit und damit für alle Güter des Friedens und der Gesittung nicht nur in Deutschland."[183]

Da nur wenige Hochschullehrer fehlen, verwundert es, dass *Gmelin* nicht auch unterzeichnet hat. Ob ihn die pauschale Feindeserklärung gegen England abgehalten hat, zu dem er politisch hält - ob er zur entsprechenden Zeit nicht greifbar war oder die Frage ihn abgehalten hat, ob er als Nichtgedienter etwas zum Krieg sagen dürfe, lässt sich nicht mehr klären. Auch sein liberaler Gießener Kollege, der Kriminologe *Wolfgang Mittermaier* (1867-1956), ein späterer Gegner der Nationalsozialisten, gehörte zu den Unterzeichnern, auch sein Freund *Leo Rosenberg*, wie auch fast alle, die er aus Freiburg noch kannte, einschließlich seines Doktorvaters *Richard Schmidt*. Möglich ist auch, dass er ahnte, dass nach dieser Erklärung kaum noch ein wissenschaftlicher Dialog mit Kollegen aus dem Ausland möglich sein würde, worauf eine Antwort aus den Vereinigten Staaten auf diese Erklärung später hingewiesen hat. –

*Hans Gmelin*, mied öffentliche Propaganda. Er hatte in größerem Umfang Kriegsanleihen gezeichnet, wie es viele taten, die selbst nicht dienen konnten, um den Krieg und seine Ziele zu unterstützen. Er gehörte zu dem Bildungsbürgertum, von dem *Harald Jähner* in seiner Kultur- und Mentalitätsgeschichte über die zwanziger Jahre schrieb: „Zudem waren sie es, die die meisten Kriegsanleihen gezeichnet und den Krieg patriotisch mitfinanziert hatten. Die Inflation entwertete die Ansprüche, die sie an den Staat hatten, auf dramatische Weise: Am Ende waren die 98 Milliarden Mark

---

[183]  https://de.wikisource.org/wiki/Erkl%C3%A4rung_der_Hochschulleh-rer_des_Deutschen_Reiches#3._Technische_Hochschule_Berlin-Charlotten-burg.

Schulden, die der Staat bei seinen Bürgern hatte, nicht mal so viel wert wie ein Sack Kartoffeln."[184]

*Gmelin* wurde nicht als Soldat eingezogen. Dennoch blieb er unter der Wehrüberwachung, während sein Dekan ihn als für den Lehrbetrieb unverzichtbar bezeichnete. In einer ersten Musterung in Freiburg 1914 wurde er pauschal für „tauglich" erklärt, obwohl er lebenslang unter Herzbeschwerden gelitten hat. Bei späteren eingehenderen Musterungen ist er „jeweils nur für arbeitsverwendungsfähig Heimat erklärt worden."[185]

## Aufklärungsarbeit mit Hindernissen

Dennoch suchte er sich im Sinne des Vaterlands nützlich zu machen. Er dachte daran, nach Italien zu reisen, um die beiden Minister *Orlando* und *Chimiente* dazu zu bewegen, die öffentliche Meinung deutschfreundlich zu bewegen. Im September kam er zunächst in die Schweiz, wo er bei seinem Vetter *Adolf* in Bern unterkam. Fingierter Reisegrund war eine Kontaktaufnahme mit dem Roten Kreuz in Genf, um einen nach der Haager Konvention vorgeschriebenen Briefaustausch zu vermitteln. Nach einem Gespräch mit dem deutschen Gesandten in Bern, Baron *von Roneberg*, verzichtet *Hans* auf den zweiten Teil der Reise, weil er „die Verantwortung für irgendwelche Misserfolge nicht übernehmen wollte."[186]

Der zweite Einsatz im Hinblick auf italienische Kollegen wird ebensowenig kriegsentscheidend: *Richard Schmidt* schrieb ihm, der Staatsrechtslehrer *Orlando* werde derzeit bei seiner Eitelkeit gepackt, indem man ihm die Herausgabe einer deutschen Übersetzung seines italienischen Staatsrechts ver-

---

[184] Harald Jähner: Höhenrausch. Das kurze Leben zwischen den Kriegen. Rowohlt Berlin Verlag, Berlin 3. Aufl.2022, 81.
[185] 2/146.
[186] 2/149.

sprochen habe. Bevor er der Übersetzung zustimme, wolle er es positiv besprochen sehen. Darum fragte die deutsche Botschaft in Rom bei *Gmelin* an,
ob er es mit seinem Gelehrtengewissen vereinbaren könne, „einen günstigen
Lobspruch zu veröffentlichen."[187] Da der eitle *Orlando* am 23. Mai Österreich den Krieg erklärte, brauchte man sich weiter nicht mehr um seine
Eitelkeit bemühen. Der in diesem Prozess einbezogene Leipziger Professor
*Baar* wollte dem Auswärtigen Amt nahelegen, sich des Einsatzes von *Gmelin*
zu versichern, was aber zunächst nicht zustande kam.

Zum dritten kriegsunterstützenden Einsatz kam es dann in Gießen: Ein
Hauptmann der Postprüfstelle des Kriegsgefangenenlagers kam, um *Gmelin*
zum Zensor der Briefe zu machen, die russische Kriegsgefangene nach Hause
schrieben. Falls seine Russischkenntnisse nicht ausreichten, solle er die Briefe wegwerfen. Nach Rücksprache mit dem Dekan, Prof. *Hans Albrecht
Fischer*, ließ er sich nicht einberufen, sondern trat als freiwilliger Zivildol-
metscher ein. In Gießen lebten 1915 etwa drei bis viertausend russische
Kriegsgefangene, die allerdings bald nach Worms abgezogen werden würden. Nach Worms ging *Gmelin* nicht, da er unabkömmlich war. Nachdem
die Russen abgezogen waren, setzte man *Gmelin* für die französischen,
englischen und belgischen Soldaten ein. Vom 12. April 1915 bis zum 6.
November 1916 blieb er bei diesem Dienst. Als Zensor stellte er große Bil-
dungsunterschiede fest: Die russischen Briefe stammten fast regelmäßig von
einem der wenigen Schreibkundigen und unterschieden sich im Inhalt nur
wenig von einander. Englische und französische Briefe hatten oft guten
Briefstil, während die belgischen dahinter blieben, egal ob Flame oder
Wallone. Insgesamt wurden in dem Lager auf dem „Trieb" bis zu 15.000
Kriegsgefangene interniert, „nahezu die Hälfte der Einwohnerschaft"[188] der
noch überschaubaren Universitätsstadt Gießen, von denen allerdings ein
großer Teil in Arbeitskommandos von Industrie und Landwirtschaft untergebracht waren. Von denen, die industriell eingesetzt waren, ging es schlecht,

---

[187] 2/161.
[188] 2/172.

während die in der Landwirtschaft Beschäftigten zufrieden und satt leben konnten, weil dort die Gefangenen geradezu vershätschelt wurden.[189]

Ohne Einfluss auf den Kriegsverlauf blieben auch moralisch-asketische Maßnahmen, die sowohl vom Staat veranlasst waren wie 1916 das Verbot, während des Krieges Fahrrad zu fahren, als auch persönliche Verzichtleistungen, die sich *Gmelin* auferlegte: Er verzichtete auf musikalische und künstlerische Betätigung, musste aber feststellen, dass dies allein seiner psychischen Widerstandskraft schadete. Darum ließ er im Mai 1915 das Pianino aus Günterstal kommen, um mit *Paul Kahle* und seiner Mutter wieder musizieren zu können.

*Gmelin* hatte auch Ausschüsse der Gefangenen zu organisieren, die insbesondere die Verteilung von Hilfsgütern vorzunehmen hatten, die von Hilfsorganisationen und Sammelsendungen im Lager eintrafen. Bei dieser Arbeit setzte er sich auch mit ausländischen Gesellschaften auseinander, die die Kriegsgefangenen unterstützen wollten. Nach der Landkriegskonvention hatten die Gefangenen das Recht, sich mit Unterstützungsgesuchen an auswärtige Hilfsgesellschaften zu wenden und das in Bern ansässige Bureau de secours pour les Prisonniers de guerre sagte Unterstützungen nur für den Fall zu, dass Vertrauensleute der Gefangenen die Berechtigung dieser Anträge geprüft hätten. Da sowohl die militärische Führung als auch die Gefangenen ein Interesse an Unterstützung von außen hatten, funktionierten diese Einrichtungen ziemlich erfolgreich.

Einen Konflikt brachte der Versuch hervor, die Kriegsgefangenen mittels Seminaren landeskundliche Bildung zu vermitteln. Obwohl z.B. auch Vergleiche zwischen dem deutschen und den jeweiligen Staatsformen der Heimatländer für *Gmelin* dazu dienen sollten, dass die Kriegsgefangenen später im Frieden den Deutschen mit größerem Verständnis entgegen treten könn-

---

[189] 2/173.

ten, wurde von der militärischen Führung die Abhaltung dieser Schulungen hintertrieben. Auch gegen Landeskunde und Sprachenunterricht wurden Bedenken erhoben, der Sprachunterricht könne Fluchtversuche erleichtern.[190] Am 17. März 1916 erschienen nur noch zwölf Kriegsgefangene zur Fortbildungsveranstaltung. Die Lagerkommandantur hatte den Besuch der Veranstaltungen untersagt. Im Nachhinein stellte *Gmelin* fest, dass entgegen der Haager Landkriegskonvention die Unteroffiziere nicht von der Arbeitspflicht befreit worden waren. Die französischen Unteroffiziere hatten die Arbeitsaufnahme verweigert. Daraufhin verschärften die Militärbehörden deren Behandlung und untersagten ihnen alle Veranstaltungen. Unterhaltungsveranstaltungen hätte *Gmelin* ja eingesehen, aber: „Es entsprach doch den deutschen Belangen, wenn bei feindlichen Ausländern eine gerechte Beurteilung der deutschen Staatseinrichtungen erzeugt würde und nicht minder entsprach es dem deutschen Interesse, wenn ich damit gleichzeitig in völkerversöhnendem, also friedensförderndem Sinne zu wirken suchte, obschon die Militärbehörde diesen Zielen weniger Verständnis entgegenbrachte."[191] Auch entsprechende Eingaben fruchteten nichts, daher stellte er die Vorträge ein, erheblich verstimmt über die Borniertheit der Militärbehörden. Er empfand es als demütigend, dass er wieder nur auf die stumpfsinnige Tätigkeit der Briefzensur beschränkt war. Wenigstens konnte er sich diesem Stumpfsinn durch eine dreiwöchige Reise nach Günterstal entziehen, wo er sich im April erholen konnte.

Im Zuge dieses Kompetenzgerangels bekommt *Hans Gmelin* am 6. November 1916 ein von General *Augustin* unterzeichnetes Schreiben, in dem ihm die Entlassung aus der Arbeit im Kriegsgefangenenlager mitgeteilt wird. „In Wahrheit war ich als Zivilist den Militärpersonen – auch denen im Reserveverhältnis – ein Dorn im Auge und ich war ihnen auch gelegentlich unbequem geworden, wenn ich im Namen der Hilfsgesellschaften Beschwerden der Kriegsgefangenen vertrat oder wenn ich die Fernhaltung der

---

[190] 2/187.
[191] 2/188.

Unteroffiziere aus aufklärenden Vorträgen tadelte oder als Vertreter des Völkerrechts mich gegen die der Landkriegskonvention zuwiderlaufende Heranziehung der Kriegsgefangenen zur Munitionsherstellung aussprach." Eine Spätfolge wird der Einsatz im Kriegsgefangenenlager noch haben: Am 13. Juni 1917 verleiht der Großherzog *von Hessen* ihm eine silberne Dankmünze an einem blauroten Band. Wer ihn dazu bestimmt hat, sie zu bekommen, wusste *Hans* nicht anzugeben.[192]

Gefangener französischer Infanterist, verwendet als Krankenwärter im Hotel Dieu in Laon

*Ernst Liebermann* hat diesen französischen Infantristen als Sanitätssoldat gemalt, lange bevor er in die SA und NSDAP eintrat und in die Gottbegnadeten-Liste *Adolf Hitlers* aufgenommen wurde. Seine Kriegsbilder aus dem Ersten Weltkrieg zeigen auch Feinde – als Menschen.

Bei der Arbeit im Kriegsgefangenenlager Gießen lernte *Gmelin* einen Leutnant der Reserve namens Dr. *Eckhardt* kennen, einen hübschen Menschen mit blondem Vollbart und blauen Augen, der sich seines vorteilhaften Aussehens voll bewusst war.[193] Im Zivilleben war er Rechtsanwalt in Darmstadt. Nach einigen Wochen an der Front wirkte er im Kriegsgefangenenlager als Kriegsgerichtsoffizier.

---

[192] 2/214.
[193] Vgl. 2/175.

Neben den normalen militärgerichtlichen Untersuchungen lag der Schwerpunkt seiner Arbeit indessen bei der Ausforschung der Kriegsgefangenen, die üblicherweise keinerlei Regimentsnummern oder andere Kennzeichen trugen, um deren Zuordnung zu einem Truppenkörper zu erschweren. Ziel von Verhören war es, die Kriegsgefangenen unmittelbar nach ihrer Einlieferung über Regimentszugehörigkeit, Grabenabschnitt oder Stellungswechsel auszuforschen. Das Ergebnis der Gespräche konnte nun mit den Äußerungen in den Briefen, die *Gmelin* als Zensor betreute, verglichen und im Sinne der Aufklärungsarbeit optimiert werden.[194]

Mit Leutnant *Eckhardt* hatte *Gmelin* noch mehr zu tun, da dieser ihm auch persönliche Anliegen mitteilte und mit militärischen „Geheimnissen" vertraut machte. Er bat *Gmelin*, seine Kontakte in der Schweiz zu geheimdienstlichen Ermittlungen zu nutzen, obwohl die Postprüfstelle ihn nicht entbehren zu können vorgab. Am 29. September 1916 fuhr er mit *Eckhardt* nach Düsseldorf, wo man ihn mit einer nachrichtendienstlichen Mission des Generalstabs des Feldheers betraute. Die geheimnisumwitterte Aktion scheiterete am Grenzübertritt Weil-Otterbach, wo ein von der Lagerkommandantur Gießen geschicktes Telegramm unmissverständlich seine Rückkehr befahl.

## Aufklärungsarbeit in der Schweiz

Im April 1917 sollte *Hans* Gelegenheit bekommen, den Schweizer Auftrag doch noch auszuführen. Leutnant *Eckhardt* verschaffte ihm eine neue Einreiseerlaubnis und von der Nachrichtenstelle einen „reichlich verschwommenen Auftrag". Dass es sich nicht um eine Dienstreise im Sinne eines solchen Auftrags handelte, konnte *Hans* der Tatasache entnehmen, dass er keinerlei Reisekostenzuschuss erhielt. Am 7. April reiste er nach Bern und konnte in Basel ein Schinkenbrötchen erstehen, was zu dieser Zeit im Reich als „ungeheurer Leckerbissen" galt. Wie immer konnte *Hans* bei

---

[194] 2/176.

Vetter *Adolf* Unterschlupf finden, bei dem gerade Schwägerin *Marguerite* weilte, mit der *Hans* bereits brieflich die Klingen zum Thema Kriegsschuld der Deutschen gekreuzt hatte. Als Gäste blieben sie indessen friedlich. Ein richtiger Urlaub wurde das Ganze dennoch nicht, denn das Wetter blieb unfreundlich mit Nebel, Wind, Schnee und Regen. Dabei wurde ihm deutlich, was die Berner im Hinblick auf ihr Klima zu sagen pflegten: „In Bern kann einer alt werden, wenn er die ersten fünf Jahre nicht gestorben ist."[195] Von der deutschen Gesandtschaft und ihrem Attaché *Graf* gewann *Hans Gmelin* nicht den besten Eindruck, eher schon von den Propagandabemühungen der Franzosen.

*Gmelin* gelang es immerhin, mit den beiden Fachkollegen im Staatsrecht in Kontakt zu treten: Mit dem Verfassungshistoriker *Karl Geiser*[196], den *Gmelin* als bekannten Kommentator der schweizerischen Bundesverfassung bezeichnet und mit dem Völkerrechtler *Walther Burckhardt*[197], bei dem er zum Abendessen eingeladen wurde, obwohl dieser bedauerte, dass die Schweiz ein Stelldichein für alle möglichen Kundschafter geworden sei. Auf der Rückreise nach Freiburg konnte *Gmelin* noch den Teilhaber des bosnischen Siedlungsunternehmens, den Bankier *Alfred Sarasin-Iselin* aufsuchen, der von dem unverdienten Glück der Schweiz sprach, nicht in den Krieg gezogen worden zu sein. Bei der Rückfahrt nach der Grenze kam es zu Verzögerungen durch Luftangriffe. Auch in Freiburg war der Tramverkehr ausgesetzt, weil ein Luftangriff auf das württembergische Oberndorf geflogen wurde, wo die Waffenschmiede Mauser ihren Platz hat.

---

[195] 2/233.

[196] (* 25. September 1862 in Langenthal; † 16. November 1930) war ein Schweizer Hochschullehrer, Behördenleiter und Heimatforscher. Wikipedia, 25.5.2024.

[197] Auch Burckhardt-Wüthrich; * 19. Mai 1871 in Riehen; † 16. Oktober 1939 in Bern) war ein Schweizer Jurist, Rechtswissenschaftler, Hochschullehrer und Autor. Wikipedia, 25.5.2024.

## Kriegsalltag

Die Verhältnisse an der Universität waren in diesem Sommersemester sehr bescheiden. Im Verwaltungsrecht meldete sich ein Hörer, den *Gmelin* nach Hause einlud, die staatsrechtlichen Übungen besuchten immerhin zwei Studenten. Auch eine Vorlesungsreihe über den aktuellen Verbündeten Türkei, fand kaum Interesse. Auf Empfehlung des Schweizer Bankiers *Sarasin* erwarb *Gmelin* das neu erschienene Buch „Le Feu" von *Henri Barbusse*, das die erschütternden Verhältnisse des Schützengrabenkrieges dokumentierte. *Erich Maria Remarque*, als 1917 an der Westfront in Flamen eingesetzter Soldat wird noch bis 1928 brauchen, bis sein entsprechendes Buch auf den Markt kommt. Im Kino dienten die Darstellungen der Kriegsereignisse nur wenig der Aufklärung über die tatsächlichen Sachverhalte, sondern allein der Propaganda.

Als der Dekan der juristischen Fakultär, *Hans-Albrecht Fischer,* einem Ruf auf einen Lehrstuhl für bürgerliches und römisches Recht nach Halle folgte, wurde *Leo Rosenberg* als Nachfolger vorgeschlagen, der noch Extraordinarius war. Dies warf einen kleinen Schatten auf die Freundschaft zu *Paul Kahle*, weil dieser „mehr aus antisemitischen als aus sachlichen Gründen"[198] gegen diese Berufung war. *Gmelin* konnte *Kahle* dazu bewegen der entsprechenden Senatssitzung fernzubleiben, sodass *Rosenberg* das Ordinariat erhielt. Der Sachverhalt des nicht eben judenfreundlichen *Gmelin* zeigt deutlich, dass ihm trotz seiner Vorurteile das persönliche Urteil wichtiger war: *Leo Rosenberg*, der mit seiner Frau in der Nachbarschaft lebte, war ein guter Freund, den er persönlich und fachlich allein nach diesen Eigenschaften beurteilte.

Kriegszeiten bringen Gerüchteküchen zum Hochkochen. Um von den unterschiedlich vernetzten Mitbürgern möglichst viel Informationen, Vermu-

---

[198] 2/194.

tungen oder Spekulationen mitzubekommen, traf sich *Gmelin* regelmäßig mit *Kahle* und anderen im Augustiner zum Abendschoppen. *August Freiherr von Gall*, der seit Studientagen in Gießen lebte und dort als Theologe und Orientalist lehrte, war der Neffe des Hauptmanns und späteren Generalleutnants im Zweiten Weltkrieg, *Franz Gall*. Darum galt er als besonders informiert, und erzählte „unter dem Siegel der Verschwiegenheit" neuste Gerüchte aus der Küche des Generalkommandos, zum Beispiel über das „Abblasen von Giftgasen, das den Krieg binnen kurzem zuende brächte".[199] Zwar stellten sich die Prognosen als durchweg falsch heraus, aber dennoch blieb das militärische Ansehen des Theologen während des Krieges ungemindert.

*Gmelin* gibt an, seit dem Erstarren der Westfront im Jahre 1914 den Kriegsausgang pessimistisch gesehen zu haben, auch wenn er sich einen Schmachfrieden, wie er dann kam, nicht hätte vorstellen können: „Da ich manche Angehörigen der Völker, mit denen wir jetzt im Kriege lagen, kennen und schätzen gelernt hatte, litt ich besonders unter dem mit diesen Staaten bestehenden Kriegszustand. Auch als Vertreter des Völkerrechts hielt ich mich für verpflichtet, im Sinn des Friedens zu wirken. Endlich bestimmte mich in meiner auf den Frieden gerichteten Haltung, daß ich nicht an der Front verwendet wurde. Da ich keine Gefahren auf mich nehme, wäre es gewissenlos gewesen, wenn ich eine kriegsverlängernde Politik vertreten hätte. Aber keinen Augenblick dachte ich an einen Frieden um jeden Preis und ich blieb mir immer bewußt, daß es der größten Geschicklichkeit bedurfte, um einen Friedensschluß herbeizuführen."[200]

In der Universität fanden die Vorlesungen vor kleiner Zuhörerschaft statt, es gab Notprüfungen und Rennklubausflüge. Der Rennklub wirkte in kriegerischem Geist, denn auf Anregung des Psychiatrieprofessors *Sommer* traf

---

[199] 2/198.
[200] 2/199.

man sich zu Schießkursen. Als Ausbilder wurde der Papierwarenhändler *Noll* senior, ein früherer Unteroffizier gewonnen. Alle acht Tage ging es ins Schützenhaus und man lernte, ein älteres Infantriegewehr, Modell 84, zu schießen. Vorübergehend konnte ein neues Infantriegewehr eingesetzt werden. Aber der kriegerische Aktionismus verblasste nach wenigen Wochen, als das ältere Infantriegewehr gestohlen wurde. Instruktiv war für den „Ungedienten" *Gmelin* auch der Einsatz seines belgischen Revolvers, mit dem er noch niemals geschossen hatte. Wegen des Rückschlages empfand er das Schießen weitaus schwerer als mit dem Gewehr.[201]

Militärischen Erwägungen hatte auch der Auftrag der Hessischen Landesregierung an *Paul Kahle* zu folgen, als Orientalist die türkische Sprache zu lehren, was dieser auch direkt umsetzte, indem er einen türkischen Lektor *Mehmet Ali,* berief, mit dem sich *Gmelin* rasch anfreundete und den er 1923 zum Patenonkel seines zweiten Sohnes *Günter Walter Mehmet* machte. Zu Beginn erreichte das türkische Kolleg etwa 60 Teilnehmende, unter ihnen nicht wenige Damen, die sich aber rasch auf etwa 20 reduzierten. *Hans Gmelin* folgte ebenfalls den türkischen Lektionen, bei denen er dankbar darauf zurückblickte, dass er in den Anfangssemestern in Freiburg die arabischen Schriftzeichen gelernt hatte.[202]

Was den Alltag belastete, war die sich verschlechternde Ernährungslage: Milch, Butter, Eier und Fleisch wurden zur Mangelware. Gegen den Fleischmangel erwarb man bei *Keßler* im Neuenweg Pferdefleisch. Zuerst aß es nur *Therese,* die in der Folge ein Rezept entwickelte, wie man den süßlichen Geschmack durch Einlegen in Essig erträglich machen konnte. So ließ sich auch mancher Gast täuschen, der zum Nachtessen Pferdefleisch bekam, was ihm arglistigerweise verschwiegen wurde.[203] Wanderungen und Ausflüge in

---

[201] 2/202
[202] Erst 1928 stellte Kemal Atatürk die türkische Sprache auf lateinische Schrift um.
[203] Vgl. 2/206f.

vertrauter Gesellschaft in Hessen und um Günterstal prägen auch diese Kriegstage. Und schließlich erfährt *Hans* in diesen Kriegstagen, dass eine weitere Bastion des Junggesellenlebens geschleift wird: Wie *Paul Kahle* wird auch sein Vetter *Otto Gmelin* unter den Vettern der letzte Junggeselle, den Weg in den Ehestand beschreiten.[204]

Am 5. Und 6. Oktober 1916 nimmt *Hans Gmelin* in Heidelberg an der Gründung der **Deutschen Gesellschaft für Völkerrecht** teil[205]

Schließlich dringen immer mehr Meldungen aus dem näheren Bekannten- und Verwandtenkreis an die Öffentlichkeit, dass die Söhne gefallen sind: Der Bruder seines Freundes *Fritz Schulz*, alle Söhne seines Vetters *Julius* und die Söhne vieler Kollegen in Gießen.

## Tagung der Vertreter der deutschen Rechtsfakultäten

Obwohl er den Dekan des vergangenen Jahres, *Hübner* bat, die Gießener Fakultät bei der Eisenacher Tagung der Vertreter der deutschen Rechtsfakultäten stimmführend zu vertreten, reiste auch *Gmelin* am 3. Januar 1917 dorthin, wo fast alle Universitäten vertreten waren. Er hatte gerade erstmalig sein Dekanat angetreten. „Ich traf manchen mir wohlbekannten Kollegen, z.B. die Staatsrechtler *Triepel*, Berlin, und *Rinker*, Erlangen und den Privatrechtler *Zitelmann*, Bonn und *Wedemeyer*, Kiel. Recht anheimelnd war es mir, daß Freiburg durch verschiedene derzeitige oder ehemalige Fakultätsmitglieder vertreten war, nämlich: Meinen verehrten Freund *Richard Schmidt*, Leipzig, den Rechtshistoriker *Alfred Schultze* aus Freiburg und den Staatsrechtler *Thoma*, Heidelberg. Der Vorsitz wurde *Triepel* übertragen, als dem Dekan der einberufenden Fakultät, *Wedemeyer* und ich wurden zu

---

[204] 2/212.
[205] 2/213.

Schriftführern bestellt."[206] Den Grund für diese ungewöhnliche Zusammenkunft der Rechtsfakultäten bildete die Frage, welche Erleichterungen man
den Kriegsteilnehmern für das Rechtsstudium gewähren sollte. Eine
einfache Reduktion der Semesterzahl, wie sie Gießen vorschlug, wurde von
vielen abgelehnt und man einigte sich darauf, dass keinesfalls mehr als zwei
Semester gekürzt werden dürfe und für jedes ausgefallene Semester müsse
ein achtwöchiger Herbstferienlehrgang besucht werden. Diese wandelten
sich später zu Kriegsnotsemestern.

## Verwaltungsdienst 1917

Nach dem Abschluss der Dolmetscherarbeit im Kriegsgefangenenlager hatte
*Gmelin* zwar als Hochschullehrer und Dekan der Fakultät genug zu tun,
wollte sich aber weiterhin mit einem Hilfsdienst an den Aufgaben der
Kriegszeit beteiligen. Dazu wurde ihm im Kreisrat die Aufgabe erteilt, den
Einsatz von Kriegsgefangenen in den Stellen des Kreisrates zu überwachen.
Bei dem Baurat *Hecht* lernte er rasch bürokratische Grundregeln, wie zum
Beispiel, dass die dünnen Akten schlimmer seien als die dicken und dass man
sie im Zweifelsfalle „an die Gendamerie zum Bericht" verfügte, um eine
unklare Akte vom Tisch zu bekommen. Auch die „Wiedervorlage" wurde
ihm plausibel, weil sich viele Probleme bis dahin längst erledigt hatten.

Im Januar 1917 wurde er in die Provinzverwaltung versetzt, um Entscheidungen des Provinzialausschusses vorzubereiten, im Grunde die selben
Sachfragen, die im Konfliktfalle zur Revision beim Verwaltungsgerichtshof
landen würden, ein Bereich, in dem *Gmelin* kompetent war. Bereits Anfang
Februar endete dieses kurze Zwischenspiel, weil *Gmelin* aufgefordert wurde,
nach Brüssel zu reisen.

---

[206] 2/216.

Wie er bereits aus Freiburg da und dort berichtet, liebt *Hans* es bei Abendveranstaltungen, satirische Vorträge zu halten, die da und dort auf Kosten seiner Gäste gingen.

Am 14. März 1917 feierte der Großherzog *Ernst Ludwig von Hessen und bei Rhein* sein 25jähriges Regierungsjubiläum. Das Großherzogtum hatte schon seit *Bismarcks* Zeiten nur geringen Einfluss auf das Reich und seine Außenpolitik, verfügte es doch gemäß der Reichsverfassung nur über drei der 61 Stimmen im Bundesrat. „Auch die guten verwandtschaftlichen Beziehungen des Darmstädter Hofes zum englischen Königshaus bzw. zur Zarenfamilie in Russland vermochten hieran kaum etwas zu ändern, zumal der letzte Großherzog von Hessen und bei Rhein gegenüber seinem Vetter, Kaiser *Wilhelm II.*, und dessen eigenwilligem Führungsstil eine eher reservierte Haltung einnahm.[207] Dazu lud er Mitglieder seiner Landesuniversität nach Darmstadt ein, wozu *Gmelin* als Dekan der Juristenfakultät gehörte: Er musste zur Huldigung erscheinen. Gerade angesichts eines Krieges, der die Jugend des Landes verbluten ließ, war diese Traditionsveranstaltung ein Zeichen dafür, dass sich die Strukturen und Institutionen überlebt hatten. *Gmelin* hat seine Erlebnisse in einer Satire niedergeschrieben, die in einem Alptraum endet, der verwoben war mit der im Anschluss für die Gäste aufgeführten „Aida" mit Sitzplatz in der Fürstenloge. Überschattet war die Veranstaltung überdies, weil die Schwester des hessisch-darmstädtischen Großherzogs mit dem russischen Zaren verheiratet war und von der ersten russischen Revolution bedroht war.[208]

---

[207] Vgl.: Marius Rasper: „… eine Art Ausführungsgesetz zur Reichsverfassung." Die Hessische Verfassung vom 12. Dezember 1919, Münsterische Beiträge zur Rechtswissenschaft, Neue Folge Band 55. Nomos Verlagsgesellschaft, Baden-Baden, 2020. Online-Version, Nomos eLibrary, 62.
[208] 2/224ff.

Im Semester ging es nach wie vor bescheiden zu: Verwaltungsrecht hielt *Gmelin* vor sechs Hörern, allgemeine Staatslehre vor sechs Hörern und zwei Studentinnen. Wegen der kleinen Anzahl hielt er die Veranstaltungen zuhause ab.

## Türkisches Seminar

Wie oben schon angedeutet, flaute das Interesse an dem Sprachkurs des Türkischen von *Paul Kahle* und *Mehmet Ali* rasch ab. Auch *Gmelin* wollte im Sommersemester 1917 aussetzen. Dann lief er aber *Kahle* und *Mehmet Ali* in die Hände, die ihn überzeugten, doch an den Konversations- und Leseübungen teilzunehmen. Seine Bereitschaft brachten ihm einen Abendschoppen bei *Mehmet Ali* und ein Abendessen bei *Kahles* ein. Angesichts des frischvermählten Paares und seinen Verhältnissen, ist sich *Hans* noch sicher, dass der Ehestand für ihn nicht das Richtige sei. [209]

## Einsatz im Bereich des Belgischen Generalgouvernements 1915-1918

Da *Gmelin* Niederländisch und Französisch beherrschte und sowohl als Tourist als auch als staatsrechtlich Forschender die belgischen Verhältnisse kannte, wandte er sich bereits 1914 an den Verwaltungschef bei dem Generalgouvaneur in Belgien mit dem Wunsch, dort Einsatz zu finden. Darauf bekommt er eine hektographierte Absage mit der klaren Maßgabe: „Eine erneute Bewerbung ist nicht erfoderlich."[210] Dabei fiel ihm auf, dass unter den militärischen Machthabern die Kenntnis der Eigenheiten Belgiens knapp gesät war. Man behandelte das Land zunächst als rein französisches Sprachgebiet. Um über die wahren Sachverhalte aufzuklären, verfasste Gmelin eine Abhandlung über „Die Gesetzgebung zum Schutz der vlämischen Sprache in Belgien" in der Zeitschrift für Politik. Einen Sonder-

---

[209] 2/240
[210] 2/201.

druck bekam der Verwaltungschef von Belgien, wofür *Gmelin* einen formellen Dank bekommt.

Besonders sein Kollege *Beyerle* teilte *Gmelin* mit, dass er ihn für die in Brüssel geplanten Hochschulkurse vorgesehen habe mit einem zweistündigen Vortrag über Wandlungen des belgischen Verfassungsrechts im 19. Jahrhundert. Eingesetzt wurde er dann von der „Politischen Abteilung", die ihn im Bereich des Generalgouvernements unterbrachte.

Der Berliner Staatsanwalt *Fritz Hüssen,* der bei *Gmelin* 1907 in Freiburg promoviert worden war, war 1915 in der Zivilverwaltung des Generalgouvernements eingesetzt worden. Da nun die Frage aufkam, wie eine Autonomie Flanderns sichergestellt werden könne, schlug er dem badischen Oberamtmann *Schaible* gegenüber vor, *Gmelin* anzufragen, ob er die Verwaltungstrennung wissenschaftlich unterstützen würde. *Hüssen* schrieb im Oktober an *Gmelin* und kündigte ihm für Näheres einen Besuch an. Am 30. Oktober kam er nach Gießen. Dann passierte zunächst einmal nichts, weil mittlerweile ein Göttinger Strafrechtler, Geheimrat *Robert v. Hippel*[211] in die Kommission berufen worden war, um die Selbstverwaltung Flanderns und Walloniens auszubauen. *Schaible* hatte aber eine neue Aufgabe: Beim Streit um die Sprachenverordnung in den Groß-Brüsseler Gemeinden wurde behauptet, Brüssel sei erst seit 1830 zweisprachig gewesen. Nun sollte *Gmelin* klären, wann die „Verwelschung der Brüsseler Verwaltung" eingesetzt habe.[212]

*Gmelin* hätte lieber an einer Neugestaltung der belgischen Verfassung mitgewirkt, aber sagte dennoch zu, zumal er hörte, dass *Hippels* Kommission

---

[211] Robert Wilhelm Ferdinand von Hippel (* 8. Juli 1866 in Königsberg (Preußen); † 16. Juni 1951 in Göttingen) war ein deutscher Rechtswissenschaftler und Hochschullehrer. Wikipedia, 24.5.2024.
[212] 2/242.

sich „auf einem toten Gleis befinde".[213] Nach Erhalt von Passierschein und Ausreiseerlaubnis fuhr *Gmelin* am 11. Dezember 1917 über Köln nach Brüssel, wo er am nächsten Morgen ankam. Im Hotel Astoria bezog er ein gutes Zimmer, das er auch zur Arbeit nutzen musste, weil man ihm keinen Büroraum zuweisen konnte. *Hüssen* führte *Gmelin* im Deutschen Club ein, der in einem eleganten Brüsseler Clubgebäude untergebracht war, wo viele höhere Beamte der Zivilverwaltung ihre Mahlzeiten zu sich nahmen. Drei Gruppen verkehrten dort: Zivilbeamte, die wegen ihrer hellgrünen Uniform als Frösche bezeichnet wurden, Militärs in ihrer Uniform und schließlich Zivilisten, zu denen *Gmelin* zählte. Eintreten konnte er indessen erst, wenn ein Mitglied ausgeschieden sei. Das geschah bereits nach wenigen Tagen, da der erfolglose Strafrechtler *v. Hippel* nach Göttingen zurückkehrte. *Gmelin* berichtete von dem Versagen der Kommissionsarbeit unter *Hippel* nach Leipzig an *Richard Schmidt*.[214]

Da norddeutsche Verwaltungsbeamte überwogen, „herrschte ein steifer, gemessener Ton, und man musste im Deutschen Club seine Zunge hüten, wollte man keinen Anstoß erregen".[215] Die sympathische Ausnahme bot der bayrische Historiker *Pius Dirr*, dessen freimütige Äußerungen ihm zugute gehalten wurden, weil sie in oberbayrischer Mundart viel harmloser klangen als sie gemeint waren. *Gmelin* schloss sich ihm an, da er einer der wenigen gewesen sei, die die belgischen Verhältnisse kannten. „*Dirr* hat übrigens eine gewisse Berühmtheit erlangt, weil er mit „feiner Spürnase" in einem Abort des belgischen auswärtigen Ministeriums die bekannten Dokumente entdeckte, aus denen hervorging, dass Belgien bereits vor dem Einfall der Deutschen mit England militärische Besprechungen pflog. Sie werden von deutscher Seite als Beweis dafür angesehen, dass Belgien sich der Entente verschrieben hatte, obwohl m. E. die Neutralitätsverletzung nicht in solchen

---

[213] 2/243.
[214] 2/251.
[215] 2/244.

Eventualbesprechungen lag, sondern darin, dass Belgien es unterließ, auch mit Deutschland solche Abmachungen zu treffen."[216]

Angesichts der zweifelsfreien Kriegsverbrechen, die deutsche Truppen in Belgien verübt haben, ist die Beweiskraft solcher Unterlagen vollständig verblasst. - Der zweite, der die belgischen Verhältnisse gut kannte und zudem als Katholik und Sprachkundiger guten Zugang zu den Menschen in Belgien hatte, war der frühere Freiburger und damals Göttinger Juraprofessor *Konrad Beyerle*. Gegenüber den zahlreichen protestantischen Preußen war er als Zentrumsmann für die Flamen sehr viel vertrauenserweckender.

Kriegsbedingt musste die Jugendfreundin von *Hans*, *Hilda Schurr*, geborene *von Maulbronn*, mit ihrem Mann Australien verlassen und als Spezialist für australische Wollgeschäfte arbeitete ihr Mann als Sachverständiger des Wollhandels bei der Brüsseler Wollzentrale. Der unverhoffte Aufenthalt in der gleichen Stadt versorgte *Hans* mit mancher Einladung und einigen Gerichten, von der *Hilda* wusste, dass er sie gern wieder einmal äße.

Dienstlich war dem Einsatz in der Sprachenfrage vorausgegangen, dass das Generalgouvernement mit Wirkung vom 9. August 1917 den Gebrauch der flämischen Sprache in Brüssel verordnet hatte. Die Stadtverwaltung wandte sich daraufhin am 8. November 1917 an den Reichskanzler mit der Bitte um eine unparteiische Untersuchung des Sprachgebrauchs. Dies markiert *Gmelins* Aufgabe in Brüssel. Ihrerseits ließ die Brüsseler Stadtverwaltung eine Untersuchung über den Sprachgebrauch anstellen, die *Gmelin* bereits am 17. Dezember erhielt. Diese Enquete führte die Gründe für die rein französische Sprachgewohnheit der belgischen Hauptstadt an. So rechnete sie, dass von den Einwohnern 540.000 Französisch sprachen und nur 160.000 diese Sprache nicht konnten. *Gmelin* rechnet anders: Nur 20.000 Brüsseler seien rein französischsprachig, „während die über 300.000

---

[216] 2/245.

Doppelsprachigen in der Hauptsache dem vlämischen Bevölkerungsteil zuzurechnen waren."[217] *Gmelin* legt seine Analyse historisch an und erforscht die Verhältnisse anhand der Archivalien im Stadtarchiv.

Die deutschen Besatzer in Belgien sahen vor, das kleine Land in der folgenden Friedenszeit als eine Art deutscher Kolonie an kurzer Leine zu führen. Damit das gelingt, sollten die weitgehend unterdrückten Flamen eine Teilautonomie bekommen. Darum suchten die Deutschen das Gespräch mit den verschiedenen Flamenführern. Mancher Flame hatte bislang ein gemäßigtes Flamentum vertreten, ohne einen Sprachenstreit vom Zaune zu brechen.

Zu diesen gehörte auch der Stadtarchivar *Des Marez*, zu dem sich *Gmelin* und *Beyerle* nachts einschleichen mussten, da er nicht offen mit Deutschen verkehren mochte. Zwar war er ein vollendeter Gastgeber, mochte aber nicht verantworten, *Gmelin* im Stadtarchiv forschen zu lassen. *Des Marez* machte *Gmelin* Aufwartung, als er erfuhr, dass der Bürgermeister ihm die Erlaubnis für die Nutzung des Stadtarchivs erteilt hatte. Nun bat er, dass *Gmelin* gegenüber dem Beauftragten des Bürgermeisters nicht erkennen lassen solle, dass sie sich bereits einmal kennengelernt hatten, was dieser dann auch mit einer steifen Verbeugung vermied.

Wichtige Quellen für *Gmelin* waren Personenstandsregister und Maueranschläge, aus denen sich die Sprachnutzung erweisen ließ.

Den heiligen Abend 1917 blieb *Gmelin* in Brüssel, konnte aber dennoch in der Familie *Schurrs* eine deutsche Weihnacht feiern. Er besuchte die Aufführung eines flämischen Stückes von *Raf Verhulst*, „Jesus de Nazarener". *Verhulst* gehörte zu den flämischen Aktivisten, die eng mit den Deutschen zusammenarbeiteten. Nach dem Ersten Weltkrieg wird er wegen

---

[217] 2/248.

Kollaboration zum Tode verurteilt, aber war zuvor in die Niederlande geflohen. Später unterrichtet er Niederländisch an der Universität Göttingen und wird als flämischer Volkstumsaktivist Anhänger der Nationalsozialisten. Das Theaterpublikum bezeichnet *Gmelin* als takt- und verständnislos, wenn es an den falschen Stellen in einfältiges Lachen ausbrach. Er vermutet, dass der gebildete Mittelstand der Flamen französisiert sei. *Gmelin* lernt den Mannheimer Staatsanwalt und Sozialdemokraten Dr. *Altschul* kennen, der als Zensor Freikarten für Theatervorführungen hatte. Da er „national gesinnt" war und eifrig für die flämische Sache eintrat, war es *Gmelin* einerlei, dass er jüdischer Herkunft war. Mit ihm unternimmt er einige Erkundungen in Brüssel. Durch *Altschul* lernte er den späteren SPD-Minister *Konrad Haenisch*[218] kennen, einen bürgerlich nationalen Sozialdemokraten, mit dem er sich unterhielt, „ohne auf Meinungsgegensätze zu stoßen".[219]

## Bericht über flämische und französische Sprache

Auch in den Vorstädten Brüssels forscht *Gmelin* nach den Sprachregulationen vergangener Epochen. Ab Januar 1918 beginnt er seinen Bericht aufzuschreiben: Zur Zeit der niederländischen Herrschaft wurden niederländische und französische Straßennamen geduldet. Die niederländischen wurden in belgischer Zeit ab 1850 beseitigt. 1879 wurde die Zweisprachigkeit der Straßennamen beschlossen. Bei den Personenstandsregistern stellt er fest, dass die Amtsführung ursprünglich flämisch erfolgt war und das Französische erst Ende des 18. Jahrhunderts vordrang. Zur Zeit der französischen Herrschaft und wieder von 1830 bis 1850 wurde allein die französi-

---

[218] Haenisch, Benno Fritz Paul Alexander Konrad, sozialdemokratischer Politiker, * 14.3.1876 Greifswald, † 28.4.1925 Wiesbaden. (evangelisch, dann Dissident) https://www.deutsche-biographie.de/gnd118544519.html#ndb content
[219] 2/255

sche Sprache benutzt. Die deutsche Verwaltung dankt *Gmelin* dafür, dass er eine unparteiische historische Analyse vorgenommen habe.[220]

Bevor dieser erste Einsatz in Brüssel zuende geht, möchte *Beyerle* mit *Gmelin* noch eine Reise in die flämische Hauptstadt Gent unternehmen. Am 7. Januar erreichen sie bei Dunkelheit die Stadt, wo sie in der Offiziersmesse Quartier bezogen. Sie trafen dort auf den Zensurleiter Graf *Limburg* und einen radikalen Flamenführer, den Arzt Dr. *Stocké*, dem „nach dem Krieg übel mitgespielt" worden sei. Bei einer Flasche Pommery unterhielt man sich bis Mitternacht über die Lage. Mit diesem Vertreter der „Jungen Flaminge" trafen sie sich ein weiteres Mal, samt dessen Familie, bei der *Gmelin* die 15jährige Tochter auffiel, die er als größte Schönheit von Gent bezeichnete und ihr vorbildlich dialektfreies Niederländisch rühmte. Am Ende dieses Abends besuchten *Stocké, Beyerle* und *Gmelin* noch eine Studentenkneipe, in der etwa 30 Studenten flämische Lieder sangen, „darunter manches deutsche Studentenlied mit flämischem Text".[221]

Am nächsten Tag führte *Beyerle* ihn durch die Stadt, die sich im Schnee reizvoll verwandelt hatte. Den berühmten Genter Altar der Brüder *Jan* und *Hubert van Eyck* in der Kirche St. Bavo konnten die beiden nicht betrachten, da der berühmte Flügelaltar zerteilt worden war und sich ein erheblicher Teil in Berlin befand[222] – und nicht wie *Gmelin* meinte, gegen Kriegseinwirkungen nach England geschickt worden war. Ein Passus des Versailler Vertrages regelt ausdrücklich die Rückgabe des Genter Altars, obwohl er Anfang des 19. Jahrhunderts regulär angekauft worden war. Ein englischer Kaufmann hatte als Zwischenhändler agiert und ihn an den König von Preußen, *Friedrich Wilhelm* III. veräußert. Zuvor waren die Mitteltafeln von

---

[220] Vgl. 2/257f.
[221] 2/261.
[222] Zunächst im Alten Museum, dann im Kaiser-Friedrich Museum. Vgl. Wikipedia, „Genter Altar", 26.5.2024.

*Napoleon* in den Louvre verschleppt worden, kamen aber nach der Schlacht von Waterloo nach Gent zurück. In der von den Deutschen geschaffenen Flämischen Universität besuchten sie die juristische Fakultät, wo man neben einigen Professoren auch auf den aus Gießen nach Gent berufenen Zoologen *Versluys* traf. Auch er wurde nach dem Ersten Weltkrieg in Abwesenheit von Belgien zum Tode verurteilt, lehrte aber weiter im niederländischen Hilversum und später in Wien. Hier konnte *Gmelin* eine Vorstellung von der Realunion von Flandern und Wallonien entwickeln, einschließlich Überlegungen zum Wahlrecht und Sprachenverordnung. Die letztere Frage löste eine Diskussion aus, da die kirchlichen Träger der Schulen einer Festlegung auf das Flämische widersprachen.

Nach Einkauf von Lebensmitteln, die in Deutschland rar waren, um sie Mutter *Johanna* mitzubringen, fuhr *Gmelin* am 11. Januar von Brüssel nach Gießen ab, wo er am 12. Januar ankam. Sowohl *Pius Dirr* als auch die Politische Abteilung sorgten dafür, dass *Gmelin* bei dem Hochschulkurs in Brüssel zwei Vorträge halten konnte, als auch einen mehrmonatigen Einsatz in Brüssel für die Politische Abteilung mit dem wenig attraktiven Auftrag:

1. „Bearbeitung der Frage, welche Wechselwirkungen zwischen der flämischen Bewegung und den belgischen Parlamentsparteien bestanden haben und noch bestehen.

2. Wie hat sich die belgische Regierung gegenüber der flämischen Bewegung während des Krieges verhalten, welche Maßnahmen hat sie dagegen ergriffen.

3. Wie hat sich die belgische Regierung in Le Havre gegenüber der deutschen Flamenpolitik verhalten? Welche Maßnahmen hat sie dagegen ergriffen."

„Es handelte sich also in der Hauptsache nur um eine auf Zeitungsausschnitte sich aufbauende Berichterstattung. Diese Arbeit lag mir freilich noch weniger als die immerhin historische Forschungsaufgabe, die mir über die Amtssprache von Brüssel gestellt gewesen war."[223]

Dennoch reist *Gmelin* bereits am 16. Februar 1918 wieder zurück nach Brüssel. Dort trifft er sich wieder mit Dr. *Altschul*, aber findet auch seinen Freund und Doktorvater *Richard Schmidt* vor, der ebenfalls im Auftrag der Politischen Abteilung in die Kommission berufen worden war, die eine neue belgische Verfassung ausarbeiten sollte, zu der auch *Erich Kaufmann* gehörte, obwohl *Schmidt* ihn – zu Unrecht - nicht dafür geeignet hielt. „*Schmidt* war ganz entsetzt über die vielen Nullen in der Kommission, denen es nicht nur an Kenntnis und Verständnis, sondern auch an jeglichem Interesse für die gestellte Aufgabe fehlte."[224] Das bereits früher wenig erbauliche Kompetenzgerangel schien sich in Brüssel noch verschärft zu haben. Grund war, dass die etwas übereilte Selbständigkeitserklärung von Flandern zeigte, wie uneins die flandrische Seite war. Dort herrschten intern Spannungen, aber auch auswärtige Staaten übten Druck auf das Reich aus. Das der Obersten Heeresleitung unterstehende Generalgouvernement und die Politische Abteilung des Auswärtigen Amtes waren selten einer Meinung. Diese war zwar dem Generalgouvernement untergeordnet, deren Chef vertrat jedoch gegenüber dem Generalgouvernement die Intentionen des Auswärtigen Amtes. Der Chef der politischen Abteilung *von den Benken* hatte mit der Autonomie Flanderns zu bremsen begonnen, während das Generalgouvernement diesen Kurs weiter beibehielt. Während der Besatzung durch die Deutschen hatten belgische Richter Flamenführer wegen Hochverrats in Haft genommen. Darum hatten die Deutschen die Verhafteten befreit und die jeweiligen Richter in Haft genommen. „Nun drohten die belgischen Richter, ihre Tätigkeit einzustellen."[225] Als das geschah, musste das Deutsche Reich vorübergehend Richter und Staats-

---

[223] 2/264.
[224] 2/265f.
[225] 2/267.

anwälte nach Belgien schicken, um dessen Rechtssystem nicht ganz auf Grund gehen zu lassen.

Am 19. Februar 1918 bekam *Hans Gmelin* ein Büro in einem Haus, das die Politische Abteilung eingenommen hatte. Dort verwaltete er auftragsgemäß seine Zeitungsausschnitte. Immerhin wurde seine Denkschrift über die Sprachen Brüssels gedruckt – allerdings nicht unverändert: „Am Schluß hatte ich ausgeführt, daß es nicht eigentlich die französische Verkehrs- sprache war, die zur französischen Amtssprache führte, sondern umgekehrt, die französische Amtssprache hat der im Grunde flämischen Einwohner- schaft allmählich die französische Verkehrs- und Gesellschaftssprache beigebracht und es erscheint nicht ausgeschlossen, daß Änderungen in der Amtssprache und vor allem in der Unterrichtssprache den flämischen Grundzug der Bevölkerung allmählich wiederherzustellen vermögen. Ich fügte aber hinzu: „Nur besteht die Gefahr, daß durch allzu durchgreifende Neuerungen eine ähnliche Gegenströmung zugunsten des Französischen selbst bei der flämischen Bevölkerung ausgelöst wird. ... Dieser letzte Satz, der dem etwas radikal vorgehenden Verwaltungschef nicht paßte, wurde, ohne mich zu fragen, gestrichen."[226]

Obwohl sich viele Belgier weigerten, Deutsche ins Haus zu nehmen, gelang es *Gmelin*, ein möbliertes Zimmer anzumieten, was seine Mietkosten redu- zierte. Ein Ausflug verbindet *Gmelin* mit seiner früheren Leidenschaft fürs Koloniale: In Tervuren besuchte er das Kongo-Museum – das heutige Königliche Zentralafrika Museum - das einen Eindruck von der reichen Ko- lonie gab – damals aber nicht von den Verbrechen, die Belgier dort verübt hatten. Ganz ohne Hoffnung war *Gmelin* im Hinblick auf den Kriegsaus- gang und damit für ein zumindest koloniertes Flandern nicht: „Da ich damals noch mit einem günstigen Ausgang des Krieges rechnete, hoffte ich, daß die Kolonie an Deutschland abgetreten werde und frug mich daher, ob

---

[226] 2/269.

denn das Kongomuseum in Brüssel bliebe oder ob wir es mit übernehmen würden."[227] Am 7. März forschte *Gmelin* in der Kolonialbibliothek nach Schriften über das Grundgesetz der Kongokolonie.

Immerhin entwickelte sich das Tätigkeitsfeld *Gmelins* in seinem Sinne: Er bekam endlich Anteil an der Verfassungsgestaltung und sollte mit *Richard Schmidt* zusammen in der Verfassungskommission eine Verfassung für Flandern ausarbeiten, die dann mit den Bevollmächtigten der Flamen verhandelt werden sollte. *Gmelin* bemühte sich, das etwas gespannte Verhältnis zwischen *Schmidt* und *Kaufmann* zu glätten, aber „es fiel sehr schwer".[228]

Überrascht war *Gmelin* vom Besuch des wallonischen Sozialisten *Paul Ruscat*, der den Anschluss Walloniens an Deutschland befürwortete. Die Syndikalisten der Gewerkschaften bekannten sich zu einem wallonischen Staat, der eng mit Deutschland zusammenarbeitete, bei allgemeinem gleichem Wahlrecht, mit dem die Sozialisten sich in Wallonien gute Chancen ausrechneten. Er wünschte, dass *Gmelin* in Namur im Cercle wallon einen Vortrag in französischer Sprache halten solle, was *Gmelin* gern übernahm, zumal ein gutes Verhältnis zu Wallonen auch im Sinne der Politischen Abteilung gewesen sei.[229] „Im Cercle stellte mir *Ruscat* einige seiner Landsleute vor, bevor er mich in den Vortragssaal führte, in dem sich etwa 200 Zuhörer, hauptsächlich wallonische Beamte, eingefunden hatten. Nachdem mich *Ruscat* zur Eröffnung mit schwungvollen Worten begrüßt hatte, ließ ich meinen Vortrag über die deutsche Verfassung vom Stapel. Die Zuhörer folgten mit gebannter Aufmerksamkeit, obwohl er reichlich trocken war und der Stoff dem belgischen Publikum recht fern lag."[230]

---

[227] 2/275.
[228] 2/276.
[229] 2/279.
[230] 2/306.

Zwei Wochen lang drehte sich das Interesse der Deutschen um die Brüsseler Hochschulkurse, die aber weniger der Information der dort stationierten Beamten über ihren Verwendungsort und seine Kultur dienten als der allgemeinen Information der vom Felde beurlaubten Studenten. Die beiden Vorträge von *Gmelin* waren einigermaßen besucht, obwohl sie sich direkt mit den belgischen Verhältnissen befasst haben, zum ersten mit der Geschichte der belgischen Verfassung, zum zweiten vor immerhin 50 Hörern über die Entwicklung des belgischen Wahlrechts. Er selbst hörte einen Vortrag von *Richard Schmidt*, der für *Friedrich Naumann* eingesprungen war und von *Heinrich Triepel*, der über das Seekriegsrecht referierte. Mit *Schmidt* und *Triepel* gab es zum Abschluss noch ein kommunikatives Essen in Tervuren, nachdem sie zuvor das Kongo-Museum besichtigt hatten. Abschließend gingen sie noch ein paar Schritte zu Fuß, bevor sie beim Kreuzweg Quadre Bras wieder die Tram nahmen. [231]

Besondere Freude machte es *Gmelin* während einer Audienz der Badener bei ihrem Großherzog *Friedrich II. (1857-1928)*, dass sich dieser an seinen im Jahr 1879 verstorbenen Vater, *Moriz Gmelin* erinnern konnte, der mit seinem guten Freund, dem Geheimrat *Wagner*, dem Erzieher des Großherzogs, befreundet gewesen sei. Er habe auch seinen Großvater gekannt, den Mann mit den „schönen weißen Haaren", den er öfter im Verein für Kirchenmusik getroffen habe.[232]

Das Verfassungsprojekt gedieh im Grunde, sogar über die Spannung zwischen *Schmidt* und *Kaufmann* hinweg und Ende März wurde ein junger Antwerpener Flame gewonnen, um den Entwurf ins Flämische zu übersetzen. Bei der Besprechung mit flämischen Politikern erwies es sich als vorteilhaft, dass diese bislang keinen eigenen Verfassungsentwurf vorgelegt hatten und darum auf die Vorarbeiten der Deutschen angewiesen waren. Da

---

[231] 2/287f.
[232] 2/286.

sich *Erich Kaufmann* um seinen verwundeten Bruder kümmern musste, hatte dies die Einmütigkeit der Verfassungsarbeit sicherlich noch verstärkt.

Nach einer Präsidialsitzung am Ende dieser Brüsseler Arbeitsphase ergab man sich wahrhaft kolonialem Luxus: „Für den Abend war ich schon wieder mit *Schmidt* und *Kaufmann* zusammen ins Casino eingeladen, diesmal von Minister *Pauli*. Zu einem vorzüglichen Essen, dessen Speisefolge sich anzuführen lohnt, denn sie bedeutete im Weltkrieg eine unerhörte Seltenheit: Sardinen, Bouillon, Blätterteig mit Kalbsfüllung, Tournedos mit Salat und Kartoffelküchlein, Spargel mit Ei, Schokoladenpudding, Käsestangen, Kaffee. Dreierlei Weine, namentlich ausgiebig roter Richebourg. Endlich Bier. Wir waren nur ein kleiner Kreis von etwa zwölf Personen. Zu meiner Rechten saß ein bekannter Vertreter der Großindustrie, der Lokomotivenfabrikant Geheimer Rat *v. Borsig*, den seine Husarenuniform ein ziemlich jugendliches Aussehen gab, links von mir der Artilleriehauptmann, späterer Legationsrat, Dr. *Neumeister*. Vor dem Kriege Handelsattaché bei der Botschaft in Tokio war er bei Kriegsausbruch in abenteuerlicher Reise als Matrose über Amerika und Norwegen nach Deutschland zurückgekehrt und hatte bis zu schwerer Verwundung am Kriege teilgenommen. Seitdem wurde er als Generalreferent des Verwaltungschefs für Flandern und als Leiter des flämischen Handelsministeriums verwendet."[233]

Am Montag, den 29. April 1918, endete *Hans Gmelins* Brüsseler Aufenthalt mit Packen und Verabschiedungen und einer letzten Konferenz mit *Richard Schmidt* und *Erich Kaufmann*. Nach Einkauf von nützlichen Lebensmitteln bezog *Gmelin* mit *Richard Schmidt* ein Schlafwagenabteil im Nachtzug, der um sechs Uhr in Köln eintraf, sodass er um viertel nach zwölf Uhr in Gießen ankam.

---

[233] 2/308.

Im Rückblick kann *Gmelin* kaum Details aus seinem Bericht an die Politische Abteilung zur Stellungnahme der belgischen Regierung in Le Havre zur Flamenpolitik wiedergeben, da er kein Exemplar behalten durfte. Er nahm wahr, dass die belgische Flamenpolitik die deutschen Bemühungen gespiegelt hat. Die Frage, wie im Falle eines „Siegfriedens" der bisherige belgische Staat verfasst sein soll, war geprägt von dem Willen, Belgien ökonomisch möglichst eng an Deutschland zu binden. „Unter dieser Chefkommission wurden Unterkommissionen gebildet zur Bearbeitung einzelner Sachgebiete. So betraute man eine von ihnen mit der „Nationalitätenpolitik und ihren Beziehungen zur Wirtschaftspolitik". Als ihre Hauptaufgabe wurde die künftige staatsrechtliche Gestaltung Belgiens bezeichnet. Den Vorsitz in dieser Kommission führte wiederum *Schaible* selbst oder sein Stellvertreter, Geh. Rat *v. Achenbach*. Von den ca. 16 Mitgliedern seien nur die mir bekannten Herren angeführt: Mein Freund *Richard Schmidt,* Prof. *Kaufmann*, mein ehemaliger Doktorand, Staatsanwalt *Hüssen*, der Gesandte *Pauli* als ständiger Vertreter der Politischen Abteilung, Amtsrichter *Fröhlich* von der Verwaltung für Wallonien, u.s.w. – Am 2. März 1918 wurde ich ebenfalls zum Mitglied bestellt, doch hatten die Sitzungen der Kommission bereits begonnen. In ihren verfassungsrechtlichen Vorschlägen war sie an die von der Chefkonferenz am 24. Januar beschlossenen Richtlinien gebunden, daß nämlich im Interesse der künftigen Sicherheit Deutschlands eine Trennung der Staatsgewalt zwischen Flandern und Wallonien unerläßlich sei, daß aber im Interesse des deutschen Wirtschaftslebens Belgien auch nach der politischen Trennung als einheitliches Wirtschaftsgebiet erhalten bleiben müsse.[234]

Im Gegensatz zu Österreich-Ungarn, das bis zum ersten Weltkrieg durch den Monarchen zusammengehalten wurde, wurde die Einheit Belgiens durch das Parlament verkörpert. Darum konnte der König beibehalten werden, der den Titel des Königs der Flamen und Wallonen bekommen

---

[234] 2/313.

sollte. Die Union von beiden Landesteilen sollte nur aus einem Präsidenten und zwei Landesministern, einem Flamen und einem Wallonen bestehen. Der Präsident wäre durch den König ernannt worden. Die Einzelstaatsminister wären Mitglieder des Ministerrats ihres Landesteils gewesen. Zahlreiche andere Details wurden minutiös geregelt oder zur Diskussion gestellt, auch wurde gegen die Vorherrschaft der Parteien Volksbegehren und Volksentscheide vorgesehen, auch wenn Zweifel bestanden, ob dies bei den von den klerikalen Kräften abhängigen Flamen der richtige Weg sei. Eine gemeinsame Staatsangehörigkeit war nicht mehr vorgesehen, auch keine Häufung der Staatsangehörigkeiten. Allerdings sollte die Niederlassungs- und Gewerbefreiheit auch im anderen Teilstaat gegeben sein. Sprachenrechtlich sollte das Flämische zur behördlichen Regelsprache werden. Wir begrenzten „die Zuständigkeit der Union auf Gesetzgebung und völkerrechtliche Verträge über auswärtige Angelegenheiten, Zölle und Verbrauchssteuern, Monopole und Energiestromnetzgebühren, Maß-, Münz-, Gewichtswesen, Geld- und Notenbankwesen, öffentlicher Verkehr (Eisenbahn, Post, Telegramm- und Fernsprechwesen), Linienschiffahrt u.s.w. Dagegen sollte die Hochsee-Handelsmarine getrennt sein, entgegen dem Wunsche der Wallonier. Dem auch von mir unterstützten Vorschlag, den Wallonen ein Hafenreservat in Antwerpen zu geben, wurde entgegengehalten, daß dies wegen der räumlichen Verhältnisse Antwerpens undurchführbar sei".[235]

Womit damals noch niemand gerechnet hat: Die Arbeit im Sandkasten der Verfassungsgestalt der beiden belgischen Landesteile war eine ausgezeichnete Vorarbeit für die Notwendigkeit, dem eigenen Heimatland in naher Zukunft eine neue Verfassung zu geben, bzw. sich an dieser Diskussion zu beteiligen. Im Ganzen blieb indessen ein fader Nachgeschmack: „So sehr es mir zusagte, einmal an der Aufstellung von Verfassungsentwürfen mitwirken zu können, so empfand ich doch keine rechte Befriedigung, weil ich mich durch das unter den hohen Beamten vielfach herrschende ränkevolle

---

[235] 2/320.

Treiben, das nur zu häufig durch selbstsüchtigen Ehrgeiz bestimmt wurde, abgestoßen fühlte. *Richard Schmidt* erging es ebenso, wie sein Brief vom 16. Juni 1918 offenbart: „In der Auffassung der Brüsseler Verhältnisse stimme ich ganz mit Ihnen überein: Das war nichts für uns, so sehr manches Anregende und Lehrreiche davon weiterwirkt. Ich bin froh, daß wir beide uns vor … Enttäuschung zu behüten wußten. So haben wir noch einen ganz anständigen Abgang gehabt. Mag nun *Kaufmann* dort weiter agieren und seine Lebenskünstlerschaft walten lassen, - ich beneide ihn darum nicht…"[236]

Die Aussichten, dass die deutsche Flamenpolitik etwas bewirken werde, wurde dadurch fragwürdig, dass der belgische König der Exilregierung in Le Havre den Flamenführer *Edward Coremans*[237] zum Ministerpräsidenten bestellt hatte und so die Flamenpolitik der Deutschen unterlief.

Im Juli 1918 geht *Gmelin* noch auf eine Vortragsreise nach Belgien vor sozialistischen Wallonen unter der Leitung von *Ruscart*. Dabei gewinnt er noch einen letzten Eindruck von den Zerstörungen der deutschen Soldaten in Dinant, wo am 23. August 1914 deutsche Truppen bei einem Massaker 674 Zivilisten getötet hatten und rund 1200 der 1800 Häuser der Stadt zerstört hatten. „Aber in Dinant selbst sah es schrecklich aus, wie wenn die Stadt einer Erdkatastrophe zum Opfer gefallen wäre. Beinahe alle Häuser waren bis auf die Grundmauern zerstört und dahinter ragten die Felswände so wild empor als ob sie sich an dem Zerstörungswerk beteiligt hätten."[238] Steht zu hoffen, dass *Gmelin* angesichts dieser Bilder über den Wahrheitswert der deutschen Kriegspropaganda nachgedacht hat.

---

[236] 2/323.
[237] Edward Coremans (1863-1926) war Justizbeamter und bekleidete eine hohe Funktion im Ministerium der Künste und Wissenschaft. Er war der Neffe eines gleichnamigen Flamenführers aus Antwerpen.
[238] 2/336.

Am 1. August 1918 traf er noch einmal *Erich Kaufmann*, der noch immer im Dienst der deutschen Verwaltung Flanderns tätig war in Brüssel. Der konnte ihm berichten, dass die Verfassungsfragen sich weiter entwickelt hätten und manches geändert worden sei, was *Gmelin*, *Schmidt* und er zusammen erarbeitet hatten. Während sie noch über eine Fortsetzung der Arbeit nachdachten, wurden die Misserfolge der Reichswehr an der Westfront bekannt, sodass *Gmelin* an *Richard Schmidt* schrieb: „So, wie sich die politische Situation gestaltet hat, wird weder unsere Verfassung noch irgendeine andre flandrisch-wallonische Verfassung in die Wirklichkeit umgesetzt werden können.“[239]

Am 3. August endete das belgische Abenteuer endgültig, obwohl *Gmelin* von *Pius Dirr* noch im September eine Einladung zu weiterer Mitarbeit in Brüssel bekommen hat. *Dirr* habe dafür in der Politischen Abteilung eingesetzt.[240]

## Rückblick auf den Krieg und die Arbeit in Belgien

Bereits am 30. April 1918 war *Hans Gmelin* nach Gießen zurückgekommen, um den Vorlesungsbetrieb des Sommersemsetsers wieder aufzunehmen. Angesichts der Leiden, die Soldaten im Felde erlebt hatten, wird ihm deutlich, dass er sich unverdient bevorzugt sehen konnte: „Der Krieg brachte die in mir sowieso liegende friedliebende Neigung zur vollen Entfaltung. Denn ich faßte eine tiefe Abscheu gegen den Krieg, der Fremdliches über die Völker brachte, und suchte von da ab, noch mehr als früher, nach meinen schwachen Kräften für den Frieden zu wirken. Und noch eine andere Wandlung bewirkte der Krieg: Während ich früher oft mit meinem Lohn unzufrieden gewesen war, hielt ich mich nun, wenn ich meine Lage mit der der Krieger im Schützengraben verglich, zu keiner Klage berechtigt.“[241]

---

[239] 2/338.
[240] 2/339.
[241] 2/329.

*Gmelin* suchte die Kriegszeit auch verfassungsrechtlich zu analysieren in einer Arbeit über den Einfluss des Krieges auf die Verfassungsentwicklung: „Ich wollte darstellen, wie der Krieg manche Verfassungsbestimmungen veranlaßte und wie – was noch wichtiger war – unter dem Einfluß des Krieges wesentliche Verschiebungen der politischen Kräfte eintreten, die bedeutsamere Wandlungen im Verfassungsleben hervorriefen. Das Werk blieb wie manche meiner Arbeiten ein Torso, weil es mit dem Ausbruch der Revolution von 1918 seinen Sinn verloren hatte, denn da die Revolution die bestehenden Einrichtungen überhaupt beseitigt hatte, brauchte man den allmählichen Veränderungen, die seit Kriegsbeginn eingetreten waren, nicht mehr nachzuspüren. Nur ein Ausschnitt dieser Arbeit ist erschienen unter dem Titel **„Zur Frage der Einführung parlamentarischer Regierung im Reiche"** in der Zeitschrift für Politik Bd. XI, 1918, S. 294. Ich suchte darin zu zeigen, wie die Versuche zur Einführung parlamentarischer Regierung vor dem Kriege scheiterten, weil der Kaiser noch tatsächlich mächtiger war als der Reichstag, wie aber während des Krieges, weil entscheidende Erfolge ausblieben, das Ansehen des Kaisers und des Reichskanzlers allmählich sank und der Reichstag an Einfluß gewann, sodaß parlamentarische Regierung von selbst eintrat."[242]

Entsprechend fällt *Gmelins* Beurteilung dieser belgischen Arbeit nicht allzu negativ aus: „Erstens hatte ich Gelegenheit, meine in vier Reisen gewonnenen Kenntnisse von Land und Leuten zu erweitern und zu vertiefen, namentlich in kunstgeschichtlicher und politischer Hinsicht. Zweitens hatte ich Gelegenheit, viele bedeutende und interessante Beamte und Gelehrte aus allen deutschen Gauen kennen zu lernen. Drittens habe ich bei der Aufstellung und Besprechung der Verfassungsentwürfe manches gelernt. Und endlich ist die in Belgien geleistete Arbeit doch nicht so fruchtlos gewesen wie es scheinen mag, denn wenn auch zunächst die deutschen Pläne unverwirklicht blieben, so haben vlämische Politiker in der Zusammen-

---

[242] 2/331

arbeit mit deutschen Beamten und Staatsrechtlern doch eine politische Schulung erhalten, die später ihre Früchte trug und manches während der deutschen Okkupation gelegte Samenkorn ist unter der wiedergekehrten belgischen Herrschaft aufgegangen."[243]

## Der Zusammenbruch

Auch, wenn er einem glänzenden Siegfrieden skeptisch gegenüber gestanden hat, hat *Gmelin* nicht mit einer so vollständigen Niederlage Deutschlands nach dem Ersten Weltkrieg gerechnet. Er bekommt am 26. Oktober 1918 von *Richard Schmidt* eine Einschätzung: „Ihr Brief hat mir wohlgetan – ein Lebenszeichen von einem, der in allen Beurteilungen dieser fürchterlichen Zeitlage wie in allen Empfindungen, die sie weckt, mit meinen eigenen Urteilen und Gefühlen übereinstimmt. Wir müssen uns in der Tat wechselseitig stützen, denn wir gehen wohl ganz schlimmen Jahren entgegen und es ist fast das grausigste, zu beobachten, wie sich zahllose Menschen, aus den einfacheren wie aus den gebildeten Klassen ganz formlos und rückhaltlos freuen, daß nun bald alles Schwere vorbei sei. ... Wie diese Katastrophe möglich geworden ist, ist mir noch immer nicht verständlich. Wie konnten solche Sachkenner wie *Ludendorff* die Stärke des Gegners und die wachsende Schwäche des eigenen Heeres so lange in dem Maß verkennen, daß die Möglichkeit eines gedeckten und planmäßigen Einlenkens nicht mehr bliebe. Das ist mir Mühsal. Sie sprechen von dem übermäßigen Sicherheitsgefühl. Ganz richtig. Aber dieselben Männer haben doch in hundert gefährlichen Situationen sehr vorsichtig und abwägend disponiert. Es erscheint wie eine große Verblendung, mit der die Führer vom Geschick gerade in der entscheidenden Stunde geschlagen worden sind."[244]

*Gmelin* hat mit einschneidenden Veränderungen nach einem unglücklichen Kriegsausgang gerechnet, zumal er Revolutionen für ansteckend hielt und

---

[243] 2/341.
[244] 2/350.

Deutschland die kommunistische Revolution in Russland aktiv zu fördern gesucht hat: „Darum die oberste Heeresleitung in die Schweiz sich aufhaltende russische Revolutionäre wie *Lenin* und *Trotzki* in plombierten Eisenbahnwagen durch Deutschland hindurch beförderten, damit sie in Rußland die Revolution anzettelten. Das taten sie auch prompt, aber sicherlich in anderem Sinne als es sich die OHL vorgestellt hatte."[245]

Nach der Schlacht

Aus dem Bücherschrank von Hans Gmelin stammt das Kriegspropagandawerk „Kriegsfahrten deutscher Maler", das 1915 im Verlag Velhagen & Klasing in Leipzig erschien. Das Bild (105) zeigt ein Szenario nach Kriegsbeginn aus Flandern des malenden Kriegsberichterstatters Wilhelm Schreuer (1866-1933), der der Düsseldorfer Schule zugerechnet wird.

[245] 2/ 351.

ERNST LUDWIG
VON GOTTES GNADEN
GROSSHERZOG VON HESSEN UND BEI RHEIN.

WIR HABEN DEM

*Ordentlichen Professor*
*Dr. Hans Gmelin zu Gießen*

UNSER

ALLGEMEINES EHRENZEICHEN

MIT DER INSCHRIFT

FÜR KRIEGSVERDIENSTE

VERLIEHEN UND ERTEILEN HIERÜBER GEGENWÄRTIGE URKUNDE.

DARMSTADT, DEN *13. Juni* 1917.

Eine Auszeichnung wie ein Fragezeichen: Weder wusste er auf
wessen Initiative er ein „Allegemeines Ehrenzeichen" bekommen
hatte, noch teilte sich Gmelin mit, wofür genau er es bekommen
hatte, da sein durchaus nicht geringfügiges Engagement im
Kriegsgefangenenlager ja nicht gerade freundlich geendet hatte.

Mit dem Einsatz in Brüssel hatte es indessen nichts zu tun, da es
bereits 1917 ausgestellt worden ist.

# V.  Nach dem Krieg:
# Die Zwischenkriegszeit beginnt

Am Ende des Ersten Weltkriegs löst sich auf, was keinen Bestand mehr hat und allenthalben werden Einrichtungen gesellschaftlicher und politischer Art auf den Prüfstand gestellt, auch wenn das Volk keinen großen revolutionären Willen entwickelt. Die revolutionären Wirren der Nachkriegszeit stellen mithin eine Revolution ohne Volk dar, die aber eine Demokratie zur Folge hatte. Die sich entwickelnde Weimarer Republik gilt später zwar unter dem Schatten des später aufdämmernden „Dritten Reiches" als instabil und ohne Dauer, aber bot eine große Chance für ein einiges, demokratisch verfasstes und befriedetes deutsches Volk.

## Die Revolution von 1918 / 1919

*Hans Gmelin* schildert die Gießener Verhältnisse als denkbar harmlos: Soldaten gingen umher, ohne ihre Vorgesetzten zu grüßen und Offiziere hatten sich ihrer Rangabzeichen entledigt. Es habe sich ein Soldatenrat gebildet, der sich allerdings „glücklicherweise für diese Aufgabe als gänzlich unfähig"[246] erwies. Bereits sein Stempel als Hoheitssymbol ging nach hinten los, da man aus dem „Aktionsausschuss" einen „Auktionsausschuss des Gießener Arbeiter- und Soldatenrates" hatte schneiden lassen. *Gmelin* hielt dieses Versehen indessen für sehr passend, weil sich seine Tätigkeit darauf beschränkt habe, Heeresgut zu verschleudern. *Ulrich Seelbach*[247], beurteilt die Arbeiter- und Soldatenräte in Gießen in einer Arbeit[248]: „Zur Erreichung der einfachsten

---

[246] 2/352.
[247] Sohn von Karl Ernst Seelbach, des besten Freundes von Sohn Günter Gmelin.
[248] Vielleicht eine Examensarbeit - aus dem Jahr 1975, Manuskript im Internet eingestellt    eb.uni-giessen.de/geb/volltexte/2019/14029/pdf/MOHG_60-_1975_S41_91.pdf, 65f.

Zielsetzungen war daher entweder eine enge Zusammenarbeit aller Räte des Landkreises und darüber hinaus zu anderen Räten notwendig, oder die Zusammenarbeit mit den alten Mächtegruppen. Für die letztere Alternative entschied man sich. Dafür mußte man in der Aufgabenstellung zurückstecken. Fast unvermeidlich mußte das Ergebnis daher sein, daß die Ziele nicht verwirklicht werden konnten, es sei denn, die Regierungen der Länder und des Reiches hätten die Ziele übernommen und dem Willen von unten den Druck von oben hinzugefügt. Aber die Regierungen vollzogen ebenfalls den Weg der Zusammenarbeit mit bürgerlichen, zum Teil kaisertreuen Politikern."[249] –

Ob es einen „Willen von unten" im Sinne dieser Arbeit aus den Jahren der ausklingenden Studentenbewegung wirklich gab, kann – besonders angesichts der späteren Wahlergebnisse - hier unbeachtlich bleiben, aber eindeutig stand *Hans Gmelin* auf der Seite derer, die sich nicht auf die Spontaneität rätepolitischen Dilettantismus' verlassen wollten, sondern die Bildung einer repräsentativen Demokratie befördert haben. *Walter Mühlhausen* hat überzeugend geschildert, vor welchen Aufgaben die demokratische hessische Re-

---

[249] „Nach dem Gespräch mit Karl Haupt, Gießen. Weserstraße 14 (Buchdrucker, USPD, Mitbegründer der KPD 1919 in Gießen) vom 26. März (1975?) hat der Arbeiterrat unter anderer Funktion und Zusammensetzung bis 1923 existiert und sei erst dann aufgelöst worden. Er war politisches Organ des Gewerkschaftskartells. Ihm gehörten an: August Guntrum, (USPD), Emil Simon (DDP), Johannes Diehl (SPD), Heinrich Müller (SPD), Dr. Konrad Gümbel (Volkswirt, kriegsbeschädigt, später im Versorgungsamt tätig), Otto Ottilie (SPD), Hermann Degenhardt (Schriftsetzer, USPD), Joesf Maier (Glaser, Delegierter zum Parteitag der USPD 1919) und Karl Haupt selber. Es wurde Tagespolitik diskutiert und Erfahrungen ausgetauscht. Die Mitglieder des Arbeiterrates waren zugleich führend Mitglieder der drei Arbeiterparteien auf Ortsebene und so kann man von ihm als einem Instrument der Aktionseinheit der Arbeiter sprechen, wenn auch mit begrenzter Handlungsfähigkeit. - Nach der Selbstauflösung des Hanauer Arbeiterrates bestand auch er als politischer Arbeiterrat weiterhin. Krause vergleicht dies mit der Funktion der 'revolutionären Obleute' Berlins." Seelbach, a.a.O. 54.

gierung gestanden hat: „Der an die SPD gerichtete Vorwurf, in der revolutionären Übergangszeit nicht gemeinsam mit der USPD vermeintlich demokratiesichernde Sofortmaßnahmen eingeleitet zu haben, sondern schon in dieser Phase und dann auch nach den ersten Wahlen 1919 mit den Bürgerlichen kooperiert zu haben, übersieht, dass beide sozialdemokratischen Parteien in Hessen (-Darmstadt) über keine Mehrheit verfügten. Die nahe der politischen Bedeutungslosigkeit rangierende USPD, die bei den Landtagswahlen im Januar 1919 magere 1,5 % erreichte, war kein wirkungsvoller Partner für die SPD. Eine Verbindung der SPD mit der USPD hätte die Kooperation mit dem demokratischen Bürgertum gravierend erschwert. Denn die bürgerlichen Parteien wären wohl kaum mit den Unabhängigen an einen Tisch gebracht worden. Und auch die Kritik in Richtung Sozialdemokratie, zu wenig auf eine Schubkraft außerparlamentarischer Bewegungen gesetzt zu haben, spiegelt nicht die Zeit und die Machtkonstellationen wider, denn eine solche „außerparlamentarische Bewegung" mit dauerhaftem politischen Machtanspruch und hohem Mobilisierungspotential der „Massen" existierte im hessischen Raum nicht. Gewiss spielten die Arbeiter- und Soldatenräte der Großstädte in der Phase des Umbruchs eine bedeutende Rolle und traten mit dem Anspruch auf Mitbestimmung an. ... Die aktiven Räte in den Großstädten prägten das Bild in den Revolutionsmonaten, ein verzerrendes Bild der tiefen Konflikte, das eben nicht überall in Hessen zutraf. Denn je weiter man sich von den Zentren entfernte, desto geringer war die Wirkung der Arbeiter- und Soldatenräte im politischen Raum."[250]

Die meisten von der Front durch Gießen heimkehrenden Truppen haben einen armseligen Eindruck geboten, da ihre Demobilisierung weitgehend ungeordnet verlaufen sei. *Gmelin* bot an, den ziemlich ziellosen Soldaten einen Vortrag über die „aus der Revolution erwachsenen Aufgaben der

---

[250] Walter Mühlhausen, Revolution über Hessen – Demokratiegründung 1918/19. In: Blickpunkt Hessen, Landeszentrale für politische Bildung, Wiesbaden, 2018, 26.

Neugestaltung Deutschlands"[251] zu halten, der dann fast mit großer Beteiligung stattgefunden hätte: Bevor *Gmelin* indessen beginnen konnte, wurde das soldatische Auditorium fortbefohlen, um zu verhindern, dass der lokale Soldatenrat den Gießener Hauptbahnhof im Handstreich nahm, der damit unter Kontrolle noch militärisch aktiver Militärs blieb. Der revoltierende Soldatenrat hatte den Zeitpunkt des Vortrags *Gmelins* gewählt, um so auf wenig militärischen Widerstand der noch diszipliniert agierenden Kameraden zu stoßen. Dabei ging es innermilitärisch weniger um politische Fragen als um eine bessere Besoldung der Einheiten, die den Bahnhof kontrollierten.

---

[251] 2/353.

## Parteipolitik

*Gmelin* berichtet über die Veränderung der Parteienlandschaft. Seit seiner badischen Zeit hatte er zu den Nationalliberalen gehört. In seiner neuen Heimat fühlt er sich in den „Strudel der Politik hineingezogen."[252] Er fühlt sich besonders verpflichtet, weil er einerseits nichts zum Kriegsergebnis beigetragen hatte und andererseits, weil er als Staatsrechtler über die Kenntnisse verfügte, um die Neugestaltung der Verfassung zu begleiten.[253]

Ausgangspunkt seiner künftigen politischen Tätigkeit sucht er wieder bei den ehemaligen Nationalliberalen und beteiligt sich nicht an dem Versuch, mit der Deutschen Demokratischen Partei (DDP) eine einheitliche liberale Partei in Deutschland zu schaffen. Wie vielen Nationalliberalen kam auch *Gmelin* die DDP zu sehr vor, wie die vorrevolutionäre „Fortschrittliche Volkspartei" der Linksliberalen. Pazifismus und „würdeloses Werben um die Gunst der haßerfüllten Feindstaaten", sowie „übertriebene Vorwürfe" gegen das Ancien Regime und seiner Heerführung galten ihm und ihnen als unüberwindliche Hindernisse für die Union aller Liberaler.[254] Wie viele Nationalliberale in Hessen-Darmstadt schloss sich *Gmelin* der Demokratischen Volkspartei (D.V.P.) an. Auch die DDP hätte sich zu demokratischen Grundforderungen wie Wahlrecht, Volksentscheid und Parlamentarismus bekannt. Diese hätten nach *Gmelin* der „Pflege der nationalen Belange des deutschen Volkes" zu dienen.[255] Seiner Einschätzung neigte der hessische Verband unter ihrem hessischen Vorsitzenden *Arthur Osann* junior (1862-1924), mehr nach rechts, als seine frühere badische Partei.

---

[252] 2/355.
[253] Vgl. 2/355.
[254] 2/355
[255] 2/356.

Nach den Wirren der Revolution galt es zuerst die Grundlagen für eine verfassungsgebende Volksvertretung zu regeln. Dafür hielt sich *Hans Gmelin* nach seiner Erforschung des Verhältniswahlverfahrens für die belgische Verfassungsentwicklung für besonders berufen.

Obwohl er in seiner Partei nicht recht weiterkam, wurde er als Spezialist von der vorläufigen Landesregierung am 28. November 1918 berufen, wobei er einige Änderungen initiieren konnte. Stolz war er darauf, dass es ihm gelungen war, zwei Artikel anzufügen, um das System gegen die „Einführung der Diktatur des Proletariats" abzusichern:[256] Zunächst, dass die verfassungsgebende Volkskammer im Artikel 72 ein Selbstversammlungsrecht bekam und andererseits, dass die vorläufige Regierung nach der Konstitution der Volkskammer ausschließlich dieser verantwortlich sein sollte (Artikel 73), womit es galt, den Einfluss der Arbeiter- und Soldatenräte zu beenden. Am 19. Dezember lud ihn der Ministerrat ein, um über das Verhältniswahlrecht zu berichten. Dabei lernte er den Zentrumsabgeordneten *Otto Rudolf Brentano di Tremezzo* (1855-1927) persönlich kennen – und achten, obwohl das Zentrum, dem dieser zugehörte, zu seinen alten Feindbildern zählte. Dessen jüngster Sohn, *Heinrich von Brentano* (1904-1964) studierte und promovierte bei *Hans Gmelin* und wurde später Bundesaußenminister (1955-1961) unter *Konrad Adenauer*.[257]

Im Januar 1919 machte *Gmelin* Wahlkampf im Kreis Gießen für die D.V.P. unter abenteuerlichen Bedingungen, weil auf den Straßen allenthalben aufgeblähte Pferdekadaver der Rückzügler lagen und militärische Wachsoldaten übermütig Schießübungen ausführten, ohne Rücksicht auf Passanten zu nehmen. Erwähnung finden bei ihm Arbeiter aus Staufenberg, die Positionen der Sozialdemokraten und Unabhängigen vertraten. Sie hätten für liberale oder auch christliche Positionen, die seine Mitreisende, Frau Kommerzienrat *Klingspor*, vorbrachte, nur Gelächter übrig gehabt. Für

---

[256] Vgl. 2/358.
[257] Vgl. 2/359.

die D.V.P. sei wenig zu hoffen gewesen, aber Ziel des Wahlkampfes war, eine sozialistische Mehrheit in den Reichstagswahlen 1919 zu verhindern. Das Wahlergebnis wurde als Erfolg gewertet: SPD 37,9%, USPD 7,6%, DDP 18,6 %, Zentrum 15,9 %, BVP 3,8 %, D.V.P. 4,4 %, DNVP 10,3. Wenn alle ursprünglich Liberalen in einer Partei vereint gewesen wären, hätten sich bei gleicher Stimmabgabe dabei 33,3 Prozent aller Stimmen ergeben. Als Nachfolgeorganisation der Nationalliberalen hatte die DVP noch eine stark monarchistische Prägung, zu der auch ihr Gründer und politisches Schwergewicht, *Gustav Stresemann* (1878-1929) bis zu seinem Tod beigetragen hat. *Stresemann* war der vielleicht wichtigste Kopf unter den Politikern der Weimarer Zeit. Er hatte das gleiche Alter wie *Gmelin*. Sie sind sich auf einem Parteitag einmal begegnet. *Stresemann* hatte das Pech Reichskanzler zu werden, als die Konflikte der Frühzeit der Republik unlösbar erscheinen mussten. Er gehörte zu den prominentesten Feindbildern der Rechten und der aufdämmernden NSDAP. - Die D.V.P. wirkte konstruktiv beim Aufbau der Republik mit, im Gegensatz zu ihrer nationalistischen Schwesterpartei, der DNVP, die bei der Zerstörung der Weimarer Republik erhebliche Schuld trifft. - Bis 1933 werden sich alle Liberalen auf insgesamt 10 Prozent heruntergewirtschaftet haben. 1920 hatte die D.V.P. ein einsames Hoch von 13,9 Prozent – 1,1 Prozent bleibt 1933 davon übrig.

Drei Veröffentlichungen hat *Gmelin* im Jahr 1919 unternommen. Der Volksaufklärung diente eine kleine Schrift, mit der er über den Wahlmodus zu den verfassungsgebenden Versammlungen in Land und Reich informierte: Wie wählen wir die Abgeordneten zur deutschen National-versammlung und zur hessischen Landesversammlung?"[258] „Ich bemühte mich darin, das geltende Wahlrecht in gemeinverständlicher Weise

---

[258] Gmelin, Hans: Wie wählen wir die Abgeordneten zur deutschen Natio-nalversammlung und zur hessischen Landesversammlung? Gießen, v. Mün-chow, 1919. Vgl. 2/360.

darzustellen, indem ich den Stoff in lauter Fragen ‚Wer darf wählen?‘, ‚Welche Personen dürfen nicht wählen?‘ u.s.w. zergliederte. Die Schrift fand guten Absatz, nicht nur in Gießen, sondern auch auswärts, sodaß der Verlag gut daran verdiente. Für mich selbst fiel freilich nur ein kleiner Anteil von 50 Mark ab.“[259]

In zwei Schriften setzt sich *Gmelin* mit den Entwürfen für die Weimarer Reichsverfassung auseinander, in der der Staatssekretär des Reichsamts des Innern *Hugo Preuß* (1860-1925, DDP) im Auftrag von *Friedrich Ebert* eine stark veränderte Länderstruktur vorsah, die vor allem zum Ziel hatte, den Fortbestand eines hegemonialen Preußen zu verhindern.[260] *Michael Stolleis* wies auf die Folge hin: „Die Föderalisten tadelten die zu stark gewordenen unitarischen Tendenzen.“[261] Ein solches Preußen – es wurde auch von einer unitarisch orientierten SPD bekämpft - hielt *Gmelin* indessen für nötig, um den neuen Staat militärisch gegen äußere Feinde zu verteidigen und die einzelnen Landesteile zusammenzuhalten. Frankreich betrieb die Abspaltung des Rheinlands. Auch wurde ihm zu wenig auf die traditionellen süddeutschen Länder Rücksicht genommen, die bislang niemals Teil Preußens geworden waren. So sah die Antwort auf die Frage aus, die er seiner Flugschrift 1919 voranstellte: „Entspricht der zweite Reichsverfassungs-Entwurf unseren Erwartungen?“[262] Ausführlicher heißt ein von ihm selbst verlegtes Schriftchen „Warum ist der Reichsverfassungs-Entwurf für uns Süddeutsche unannehmbar?“[263] Gedruckt wurde sie in der von Münchow'schen Hof- und Universitätsdruckerei in Gießen. Auf diese Schrift bekommt er überwiegend zustimmende Post, hauptsächlich aus

---

[259] 2/359.
[260] Vgl. 2/361.
[261] Michael Stolleis, Geschichte des öffentlichen Rechts in Deutschland, Beck, München, 1999, Bd. III, 90.
[262] Vgl. 2/361f.
[263] Gmelin, Hans: Warum ist der Reichsverfassungs-Entwurf für uns Süddeutsche unannehmbar? Gießen, Selbstverlag; Druck durch v. Münchow, 1919.

Kollegenkreisen von *Walter Jellinek*, Kiel, *Robert Piloty*, Würzburg, *Gerhard Anschütz*, Heidelberg.

Am 6. Januar 1919 lud *Gmelin* zu einem Treffen süddeutscher Staatsrechtslehrer nach Würzburg ein, das aber infolge mehrerer unglücklicher Faktoren schlecht besucht und im Ergebnis wenig konturiert blieb: *Gmelin*, gewann zu deren Durchführung den Würzburger Kollegen *Robert Piloty* (1863-1926). Die Initiative stand unter keinem guten Stern: *Piloty* musste als Landtagsabgeordneter nach München und ein Eisenbahnerstreik sorgte dafür, dass die meisten süddeutschen Kollegen passen mussten. Immerhin vier Hochschulen waren vertreten: Die Gastgeberin, Würzburg, durch den Völkerrechtler *Meurer* und den Privatrechtler *Mendelssohn-Bartholdy*, München durch *Beyerle* und *Dyroff*, Erlangen durch *Rinker* und Gießen durch *Gmelin*. Zwar konnten sich die Kollegen auf ein Richtlinienpapier einigen, aber zugleich einigten sie sich auf Antrag von *Beyerle* darauf, ihre Position nicht zu veröffentlichen, um die „Lage der süddeutschen Abgeordneten in Berlin nicht zu erschweren." Stattdessen sollte das Papier den süddeutschen Parlamentariern an die Hand gegeben werden. Mit dieser Entscheidung hatte das Treffen die Wirkung eines freundlichen Kaffeekränzchens. Einziges öffentliches Resultat war die oben erwähnte Flugschrift, mit der *Gmelin* seiner persönlichen Haltung Ausdruck verlieh – ohne Aussicht auf größere Beachtung.

„Ich bilde mir nicht ein, durch die Veranlassung der Würzburger Richtlinien und durch meine Verfassungsschrift den Inhalt der Reichsverfassung wesentlich beeinflußt zu haben, denn ähnliche oder gleiche Vorschläge sind auch von anderer Seite gemacht worden, ist doch damals eine wahre Flut von Schriften und Aufsätzen zur Reichsverfassung erschienen, darunter manche aus der Feder deutscher Staatsrechtler z.B. *Kaufmann, Triepel, Thoma, Hübner, Giese.* Aber als der damals gebildete Staatenausschuß den Entwurf von *Preuß* in föderalistischem Sinne umgestaltete, stellte ich in einer neuen

Schrift „Entspricht der zweite Reichsverfassungsentwurf unseren Erwartungen?" (Gießen, Verlag Roth, 1919) doch mit Befriedigung fest, daß eine ganze Anzahl der von mir erhobenen Forderungen verwirklicht war, der zweite Entwurf verzichtete auf die Aufteilung Preußens. Er erneuerte eine Staatenvertretung nach Art des Bundesrats. Er beschränkte die Zuständigkeit des Reiches im Bereich von Kraftfahrwesen, Handel u.s.w. auf die Gesetzgebung. Er erwähnte den Grundsatz der Entschädigung bei der Enteignung. Er verzichtete auf Ausdehnung der Gesetzgebungskompetenz des Reiches auf Kirche und Schule. Er behielt die frühere Form der Reichsaufsicht bei. Er leitete die Einzelstaatsgewalt nicht vom gesamtdeutschen Volk her. Er ließ die Bindung der Wahlberechtigung an die Einzelstaatsangehörigkeit zu und verzichtete auf das Verbot des Zweikammersystems in den Einzelstaaten. Allerdings wurden einige dieser föderalistisch gerichteten Änderungen durch die Nationalversammlung wieder in unitaristischem Sinne geändert. Denn – wie mir *Beyerle* am 13. Februar aus Weimar schrieb: „Der unitaristische Wind weht hier sehr stark." Als *Beyerle* zum Mitglied der Verfassungskommission gewählt wurde, machte er mir den Vorschlag, „ob Sie nicht Lust hätten, in den entscheidenden Wochen der Kommissionsberatung hierher nach Weimar zu kommen, um mich bei der Wahrung der föderalistischen Interessen zu unterstützen". Diesem Vorschlag konnte ich jedoch nicht entsprechen, weil ich in Gießen durch ein Notsemester für Kriegsteilnehmer, das in die Zeit vom 3. Februar bis 16. April 1919 fiel, festgehalten wurde. Ganz abgesehen davon, daß es mir nicht möglich war, als Mitglied der D.V.P. lediglich als Berater eines Zentrumsabgeordneten tätig zu sein."[264]

Später, 1929, formuliert *Hans Gmelin* die besondere Bedeutung der Süddeutschen bei der Rettung der repräsentativen Demokratie: Einerseits schwand die Macht der Arbeiter- und Soldatenräte im „Bewußtsein ihrer Unzulänglichkeit" und andererseits: „Zur Zurückdrängung der Arbeiter- und Soldatenräte trugen auch die süddeutschen Staaten bei: die Revolution

---

[264] 2/364.

hatte dort einen gegen Preußen gerichteten Einschlag gezeigt, weil man Preußen den unglücklichen Ausgang des Krieges zurechnete. Nun waren die Süddeutschen nicht gewillt, anstelle des preußischen Militarismus die Diktatur des Berliner Proletariats einzutauschen. ... Den Ausschlag zugunsten der Demokratie gab schließlich die Delegiertenversammlung der deutschen Arbeiter- und Soldatenräte (16.-20. Dezember 1918 in Berlin), die ebenfalls das Rätesystem ablehnte und die Wahlen zur deutschen Nationalversammlung auf den 19. Januar 1919 festsetzte."[265]

## Die hessische Landesverfassung von 1919

War sein Einfluss auf die Weimarer Reichsverfassung überschaubar und konnte er nicht direkt an der verfassungsgebenden Versammlung mitwirken, bot sich *Gmelin* die Gelegenheit, an der Einrichtung der Landesverfassung mitzuwirken. Im Gegensatz zu anderen Ländern wie Baden erhielt Hessen zunächst eine „vorläufige Verfassung", die einerseits eine einstweilige Rechtsgrundlage für das Regierungshandeln bot und andererseits ermöglichte, andere Verfassungen zu prüfen und die Regelungen der Weimarer Reichsverfassung zu berücksichtigen, was deren Verabschiedung voraussetzte. Der erste hessische Staatspräsident *Carl Ulrich* (1853 – 1933) und der sozialdemokratische Abgeordnete *Karl Heinrich Bornemann* hatten diese vorläufige Verfassung aufgestellt.[266]

„Es bot sich mir alsbald Gelegenheit, diesen verunglückten Entwurf einer eingehenden Kritik zu unterziehen: Die Fraktion der D.V.P. der verfassunggebenden Volkskammer forderte mich auf, am 12. Februar 1919 in einer Fraktionssitzung in Darmstadt den Entwurf zu begutachten. Was ich zu sagen hatte, war eigentlich ganz selbstverständlich. Nämlich, daß der

[265] Hans Gmelin: Einführung in das Reichsverfassungsrecht. Verlag Quelle und Meyer, Leipzig, 1929. Reihe Wissenschaft und Bildung, Einzeldarstellungen aus allen Gebieten des Wissens, Bd. 258, 12.
[266] Vgl. 2/366.

erste, allzu lückenhafte Teil des Entwurfs, der von der Organisation des Staates handelte, auszubauen war, und daß der zweite Teil mit seinen programmatischen Verheißungen zu streichen war. Meinem Vorschlag stimmte nicht nur die D.V.P. bei. Bei der Verhandlung in der Volkskammer am 14. Februar 1919 ließ der Ministerpräsident selbst die Vorlage fallen, nachdem er zugegeben hatte, daß sie ein Gemisch von Programm und Verfassungsfragen darstellte. Daher sprachen die Redner aller Parteien gegen den Entwurf."[267]

## Freikorpsfragen in Berlin. Weimar und Jena 1919

Als Vertreter der Universität Gießen nahm *Gmelin* am 7. April 1919 an einer unfruchtbaren Verhandlung über Studienerleichterungen, „die den in die Freikorps eintretenden Studenten gewährt werden sollten, die aber zu keinem klaren Ergebnis gelangte."[268] Am 9. April war *Gmelin* im Reichsamt des Inneren in Berlin, da man ihn um Mitarbeit bei der Organisation von Auswanderungen ersucht hatte. Dabei besuchte er den Staatsrechtler *Carl Heinrich Triepel*, der von Kiel nach Berlin berufen worden war und seine Familie und den aus Brüssel gut bekannten in diesen Tagen allerdings erkrankten *Erich Kaufmann*.

Nach dem vergeblichen Versuch, in Weimar Kontakt mit Abgeordneten aufzunehmen, fuhr er gleich weiter nach Jena, wo der Vertretertag der D.V.P. stattfinden sollte, auf dem er und *Martin Schian* (1869-1944) den Gießener Ortsverband vertreten sollten. In der Mittagspause der „Dauersitzung" besuchte er kurz den ehemaligen Gießener Kollegen *Hans Albrecht Fischer*, der in Jena lehrte. Die Parteisitzung wurde von *Gustav Stresemann* eröffnet, dessen „quetschende Stimme" *Gmelin* störte. Den Inhalten seiner programmatischen Rede stimmte er weitgehend zu, die auch Widersprüche nicht ausließ. „Er bekannte sich zwar als Monarchist, aber er erklärte, der

---

[267] 2/367.
[268] 2/369.

Weg zu Großdeutschland gehe nur durch die Republik, weil in Österreich kein Anhänglichkeitsgefühl gegen das Kaiserhaus mehr bestehen könne. Aus den von ihm vertretenen Forderungen verdient Hervorhebung, daß er mit besonderem Nachdruck für die Schaffung eines Parlaments der schaffenden Arbeit eintrat, das die Einseitigkeiten des damals von den Sozialisten geplanten Zentralarbeiterrats vermeiden sollte, also ähnlich dem später eingerichteten Reichswirtschaftsrat, Arbeiter und Arbeitgeber umfassend, nur mit beschließenden Befugnissen.[269] Ob *Stresemann* tatsächlich ausgeführt hat, was *Gmelin* am Vorstandstisch vorschlug, mag hier unerörtert bleiben: „Ich selbst hatte mich zwar zum Wort gemeldet, aber wegen des großen Andrangs bei der fortgeschrittenen Zeit verzichtet. Doch brachte ich meine Ansicht während der Pause im persönlichen Gespräch am Vorstandstisch zum Ausdruck, namentlich befürwortete ich eine Beteiligung der D.V.P. an der Regierung und unmittelbare Verhandlungen mit dem gefährlichen außenpolitischen Gegner, nämlich mit Frankreich. Meine Vorschläge fanden damals noch wenig Widerhall, erst viel später hat *Stresemann* beide Wege beschritten.“[270]

Auf der Rückreise versuchte er es noch einmal in Weimar, aber die Verhandlungen der Nationalversammlung galten einem unbedeutenden Gegenstand, sodass *Gmelin* lieber ins Goethehaus am Frauenplan floh, in „pietätvoller Betrachtung förderlicher Einsamkeit.“ Besser als das Goethehaus gefiel ihm noch das Gartenhaus, in dem er einen Hauch von *Goethes* Genie wahrzunehmen meinte. Da noch nicht wieder ein regelmäßiger Zugverkehr herrschte, brauchte die Rückreise zwei Tage mit Aufenthalten in Eisenach und Kassel.[271] In Gießen drängte sich der Versorgungsmangel immer mehr auf, gegen den er Hamsterspaziergänge zum Beispiel mit *Paul Kahle*

---

[269] 2/372.
[270] 2/373.
[271] 2/375.

unternahm, der am 24. April nach Rödgen und Großen Buseck ging, aber keinen Erfolg zeitigte.

„In der nationalen Stimmung der Studentenschaft gab sich ein Aufbäumen gegen den unmenschlichen Friedensvertrag kund, immerhin ein Lichtblick in einer trostlosen Zeit. Als am 8. Mai die Friedensbedingungen bekannt geworden waren, schrieb meine Mutter in einem Brief vom 11. Mai: „Die Bedingungen sind in der Tat furchtbar, sie übertreffen selbst meine pessimistischsten Voraussagungen. Eine Ablehnung, wie sie jetzt von so vielen Seiten, vielleicht nur aus taktischen Gründen, gefordert wird, setzt uns neuem Hungerkrieg und einer Ausdehnung der Okkupation aus. An gewaffneten Widerstand ist leider nicht zu denken, höchstens gegenüber Polen. Auf Sowjetrußland können wir uns nicht verlassen. So fürchte ich, daß nach einigem Zögern, nach Erlangung einiger Scheinkonzessionen, der Friede unterzeichnet wird, der doch nichts anders sein kann als ein Waffenstillstand für einige Jahrzehnte.“[272]

## Neue Arbeitsschwerpunkte

*Gmelin* bekam im Bereich des Kolonialrechts vom Reichsmarineamt den Auftrag, zwei Artikel über Kolonien zu verfassen. Im Bereich des Deutschtums im Ausland, erbat das Reichswanderungsamt, das Institut für Auslandsdeutsches in Stuttgart und das Auslandsinstitut in Marburg seine Mitarbeit. Der Leiter dieses Instituts, Dr. *Mannhardt*, besuchte ihn am 8. Mai, „um die Frage der Organisation der Auswanderung mit mir zu besprechen.“ Das Reichswanderungsamt ernannte ihn am 24. März 1919 zum Mitglied seines Beirats. Da ihm die Einladung zu einer in Berlin anberaumten Sitzung nicht nach Freiburg nachgesendet wurde, kam er in keinen der in dieser Sitzung gewählten Ausschüsse.

---

[272] 2/377.

Als Verfassungsrechtler bekam er von der hessischen Regierung den Auftrag, den von ihr aufgestellten Entwurf der hessischen Landesverfassung zu begutachten. Aber kaum hatte er diesen Auftrag erhalten, wurde er am 26. April noch einmal vom engeren Senat gebeten, ein zweites Mal nach Berlin zu reisen, da die Frage eines Zwischensemesters für Freikorpsteilnehmer noch immer ungelöst war. Leider fehlt in der entsprechenden Passage der Name des sozialdemokratischen Ministers, der in dieser Versammlung auftrat und „in hochpatriotischer Rede die Studenten aufforderte, zum Schutz des Vaterlands gegen das Chaos in die Freikorps einzutreten. Der Wirkung dieser Rede war es wohl zuzuschreiben, daß wenigstens etwas wie ein Ergebnis zustande kam, wenigstens entschied sich nach Abschluß der Verhandlungen das preußische Unterrichtsministerium für die Einschiebung eines neuen Zwischensemesters für Teilnehmer an den Freikorps und für solche Kriegsteilnehmer, die sechs Semester verloren hatten."[273] Für Gießen wurde dieser Kompromiss nicht fruchtbar: „Der engere Senat zeigte sich nicht mit einem Zwischensemester einverstanden, sondern nur mit der Veranstaltung von Ferienkursen für die Studenten, die in Freiwilligenverbände eintraten. Auch die am Freitag darauf abgehaltene Dozentenversammlung schloß sich dieser Lösung an, zumal auch Heidelberg und Freiburg die Entscheidung eines Zwischensemesters abgelehnt hatten. Es war nicht ganz leicht, diesen ablehnenden Standpunkt einem Vertreter des Reichsausschusses akademischer Berufsstände verständlich zu machen, der mich aufsuchte, um für die Freiwilligenverbände zu werben."[274]

## Auf dem Weg zur hessischen Verfassung

Am Mittwoch, den 30. April, arbeitete *Gmelin* in Berlin von sechs Uhr früh bis Mitternacht, an der Denkschrift über den ihm zugegangenen Entwurf der hessischen Landesverfassung. Die einzige Abwechslung brachte ihm ein

---

[273] 2/381.
[274] 2/384.

Besuch des in der Stresemannstraße gelegenen Völkerkundemuseums[275]. Er blieb noch bis Donnerstag in Berlin, „der freilich recht blödsinnig verlief, da zur Feier des 1. Mai sämtliche Museen geschlossen waren und keine Tram oder Droschke verkehrten. Immerhin konnte er vormittags seine Verfassungs-Denkschrift abschreiben und absenden.[276] Auf der Rückfahrt stieg er in Göttingen zu nachtschlafender Zeit aus dem Zug und überraschte in den frühen Morgenstunden seinen alten Freund *Fritz Schulz*, der ihn mit seiner Frau zu einem vorzüglichen Frühstück einlud. Dort sah er deren beide Kinder und ihr „hochherrschaftlich eingerichtetes Haus". Nach einem Mittagessen fuhr er einigermaßen zügig über Kassel nach Gießen zurück.

Zurückgekehrt stellte *Gmelin* fest, dass er sich in Berlin mit der Begutachtung des Verfassungsentwurfes nicht so sehr hätte beeilen müssen, denn die Regierung stellte das Thema erst am 9. Oktober auf die Tagesordnung. In Kraft getreten ist sie erst am 12. Dezember: „Dieser Entwurf hatte nämlich eine umständliche Regelung der Rechte und Pflichten der hessischen Bürger enthalten und eine Anzahl von Artikeln über die Stellung der Religionsgemeinschaften und das Unterrichtswesen." Diese Gebiete würden bald von der Reichsverfassung geregelt. Der zweite Regierungsentwurf wird sie dann auch weglassen.

„Dagegen fand mein Vorschlag auf Erleichterung des Volksbegehrens Anklang. Der Regierungsentwurf verlangte nämlich nicht weniger als 50.000 Unterschriften, dieselbe Zahl die die schweizerische Landesverfassung bei viel höherer Zahl der Stimmberechtigten vorschrieb. Ich schlug statt dessen vor, 25.000 Unterschriften genügen zu lassen, doch ließ die Regierung die hohe Initiantenziffer unverändert, aber die Volkskammer ermäßigte die

---

[275] Heute Ethnologisches Museum im Humboldtforum am Schlossplatz, damals Völkerkundemuseum in der Stresemannstraße 110.
[276] Vgl. 2/ 381f.

Ziffer, indem sie eine relative Initiantenziffer einsetzte, nämlich 1/20 der Stimmberechtigten, damals circa 38.000.[277]"[278]

Nicht alle Vorschläge *Gmelins* wurden berücksichtigt: So hatte er vorgeschlagen, dem Gesamtministerium das Recht zur Auflösung der Volkskammer einzuräumen, während der Entwurf die Auflösung der Volkskammer immer von einer Volksabstimmung abhängig machte, nicht nur, wenn ein Volksbegehren dazu Anstoß gab, sondern auch, wenn das Gesamtministerium die Auflösung anregte. „Eine Volksabstimmung über die Auflösung und die ihr im bejahenden Fall folgenden Neuwahlen bedeuteten eine schädliche Verdoppelung der Volksbefragung, die die Wählerschaft abstumpfen mußte, und andererseits ein bedenkliches Hemmnis für die Bewegungsfreiheit der Regierung, die m. E. gerade im parlamentarisch regierten Staat die Möglichkeit freier Auflösung der Volksvertretung besitzen muß. Ungehört verhallte auch eine andere Warnung: Ich bezeichnete es als fraglich, ob in parlamentarisch regierten Staaten auf die Einrichtung eines Staatshauptes verzichtet werden könne, dem zwar keine Regierungsgewalt, aber doch eine Vermittlerrolle bei der Regierungsbildung zufiele. Es sollte sich später rächen, daß meine Warnung unbeachtet blieb, als gegen Ende der 14 Jahre die hessische Regierung infolge des Mißtrauensvotums der Nationalsozialisten und der Kommunisten hätte zurücktreten müssen, aber keine Regierung gebildet werden konnte, weil die aus Nationalsozialisten und Kommunisten bestehende Mehrheit des Landtags nicht zusammenarbeiten konnte, aber auch kein zur Ernennung der Minister befugtes Staatshaupt vorhanden war."[279]

In formalen Fragen waren *Gmelins* Vorschlägen erfolgreich: Die ursprüngliche Einteilung war der in dieser Hinsicht wenig vorbildlichen badischen

---

[277] Bei den Reichtagswahlen 1919 hatte Hessen-Darmstadt 760.053 Wahlberechtigte.
[278] 2/385.
[279] 2/387.

Verfassung gefolgt. Diese stammte von dem sozialdemokratischen Karlsruher Rechtsanwalt *Eduard Dietz*, der die langwierigen Sitzungen des Verfassungsausschusses verlassen hatte, um auf eigene Faust einen Verfassungsentwurf zu entwerfen, der dann angenommen worden war. Der im Gegensatz zu *Dietz* in Verfassungsfragen versierte *Gmelin* hatte es leicht, die Gestalt des Verfassungsentwurfs zu optimieren:

Manche Artikel erhielten „eine mit den neuesten Lehren des Staatsrechts in Einklang stehende Fassung, z.B. der II. Abschnitt über die Staatsgewalt und der Artikel 7 über die Gesetzgebung im Allgemeinen. Immerhin gelang es mir, manche Lücke auszufüllen. So war z.B. die Intention der Volkskammer vergessen, Art 29. Und bei der Ministerverantwortlichkeit hatte man die gerade im parlamentarischen Staate so wichtige Gesamtverantwortlichkeit der Regierung übersehen (Art. 40). Abgesehen von den erwähnten Punkten ist der von mir umgestaltete und ergänzte Regierungsentwurf beinahe unverändert Regierungsvorlage geworden und in dieser Gestalt fast ohne Änderung von der Volkskammer angenommen worden, abgesehen davon, daß an Stellen der Bezeichnung Volkskammer „Landtag" gesetzt wurde. Vgl. I. Landtag, verfassungsgebende Volkskammer der Regierung Hessen, 1919 Drucksache No. 237, die als Anlage II und III mein Gutachten und meinen Entwurf enthält, sowie meinen Aufsatz über die hessische Verfassung und Gesetzgebung von 1920 im Jahrbuch des Öffentlichen Rechts Bd. X, 1921, S. 301 ff.

In den Verhandlungen erklärte Ministerpräsident *Ulrich* in der Sitzung vom 4. Dezember 1919, ‚Dem Herrn Prof. Dr. *Gmelin* muß ich für seine eifrige Mitarbeit den Dank der Regierung aussprechen. Ich darf auch feststellen, daß wir in verhältnismäßig wesentlichen Punkten seine Auffassung geteilt haben, und daß wir also dem entsprechend unsere Verfassung gestaltet haben‘.“[280]

# Einfluss auf die
# hessen-darmstädtische Verfassung von 1919

Im Hinblick auf Größe und Bedeutung von Hessen-Darmstadt muss man sich vor Augen halten, dass der Umfang des Volksstaats Hessen nur aus den Territorien von Starkenburg, Rheinhessen und Oberhessen bestand:

Der Volksstaat Hessen hatte 1,45 Millionen Einwohner auf 7.692 Quadratkilometern. Er war im Hinblick auf seine Größe das achtgrößte Land des Reiches.[281] Heute (2021) hat das Bundesland Hessen ca. 6,3 Millionen Einwohner auf 21.114,94 Quadratkilometern Fläche und ist das fünftgrößte Bundesland.[282]

Für das kleine Hessen-Darmstadt und seine politischen Vertreter gab es Anfragen, auf der einen Seite durch die großhessischen Anhänger, die den „Stamm der Hessen" in einem größeren Staat vereinen wollten, was schon damals eine Republik im Format des Nachkriegshessens bedeutet hätte, als auch die wiederholten Versuche der USPD, die die Arbeiter- und Soldatenräte als zweite Regierungsinstanz verstetigen wollten. Während gegen die zweite Gefahr der Wahlausgang für die Verfassungsgebende Versammlung Argument genug war, um alle Demokraten in der Ablehnung zu vereinen, galt das Territorialproblem als im Rahmen des demokratisch legitimierten Staates als unlösbar: Ein hessen-darmstädtisch legitimierter Verfassungsgeber konnte keine neuen Grenzen für sein Wirkungsgebiet bestimmen. Das hätte „von oben" seitens der Reichsregierung geregelt werden müssen, was dann später nach der Aufhebung aller Länder durch die Nationalsozialisten die Amerikaner nach dem Zweiten Weltkrieg erfolgreich ausführten. Um das staatliche Chaos der Revolution wieder in den Griff zu bekommen, hatte die Regierung *Carl Ulrich* bereits 1918 angeordnet, dass alle Gesetze, Verordnungen und Einrichtungen des Staates... bis auf weiteres in Kraft blieben, soweit sie nicht in Widerspruch zur vorläufigen Verfassung standen, die vor der hessischen Verfassung von der am 26. Januar 1919 gewählten ersten verfassunggebenden Volkskammer erlassen worden war.[283]

---

281 Allerdings gab es am Tag der Verfassungsverkündung noch 24 Länder, aus denen das Deutsche Reich bestand.
282 Die alte Bundesrepublik hatte vor der Wiedervereinigung nur noch elf Länder (einschließlich Westberlin).
283 Vgl.: Marius Rasper: „... eine Art Ausführungsgesetz zur Reichsverfassung." Die Hessische Verfassung vom 12. Dezember 1919, Münsterische Beiträge zur Rechtswissenschaft, Neue Folge Band 55. Nomos Verlags-

Das kleine Hesssen-Darmstadt blieb im territorialen Rahmen des dynastischen Kleinstaates, orientierte sich auch an der bisherigen rechtlichen Verfasstheit von Politik und behielt die Verbindung mit den föderalen Strukturen Süddeutschlands. Die der hessischen Verfassung von 1919 zugrundegelegte badische Verfassung, enthielt schweizerische Verfassungselemente. - Da Hessen-Darmstadt nach dem Zweiten Weltkrieg bei der Neuordnung durch die Amerikaner mit Ländern verbunden wurde, die zuvor preußisch gewesen waren, ging diese süddeutsche Tradition für Gesamthessen verloren. Weder für die Verfassung des neuen großen Hessens noch für die Verfassung des neuen Bundeslandes Rheinland-Pfalz, das von Hessen-Darmstadt Rheinhessen geerbt hatte, wurde die in dieser süddeutschen Tradition stehende Verfassung von 1919 berücksichtigt; das neue Hessen ist nicht mehr eindeutig ein süddeutsches Land. *Rasper* referiert die Ursachen dafür, die *Rainer Polley* 1997 benannt habe: „Es bestand wenig Veranlassung im nassauischen, dann preußischen Wiesbaden, die ältere Verfassung des zerfallenen Volksstaats Hessen zugrundezulegen, zumal sein gebietlicher Anteil am neuen Groß-Hessen im Vergleich mit den preußischen Landesteilen[284] kleiner war. Auch waren von den 90 Abgeordneten der Verfassungberatenden Landesversammlung nur 17 gebürtige Hessen-Darmstädter, wohl zu wenige, um ihrer alten hessischen Verfassung einen dominanten Einfluss zu sichern."[285]

Im Gegensatz zu der alten Bismarckschen Verfassung bildete die Weimarer Reichsverfassung einen einheitlichen Rahmen für alle Länderverfassungen. Sie hatte im Gegensatz zu den alten Bestimmungen rechtlich Vorrang vor den Länderverfassungen.[286]

---

gesellschaft, Baden-Baden, 2020. Online-Version, Nomos eLibrary, 149, Anm. 444.
[284] Kurhessen-Waldeck und Nassau.
[285] Rasper: Ausführungsgesetz, a.a.O., 569.
[286] Vgl. Rasper: Ausführungsgesetz, a.a.O. 186.

*Hans Gmelin* lässt am 9. Februar 1921 zu Worte kommen, wie es zur neuen hessischen Landesverfassung gekommen ist:[287] „Die endgültige hessische Verfassung[288] wurde im Frühjahr 1919 von einem aus Mitgliedern der Ministerien und Landesämter bestehenden Ausschuß entworfen und am 8. Mai 1919 in der Darmstädter Zeitung veröffentlicht."[289]

Während die (groß-)hessische Verfassung 1946 vor dem Grundgesetz verabschiedet werden wird und darum einige Kuriosa aufwies, die dem Bundesrecht nicht entsprachen und darum nichtig waren, wartete man 1919 auch auf Drängen von *Gmelin* die Reichsverfassung ab, um mit der hessen-darmstädtischen Verfassung ein Werk ohne solche Widersprüche vorlegen zu können.[290]

„Der ursprüngliche Entwurf schloß sich mit ganz geringen Ausnahmen in Anordnung und Wortlaut eng an die badische Verfassung[291] an, bis auf wenige Artikel, die mit dem württembergischen Verfassungsentwurf übereinstimmten. Auch der endgültige Text zeigt keine großen Abweichungen von

---

[287] Hans Gmelin: Die hessische Verfassung und Gesetzgebung von 1920. (Art.) Jahrbuch des öffentlichen Rechts, Bd. X, 1921, 301-320, (herausgegeben von Robert Piloty und Otto Koellreutter) Verlag J.C.B. Mohr (Paul Siebeck), Tübingen, 1921.

[288] Die Verfassung des Volksstaates Hessen wurde durch das „Gesetz über den Neuaufbau des Reichs" vom 30. Januar 1934 obsolet, da die Hoheitsrechte des Volksstaates Hessen auf das Reich – und damit auf den NS-Staat – übertragen wurden.

[289] Gmelin, Verfassung, a.a.O. 301.

[290] Vgl. Gmelin, Verfassung, a.a.O. 301.

[291] Die badische Verfassung war, wie oben beschrieben, Werk des Sozialdemokraten und Burschenschafters Eduard Dietz, der der Diskussion um ein Zweikammersystem auswich, indem er die Verfassung weitestgehend allein gestaltete. Dietz war etwas älter als Gmelin und stammte wie dieser aus Karlsruhe (* 1. November 1866 Karlsruhe, † 17. Dezember 1940 Stuttgart, ev.). Er wirkte bis zum Beginn des Nationalsozialismus als Anwalt. Vgl. https://stadtlexikon.karlsruhe.de/index.php/De:Le-xikon:bio-1222

der badischen Verfassung; nur ist die Einteilung entsprechend meinen Vorschlägen geändert worden; auch sind mit Rücksicht auf den Ausbau der Bürgerrechte in der Reichsverfassung die Abschnitte über die Rechte und Pflichten des hessischen Volkes und über die Religionsgemeinschaften, Unterrichts- und Wohltätigkeitsanstalten gestrichen worden."[292]

Angesichts der revolutionsbedingten Wirren spielte beim Inhalt der Verfassung die Ausübung des Notverordnungsrechts[293] eine wichtige Rolle. Dafür wird vorausgesetzt, „daß der Landtag nicht versammelt ist, und daß außergewöhnliche Ereignisse ein sofortiges Eingreifen"[294] des Gesamtministeriums erforderlich machen.

Im Hinblick auf die Tätigkeit der Arbeiter- und Soldatenräte bemühten sich die Verfassungsgeber um eine Möglichkeit der „unmittelbare Teilnahme des Volks an der Gesetzgebung". Dazu wurden die beiden Formen des Volksbegehrens und des Volksentscheids vorgesehen. – „Dem Volksbegehren, das auf Erlaß, Änderung oder Aufhebung eines Gesetzes gerichtet sein kann, muß wie im Reiche und in Baden ein ausgearbeiteter Gesetzentwurf zugrunde gelegt werden; meiner Anregung, nach schweizerischem Vorbild schon den Wunsch nach Erlaß eines Gesetzes genügen zu lassen, ist nicht stattgegeben worden."[295] - Mit der Regelung des Volksentscheides war *Hans Gmelin* nicht zufrieden. Es sei zwar ähnlich geregelt wie in Baden; allerdings dadurch „entstellt, daß die Volksbefragung unterbleibt, wenn die Verfassungsänderung im Landtag mit wenigstens acht Zehnteln der Stimmen angenommen wird; daher ist die vorliegende Verfassung, anders als die badische, dem Volke nicht zur Abstimmung unterbreitet worden."[296] Die Landesverfassung Badens war schon Ende März 1919 von der verfassunggeben-

---

292 Gmelin, Verfassung, a.a.O. 301.
293 Darüber handelt die Habilitationsschrift von Hans Gmelin, Freiburg, 1906!
294 Gmelin, Verfassung, a.a.O. 303.
295 Gmelin, Verfassung, a.a.O. 304.
296 Gmelin, Verfassung, a.a.O. 304.

den Nationalversammlung beschlossen und am 13.4.1919 einer Volksabstimmung unterzogen worden, sodass sie am 23.4.1919 verkündet werden konnte.[297]

Wie bereits angedeutet, war *Gmelin* das auch in Baden eingeführte Selbstversammlungsrecht des Landtages wichtig. Zu Beginn einer neuen Wahlperiode tritt dieser am 18. Tag nach der Wahl zusammen – völlig unabhängig von Wünschen oder Anordnungen von Arbeiter- und Soldatenräten oder anderen. Danach beschließt die Kammer darüber selbst. Sonst kann nur der Landtagspräsident den Landtag berufen, oder auch, wenn ein Drittel seiner Mitglieder es verlangt. *Gmelin* bedauert, dass – anders als in Baden – nicht auch die Regierung das Recht besitzt, den Landtag zu berufen, obwohl „sich dies Recht mit der Selbständigkeit des Landtags wohl vereinbaren ließe."[298]

*Marius Rasper*, der sich unseres Wissens als einer der ersten Juristen wissenschaftlich eingehend mit der hessischen Verfassung von 1919 befasst hat, stellt die Bedeutung *Gmelins* für die Verfassungsentwicklung in Hessen-Darmstadt fest: „Dem Verfasser bot sich in der zeitgenössischen Sekundärliteratur von Anfang an ein ebenso reichhaltiger wie mühelos zugänglicher Fundus zum hessischen Landesverfassungsrecht der Zwischenkriegszeit dar, dessen Ursprünge ohne jeden Zweifel in der Existenz einer Landesuniversität in Gießen und dem dortigen Wirken des Staatsrechtslehrers *Hans Gmelin* (1878–1941) zu sehen sind, der abgesehen von seiner tatkräftigen Mitwirkung an der Ausarbeitung der hessischen Landesverfassung von 1919 nicht nur selbst regelmäßig Bericht über die weitere Entwicklung sowohl des Verfassungs- als auch des sonstigen öffentlichen Rechts im Volkstaat Hessen erstattet, sondern darüber hinaus zahlreiche Dissertationen zum Thema angeregt bzw. betreut hat."[299] –

---

[297] Rasper: Ausführungsgesetz, a.a.O. 106, Anm. 318
[298] Gmelin, Verfassung, a.a.O. 305.
[299] Rasper: Ausführungsgesetz, a.a.O. 28.

An der vom Landtag geregelten Geschäftsordnung hat *Gmelin* Kritik geübt, da der Artikel 81 als Verstoß gegen die Verfassung aufgefasst werden könne. Dieser verlangt für die Änderung der Geschäftsordnung eine Zweidrittelmehrheit. Die Verfassung kenne eine solche Erschwerung nur für Verfassungsänderungen, Ministeranklagen und Gebietsveränderungen, für alle übrigen Beschlüsse gelte der Grundsatz der Verfassung, dass zur Beschlussfassung eine einfache Mehrheit genüge.[300]

Im Hinblick auf die Staatsleitung gab es Diskussionen zwischen den Regierungsgremien und *Gmelin*, da dieser wechselnde Mehrheiten vorhersah, gegen die ein persönlich gewählter Landespräsident ein Garant der Kontinuität gewesen wäre: „Wie in andern deutschen Einzelstaaten gibt es auch in Hessen kein Staatsoberhaupt. Es ist dies freilich – wie ich in meinem Gutachten hervorhob – nicht unbedenklich. ... In den parlamentarisch regierten deutschen Ländern ... entbehrt das leitende Kollegium der Garantie einer bestimmten Amtsdauer, es muß immer gewärtigen, einem Mißtrauensvotum der Volksvertretung weichen zu müssen. Deshalb erscheint die Bestellung eines den Zufällen der parlamentarischen Mehrheitsbildung entrückten Staatsoberhauptes nicht überflüssig. Gleichwohl glaubte der Verfassungsausschuß mit Rücksicht auf die Kleinheit der Verhältnisse Hessens und im Hinblick auf das Beispiel der anderen süddeutschen Staaten von der Einrichtung eines Landespräsidenten absehen zu sollen"[301] Der Kompromiss war dann ein Etikettenschwindel: Wer mit dem Vertrauen des Landtags zum Ministerpräsidenten gemacht wurde, sollte gleichzeitig als ‚Staatspräsident' bezeichnet werden. Der Parteifreund *Gmelins*, der „DVP-Vorsitzende *Eduard Dingeldey* hielt es zwar ‚rein staatsrechtlich' für angebracht, das Amt eines besonderen Staatspräsidenten von verfassungsrechtlich herausgehobener Stellung zu schaffen, anstatt ‚eine Personalunion zwischen dem Ministerpräsidenten und dem Staats-

---

[300] Vgl. Gmelin, Verfassung, a.a.O. 306f.
[301] Gmelin, Verfassung, a.a.O. 307f.

präsidenten.' Jedoch könne und dürfe man rein praktische Erwägungen nicht unberücksichtigt lassen, sodass vor allem mit Blick auf die finanzielle Situation des Landes das Amt eines persönlichen Staatsoberhaupts nicht zu realisieren sei; im Übrigen, so *Dingeldey*, sei unter der Geltung der neuen Reichsverfassung die Eigenstaatlichkeit der deutschen Länder per se in Zweifel zu ziehen, weshalb auch die Frage, ob man einen Staatspräsidenten als besonderen Posten schafft, an praktischer Bedeutung ganz außerordentlich verlieren' werde."[302] Die endgültige Fassung hieß dann: „Die Staatsleitung liegt in den Händen des Gesamtministeriums. Sein Vorsitzender ist der Ministerpräsident mit der Amtsbezeichnung Staatspräsident."

Kritik übt *Gmelin* an der Möglichkeit, die die hessische Verfassung den Staatsministern einräumt, mit Zustimmung des Landtages Nebenbeschäftigungen auszuüben. Dabei zählt er einige ziemlich krasse Fälle auf.[303]

Der Artikel 138 der Weimarer Reichsverfassung (WRV) beauftragt die Länder mit der Regelung der Patronate: „Die auf Gesetz, Vertrag oder besonderen Rechtstiteln beruhenden Staatsleistungen an die Religionsgesellschaften werden durch die Landesgesetzgebung abgelöst. Die Grundsätze hierfür stellt das Reich auf." Dieser Absicht kommt der Artikel 63 der Hessischen Verfassung nach: Nach diesem seien die „ehemals landesherrlichen, die standesherrlichen und grundherrlichen Patronate" aufzuheben, soweit sie nicht nachweislich Privatpatronate sind. „Die Aufhebung oder Ablösung der Privatpatronate erfolgt durch besonderes Gesetz bis spätestens 31. Dezember 1924. Präsentationen auf Schulstellen finden auch bei Privatpatronaten nicht mehr statt; die Leistungen des seitherigen Präsentationsberechtigten übernimmt bei dessen Weigerung bis zu anderweitiger Regelung der Staat."

---

[302] Rasper: Ausführungsgesetz, a.a.O. 442f.
[303] Vgl. Gmelin, Verfassung, a.a.O. 308f.

Auch wenn es wohl keine Lehrerstellen mehr gibt, die einer Patronatskontrolle unterliegen, scheint die endgültige Erledigung aller Patronate mit dem Ende des Jahre 1924 nicht erfolgreich gewesen zu sein. Vereinzelt gibt es auch heute (2024) noch kirchliche Patronate, die noch ein Präsentationsrecht im Hinblick auf Pfarrstellen besitzen. Jedenfalls heißt es im Pfarrstellengesetz der Evangelische Kirche in Hessen und Nassau: „Zur Vereinheitlichung des Besetzungsrechts ist die Aufhebung der noch bestehenden Patronate anzustreben, die nach Möglichkeit im Einvernehmen mit den Berechtigten erfolgen soll." (§ 34) Und im § 35 steht: „Die Kirchenleitung kann nach Anhören des Kirchenvorstandes ein Patronat aufheben, wenn die Inhaberin oder der Inhaber des Patronats nicht mehr zu ermitteln ist oder wegen räumlicher Entfernung oder aus sonstigen Gründen keine Verbindung mehr zur Patronatsgemeinde hat." Das Jahr 1924 ist daran spurlos vorbeigegangen. Das Grundgesetz bestimmt in Artikel 140 fast verschämt, dass da noch eine Aufgabe zu leisten sei, verhüllt in die Fortgeltung der Weimarer Reichsverfassung in dieser Hinsicht: „Die Bestimmungen der Artikel 136, 137, 138, 139 und 141 der deutschen Verfassung vom 11. August 1919 sind Bestandteil dieses Grundgesetzes."

*Marius Rasper* fasst den Einfluss *Gmelins* auf die Hessische Landesverfassung zusammen: „Neben gewichtigen Korrekturen inhaltlicher wie sprachlicher Natur befürwortete *Gmelin* in erster Linie einen veränderten Aufbau des Verfassungswerks, das sich ausweislich des ihm zur Begutachtung vorgelegten Kommissionsentwurfs ‚in Form und Inhalt hauptsächlich an die neue badische Verfassung' anlehne. Auch wenn diese ‚im Ganzen ein gelungenes Werk' zu nennen sei, so *Gmelin*, erscheine sie doch zumindest in der Einteilung des Stoffs wenig vorbildlich, weshalb es im Ergebnis nicht schade, ‚wenn die hessische Verfassung in dieser Hinsicht von dem badischen Muster abweiche.' Im Einzelnen sprach der Staatsrechtslehrer die Empfehlung aus, den zweiten Abschnitt des Entwurfs (‚Von der Staatsgewalt') dem dritten und vierten nachzuordnen; die im zweiten Abschnitt enthaltenen allgemeinen Grundsätze über die Staatsgewalt stünden dann in engem Zusammenhang mit den Bestimmungen über die zu ihrer Ausübung berufenen Organe, wobei die Abschnitte fünf, sechs und sieben in einem – nunmehr fünften – Abschnitt ‚Von der Gesetzgebung' zu bündeln seien.

Der bislang dritte Abschnitt des Entwurfs (‚Von den Rechten und Pflichten des hessischen Volkes') werde damit zum zweiten Abschnitt der neuen Verfassung, wenngleich *Gmelin* an dieser Stelle die Frage aufwarf, ob es überhaupt angebracht sei, die Bürgerrechte ‚noch in umständlicher Weise' in der Landesverfassung zu regeln, obwohl diese schon in der neuen Reichsverfassung ‚eine starke Garantie finden sollen': ‚Soweit sich solche Regeln mit der Reichsgesetzgebung decken, sind sie überflüssig, und soweit sie mit der Reichsgesetzgebung in Widerspruch stehen, sind sie ungültig', so der Staatsrechtslehrer in seinem Gutachten."[304]

*Rasper* führt weiterhin einige Streitfragen an, die die politischen Wechselfälle in der Leitung der Volksstaats Hessen hervorriefen, bei denen *Gmelin* angefragt worden sei und entsprechend Stellungnahmen abgegeben habe.

*Hans Gmelin* war beruflich im Volksstaat Hessen angekommen, wo er zwar nur ein kleines Spielfeld erobert hat, auf dem aber seine Kompetenz gefragt war, als Gutachter der Verfassungsentwicklung. Ihre Weiterentwicklung wird er in juristischen Fachorganen dokumentieren und in den zwanziger Jahren des 20. Jahrhunderts seine große Zeit haben. Sie wird jäh nach 1933 enden, wenn nach der Machtergreifung der Nationalsozialisten alles zerstört wird, wofür er sich eingesetzt hat. Sie vernichteten mit dem „Gesetz über den Neuaufbau des Reichs" vom 30. Januar 1934 die Geltung der Verfassung des Volksstaates Hessen. Alle Hoheitsrechte des Volksstaates Hessen wurden auf das Reich – und damit auf den NS-Staat – übertragen.

---

[304] Rasper: Ausführungsgesetz, a.a.O. 109.

## Stadtverordneter ab Juni 1919

Die Lage Hessens war insbesondere wirtschaftlich prekär, da die Einnahmen des linksrheinischen Rheinhessen, damals der reichsten und steuerkräftigsten Provinz des kleinen Landes aufgrund der Rheinlandbesetzung erheblich zurückgegangen waren. Die Hauptquelle der Staatseinnahmen war zuvor der Einnahmenanteil der preußisch-hessischen Eisenbahngesellschaft, der jetzt wegfiel. Dabei stiegen die abzuführenden Abgaben an das Reich, während Lohnsteigerungen als Teuerungszulagen die Ausgaben im Innern hinauftrieben. Um die Kosten zu reduzieren, wurde diskutiert, die Technische Hochschule oder einige Gymnasien zu schließen. „Trotz dieser traurigen Verhältnisse besaßen die Minister die Stirn, hohe Pensionen für sich zu beantragen."[305]

Angesichts des zu befürchtenden Staatsbankrotts wurden auch grundlegende Veränderungen überlegt wie den Anschluss an Preußen oder die Bildung eines neuen Staates, was insbesondere von Frankreich befördert wurde, da ein solcher westdeutscher Staat aus dem Rheinland, der Pfalz und Rheinhessen, samt Starkenburg und Nassau dann unter französischer Kontrolle vom Rest Deutschlands abgelöst worden wäre. Um eine Abtretung der linksrheinischen Landesteile zu verhindern, hätte *Gmelin* eine solche Staatsgründung unterstützt. Die D.V.P. diskutierte diese Option auf einem Landesausschuss am 14. Juli 1919 in Darmstadt

Bereits am 23. Juni war aus den Befürchtungen im Hinblick auf den Friedensvertrag Gewissheit geworden. Angesichts der militärischen Niederlage und gleichzeitig des Verlusts aller tradierten staatlichen Institutionen gilt *Gmelin* der Friedensvertrag als furchtbare Demütigung: „So ist es wieder geworden', schrieb ich am 23. Juni meiner Mutter, ,daß das deutsche Volk dies Dokument der Schande unterzeichnet hat, nur um sein

---

[305] 2/390.

Leben zu fristen, ein Leben, das doch keins mehr sein wird. Man möchte vor sich selber ausspucken." Der Friedensschluss, der ihm als Diktat von Versailles gilt, trifft *Gmelin* in seinem patriotischen Ehrgefühl, aber auch im Hinblick auf seine berufliche Zukunft: „Der Friedensvertrag traf mich nicht nur in meinem Stolze als Deutscher, er berührte mich auch ganz empfindlich in meiner wissenschaftlichen Arbeit, indem er mir zwei meiner Arbeitsgebiete entzog: Einerseits das **Kolonialrecht**, da es nach dem Verlust der Schutzgebiete keinen Sinn mehr hatte, über Kolonialrecht zu lesen oder darüber zu schreiben. Andererseits vereitelte er mein **Buch über europäische Verfassungsgeschichte**, weil ich infolge der Verschlechterung der wirtschaftlichen Verhältnisse die dazu nötigen wissenschaftlichen Reisen ins Ausland nicht mehr unternehmen konnte. Wenn ich auch in der Folgezeit öfter über vergleichende Verfassungsgeschichte las und kleinere Abhandlungen aus dem Bereich der ausländischen Verfassungsentwicklung veröffentlichte, zu meiner Gesamtschau hätte der gesammelte Stoff nicht ausgereicht. Für diesen Ausfall meiner Hauptarbeitsgebiete hätte ich vielleicht Ersatz gefunden, wenn ich Gelegenheit gefunden hätte, in parlamentarischer Arbeit am Verfassungsaufbau mitzuwirken; da mir dies jedoch nicht beschieden war, so suchte ich mir an meiner akademischen Tätigkeit, an kleinen literarischen Aufgaben und an meiner bescheidenen politischen Betätigung genügen zu lassen, obwohl mich dieser Wirkungskreis nicht voll befriedigte. Umso mehr strebte ich nach dem Ausgleich in Reihen und in behaglicher Häuslichkeit. Daher ist es zu verstehen, wenn ich dem Gedanken der Begründung eines eigenen Hausstandes näher trat."[306]

*Hans Gmelins* Versuch, in der Parteipolitik Fuß zu fassen, hat so sein Ende gefunden, auch sein Gießener Stadtverordnetenmandat war nur eine vorübergehende Aufgabe.[307] Von diesem falschen Gleis fuhr er nach drei Jahren ab. Der statt seiner in die Verfassunggebende Versammlung gewählte *Klingspor* wird 1921 auf eine erneute Kandidatur verzichten und der Theologe

---

[306] 2/396f.
[307] 2/388

*Martin Schian* – der Rektor ins *Hans'* Darmstädter Ausflug an den großherzoglichen Hof – wird sein Nachfolger.[308] Vor dem Ende seiner parteipolitischen Karriere unternahm *Gmelin* noch ehrenamtliche Tätigkeiten neben seinen Verpflichtungen als Hochschullehrer. Als einziger Öffentlichrechtler seiner Universität waren diese beträchtlich. Er schildert seinen Tagesablauf am Beispiel des 3. Mai 1920:

| | |
|---|---|
| 8 – 9 Uhr | Vorlesung |
| 9.15 – 13 Uhr | Überwachung der Prüfungsklausur |
| Ab 13 Uhr | Besuche |
| Anschl. | Mittagspause |
| 14.30 -16 Uhr | Besuche empfangen |
| 16-18 Uhr | Doktorprüfung abnehmen |
| 18-20 Uhr | Stadtverordneten-Sitzung |
| 20-21 Uhr | Vorlesung |

Auch die Senatssitzungen der Universität dieser Zeit waren besonders wichtig, da viele gute und schlechte Einrichtungen der landesherrlichen Universität auf den Prüfstand kamen – und nicht alle Neuerungen sinnvoll und gerecht erschienen.

---

[308] Vgl. 376, 394.

Martha auf einer
Voralpenwiese,
irgendwann im Jahr 1920,
in dem vieles geschehen
ist...

Negativsammlung von
Hans Gmelin

# VI. Politischer und persönlicher Neuanfang

Den folgenden Lebensabschnitt von 1920 bis 1933 hat *Hans Gmelin* bezeichnet als „Auf dem Höhepunkt meines Daseins." Er hatte die erste Hälfte seines Lebens als „alter Junggeselle" oder „Hagestolz", wie es in unserer Familie hieß, gelebt, und die fernere Verwandtschaft ging davon aus, dass der „Katzenprofessor" nie heiraten werde, weil ihn nur seine Katzen interessierten.

Das ändert sich 1920. Während er nach seinen Erinnerungen durchaus eine Reihe attraktiver Frauenpersönlichkeiten kennenlernt, überwiegt die Distanz. Der Grund, warum sich seine Sicht der Dinge ändert, liegt – wie bei Vielem in seinem Leben – bei seiner Mutter. *Johanna.* – Sie ist, mittlerweile 69 Jahre alt – wird zunehmend kränklicher und fühlt sich alt. Sie erwartet von ihrem Sohn einigermaßen unverhohlen eine Schwiegertochter.

Wegen einer Auseinandersetzung mit dem Wohnungsamt in Freiburg war *Gmelin* nach Günterstal gereist und kehrte nach Klärung am 21. Januar 1920 nach Gießen zurück, mit Unterbrechung in Karlsruhe. Von da ging es um 10:40 Uhr Richtung Norden. Es gelang ihm einen Sitzplatz zu tauschen, um Licht zum Lesen zu haben. Dadurch kam er neben seiner zukünftigen Frau zu sitzen. „Die Plätze am Fenster waren von zwei jungen Damen eingenommen, die sich auf allemannisch oder schwyzerdytsch unterhielten. Bald kamen andere Fahrgäste mit ihnen ins Gespräch, bei dem nach der damals herrschenden Angewohnheit die Klagen über die Mängel in der Lebensmittelversorgung die Hauptrolle spielten. Als das eine der beiden Mädchen sich als Schweizerin zu erkennen gab, sagte mein Nachbar zur Rechten mit unmißverständlicher Deutlichkeit: „Da haben Sie gewiß Schokolade", worauf die Dame mit den Worten: „So, jetzt bekommen Sie Schokolade", einige Tafeln unter die Insassen des Abteils verteilte. Ich fühlte mich von der Aufdringlichkeit meiner Landsleute derart abgestoßen, daß ich am liebsten die Gabe abgelehnt hätte, aber da dieser Stolz die Geberin verletzt hätte, nahm ich ein Stückchen an und behielt mir vor, mich in anderer Form zu revanchieren. Nun hatte das neben mir sitzende Fräulein eine Violine neben sich stehen, die mir ein geeignetes Gesprächsthema lieferte. Bald hatte ich ermittelt, daß ihr *Regers* Violinstücke noch unbekannt waren. Daher bat ich sie, ihr das Largo von *Reger* zusenden zu dürfen. Auf diese Weise glaubte ich, mich für die Schokolade der anderen Dame, die ich fälschlicherweise für ihre Schwester hielt, - denn beide trugen die gleichen grünen Wolljacken – erkenntlich zeigen zu können, bekenne aber, daß meine Bitte um die Adresse meiner Nachbarin, die sie arglos in mein Notizbuch eintrug, nicht lediglich durch die Musik bestimmt war, mich für die Schokolade zu bedanken, sondern auch von dem Wunsche, dauernde Beziehungen zu dem Mädchen zu gewinnen, dessen hübsche Gesichtszüge und bescheidenes Wesen mir von Anfang an gefielen. Ich brachte bald soviel heraus, daß meine Nachbarin Schweizerin war, aber in Rötteln bei Lörrach wohnte und im Begriff stand, in Aachen eine Stelle als Gesellschafterin zu führen. In Frankfurt trennten wir uns, sie gänzlich ahnungslos, während ich mir vornahm, die Spur weiter zu verfolgen."[309]

Uns Kindern erzählte Oma *Martha*, wie sie ihren späteren Ehemann *Hans* kennengelernt habe: Sie habe in Karlsruhe aufs Konservatorium gehen sollen, aber dort habe man nicht Musik gemacht, sondern über Musik gesprochen. Darum sei sie in den Zug gestiegen, um wieder nach Hause zu fahren, nach Rötteln, bei Lörrach an der Schweizer Grenze. In ihrem Gepäcknetz habe ihr Geigenkasten gelegen. Darum habe sie ein Herr angesprochen und sie hätten ein gutes Gespräch geführt, womit alles begonnen habe. Die ein wenig anders klingende Romanze – der Zug fuhr nicht nach Lörrach, sondern Richtung Frankfurt nach Norden, wo sie nach

---

[309] 2/414.

Aachen umsteigen würde, hat *Hans Gmelin* 1920 an *Adolf Mayer*[310] geschrieben, der Sohn von *Julie*, geborene *Gmelin*, der Tochter von *Leopold Gmelin*, *Hans'* Urgroßvater, der als Professor der Naturgeschichte zu den Begründern einer modernen Chemie gezählt wird und mit der Annahme eines Rufes an die Universität Heidelberg den badischen Ast der Familie *Gmelin* begründete, zu dem auch *Hans Gmelin* über seine Mutter *Johanna*, geb. *Gmelin* gehörte. *Mayer* war 1843 in Oldenburg geboren, also eine Generation älter als *Hans*, den er dennoch um ein Jahr überlebt hat. Ihm teilt *Hans* mit, dass er „den einsamen Bund des Altjunggesellentums in zwölfter Stunde" verlassen und es mit einem Leben zu zweien versuchen werde.[311]

*Hans* schrieb ihm am 14. September 1920 aus dem mit seiner Mutter gebauten und bewohnten Haus in Günterstal, im Süden von Freiburg, dass er seit zehn Tagen mit „*Marthel*" Meili verlobt sei. Die Namensform *Marthel* hielt sich in Gießen nur bei sehr wenigen alten Freunden, zumal *Martha* familienintern ausschließlich „Oma" genannt wurde. Wir erfahren, dass ihr Vater Direktor einer Seidenweberei und dass ihre Familie schweizerischer Herkunft war.

Da das schweizerische Unternehmen auch eine Filiale in Gütersloh unterhielt, war *Martha* in dieser Stadt geboren worden, für die sie aber späterhin kein gutes Wort mehr hatte. *Martha* habe sieben Geschwister gehabt und war - am 23. Oktober 1900 geboren – das zweitjüngste der Geschwister. Dass seine Braut mithin erst 20 Jahre zählt, dafür schreibt er: „Du wirst Dich über meinen Mut und meinen Leichtsinn wundern!" Er rühmt an seiner Braut nicht nur ihre Schönheit, sondern auch deren Musikalität, ihr Violin-

---

[310] Adolf Mayer (1843-1942) war Agrikulturchemiker, der als Pionier der Virologie gilt, indem er den Erreger der Tabakmosaikkrankheit erforschte. Wikipedia, 18.1.2022.
[311] 2/429ff.

und Klavierspiel und ihr Interesse für Kunst und Literatur. Da sie im Schwarzwald aufgewachsen sei, sei sie eine begeisterte Naturfreundin.

Adolf Mayer, (1843 – 1942) war der Enkel des Chemieprofessors Leopold Gmelin und lebte später wieder in dessen Heimatstadt Heidelberg. Wie sein Großvater war auch er Naturforscher, allerdings in der Agrikulturchemie. Als Leiter einer Versuchsstation führten seine Beobachtungen zur Entdeckung der Viren (Tabaksmosaikvirus 1882-1886). Vgl. Böhm, Wolfgang, "Mayer, Adolf" in: Neue Deutsche Biographie 16 (1990), S. 533-534 [Online-Version], 4.8.2024.

„Wir standen den Sommer über in Briefwechsel. Mitte August machte ich mit meiner Mutter einen Besuch bei ihren Eltern, die uns sehr gastfreundlich aufnahmen. Dann reiste ich an den Starnbergersee, wo meine Braut mit jener Aachener Familie in der Sommerfrische weilte. Auf einem Spaziergang, den wir von Tutzing nach Bernried machten, erklärte ich mich. Kurz nachdem ich aus Bayern zurückgekehrt war -ich hatte mich noch einige Tage auf dem Bauerngut von *Hermann* am Lech aufgehalten, - traf die Einwilligung ihrer Eltern ein. Letzten Mittwoch verbrachten meine Mutter und ich wiederum einen Tag in Rötteln bei meinen Schwiegereltern, aber wiederum in Abwesenheit meiner Braut. Übermorgen reisen meine Mutter und ich nach Gießen; dann reise ich meiner Braut nach Köln entgegen, um sie in Gießen meiner Mutter zuzuführen, wo inzwischen auch meine Schwiegermutter eintreffen wird. Einige Tage darauf fahren wir nach Freiburg, damit meine Braut einige Wochen im Hause meiner Mutter verbringt. Hier, in Günterstal, wollen wir am 26. September im Beisein der Schwiegereltern und Schwägerinnen die Verlobungsfeier abhalten. Die Hochzeit soll in Bälde, vielleicht schon Ende November[312] stattfinden. Ich hoffe, daß Euch diese schier unglaublichen Nachrichten die Fassung nicht zu sehr rauben werden. Ich selbst habe mich von meinem Staunen immer noch nicht ganz erholt.“

Die kurzzeitige Beschäftigung als musikalisches Kindermädchen oder „Gesellschafterin" hatte meine Großmutter *Martha* aus ihrem Gedächtnis eliminiert. Die ausführliche Fassung von *Hans* wird bereichert um einen romantischen Zug, da sie beider Beziehung mit dem Schwarzwald, dem Alpenvorland und einer Wanderung, verbindet. Wo sonst hätte *Hans* seiner Braut einen Antrag machen können? Der hier erwähnte Vetter und Gutsbesitzer *Herrmann Gmelin* (*1885), Sohn des in München lebenden Onkels *Leopold*, den *Hans* hier besucht, wird 1930 Kreisleiter der NSDAP, bevor er im Jahr 1933 nach der Machtergreifung einem Motorradunfall

---

[312] 4. September Verlobung, 26. September Verlobungsfeier in Günterstal, 25. November Ziviltrauung, 28.November 1920 Hochzeitsgottesdienst in Rötteln.

erlag. Über ihre Herkunftsfamilie hat Großmutter *Martha* wenig und ungern erzählt. Was sie aus ihrer Kindheit erinnerns- und erwähnenswert fand, war ihre Karriere als „ärgster Lausbub des Dorfes Rötteln", wo sie immer als erste der um 1900 Geborenen auf jedem Baum gewesen sei. Von den vielen Angehörigen ihrer Familie hörten wir nur von dem geistig behinderten *Otto*, einem „Dubele", wie man wohl im Schwyzerdytschen damals sagte. Von ihm zeugt noch ein kleines ledern eingebundenes Neues Testament, das er 1924 „von den Eltern und Geschwistern" zu Weihnachten bekommen hat. Er gehörte zur inneren Familie und verschwand, wenn Besuch kam.

Auch von ihrem Vater bekamen wir zu hören. Er hielt zu seinen Kindern in deren Frühzeit Distanz und empfing kleine Delinquenten nach ungezogenen Taten hinter seinem Dienstschreibtisch. Allein ihre Schwester *Frieda*, die später familienintern auf „*Tante Bob*" hörte, war uns vertraut, da wir jahrelang ihr Haus in der damaligen Hagener Straße 12 in Brombach bei Lörrach zur Sommerfrische besuchten, wo sie mit ihrem Mann *Otto Krumm* lebte, den wir hinwiederum „*Onkel Peter*" nannten. Den Bruder *Walter* haben wir nicht mehr kennengelernt, nur einige Anekdoten aus seiner Zeit als Bankbeamter in Basel. Seine Witwe, „*schs*" *Fine,* wurde einige Male besucht. *Hans* hat offenbar die wenigen bekannten Fakten aus der Familie *Meili* in einer Herkunftsskizze zusammengefasst: *Marthas* Vater hieß demnach *Heinrich Meili*, seine Frau *S. (elma?)*[313] geb. *Hüni*. Deren Vater war *Jean Hüni*, verheiratet mit *Anna*, geb. *Furrer*. Großvater *Meili* hieß *Jakob* und dessen Frau war *Susanna*, geb. *Wiedemann*.

Von ihrer schweizerischen Herkunft hörte man kaum etwas, *Martha* sprach ein unauffälliges Hochdeutsch mit ein paar alemannischen Einsprengseln. Am Telefon konnte sie indessen – für uns Kinder faszinierend – sofort auf

---

[313] Selma hieß jedenfalls die Schwester von Martha, in deren leerer Wohnung wir nach deren Tod jeweils Urlaub machen durften.

Schwyzerdytsch umschalten. Das Einzige, was sie uns in dieser Sprache vermittelt hat, war die schweizerische Häkelanleitung, die uns Jungen freilich damals noch kaum interessiert hat: „Ine steche, umeschla, durchehol und abbala." So wenig, wie wir von Oma über ihre Familie erfuhren und auch Gefühle nicht zu ihren bevorzugten Gesprächsthemen zählten, so wenig mochte sie Fotos, auf denen sie zu sehen war. Viele der aufbewahrten Fotoalben weisen merkwürdig brutale Ausrisse auf, wo Fotos entfernt worden sind. Darum war meine Freude groß, als ich in einem hübschen Kästchen, das laut einer Aufschrift einmal dazu gedient hatte, Visitenkarten

Martha in Rötteln mit ihrem Vater Heinrich Meili in Eintracht, um 1920.

Aus dem Fotoalbum

aufzunehmen, genau das fand, was die Tintenaufschrift verhieß: „Familienaufnahmen, IX. Verlobungszeit Starnberg, Rötteln 1920, Erstes Ehejahr 1920/1921, Familie in Brombach, *Adolf* & *Erika* 1925". Hier fanden sich wunderbare Negative aus den ersten Monaten und Jahren von *Hans* und *Martha*, auch wenn die Nummer „neun" darauf hinweist, dass mindestens acht solcher Behälter verloren gegangen sind. Die Qualität der alten Aufnahmen lässt zu wünschen übrig, dennoch sind sie so kostbar, weil sie keiner nachträglichen Revision unterzogen worden sind.

Verlobungsfoto
von Martha und Hans.
Im Oktober 1920, auf einem
Balkon in Freiburg

Im Festgewand in Rötteln, im
November 1920.

## Bevorstehende Reichstagswahl Januar 1920

Die bevorstehenden Reichstagswahlen am 6. Juni 1920 sorgten wieder für eine weitere Bemühung des befreundeten Zentrumsabgeordneten *Beyerle Gmelin* zur politischen Karriere zu überreden. Als Kolonialverfechter – auch nach dem Ende der deutschen Kolonien – weigerte *Gmelin* sich, mit dem Kolonialgegner des Zentrums *Matthias Erzberger* zusammenarbeiten, wobei er auch für die D.V.P. sprach. *Erzberger* war zudem im Kreuzfeuer der rechten Opposition, da er zu den Verantwortlichen für die Unterzeichnung des Versailler Vertrags gerechnet wurde, obwohl er damit zweifelsohne den Zusammenhalt Deutschlands bewahren half. Bereits 1920 hatte es einen Mordanschlag auf ihn gegeben, der 1921 von zwei Terroristen der Organisation Consul vollendet wurde. *Gmelin* wünschte ihn nicht als Minister. Zudem hatte er die Sorge, daß das neue Wahlgesetz die Zersplitterung der Parteien befördern würde. *Beyerle* beruhigte ihn in einem Brief über den ersten Punkt: *„Erzberger ist bis auf weiteres ausgeschifft."* Dagegen stimmte er ihm im zweiten Punkt bei: „Die Tendenz zu neuen Parteibildungen ist freilich stark, das neue Wahlprinzip, ... das zu freien Personalverbänden der Wähler die Wege öffnet und dadurch einen Anreiz zu möglichst starker Wahlbeteiligung bietet, befördert sie."[314] *Beyerle* verkannte, dass es in Hessen-Darmstadt keine Möglichkeit für *Gmelin* gab, ein Reichstagsmandat zu erhalten.[315] „Sie müßten in die D.V.P., die ausgezeichnete Chancen hat, gewählt zu werden. Wir brauchen eine Verbreiterung der Koalition nach

---

[314] 2/420.

[315] Die Reichstagswahl vom 6. Juni 1920 war die zweite Wahl der Weimarer Republik und die erste zu einem regulären Deutschen Reichstag. Dabei verlor die Weimarer Koalition ihre Mehrheit. Die SPD musste große Verluste hinnehmen, die vor allem durch die stark verbesserte landesweite Organisation der konkurrierenden USPD zu erklären waren. Die linksliberale DDP verlor sogar mehr als die Hälfte ihres prozentualen Ergebnisses. Vgl. Wikipedia, 16.8.2023.

rechts, für die die Deutschnationale Partei ausscheidet. Freilich ist die – von der D.V.P. ausgesprochene – unzeitgemäße Proklamierung des monarchischen Prinzips ein großes, fast unübersteigliches Hemmnis. Ich werde bald einmal mit Dr. *Heinze* [316] über Sie sprechen. Es wäre wirklich schön, wenn wir uns im Parlament zu gemeinsamer Aufbauarbeit die Hände reichen könnten." Obwohl die Chancen auf ein Mandat unterirdisch waren, beteiligte sich *Gmelin* nach seiner Rückkehr nach Gießen an der Vorbereitung der Reichstagswahlen mit und hielt in mehreren Orten Wahlreden. [317] Für Hessen - Darmstadt wurde von der D.V.P. ein einziger Abgeordneter nach Weimar entsandt.

Zu den Neuzugängen im gesellschaftlichen Leben *Gmelins* in Gießen gehörte der Karlsruher Jurist und Literaturwissenschaftler *Adof von Grolman* (1888-1973), der wegen seines Geigenspiels ebenso beliebt war, wie man ihn angesichts seiner unbeherrschten Art fürchtete. Als Junggeselle war er *Gmelin* durchaus nahe – allerdings blieb *er* sein Leben lang unverheiratet.

In dieser Zeit wird *Gmelin* vom Kollegen *Leo Rosenberg* in den Gießener Dienstagskranz eingeführt, „einem Unterhaltungsclub älterer Herren", [318] in dem *Gmelin* und später auch seine Frau regelmäßig verkehren werden.

---

[316] Karl Rudolf Heinze (* 22. Juli 1865 in Oldenburg (Oldenburg); † 16. Mai 1928 in Dresden) war ein deutscher Jurist und rechtsliberaler Politiker (NLP, DVP). Er war 1907–1912 und 1920–1928 Mitglied des Reichstages sowie 1919/20 Vorsitzender der DVP-Fraktion in der Weimarer Nationalversammlung. 1920–1921 und 1922–1923 war er Reichsjustizminister. Während der Reichsexekution gegen die sächsische Landesregierung im Herbst 1923 war Heinze Reichskommissar. Wikipedia, 24.7.2023.
[317] Vgl. 2/421.
[318] 3/16.

# Martha Meili

Die Schweizerin aus dem Zug wird langsam Konturen annehmen, zunächst auf dem Postweg, zumal sie in Aachen bei einer Unternehmerfamilie eingespannt ist. *Hans* resümiert über ihre Herkunft: „Es mag am Platze sein, hier einiges über die Familie meiner Frau einzustellen. Meine Schwiegereltern waren Schweizer, und zwar besaßen beide die zürcherische Staatsangehörigkeit[319]. Die Familie meines Schwiegervaters soll aus Graubünden stammen, worauf auch sein ausgesprochen dinarischer Gesichtstypus hinweist. Er war bäuerlicher Herkunft, noch sein Großvater betrieb die Landwirtschaft, aber da sein Bauernhof abbrannte, so mußten die Söhne sich nach anderen Beschäftigungen umsehen. Der Vater meines Schwiegervaters erbaute eine kleine Fabrik, die ebenfalls dem Feuer zum Opfer fiel. Auch dadurch geriet er in bedrängte Verhältnisse. Mein Schwiegervater, streng religiös erzogen, wollte ursprünglich den Beruf des Missionars ergreifen, aber die Notlage seiner Familie zwang ihn, darum besuchte er die Webschule in Zürich und übernahm schon in jungen Jahren die Leitung einer Webfabrik in Gütersloh[320] in Westfalen (1894).

Im Laufe des Sommersemesters entsprang der flüchtigen Eisenbahnbekanntschaft mit Fräulein *Meili* ein regelmäßiger Briefwechsel, der schließlich zu einem Bund fürs Leben führte."[321] Am Freitag, den 13. August 1920, bat Hans die Eltern *Marthas*, sie an einem der nächsten Tage mit seiner Mutter besuchen zu dürfen: „Am folgenden Tage, dem Samstag, traf die Draht-Nachricht ein, daß sie uns am Sonntag erwarteten. Ich retourierte telegraphisch, daß wir mit dem 3:00 Uhr Zuge nach Lörrach kämen. In Wirklichkeit aber reisten wir schon mit dem Morgenzuge, wanderten nach

---

[319] Verrmutlich im Sinne des heutigen schweizerischen „Heimatrechts", das man i.d.R. nur dort genießt, wo man herstammt.
[320] Der Geburtsort von Marta Meili.
[321] 3/19.

Tumringen und stiegen bei einförmig bedecktem Himmel hinauf zum Röttler Schloß. Auf dem Wege sahen wir das malerische Kirchlein, in dem später die Trauung stattfinden sollte und schauten hinab zu der, von meinem künftigen Schwiegervater geleiteten Seidenfabrik."[322] *Hans* hielt sie für die Geburtsstätte *Marthas,* über Gütersloh hinwegschauend. *Johanna* und *Hans* wanderten zurück zum Dreiuhr-Zug an den Bahnhof. Und wurden zu ihrer Überraschung von Frau *Meili* abgeholt. „Sie war im eigenen Gefährt gekommen, um uns abzuholen. Begleitet war sie von ihrer Tochter *Friedel,* die in einem weißen, ziemlich kurzen Kleide sehr jung aussah, sodaß ich sie auf etwa 17 Jahre schätzte. Als wir in dem Wagen verstaut waren, die beiden Mütter auf den Vorder-, wir beiden anderen auf den Rücksitzen, sagte ich *Friedel,* ich hätte ihre ältere Schwester kennen gelernt, denn ich hatte *Marthel* für ca. 23jährig gehalten. Darum fiel ich aus allen Wolken, als *Friedel* mich verbesserte: „Meine *jüngere* Schwester." Erst nachher erfuhr ich, daß *Marthel* beinahe 20, *Friedel* 22 Jahre zählte. Gleich nach Beginn der Wagenfahrt brach ein starker Regenguß los. Während die Mütter durch das Wagendach einigermaßen geschützt waren, wurden *Friedel* und ich, trotzdem ich den Regenschirm über uns beide hielt, pudelnaß geregnet. In der Fabrik, in der damals *Meilis* zwei Stockwerke des Wohnflügels bewohnten, begrüßte uns Vater *Meili.*"[323] Nach einem gemütlichen Kennenlernen bei den *Meilis,* beschloss *Hans,* seine Braut in Tutzing aufzusuchen, wo sie sich mit ihrer Dienstfamilie auf Urlaub befand, um um ihre Hand anzuhalten. In Tutzing verfehlten sich die beiden und im Hotel wurde ihm mitgeteilt, sie sei auf einer Tagesfahrt mit *Goosens* unterwegs. So organisrete *Hans* sich eine Unterkunft für den Fall, dass ihm kein Zimmer reserviert worden sei und machte eine Dampferfahrt nach Seehaupt.

„So gesichert frug ich von neuem im Hotel Simson nach Fräulein *Meili.* Doch ich erhielt Bescheid, die Herrschaften seien von ihrem Tagesausflug

---

[322] 3/21.
[323] 3/21.

noch nicht zurückgekehrt. Aber in dem Augenblick trat Frl. *Meili* auf und begrüßte mich herzlich. Tatsächlich hatte sie am Morgen *Goossens* an die Bahn begleitet, sodaß das Hotelpersonal angenommen hatte, sie werde an dem Ausflug teilnehmen. Am Bahnhof hatte sie mich erwartet, aber da unsere Bekanntschaft im Zuge eine sehr flüchtige gewesen war, hatte keins das andre erkannt. Als ich am Morgen im Hotel nachgefragt hatte, war sie noch nicht dorthin zurückgekehrt und nun wartete sie eben, bis ich mich wieder einstellte. Unser erster Gang führte zu jenem Handwerker, bei dem ich das nur bedingt belegte Zimmer freigab, denn Fräulein *Meili* hatte – meinem Wunsch gemäß – in einem Gasthaus „König Ludwig" ein Zimmer für mich belegt. Im Gastzimmer des Hotels verbrachten wir den Abend. Da konnte ich Frl. *Meili* von unserem Besuch bei ihren Eltern berichten. Am anderen Morgen, den 19. Oktober 1920, malte ich morgens eine kleine Skizze, bevor ich mich mit Frl. *Meili* am Seeufer traf. Am Nachmittag wanderten wir über Zeismering nach Bernried, unter heißer Sonne auf staubiger Straße, sodaß wir uns gerne über die Wiesen einen Pfad suchten. *Marthel* sah in ihrem weißen Kleid mit rotem Gürtel und roter schmetterlingsförmiger Krawatte recht jugendlich, beinahe kindlich aus und dieser Eindruck verstärkte sich noch, wenn sie von den die Wiesen trennenden Gattern heruntersprang. Anfangs unterhielten wir uns gut, aber je näher wir Bernried kamen, desto einsilbiger wurden wir, denn ich spähte vergebens nach der Gelegenheit, mein Herzensanliegen vorzubringen und *Marthel* wich aus, weil sie mein Verfahren merkte. So gelangten wir nach Bernried, ohne daß ich mich hätte erklären können."[324]

Ein klärendes Wort kann *Hans* von seiner *Marthel* nicht bekommen und fährt sehr unglücklich über München und Landsberg zurück nach Freiburg. Nach der etwas verunglückten Reise bekommt *Hans* eine Grippe und empfängt zuerst einen nichtssagenden Kartengruß von *Martha* aus München. Wenige Tage später wird die Karte deutlicher: „Es wird eine

---

[324] 3/24.

freudige Überraschung sein." – „Da wußte ich, daß sie sich entschieden hatte, ihr Leben mit dem meinen zu verbinden. Anderen Tags erhielt ich den Brief bereits. Sie teilte mir darin mit, daß sie ihren früheren Bräutigam – von dem sie sich bereits ein Jahr zuvor losgesagt hatte – endgültig abgeschrieben habe. *Marthel* erklärte sich bereit, meinen Antrag anzunehmen. Sie glaubte, daß der große Altersunterschied keine Rolle spielen werde, weil wir uns verstünden. Noch am gleichen Tage, am 31. August, der unseren Verlobungstag bedeutet, dankte ich meiner Braut telegraphisch für die glückbringende Nachricht und sandte ihr einen dankerfüllten Brief. Ich schrieb vom Bett aus, denn der Arzt ließ mich nicht aufstehen, bevor das Fieber geschwunden war, natürlich eingeschrieben aus lauter Angst, die wichtige Nachricht könne verlorengehen. Mein Brief zeugt von großer Ungeduld, denn ich schlug vor, den Zeitpunkt der Hochzeit möglichst nahe zu rücken und bat meine Braut, ihre Stelle bei *Goossens* möglichst rasch aufzugeben. Ich lud sie ein, sich bei uns in Günterstal zu erholen, dann mit uns und ihrer Mutter nach Gießen zu fahren zur Inspizierung meiner Wohnung, um sich zu überzeugen, daß wir nicht viel zur Ergänzung meines Haushalts beschaffen müßten. Vor allem aber nahm ich eine Verlobungsfeier in Aussicht. Am folgenden Tag hielt ich brieflich bei meinen Schwiegereltern um die Hand ihrer Tochter an. Wiederum konnte ich – wie mein Brief vom 3. September zeigt – ihre Zusage kaum abwarten und doch hatte ich, da meine Braut alsbald ihren Eltern schrieb, schon am 4. September die Zustimmung meiner Schwiegereltern."[325]

Die Nachricht von der Verlobung *Hans'* wurde in die Verwandtschaft verschickt und eine Flut von Glückwünschen ergoss sich in seinen Briefkasten. Auch unter Gießener Kollegen sprach es sich rasch herum. Bei der Familie *Roloff* huldigte sogar der Kater *Peter*, mit einem Gedicht am Halsband, in dem stand:

„In unsern Katzenseelen
Herrscht eitel Freud und Wonne:

---

[325] 3/18

Der Gönner will sich vermählen
Die Braut ist schön wie die Sonne.
Noch mehr: Auch sie liebt die Katzen
Für uns bleibts beim Alten doch
Wir klatschen in die Tatzen,
Miau! Das Brautpaar hoch!"[326]

In Karlsruhe hatte die Familie *Döll* die strategisch wichtigsten Verwandten und Halbtanten an Stützpunkten geordnet, damit *Hans* nicht hundert Mal seine Verlobungsgeschichte erzählen musste.

Am 8. September ging es wieder zu den Schwiegereltern nach Lörrach, wo Mutter und Sohn vom Schwiegervater *Meili* mit dem Kutschchen abgeholt wurden. Zuhause kam auch die Brautschwester *Selma* und alle beschlossen, das formelle „Sie" durch das familiäre „Du" zu ersetzen. Die Mütter kümmerten sich um Aussteuerfragen, während es *Hans* um Pläne für die Hochzeit ging. Mutter und Schwiegermutter sollten sich um den 18. September in Gießen einfinden und *Hans* wollte seine Braut auf dem Kölner Hauptbahnhof abholen und nach Gießen bringen.

## Das Kölner Abenteuer

*Hans* besorgte einen Rosenstrauß und verließ Gießen am Samstag, den 18. September 1920 um 6:25 Uhr morgens. In Köln hoffte er seine Braut bereits aus Aachen angelangt zu treffen. Jedoch fand er sie nicht, in dem furchtbaren Gedränge. Er suchte vor und auf dem Bahnsteig, forschte im Bahnhofsrestaurant, aber die Suche blieb vergebens. Er bekam es mit der Angst zu tun, seiner Braut könne etwas zugestoßen sein. Er telegraphierte nach Aachen und aß im Restaurant *Neumayer* gegenüber dem Bahnhof.

---

[326] 3/33

„Zu dem um halb drei Uhr abgehenden Zug, mit dem ich mit meiner Braut nach Gießen fahren wollte, erschien ich wieder auf dem Bahnsteig und rannte mit meinem Rosenstrauß von Abteil zu Abteil. Wieder vergebens. Ich hatte das Gefühl, nachgerade von den Reisenden, die mitleidig aus den Fenstern blickten, als komische Figur belächelt zu werden. Nun telegraphierte ich an meine Mutter, daß ich *Marthel* nicht gefunden habe, aber mit dem Abendzug nach Gießen kommen werde. Denn *Marthel* konnte ja mittlerweile allein nach Gießen gefahren sein. Zum Zug von 3:44 Uhr bezog ich wieder meine Wache. Aber als ich eben wieder den ganzen Zug entlanggelaufen war, stand meine Braut vor mir. Wir umarmten uns etwas oberflächlich; wir hatten gerade noch Zeit, die schon recht ramponiert aussehenden Rosen am Bahnsteig-Brunnen zu begießen, dann hieß es einsteigen. Damit wir ungestört blieben, hatte ich Fahrkarten zweiter Klasse genommen. Aber das Abteil blieb bis Siegen reichlich gefüllt, erst von da ab waren wir allein. Draußen ging, als der Zug ins Dilltal hinabbrauste ein starkes Gewitter nieder. Auch als wir um halb zehn Uhr in Gießen einfuhren, regnete es noch in Strömen. Leider stand kein Wagen da, denn der war zum vorgesehenen Zug an die Bahn gekommen. Also mußten wir durch den Regen nach Hause patschen. Dort begrüßte uns meine Schwiegermutter, die nach Tisch in Gießen angekommen war. Indes meine Mutter fehlte. Sie war an die Bahn gefahren, um uns abzuholen und mich zu trösten, falls ich allein käme. Aber wir hatten sie verfehlt. Nun wollte meine Schwiegermutter nach meiner Mutter suchen. Mit Mühe redete ich ihr dies Vorhaben aus, sonst hätte ich schließlich noch die Polizei anrufen müssen, damit sie meine Schwiegermutter ausfindig machte. Schließlich kam meine Mutter. Aber über den Wirrwarr vergaß ich, meine Braut offiziell der *Therese* vorzustellen, was diese mir ernstlich übel nahm.“[327]

---

[327] 3/35f

Eine kleine Verlobungsfeier gab es noch in Freiburg mit den Schwiegereltern, *Friedel* und *Selma*, *Jäckles*, *Dölls* und die Freunde *Jonas Cohn* und *Levi*[328].

Fortgang nahm das Treffen in Karlsruhe und in Freiburg, wo zum Beispiel die Trauringe erstanden werden mussten. Dabei freute sich *Hans,* seiner Braut das Haus in Günterstal vorführen zu können. Am 20. Oktober kehrte *Martha* nach Rötteln zurück und arbeitete an ihrer Aussteuer. *Karl Döll* hat die Liebesgeschichte von *Hans* und *Martha* in Versen besungen, in denen es heißt:
„Auch damals, als im Reis'gedränge
Sein schmachtend Herz trieb in die Enge,
In Köln, allwo der würdge Herr,
Mit Rosenbündeln zentnerschwer,
Den Bahnsteig überdüftete,
Die Amorflügel lüftete.
Und doch, trotz allem Süßgeflöte,
Die Liebste fand gar reichlich späte,
Grad pfiff zum letzten Mal das Roß,
Als er sie an sein Herze schloß.
Sie waren beide zu behend,
Im Liebesrausch umnanderg'rennt,
Um dann bei besserem Regenklatschen
Hernach doch, plötzlich, eins zwei drei,
Ist es mit aller Not vorbei.
Der allgewaltge Katzenbund
Gibt freuddurchschnurrt sein Jawort kund,
die Theres aber strahlt im Glanz:
Das Bräutle g'fallt mer wie mein Hans."[329]

---

328 Der zeitweise Hausarzt in Freiburg?
329 3/39ff.

Intesiv wird die Wohnung Wiesenstraße 2 für die Zeit nach dem Einzug *Marthas* umgeräumt und ausgestattet, mit neuen Möbeln und dem Eigentum *Marthas*, die es bereits dorthin gebracht hatte, ohne selbst dabei zu sein. Die Einladungen zur Hochzeit in Rötteln werden verschickt. *Paul Kahle* sagt begeistert zu.

Hans mit seiner Mutter Johanna und einer unbekannten Familie
in der Zeit der Veränderung um 1920.
Mit der wärmenden Sonne genießt Johanna die Gewissheit,
dass ihr Sohn Begleitung haben wird, wenn sie gehen muss.
Das wird aber erst in 14 Jahren sein...

## Die Hochzeit in Rötteln am 27. November 1920

Am 24. November reiste *Hans* nach Lörrach, um seine Braut abzuholen. Tags darauf fand in Tumringen die Ziviltrauung statt. Nachher wurde das wichtige Ereignis mit einem Glas Markgräfler im *Mättli*[330] begossen. Er telegraphierte den Vollzug der Eheschließung nach Günterstal, damit die Vermählungsanzeigen versandt werden konnten. *Marthel* war mit neuem grauen Kostüm und einem zierlichen dunkelblauen Hütchen herausgeputzt. Ihre Erscheinung wurde im Bild festgehalten, auf der Terrasse des Röttler Hauses gleich nach der Ziviltrauung: Mit magerem strengen Gesicht, Zylinder und Gehrock sah er sich wie ein englischer Reverend.[331] Am Abend des 25. November traf *v. Grolman* ein. Er wurde gleich nach Rötteln geführt, weil er zwei Stücke für die Feier in der Kirche einüben wollte. Nächsten Vormittag ging es wieder mit *Grolman* zur Kirche hinauf, denn er wollte mit dem Organisten die vorgesehenen Stücke einüben. Der Organist tat sein Bestes, aber er war eingeschüchtert, als *Grolman* ihm allerhand Weisungen für die Art des Vortrags gab.

Dann rückten die Gäste aus allen Richtungen an: Aus Karlsruhe Tante *Anna* und Cousine *Klara Döll* und Freund *Schnitzspahn*, aus Freiburg Mutter *Johanna*, aus Gießen die Kollegen *Leo Rosenberg, Paul Kahle*, aus Bern Vetter *Adolf Döll* und seine Frau.

Den eigentlichen Hochzeitstag schildert *Hans*: „Unser Hochzeitstag fiel auf **Samstag, den 27. November 1920.** Es war ein kalter, strahlend schöner Herbstmorgen. Zwischen zehn und elf Uhr versammelten sich die von ihren Quartieren abgeholten Gäste im Röttler Hause zu einem Gabelfrühstück.

---

[330] Unter dem Namen Mättle steht es noch immer in Tumringen als besseres Restaurant…
[331] Vgl. das Bild oben Seite 194 (unten).

Nachher erfolgte die Auffahrt zum Kirchlein, das überwölbt von tiefblauem Himmel in hellem Sonnenglanz aus der farbigen Herbstlandschaft herunterleuchtete. Bis alle Teilnehmer hinaufgebracht waren, froren die schon hinaufgebrachten an, in der mäßig geheizten Kirche. Aber auch *Marthel* litt unter der Kälte, ihre beiden Schuhe trugen ihr Frostbeulen ein. Wir, das Brautpaar, kamen mit meinem Schwiegervater und und meiner Mutter, als die Letzten an die Reihe. Als der Wagen sich in langsamem Schritt dem Kirchlein näherte, ertönte das dünne Stimmchen der Glöcklein. Auf dem Weg zur Kirche war ein gut Teil der Bevölkerung Tumringens und Rötteлns versammelt, namentlich an gaffender Jugend fehlte es nicht. In der Kirche schlossen sich uns die Angehörigen und Gäste in vorgesehener Reihenfolge an und verteilten sich auf die ersten Sitzreihen, während auf den übrigen Plätzen und auf der Gallerie bekannte und unbekannte Ortsbewohner sich drängten. Von der Ansprache des Dekans *Holdermann* ist mir nichts geblieben, ich war zu sehr erfüllt und ergriffen von dem für unser Leben so wichtigen Geschehnis, als daß ich hätte genau aufpassen können. Auch fiel ich etwas aus der Stimmung, weil *Grolman* hinter dem Altar mit pfiffig einfältigen Äuglein etwas schadenfroher Mine umherblickte; weit mehr packte mich das Violinspiel *Grolmans*, namentlich eine kleine Aria *Tartinis*. Durch seelenvolles Geigen hob er die Feier. Bei dem am Schluß gespielten Satz von *Reger* geriet der Organist aus dem Takt und tastete hilflos mit den Füßen nach den Pedalen. Nach der Feier gings in umgekehrter Reihenfolge den Berg hinab zum *Mättli*, wo sich das Hochzeitsessen abwickelte. Die Sitzordnung ist mir leider nicht mehr ganz gegenwärtig, wir wissen nur noch ungefähr, daß auf *Marthel* mein Schwiegervater, meine Mutter folgte, während meine Schwiegermutter zu meiner Linken saß. Uns gegenüber nahm Vetter *Adolf* mit *Selma* Platz, rechts oben Tante *Anna*. Auch die Einteilung in Paare können wir uns nur ungenau erinnern. Dagegen besitzen wir noch die Speisenfolge: Tomatensuppe mit Tapioca, Vol au

Aus dem Fotoalbum von Hans Gmelin: Das Bergdörfchen Rötteln mit der romantischen alten Traukirche hoch über Tumringen / Lörrach.

vent[332], Ochsenlummel garniert, Rehschlegel mit Rahmsauce mit Kartoffeln und Salat. Diplomatenpudding[333]. Ich ließ mir dieses prächtige Menu ausgezeichnet schmecken, während *Marthel* vor lauter Aufregung kaum einen Bissen zu sich nahm. Bei Tisch hielten *Rosenberg* und *Kahle* kurze Reden, dann verlas Tante *Anna* ein von ihr in recht poesievoller Sprache verfaßtes Märchen von einem Rechtsgelehrten, der von den Katzen verzaubert war, bis ein Mägdelein ihn von dem Zauber erlöste. Mittlerweile trafen

---

[332] Vol-au-vent sind gefüllte Blätterteigpasteten, Ragout fin.
[333] Diplomatenpudding (französisch: Diplomate au Bavarois) ist ein kaltes Dessert, das in einer Form zubereitet wird. Z.B. werden Löffelbiskuits in Rum oder Kirsch getränkt, überlagert mit kandierten Früchten, Aprikosenmarmelade, und ein Eierstich oder Bayerische Creme.
Vgl. https://de.wikibrief.org/wiki/Diplomat_pudding, 16.8.2023.

von allen Seiten telegraphische und briefliche Glückwünsche ein, von Verwandten und Freunden, unter denen auch die alte *Therese* nicht fehlte. Manche der Glückwünsche waren gereimt. Dagegen lautete eine Depesche von Kollegen *Kalbfleisch*: „Immer sei das Glück euch nah, Lentulus[334] und Lentula.“

Eine mahnende Kritik an der Verbindung mit *Martha* kam von Vetter *Hermann*, der mit pädagogischem Zeigefinger an der Richtigkeit der Entscheidung zur Ehe zweifelte. *Hans* ist der Auffassung, dass das Wagnis seiner Ehe gelungen sei, „das darf ich nach 17jähriger Ehe behaupten.“[335] Er schreibt das im Jahr 1937, vier Jahre nach dem Tod des Vetters bei einem Motorradunfall.

Den Versuch, im November eine Hochzeitsreise nach Baden-Baden zu machen, gaben die beiden bei strömendem Regen und ungeheiztem Hotelzimmer auf und trafen in Karlsruhe noch auf einen großen Teil der Familie, der sich zur Beisetzung von Onkel *Gustav Döll* getroffen hatte, der während der Hochzeitsfeier in Karlsruhe gestorben war. Die darauf folgende Zeit nach dem Jahreswechsel 1920/1921 in Gießen verging äußerst gesellig, da es ein großes Interesse gab, die junge Frau des nicht mehr ganz jungen Professors kennen zu lernen. Ein Arztbesuch von *Martha* im Februar ergab die noch unsichere Prophezeihung, dass sie wohl schwanger sei. Immer wieder kam *Frieda*, damals „*Friedel*“ genannt, die Schwester *Marthas* zu Besuch, eine Stärkung für alle Beteiligten. Sie wird regelmäßig zu Gast sein und an gesellschaftlichen Anlässen teilhaben. So wird sie bei einem VDA-Fest im

---

[334] „Lentulus“ ist die latinisierte Fassung von „Gmelin“, da der Name als Abwandlung des Adjektivs „Gemächlich“ gedeutet wurde, ein bis ins 19. Jahrhundert gern gespieltes Namensspiel. Die Familienlegende führt die Wurzeln der Familie auf einen Legionär namens Lentulus zurück. Auf römischen Grabsteinen ist der Name tatsächlich zu finden…
[335] 3/61.

Jahr 1921 mit dem späteren Reichsbauernführer und NS-Minister *Richard Darré* tanzen.[336]

Im März reisten *Hans* und *Martha* nach Günterstal, wo Mutter *Johanna* die behördliche Genehmigung bekommen hatte, möblierte Zimmer zu vermieten. Von da ging es nach Rötteln, wo *Marthas* Vater ein hübsches Haus im Nachbarort Brombach in der Haagener Straße 12, heute Feerstraße, erworben hatte, in das die Familie *Meili* nun umzog.

In Gießen begann man in der beginnenden Notzeit mit Inflation und Lebensmittelknappheit, das mit vager Bauabsicht erworbene Grundstück am Trieb landwirtschaftlich zu nutzen – mit wechselndem Erfolg, da der erste Sommer zu trocken verlief. Immerhin ernteten sie im ersten Jahr 5 ½ Zentner Kartoffeln. Auch installierten viele, die den Platz dafür hatten, Hühnergehege, um Eier zu bekommen. So ließen sich auch *Martha* und *Hans* aus Günterstal Federvieh bringen und kostruierten an ihrer Wohnung in der Wiesenstraße ein entsprechendes Gatter.[337] Immerhin war der Universitätsbetrieb bei zahlreichen Hörern in ruhigen Bahnen und *Hans Gmelin* freute sich, dass er ohne die Dekaneaufgabe, nicht mehr so großen Belastungen ausgesetzt war. Im Sommersemester wurde er – das letzte Mal – gefragt, ob er einem Ruf folgen würde - nach Königsberg. Obwohl ihm als Süddeutschem die Verpflanzung in den extremen Nordosten schwergefallen wäre, hat er es für seine nationale Pflicht gehalten, dem Ruf zuzustimmen. Dennoch zerschlug sich dieser, der tertio loco stehende, kaum jüngere *Ludwig Maria Waldecker* (1881-1946) wurde berufen.

Ein Skandal bei einem Fakultätsabend am 24. April 1921, bei dem *Adolf von Grolman* ein Opfer sowohl seiner Profilneurose als auch seiner Unbe-

---

[336] 3/90.
[337] Vgl. 3/95

herrschtheit wurde, machte deutlich, dass *Martha* schwanger war und von ihrem Mann vor heftigeren Erlebnissen beschützt wurde, aber auch, dass *Grolman* ans Ende seiner Gießener Laufbahn gekommen war. Da ihm mehrere merkwürdige Auftritte vorgeworfen wurden, gab er im Sommersemester 1922 seine venia legendi zurück und verzog sich ins heimatliche Karlsruhe, wo er frei schaffender Schriftsteller wurde. *Hans Gmelin* hat dies als Verlust gesehen, da er einen musikalisch und persönlich nahestehenden Freund verloren hatte.[338] Andere Musik- und Fakultätsabende genossen *Hans* und *Martha* in Gesellschaft des akademischen Kollenkreises und deren Frauen und Freunden, zu denen auch die Gießener Schriftsteller Vater *Alfred* und Sohn *Werner Bock* gehörten.

Im Sommersemester machten die Dozenten und Studenten der Juristenfakultät einen traditionellen Ausflug auf den Gleiberg, der jährlich stattfand. Dazu gehörte jeweils ein Gesangswettstreit, den die Studenten aus den drei Provinzen Oberhessen, Starkenburg und Rheinhessen mit heiteren Darbietungen für sich zu entscheiden suchten. Eine Idee, die der Kriminologe *Wolfgang Mittermaier* eingebracht hatte und zum festen Bestandteil der Wanderungen zum Gleiberg geworden war.

## Geburt von Sohn Ulrich am 4. November 1921

Da Mitte Oktober bereits mit *Ulrich* gerechnet wurde, kam Mutter *Johanna* am 15. Oktober für drei Monate zur Verstärkung in der Zeit der Geburt, während sich *Hans* um 120 kleine Artikelchen für das „Politische Handlexikon" zu kümmern hatte. Kurz vor der Geburt war *Martha* noch einmal nach Rötteln gereist. Dann hatte die Hebamme, Frau *Potter*, den Ehrgeiz, die Geburt allein zu begleiten, aber nach einiger Verzögerung wurde dann doch der Hausarzt Dr. *Schliephake* gerufen. Trotz Schwierigkeiten kam um 3:25 Uhr morgens *Ulrich* auf die Welt. Die erste ästhetische Assoziation auf

---

[338] Vgl. 80f.

seinen neugeborenen Sohn hatte *Hans* mit dem alternden *Bülow*, „ein so faltiges sorgenvolles Gesicht hatte er."[339] *Bernhard von Bülow* war zuletzt Reichskanzler. Er hatte zwar viele Sorgen, aber ein ziemlich glattes Gesicht... *Ulrich Richard Adolf* wurde das Kind getauft, *Ulrich* nach dem vermissten Jugendfreund von *Hans*, *Ulrich v. Dewitz-Krebs*, der im Weltkrieg gefallen war, dann nach den Patenonkeln, *Richard* nach dem Freund und Doktorvater *Richard Schmidt* und *Adolf* nach *Hans'* Vetter *Adolf Döll*. *Martha* und ihre Familie scheint bei der Namensvergabe nicht gefragt worden zu sein.

Über den 4. November 1921 schrieb *Hans*: „Als der Tag angebrochen war, entwarf ich eine Geburtsanzeige auf der nicht ein Storch den Wagen schob, sondern, ähnlich dem Kutscher auf einem Londoner Cab, die Zügel über dem Kopf des Wagengastes hinweg lenkte. Zwei Katzen zogen den Wagen, in dem der Bub, die Peitsche schwingend, saß. Darüber setzte ich folgenden Vers:

,Die Zeiten sind schlecht, die Valuta steht flau,
Es braust der Regen, der Himmel ist grau,
Gleichwohl ist das Glück uns gewogen,
Ist doch ein Bub bei uns eingezogen.
*Ulrich Richard* wie wir ihn hießen
*Gmelin, Hans* und *Marthel* in Gießen.'"[340]

Am 29. Dezember fand die Taufe statt im kleinen Kreis, ausgeführt von dem Theologieprofessor für Altes Testament und Orientalisten *August Freiherr von Gall.* - *Ulrich* wird nach Besuch des humanistischen Gymnasiums Mathematik und Physik studieren und hätte sich gern, wenn Arbeitsdienst, Wehrmacht, Krieg, Sanitätstruppe und Lazarett, Krankheit und Tod am 24.

---

[339] 3/99.
[340] 3/100.

Oktober 1944 es nicht verhindert hätten, mit Kernphysik befasst. – Gut für *Hans*, dass er nach ihm gestorben ist.

Der Winter 1922 wird sehr kalt. Um mit dem aus Streikgründen knappen Heizmaterial auszukommen, wurde die Wohnung in eine Einzimmerwohnung verwandelt: Alles fand im Arbeitszimmer statt. Auch in *Johannas* Günterstal wirkte die Kälte verheerend, weil die Wasserleitung einfror und der Zugang vereiste. Nach dem Wintersemester reist die kleine Familie nach Karlsruhe, Günterstal und Brombach.

Charakteristisch für die begonnene Notzeit war eine Gesellschaft bei dem Theologieprofessor und D.V.P.-Vorsitzenden *Martin Schian* am 27. Mai 1922: „Dieser verlas ein köstliches Gedicht über die Gesellschaften von einst und heute, wie man früher hungrig gekommen und satt gegangen sei, während es heute umgekehrt sei. Leider stimmte dies für seine Veranstaltung, denn es gab fast kein Gebäck."[341]

## Die Republik und die Wand der Universitätsaula

Die Umstellung vom Ancien Régime auf die Republik in Politik und öffentlicher Symbolik war nicht ganz ohne Hindernisse, zumal die damalige Studentenschaft der Universität – fast durchweg Kriegsheimkehrer - eher reaktionäre Züge trug. *Hans* erinnert sich an ein empfindliches Thema:

„In der neuen Aula hatte zwischen zwei dunkelgekleideten Landgrafen ein sehr farbenfreundliches Bild des letztregierenden Großherzogs *Ernst Ludwig* gehangen. Als die um das Wohl der Republik besorgte hessische Landesregierung verfügte, daß alle Bilder des letztregierenden Großherzogs aus den Amtsräumen entfernt werden sollten, baten der Rektor und unsere Kollegen die Juristische Fakultät, wenn auch nicht offiziell, um Klärung des Begriffs eines „Amtsraumes". Die Aula gehörte nämlich nach überwiegender

---

[341] 3/109.

Meinung der Kollegen nicht zu den Amtsräumen, weil sowohl das Jahresfest und die Reichsgründungsfeier als private Veranstaltungen ins Leben gerufen worden seien. Höchstens die Verlesung der zugeteilten Preise für die Preisaufgabe, die aber geradesogut in einem anderen Raum erfolgen könnte, fiel unter die Amtshandlungen. Auf diese Auslegung sich stützend beschloß der Rektor, das schon entfernte Bild wieder an seinen Platz zurückbringen zu lassen. Natürlich nicht ohne Zustimmung der Regierung. Zu dem Zweck teilte der damalige Rektor der Regierung mit, daß, falls die nicht binnen vier Wochen anders anordne, er das Bild wieder an seinen früheren Platz in der Aula bringen werde. Der Rektor hatte indes nicht mit der ungeheuren Entfernung zwischen Gießen und Darmstadt gerechnet, die zur Folge hat, daß manche Berichte und Anträge drei bis vier Monate brauchen, bis sie erledigt nach Gießen zurückkehrten. Als jene vier Wochenfrist verstrichen war, ließ der Rektor das Bild wieder an seine Stelle einfügen, aber kaum war die Kunde davon nach Darmstadt gedrungen, als der Direktor des Landesamts für das Bildungswesen die alsbaldige Wiederentfernung des Bildes befahl. Also wurde das Bild wieder herausgenommen und stand nun wochenlang als Verkehrshindernis im Beratungszimmer des Vorlesungsgebäudes, bis es in die Gießener Gemäldegalerie in einen wohlverdienten Ruhestand einzog. Aber jetzt war erst recht guter Rat teuer, denn wie sollte die greuliche Lücke zwischen den Landgrafenbildern ausgefüllt werden? Es hätte nahe gelegen, ein Bild des derzeitigen hessischen Staatspräsidenten *Ulrich* einzuschieben, aber dann wäre wahrscheinlich die Studentenschaft zu den Universitätsfesten nicht mehr erschienen. Da verfiel die Regierung auf einen Ausweg: In einem Ministerium hing ein Bild des Großherzogs in Zivil, das bei den Parteien der Linken keinerlei Verdacht erwecken kann. Also wurde dieses Bild, das nach seinem Format und auch in seinem dunklen Ton zwischen die beiden traurigen Landgrafen paßte, in die Aula gehängt. Gleichwohl waren nicht alle Beteiligten zufrieden gestellt, denn Seine Königliche Hoheit der Großherzog äußerte sein allerhöchstes Mißfallen, daß man dieses Bild von seinem Gegenstück, einem Bild seiner Genossin, getrennt hatte. Doch das Bild blieb nun an seinem Platz."[342]

Danach blieb noch die Frage im Raum, ob nicht dem Bildnis des Großherzogs eine Rektorenkette aufgemalt werden müsste, um damit zu zeigen, dass er an dieser Wand nicht als Großherzog, sondern allein in seiner Eigenschaft als früherer Rektor magnificens hänge. Es fand sich jedoch kein so gottbegnadeter Künstler, „wie weiland der Hosenmaler, der auf Michelangelos jüngstem Gericht den nackten Gestalten der Verdammten Höschen aufgepinselt hatte".[343] Die Stimmung in der Studentenschaft zeigt sich in der Verweigerung vieler Studenten, das Universitätsfest zu besuchen, weil die Aula schwarz-rot-gold und nicht schwarz-weiß-rot geflaggt war.[344]

## Kirchendotation und kein Ende

Auch 1922 geht es um die Verhältnisbestimmung von Kirche und Staat in einem Staat, der eben noch Dienstherr der Kirche gewesen war. Die Regierung erwartete von der Juristischen Fakultät ein Gutachten über die Pflichten des Staates zur Dotation der Kirche. Die Fakultät schickte *Gmelin*, weil er als Öffentlichrechtler auch das Kirchenrecht vertrat. Eine Sitzung in Darmstadt besuchten vier Staats- und Ministerialräte, Konsistorialrat *Bernbeck* und der spätere Prälat *Wilhelm Diehl (1871 – 1944)*, damals Seminarprofessor in Friedberg. Von katholischer Seite noch ein Domdekan aus Mainz. Das Gespräch ergab, was ein solches Gutachten leisten solle. Dann kam allerdings keinerlei Material mehr aus Darmstadt, sodaß das Projekt sanft entschlief.

Bis 1923, dann spukte das Gutachten über die Dotation der Landeskirchen erneut über die politische Bühne. „Durch eine Anfrage im Landtag

---

[342] 3/110f.
[343] 3/111.
[344] 3/118.

veranlaßt, hatte nämlich die Landesregierung bei der Fakultät und bei mir nach dem Stande der Sache gefragt. Als die Fakultät antwortete, daß wir noch kein Material erhalten hätten, teilte ihr die Regierung mit, sie hätte die Kirchen aufgefordert, Material zu senden und forderte uns auf, anzugeben, was wir sonst an Material bräuchten. Darauf antwortete die Fakultät selbstverständlich, wir wollten erst die Zusendung von Quellen durch die Landeskirchen abwarten. Zugleich ließ die Fakultät durchblicken, daß für die der Fakultät gemutete große Arbeit eine angemessene Entschädigung erwartet werden könne."[345]

Schwarzweißwiedergabe der Kapelle am Alten Friedhof, die die Kirche für die Adresse am Nahrungsberg werden wird. Frühe Farbaufnahme einer Szene, die Sohn Ulrich auch gemalt hat. Aus dem Fotoalbum.

---

[345] 3/160f.

## Vereinigung deutscher Staatsrechtslehrer

Im Spätherbst 1922 regte der Berliner Staatsrechtler *Heinrich Triepel* eine Zusammenkunft der Staatsrechtler an. *Gmelin* sagte zu, merkte aber an, dass ihn die hohen Übernachtungskosten schreckten. Daraufhin bemühte sich *Triepel* erfolgreich um Privatquartiere. Zu dem Treffen reiste *Gmelin* am 11. Oktober 1922 nach Berlin. Im ungeheizten Wagen fuhr er die Nacht durch und kehrte am folgenden Tag bei der Mutter von *Erich Kaufmann* ein, die ihn als Gast in Berlin aufnahm. Von diesem hörte er, dass er gerade an dem Minderheitsabkommen über Oberschlesien gesessen habe, das am 15.5.1922 verabschiedet worden und in Genf wie in Dresden verhandelt worden sei. Am Freitag, den 13. Oktber, nehmen beide im Ratssaal der Universität an der Zusammenkunft der Staatsrechtler teil.[346] Von den 67 Staatsrechtlern an deutschen Universitäten waren 42 erschienen. Nur Würzburg fehlte.

„Um einige der Versammlungsteilnehmer zu nennen: **Königsberg** war durch *Kraus* vertreten, einen hochgewachsenen blonden noch jungen Mann, der durch ein gutes Buch über die Monroedoktrin[347] bekannt geworden ist und mit einer Amerikanerin verheiratet war, die alljährlich einige Zeit in ihrem Heimatlande zubrachte. Dagegen fehlte *Waldacker*, der auf die mir zugedachte Stelle gekommen war. Aus **Kiel** erschien der Sohn des be-

---

[346] Vgl. 3/130.

[347] Die Monroe-Doktrin geht auf die Rede zur Lage der Nation vom 2. Dezember 1823 zurück, in der US-Präsident James Monroe vor dem Kongress die Grundzüge einer langfristigen Außenpolitik der Vereinigten Staaten entwarf. In der Tradition Jeffersons stellte er dabei eine irreversible Unabhängigkeit der Staaten auf dem amerikanischen Doppelkontinent von den europäischen Mächten fest, d. h. von der Alten Welt. Monroe formulierte die Existenz zweier politischer Sphären. Er betonte das Prinzip der Nichteinmischung der Vereinigten Staaten in europäische Konflikte und forderte ein Ende aller Kolonialisierungsbestrebungen in der westlichen Hemisphäre. Vgl. Wikipedia, 14.8.2023.

rühmten *Georg Jellinek, Walter Jellinek*[348], sowie der wenig bedeutende *Schönborn*, der drei Jahre an der wieder aufgehobenen deutschen Universität in **Konstantinopel** verbracht hatte. **Berlin** vertraten *Triepel*[349] und *Smend*[350], der mit seiner gelben Haut und schwarzen Haaren immer gleich aussah, und der von niemand ernst genommene *Bornhak*[351], dazu ein ganzer Schwarm Privatdozenten. Aus **Köln** erschien der hochgewachsene, aber zugleich wohlbeleibte redegewandte Vielschreiber *Stier-Somlo*[352], **Münster** der Österreicher *Lukas*, der mit seiner mittelgroßen Gestalt und seinem bartlosen Gesicht aussah wie ein katholischer Geistlicher. **Bonn** war durch mehrere Kollegen vertreten, *Erich Kaufmann* und *Carl Schmitt*[353], einen philosophisch eingestellten noch jungen Mann, der damals dem Zentrum nahestand, aber später im Dritten Reich eine Hauptrolle zu spielen verstand.

---

[348] Walter Jellinek (* 12. Juli 1885 in Wien; † 9. Juni 1955 in Heidelberg) war ein deutscher Staats-, Verwaltungs- und Völkerrechtler österreichischer Herkunft. Wegen seiner jüdischen Herkunft wurde er von den Nationalsozialisten 1935 aus seinem Amt vertrieben. So wurde er zwei Mal beurlaubt, bevor er 1936 in den Ruhestand versetzte wurde. Vgl. Wikipedia, 14.8.2023.

[349] Carl Heinrich Triepel (* 12. Februar 1868 in Leipzig; † 23. November 1946 in Untergrainau) war ein deutscher Rechtswissenschaftler. Wikipedia, 14.8.2023

[350] Carl Friedrich Rudolf Smend (* 15. Januar 1882 in Basel; † 5. Juli 1975 in Göttingen) war ein deutscher Staats- und Kirchenrechtler. Wikipedia, 14.8.2023

[351] Conrad Bornhak (* 21. März 1861 in Nordhausen; † 9. Februar 1944 in Berlin) war ein deutscher Rechts- und Verfassungsgeschichtler. Wikipedia, 14.8.2023.

[352] Fritz Stier-Somlo (bis 1891 nur Stier; geboren 21. Mai 1873 in Steinamanger, Österreich-Ungarn; gestorben 10. März 1932 in Köln) war ein österreich-ungarischer Rechtswissenschaftler jüdischer Abstammung, der in Deutschland ausgebildet wurde und lehrte. 1925 bis 1926 amtierte er als Rektor der Universität zu Köln. Wikipedia, 14.8.2023.

[353] Die „Pythia von Plettenberg" (Michael Stolleis), charakterloser Schwindler, Antisemit und begabter, ehrgeiziger- aber gescheiterter Karrierist. S.u.

Göttingen entsandte nur Privatdozenten, während **Hamburg** mit zwei Ordinarien prunkte, den Österreicher *Laun*[354] und den kleinen dicken, sehr schnabelfertigen *Perels*[355]. Aus **Halle** kam *Fleischmann*[356], aus **Marburg** *Genzmer*[357], den ich erst jetzt kennen lernte, aus **Frankfurt** der liebenswürdige *Giese*[358]. **Leipzig** stellte außer meinem verehrten Lehrer *Richard*

---

[354] Rudolf Franz Anton Laun, * 1. Januar 1882 in Prag, Österreich-Ungarn; † 20. Januar 1975 in Ahrensburg) war ein österreichisch-deutscher Völkerrechtler, Rechtsphilosoph und Pazifist. Seit 1919 in Hamburg lehrend. Richter am Hamburgischen Oberverwaltungsgericht und Präsident des Staatsgerichtshofs der Freien Hansestadt Bremen. Wikipedia, 14.8.2023.

[355] Kurt Ferdinand Lothar Perels (* 9. März 1878 in Berlin; † 10. September 1933 in Hamburg) war ein Hamburger Professor und Richter am Hanseatischen Oberlandesgericht. Wikipedia, 14.8.2023.

[356] Max Michael Fleischmann (geboren 5. Oktober 1872 in Breslau; gestorben 14. Januar 1943 in Berlin), evangelischer Konfession, entstammte einer jüdischen Familie. Jurastudium, Staatswissenschaft, Geschichte und Philosophie in Breslau, 1894 Erste juristische Prüfung. Dissertation, Habilitation 1898, 1902 Privatdozent für Staats-, Verwaltungs- und Völkerrecht, ab 1910 zusätzlich für Kolonialrecht. 1905 Amtsrichter in Halle, 1908 Titularprofessor. 1910 Lehrauftrag für Kolonialrecht. Profilierung als Völkerrechtler. 1911 bis 1921 an Universität Königsberg, 1915 (oder 1919) Ordinarius für verschiedene Rechtsgebiete. 1930 unterzeichnet er als Vertreter der Weimarer Republik die Schlussakte der Haager Konferenz. Infolge des Berufsbeamtengesetzes 1935 wegen jüdischer Herkunft zwangsweise in Ruhestand versetzt. 1936 endgültige Entzug der Lehrerlaubnis. 1941 nach Berlin. Kontakte zu Mitgliedern des späteren militärischen Widerstands (20. Juli 1944). Da er sich weigerte, den Judenstern zu tragen, wollte ihn die Gestapo am 14. Januar 1943 im Hause des ehemaligen Justizministers Eugen Schiffer festnehmen. Er entzog sich der Verhaftung, indem er eine Überdosis Schlaftabletten schluckte. Vgl. Wikipedia, 14.8.2023.

[357] Felix Stephan Hermann Genzmer (* 25. März 1878 in Marienburg; † 19. August 1959 in Tübingen) war ein deutscher Rechtshistoriker und Mediävist. Später förderndes SS-Mitglied und der NSDAP. Vgl. Wikipedia, 14.8.2023.

[358] Dietrich Kaspar Friedrich Giese (* 17. August 1882 in Eitorf; † 25. April 1958 in Wiesbaden) war ein deutscher Staatsrechtler. Er lehrte seit seiner Berufung

*Schmidt* einige Privatdozenten. Von sonstigen nichtpreußischen Universitäten waren zu nennen *Koellreutter*, **Jena**, *Marschall*[359], **Freiburg**, während der kränkliche *Calker* zu Hause blieb. Aus **Heidelberg** *Thoma*[360] und *Anschütz*[361], aus **Tübingen** *Sartorius*, ein hochgewachsener witziger Langer, und *v. Koester*, ein ehemaliger württembergischer Minister. Dagegen blieb *Pohl* wegen schwerer Erkrankung fern. Aus **Erlangen** der alte *Rinker*, ein sympathischer Württemberger; von den **Münchnern** fehlte *Rottenbucher*, aber es kam der wenig bedeutende dicke *Degroff*, dem niemand zuhörte, wenn er sich an der Aussprache beteiligte. Ferner der Jude *Nawiasky*[362], als Jurist etwas pedantisch[363], aber als Mensch wegen seines Kunstinteresses genießbar. Sein Vater war Opernsänger. Man erzählt sich, daß, als dieser[364] um die Hand der Tochter eines reichen Bankiers warb, dieser sich den künftigen Schwiegersohn in der Rolle des Don Juan angehört und nach der

---

1914 ununterbrochen an der Universität Frankfurt und pflegte ein distanziertes Verhältnis zum Nationalsozialismus, wurde aber 1946 wegen eines 1938 veröffentlichten Buchs zum Völkerrecht entlassen. Später förderndes SS-Mitglied und der NSDAP. Wikipedia, 14.8.2023.

[359] Fritz Adolf Hans Freiherr Marschall von Bieberstein (* 11. April 1883 in Karlsruhe; † 17. Oktober 1939 in Freiburg im Breisgau) war ein deutscher Staatsrechtslehrer.Wikipedia, 5.8.2024.

[360] Richard Emil Thoma (* 19. Dezember 1874 in Todtnau; † 26. Juni 1957 in Bonn) Staatsrechtslehrer und Staatsrechtler der Weimarer Republik. Wikipedia, 14.8.2023.

[361] Gerhard Anschütz (* 10. Januar 1867 in Halle (Saale); † 14. April 1948 in Heidelberg) Staatsrechtslehrer und füh-render Kommentator der Weimarer Verfassung. Wikipedia, 14.8.2023.

[362] Hans Nawiasky (* 24. August 1880 in Graz, Österreich-Ungarn; † 11. August 1961 in St. Gallen) österreichischer Staatsrechtler und Hochschullehrer. Er gilt als einer der Väter der Verfassung des Freistaates Bayern von 1946. Wikipedia, 14.8.2023

[363] Im Gegensatz zu Hans Gmelin war er Schüler von Hans Kelsen.

[364] Nawiasky Eduard, Sänger. * Kowno (Kaunas, Litauen), 15. 1. 1854; † Wien, 26. 11. 1925.

Vorstellung gesagt haben soll: ‚Ich seh, Sie sinn kein Don Juan, ich geb‘ Ihnen mei Tochter.‘“[365]

Die ersten Verhandlungen erschienen *Gmelin* als nicht sehr anregend, da zunächst die Satzung des zu gründenden Vereins erörtert wurde, und danach Stellung des öffentlichen Rechts als Prüfungsfach zur Diskussion stand. Zum Abendessen traf er sich mit *Richard Schmidt* im Deutschen Club, wo sich auch die übrigen Staatsrechtler trafen, und der Dekan der Berliner Fakultät, *Eduard Kohlrausch*[366] die Kollegen begrüßte. Obwohl *Gmelin* gern um Mitternacht den Tag beendet hätte, hatte er das Pech auf *Kaufmann* und seinen Hausschlüssel angewiesen zu sein. So hatte er *Kaufmann* und *Partsch* in ein Nachtkaffee im Westen Berlins zu folgen, wo sie Mitarbeiter einer Abteilung des Auswärtigen Amtes antrafen. Diese hatte *Partsch* eingerichtet um schiedsgerichtliche Fälle, die Deutschland wegen des Versailler Friedens betrafen, zu bearbeiten. *Gmelin* räumte ihm ein, Deutschland manchen wertvollen Dienst geleistet zu haben, aber hielt dessen Behauptung für erheblich übertrieben, er hätte durch seine Auslegungskünste den Vertrag von Versailles derart durchlöchert, daß wenig mehr von ihm übrig bliebe. Unter den Mitarbeitern von *Partsch* traf er auf einen seiner Gießener Hörer, den „eitlen“ Referendar *Erich-Hans Kaden*[367], und eine Mitarbeiterin, *Dr. Bambery*, die er zwar als „unweiblich und vorlaut“, aber immerhin als

---

[365] 3/130ff.

[366] Eduard Kohlrausch (* 4. Februar 1874 in Darmstadt; † 22. Januar 1948 in Berlin) war ein deutscher Strafrechtslehrer. Eduard Kohlrausch wird mit einem Eintrag im Deutschen Führerlexikon von 1934/35 erwähnt. Kohlrausch gehörte spätestens 1934 dem Bund Nationalsozialistischer Deutscher Juristen an. 1933 gehörte er zu den Gründungsmitgliedern der nationalsozialistischen Akademie für Deutsches Recht Hans Franks. Am 4. Februar 1944 verlieh ihm Adolf Hitler die Goethe-Medaille für Kunst und Wissenschaft. Vgl. Wikipedia, 14.8.2023.

[367] Erich-Hans Kaden (* 24. April 1898 in Hochheim am Main; † 13. Januar 1973 in Genf) war ein deutscher Rechtsgelehrter, der 46 Jahre lang an der Universität Genf lehrte.

„begabte Jüdin" einschätzte. Der nächtliche Kreis blieb bis fünf Uhr beisammen.

Dennoch ging es am Samstag Morgen um acht Uhr los und *Gmelin* fuhr mit *Kaufmann* zur Universität. *Richard Thoma* hielt einen Vortrag über das Prüfungsrecht des Reiches, in dem er sich dagegen aussprach, dieses Prüfungsrecht auf die Verfassungsmäßigkeit von Reichsgesetzen auszudehnen. *Gmelin* stimmte nicht darin überein, dass die Reichsverfassung genügend Garantien gegen Verfassungsverletzungen böte. Er wies auf die Gefahr hin, die in der wenig lobenswerten Praxis des Reichsgesetzgebers lag, Verfassungsänderungen vorzunehmen, ohne den Text der Reichsverfassung selbst zu ändern. Zu *Gmelins* Überraschung wurde sein Beitrag unterstützt von dem ehemaligen Reichminister *Hugo Preuß*[368]. *Gmelin* dachte dabei an die beiden Schriften zum Entwurf der Reichsverfassung, in denen er *Preuß* so heftig angegriffen hatte.[369] Nach Abschluß der Aussprache aß er mit *Jellinek* und anderen wieder im Deutschen Club und kaufte dann einen Schleier für *Martha*, bevor er mit der Tram nach Grunewald fuhr. Dort erholten sich

---

[368] Der Vater der Weimarer Reichsverfassung, Hugo Preuß (* 28. Oktober 1860 in Berlin; † 9. Oktober 1925 ebenda) war Mitbegründer der Deutschen Demokratischen Partei (DDP) und entwarf im Auftrag von Friedrich Ebert die Weimarer Reichsverfassung. Preuß wurde 1860 in eine jüdische Kaufmannsfamilie geboren. Ab 1879 studierte er Rechtswissenschaften an der Friedrich-Wilhelms-Universität Berlin und der Ruprecht-Karls-Universität Heidelberg. 1883 in Berlin erstes Staatsexamen. Promotion in Göttingen zum Dr. iur. 1889 habilitierte er sich als Staatsrechtler an der Universität Berlin und arbeitete, da er ungetauft dort nicht Professor werden konnte, als Privatdozent für öffentliches Recht. 1891 trat er der Gesellschaft der Freunde bei, einem Berliner jüdischen Verein. 1906 Professur an der neu gegründeten Handelshochschule Berlin; 1918 wurde er deren Rektor. Im Hinblick auf den Gedanken der Selbstverwaltung war sein Vorbild der preußische Reformer Karl vom und zum Stein. Vgl. Wikipedia, 14.8.2023.
[369] Ob Preuß eine Chance hatte, die beiden im kleinsten Rahmen veröffentlichten Schriften kennenzulernen?

einige Staatsrechtler in *Triepels* Villa bei Tee und Kuchen von ihrer anstrengenden Geistesarbeit.

Bei *Triepels* trafen sie dessen Frau und zwei Töchter, von denen die verheiratete ihr elf Monate altes Töchterchen vorstellte. Um halb sieben Uhr verabschiedete sich *Gmelin*. Nach einem Abendbrot bei Frau *Kaufmann* ging es zum Potsdamer Bahnhof, wo der Zug nach Gießen abging. Diesmal geheizt kam er um viertel nach sieben Uhr am anderen Morgen an.

## Familienleben in Gießen und politische Lage 1922/23

Die junge Familie erlebte die frühe Kindheit ihres ersten Kindes aufmerksam und unter den Verhältnissen der noch immer prekären Notzeit, gegen die immerhin 12 Zentner Kartoffeln eine gute Ernte des eigenen Ackers bedeuteten. Weitere sechs Zentner organisierte die Universität für ihre Mitarbeiter und Agrarprofessor *Gisevius* konnte zwei Zentner schöner Äpfel entbehren. Ein neues Mädchen wurde eingestellt, *Hedwig*, die zum ersten Mal den für drittklassige Kohle optimierten Grudeherd zum Laufen brachte und ein Besuch von *Marthas* Mutter entlastete den kleinen Hausstand.[370]

Bei den Kommunalwahlen wurden der rechte und linke Flügel gestärkt, die demokratischen Parteien der Mitte nahmen ab, die Demokraten und Sozialdemokraten. Über allen politischen Szenarien schwebte die Furcht, dass die Franzosen die Ruhr besetzen und die Mainlinie besetzen würden, was für *Gmelins* bedeuten würde, dass der Weg zwischen Günterstal und Gießen unterbrochen würde, was im darauffolgenden Jahr auch eintrat.

Weihnachten 1922 konnte Großmutter *Johanna* nach Gießen kommen. Als das neue Jahr 1923 anbrach, brachte es unmittelbar die Ruhrkrise, die als Völkerrechtsbruch und Demütigung empfunden wurde. *Hans* erinnerte

---

[370] Vgl. 3/141f.

sich einer Einschätzung, die er am 13. Januar 1923 aufgeschrieben hatte: „Frankreich hat sich doch eine ganz bedeutende Machtstellung errungen, es zieht Belgien und Italien hinter sich her, und England und die Vereinigten Staaten wagen nicht, ihm in den Arm zu fallen. Die von Bankdirektor *Griesbauer* ausgesprochene Erwartung, daß England und Amerika einen Wirtschaftskrieg gegen den französischen Franken beginnen würden, teilte ich nicht und habe damit Recht behalten. Natürlich freuten wir uns über den mannhaften Widerstand, den alle Kreise des Volkes im Ruhrgebiet der Gewaltherrschaft der Franzosen entgegensetzten. Aber wir waren doch über die Wirkung dieses Widerstands sehr im Zweifel. Einerseits hielt ich es nicht für ausgeschlossen, daß die Verlegenheiten, die sich aus dem passiven Widerstand ergeben, die Franzosen zur Räumung des Ruhrgebiets veranlaßten und daß die von Italien eingeleitete Vermittlung vielleicht von Frankreich selber angeregt war, um mit Anstand das Ruhrabenteuer aufgeben zu können. Andererseits aber rechnete man auch mit der Möglichkeit weiterer Ausdehnung der Besetzung: Für diesen Fall wurde allen Ernstes trotz der Aussichtslosigkeit eines Krieges bewaffneter Widerstand ins Auge gefaßt."[371]

Am 4. Februar wurde die Besetzung auf Offenburg und Appenweiher ausgedehnt, der Verkehr mit Südbaden war schwer behindert. Gerüchte wollten wissen, dass die Polen mobil machten, wobei unklar blieb, ob ein Waffengang gegen Litauen oder Deutschland geführt werden solle. *Hans* entwickelte Pläne für den Kriegsfall, in dem seine Frau mit dem Kind über Württemberg nach Brombach fliehen sollte. Die Hoffnung, dass ein sich vertiefender Zwist zwischen Frankreich und England für Deutschland Erleichterungen verspräche, trog.

Die traditinelle Reichgründungsfeier 1923 wurde von allen Korporationen, dem Offizierscorps und dem Bürgertum besucht. Es nahm der Theologieprofessor *Emil Walter Mayer* (1854-1927) eine Verhältnisbestimmung

---

[371] 3/143f.

zwischen Religion und Staat vor und symbolisch passend beendete der Chor die Ansprache mit dem „Fürchte dich nicht!" aus dem Elias von *Felix Mendelssohn-Bartholdy*.

## Galoppierende Inflation

Die Geldentwertung griff weiter um sich und schuf eine zunehmende Hektik, Geld in Lebensmittel oder wertbeständige Sachgüter umzusetzen. Als solide Beamtenfamilie hatten *Gmelins* bislang ihr Kapital in inländischen und ausländischen Obligationen angelegt. Auf die Aufforderung der Reichsbank im Kriegsjahr 1919 hatten sie die ausländischen Anteile aufgegeben, den Rest fraß dann die Inflation. Im Dezember 1922 versuchte *Hans* sich mit dem Ankauf von Aktien, was aber nicht zur wirklichen Stabilisierung der Lage führte. Sogenannte Angstkäufe wurden normal, das bedeutete, dass man Sachgüter kaufte, weil es sie gerade gab. Obwohl das nächste Kind für Juli erwartet wurde, kaufte *Hans* das „Storchengeschenk" für *Martha*, ein Samtkleid mit geschlitzten Ärmeln, im Februar für 45.000 Mark. Wenig später kostete ein Herrenanzug bereits 128.000 Mark, ein Wintermantel für *Martha* 85.000 Mark. Um den Überblick zu behalten rechnete man die rasch kletternden Preise jeweils entweder auf den Dollarkurs um oder auf Goldmark. Als im öffentlichen Dienst Beschäftigte hatten Professoren das Pech, dass ihre Bezüge immer später angehoben wurden als bei anderen Beschäftigungsverhältnissen, was einen großen Verlust bedeutete.[372] Die Gießener Professoren organisierten sich in einer Art Genossenschaft, um Nützliches zu verbilligten Konditionen anzukaufen, wie Reis oder Seife. Was an Publikationen verzichtbar war, wurde abbestellt.

Auf Sparflamme kochte nach wie vor das Feuer gesellschaftlicher Treffen, so lud der Gießener Kriminologe *Wolfgang Mittermaier* zu einem Fakultätsabend ein, der unterhaltsam verlief, da er von einer Amerikareise mithilfe

---

[372] Vgl. 3/159.

von Fotografien von Yellowstone und Niagara berichtete und unter dem Universitätsmusiker *Henle* Musik erklang.

Musikalisch wurde das Leben von *Hans* und *Martha* von Ende April an bereichert durch einen Studenten namens *Cieplik*, der mit seinem Cello regelmäßig am Mittwochabend zum Triospielen vorbeikam. Sein Vater hatte einen Musikverlag und ein Privatkonversatorium in Bauthen und hielt nebenher das Musikleben der Stadt in Oberschlesien in Gang. Sohn *Cieplik* war für das Studium der Volkswirtschaft und der dafür nötigen juristischen Nebenfächer in Gießen. Nebenher reparierte *Cieplik* auch das Pianino, dem eins der Hämmerchen abgebrochen war kunstgerecht. Bei der Doktorprüfung im Fach Öffentliches Recht war *Gmelin* überrascht, dass *Cieplik* mehr wusste, als er ihm zugetraut hatte, weil er ihn für zerstreut und schwärmerisch hielt. Dennoch glaubte *Cieplik*, dass er sein Durchkommen *Gmelin* verdanke, was das Gefühl seiner Anhänglichkeit verstärkt hat.[373]

In dieser Zeit habilitierte sich *Carl Heyland*[374], ein nicht mehr junger Staatsanwalt aus Frankfurt für Öffentliches Recht. *Gmelin* versuchte ihm den Weg leicht zu machen, da er ihn persönlich und fachlich schätzte, auch in der Hoffnung, dass er ihn im Gießener Lehrbetrieb entlasten würde. Was seine Fähigkeiten und Kollegialität anbetraf, hatte sich *Gmelin* in *Heyland* nicht getäuscht, allerdings ließ er sich in Frankfurtt als Rechtsanwalt nieder und erschien nur an einem Tag der Woche in Gießen. Er wird nach dem Tod von *Hans Gmelin*, 1941, dessen Nachfolger.

---

[373] Vgl. 3/154.

[374] Carl Ludwig Heyland (auch Karl; * 28. Juni 1889 in Münster; † 11. Februar 1952 in Leihgestern bei Gießen) war einer der namhaftesten deutschen Staats- und Beamtenrechtler am Ende der Weimarer Republik, während der NS-Diktatur und in der frühen Nachkriegszeit. Wikipedia, 18.8.2023.

Im Sommersemester 1923 verschärfte sich die innenpolitische Situation, da Gerüchte in Umlauf kamen, die Franzosen würden demnächst Gießen besetzen. So wurden militärische Ausrüstung und Wertstoffe der Banken auswärts versteckt, aber der Ernstfall trat nicht ein. Man sprach davon, dass die Franzosen einen Rheinischen Staat förderten und die deutschen Separatisten unterstützten. Der passive Widerstand gegen die französische Besatzung fruchtete wenig und musste nach dem Rücktritt des ihn tragenden Kabinetts *Wilhelm Cuno* am 12. August aufgegeben werden, da die Ausgleichszahlungen für die Ruhrbesetzung den Staatshaushalt überfordert hatten. *Walther Rathenau* soll über den smarten, gewandten und außenpolitisch wie wirtschaftlich erfolgreichen *Cuno* wenig schmeichelhaft gesagt haben: „Auch diese Zigarre wird wegen ihres vorzüglichen Deckblattes noch geraucht werden müssen." *Gustav Stresemann* wird nach Aufgabe des passiven Widerstands die Verhandlungsbereitschaft Frankreichs herstellen. Die Geldentwertung war während der Ruhrkrise noch verheerender geworden, während immer öfter Plünderungen von Lebensmittelläden stattfanden und Unruhen ausbrachen.[375]

Zum Politicum geriet zu Beginn des Sommersemesters die Habilitation von *Carl Heyland*. Am 8. Mai war er bei *Gmelins* zu Gast zum Mittagessen. „Dabei schilderte er das Treiben der reichen Ausländer in Wiesbaden, wo sich Holländer, Schweizer und russische Emigranten breit machten und erzählte, daß er kürzlich in Wiesbaden gesungen habe bei einem hauptsächlich von Ausländern besuchten Wohltätigkeitskonzert, das zugunsten der Kleinrentner veranstaltet wurde,. In der Tat verfügte *Heyland* über eine gut geschulte Stimme. Danach hielt er sein Kolloquium. Eine Woche später, am 15. Mai, hielt er seine Probevorlesung über das Thema „Die rechtliche Stellung der Reichsratsmitglieder."[376] Am gleichen Abend wurde *Heyland*

---

[375] Vgl. 3/158f.
[376] 3/161.

auf einem Fakultätsabend bei dem Rechtsgeschichtler *Adolf Zycha*[377] begrüßt, der Ende Mai einem Ruf nach Bonn folgen wird. *Gmelin* freute sich an den „schmackhafte Proben der Backkunst Frau *Zychas*," deren Genuss ein glänzender Trinkspruch *Zychas* folgte. *Heyland* musste allerdings in der Nacht nach Berlin fahren, um beim Auswärtigen Amt seine bereits gedruckte Habilitationsschrift zu verteidigen. Dieses hatte Einwendungen gegen die Arbeit über die Rheinlandsbesetzung erhoben und das Erscheinen des Buches zu verhindern gesucht. Der dortige Kollege *Partsch* hatte seine Einwände indessen größtenteils aufgegeben und „die letzten Bedenken konnten in mündlicher Besprechung zerstreut werden".[378]

Neben *Zycha* bekamen auch *Leo Rosenberg* und *Paul Kahle* einen Ruf nach Bonn, was *Gmelin* noch mehr bewegte, da neben zwei Kollegen zwei enge Freunde verloren gingen. Zwar verzögerten sich die Rufe in die Universitätsstadt im französisch besetzten Sektor aus unterschiedlichen Gründen, aber beide würden in naher Zukunft Gießen verlassen. *Kahle* war als Wanderfreund in den gemeinsamen Junggesellenjahren unentbehrlich gewesen und *Gmelin* hatte durch ihn Einblicke in die Orientalistik und die türkische Sprache gewonnen.

Am 29. Juni 1923 veranstalteten Studenten einen Umzug, mit dem sie dem derzeitigen Rektor der Universität Gießen, *Otto Eger* für seinen Einsatz im

---

[377] Adolf Zycha (* 17. Oktober 1871 in Wien; † 19. November 1948 in Bonn) studierte ab 1889 Rechtswissenschaft in Wien. Promotion 1895. Verwaltungsdienst der Stadt Wien. 1898 a.o. Professor in Freiburg im Üechtland. Habilitation 1899. Deutsche Universität Prag 1903, a.o. Professor und 1906 o. Professor. 1915/16 Rektor der Universität. 1919 Universität Gießen. 1923 Universität Bonn. 1932 Rektor. Wegen Haltung gegenüber nationalsozialistischer Angriffen auf die Universitätsverfassung wurde er als Rektor am 27. April 1933 abgelöst. Beigetragen zu seiner Ablösung hatte auch, dass er mit einer „Nichtarierin" verheiratet war. Vgl. Wikipedia, 19.8.2023.
[378] 3/162.

Dienste der Errichtung des Studentenheims dankten: *Eger* „stand unten auf der Straße inmitten eines Halbrunds von Fahnen, wo ihn ein Student mit kurzer Rede begrüßte, auf die *Eger* in seiner kernigen, zu Herzen gehenden Weise antwortete. Nach Absingung des Deutschlandliedes rückten die Studenten mit Musik wieder ab bis auf eine Studentenabordnung, die mit den Dozenten zusammen im Garten mit Bowle bewirtet wurden."[379]

## Geburt von Sohn Günter am 11. Juli 1923

Von Ende Juni an schlief die Kinderpflegerin *Stork* bei *Gmelins*, weil das zweite Kind erwartet wurde. Da die Geburt auf sich warten ließ, zog sie wieder aus. Am Mittwoch, den 11. Juli, begannen die Wehen. *Hans* holte die Hebamme *Petter*, die Kinderpflegerin *Stork* und eine Frau *Stoden*. Um vier Uhr ruft er den Hausarzt *Schliephake*. Nachmittags um halb fünf Uhr kam das Kind mit lautem Geschrei. *Günter Walter Mehmet* bekommt seine Namen nach dem Haus in Günterstal, *Walter* nach dem jüngeren Bruder von *Martha* und *Mehmet* nach dem türkischen Lektor der Universität, der als Patenonkel angefragt worden war. „Auch der Standesbeamte erhob gegen den türkischen Vornamen keine Einwendungen."[380]

„*Mehmet Ali* erklärte sich gerne bereit, die Patenschaft für *Günter* zu übernehmen. Damals stand *Mehmet* unmittelbar vor der Doktorprüfung, da seine Dissertation, eine Übersetzung und Erläuterung einer türkischen Gesetzessammlung aus dem 16. Jahrhundert, angenommen war. Als Nebenfächer hatte er Philosophie und Französisch in Aussicht genommen. Spaßhalber frug ich ihn, ob er nicht öffentliches Recht als Nebenfach wählen wolle. Da entschloß er sich sofort dazu, dieses Fach anstelle des Französischen zu nehmen. Ich lieh ihm *Jellineks* Allgemeine Rechtslehre und hielt ihm einige staatsrechtliche Privatvorlesungen, denen er mit lebhaftem Interesse folgte. Am 11. August fand die Prüfung statt. Es prüfte *Kahle* im

---

[379] 3/164.
[380] 3/172.

Hauptfach türkische Sprache, *von Aster* Philosophie, und ich öffentliches Recht. Er er-hielt in Anbetracht seiner sehr gründlichen Arbeit die Note magna cum laude."[381]

*Hans* reiste mit *Ulrich* zu seiner Mutter nach Günterstal, während *Martha* mit *Günter* in Gießen blieb, unterstützt von ihrer Schwester *Frieda*. Dabei übernahm sie auch Patenstelle für *Günter*, „einem allemannischen Brauch entsprechend, der auch weibliche Paten bei männlichen Kindern zulässt".[382] Am 15. August wurde *Günter* getauft, kurz davor brach ein heftiges Gewitter los. Diesmal unternahm die Taufe *Paul Kahle*, der ja im Zivilleben studierter Pfarrer war. Die Taufgesellschaft blieb klein, Frau *Kahle*, die drei Paten *Mehmet Ali*, *Walter* und *Friedel Meili*. Danach gab es Kaffee und Kirschkuchen, zu mehr reichte das Geld nicht.

## Reise nach Günterstal, August 1923

Für drei Wochen reiste *Hans* mit *Ulrich* zu einem Erholungsurlaub zu Mutter *Johanna* und *Therese* nach Günterstal. Auch *Friedel* und *Walter* hatten sich mit ihm auf eine umständliche und anstrengende Fahrt aufgemacht, die über Hanau, Dieburg, Darmstadt und Karlsruhe ging. Und von dort über Pforzheim, Horb, Rottweil, Villingen und Donaueschingen weiterführte. Statt normaler sieben, verschlang die Tour siebzehn Stunden. Die Ernährungslage in Freiburg war ebenso schlecht wie in Gießen. Außer den üblichen Ausflügen arbeitete *Hans* in der Bibliothek und besuchte seinen Mallehrer *Stefan Kölble*, der gerade mit Schwarzuntermalung experimentierte, um sich „einige Anleitung" geben zu lassen.[383] Ab dem 13. September reisten Vater und Sohn wiederum umständlich nach Gießen zurück. Unerfreulich eine unschöne Reisebegleitung, die *Gmelin* aufgrund

---

[381] 3/172f.
[382] 3/175.
[383] 3/183.

ästhetischer Kriterien als „jüdisch aussehenden Mann" und „Itzig" bezeichnet, der sich ungehobelt und anmaßend verhielt und ihm Anlass zu rassistischen Spekulationen bot.[384]

Bei der Erziehung von *Ulrich* geht es so zu, was *Katharina Rutschky* 1977 als „schwarze Pädagogik" bezeichnet hat: Als *Ulrich* in Günterstal ins Bettchen macht, wird er verprügelt, damit er das nicht mehr tut. Wenn das Kind in Gießen Angst vor den Geräuschen des Hauses hat, wird er nicht getröstet, sondern ausgelacht und damit gedemütigt. Es mag – nur für ihn nicht – ein Trost sein, dass dies dem damaligen Zeitgeschmack wohl entsprach, obwohl Mutter *Johanna* ihren Sohn als Rabenvater bezeichnete, als er verbot, das Kind zu trösten, weil er dem Kind den Dickkopf austreiben wollte - während das frierende Kleinkind eiskalte Fingerchen hatte. Als bei großer Kälte Anfang des Jahres 1924 die Kinder nicht mehr im eiskalten Elternschlafzimmer übernachten konnten, begann *Ulrich* wieder, ins Bett zu machen: „Trotz Ermahnungen und Schlägen war er nicht sauber zu kriegen."[385]

## Wirtschaftliche Lage

Obwohl der Jahresanfang schon eine schlechte ökonomische Lage aufwies, drehte sich die Wirtschaftsspirale rasch abwärts. Die Massen plünderten weiterhin Lebensmittelläden und verübten Gewaltakte. „Selbst in unsrem ruhigen Gießen rotteten sich alltäglich Arbeitslose zusammen, die in Wurstler- und Zigarrenläden plünderten und Händeleien mit der Polizei vom Zaune brachen. Einmal, am 24. Oktober 1923[386], geriet mein Frauchen, als sie mit *Buidi* beim Metzger einkaufte, in eine solche Bande hinein, die der Polizei einige Verhaftete zu entreißen versuchte. Von da ab ließ ich mein Frauchen nicht mehr allein in die Mittelstadt gehen. Man munkelte davon, daß in Gießen eine kommunistische Zentrale bestünde, und daß in dem von

---

[384] Vgl. 3/184.
[385] 3/213.
[386] Am Tag nach ihrem 23. Geburtstag.

marxistischen Arbeitern stark durchsetzten Vorort Wieseck ein mit Gewehren und Maschinengewehren ausgerüsteter und von früheren aktiven Offizieren befehligte kommunistische Hundertschaft gebildet worden sei. Allerdings war Gießen Garnisonsstadt, aber das Gießener Batallion rückte damals nach Sachsen ab, um bei der Unterdrückung der dort ausgebrochenen Unruhen verwendet zu werden. Der Auszug der feldmarschmäßig ausgerüsteten Truppe erregte das helle Entzücken *Ulrichs*, der von da ab häufig seinen Stock als Gewehr schulterte und die rechte Hand an die Hosennaht, einen Marsch singend dahermarschierte. In Gießen blieb nur ein kleines Kommando zurück, sodaß wir in Sorge waren, ob diese kleine Abteilung mit den schwachen Kräften der Polizei und mit der Schutzorganisation der Bürgerlichen zusammen etwaigen kommunistischen Putschen gewachsen sei. Als immer neue Gefahren auftauchten, als dem Streit zwischen der Reichsregierung und Bayern der Konflikt mit Sachsen folgte, als sich in München der Hitlerputsch abspielte und in den Rheinlanden die separatistische Bewegung um sich griff, da befürchtete ich allen Ernstes ein Auseinanderfallen des Reiches und einen völligen Zusammenbruch. Erst Anfang Dezember begann ich neue Hoffnung zu schöpfen."[387] Im Dezember legten sich diese Ängste und es zog eine hoffnungsvollere Zeit auf.

Auch *Hans Gmelin* gab sein Bankkonto auf, da Konten nur Nachteile hatten, brauchte doch jeder Vorgang Zeit, die tatsächlich Geld kostete: „Also holte ich mein Gehalt von da ab und rannte dann mit meiner Frau gleich in Kaufläden, um den größten Teil davon in Lebensmittel umzusetzen. Die Gehälter wurden vernünftigerweise ab Oktober nicht mehr vierteljahresweise ausbezahlt, sondern in Monatsraten. Aber immer hinkte die Auszahlung um einige Tage der anderer Beamter nach. Da wir z.B. den Oktobergehalt statt am 30. September erst am 4. Oktober erhielten, mußten wir für die an

---

[387] 3/188f.

diesem Tag gekauften Vorräte schon das Doppelte bezahlen."[388] Im Oktober beschwerten sich die Professoren gegen die regelmäßig verspätete Gehaltszahlung, die aber durch die Umstellung auf die Rentenmark überholt wurde. Am 15. Oktober 1923 erschien die Verordnung über die Errichtung der Deutschen Rentenbank. Die damit gegründete Deutsche Rentenbank gab dann ab dem 15. November 1923 neue Banknoten aus, neben den anderen noch kursierenden Geldwerten. *Gmelin* bekam zum ersten Mal am 23. November 55 Billionen Mark, die 55 Rentenmark entsprachen und acht Goldmark. Da sich die aufgeblähte Teuerung erst langsam abschwächte dauerte es einige Zeit, bis sich die Verhältnisse normalisierten. Auch weigerten sich zunehmend Erzeuger und Händler landwirtschaftlicher Produkte, das alte Millionengeld anzunehmen. Leider belief die eigene Kartoffelernte sich – trotz der Notlage – nur auf drei Zentner. Zusätzlich zu den eigenen Finanzproblemen, musste *Hans* auch den Hausstand seiner Mutter mitfinanzieren, da sie als Witwe in bittere Not geraten wäre.[389] In ihrer Not begann sie als Flickschneiderin Aufträge für Nachbarn anzunehmen.

## Sorge um die Universität Gießen

Die altehrwürdige von Landgraf *Ludwig V. von Hessen-Darmstadt* gegründete Universität, die seit 1607 in Gießen als lutherische Anstalt lehrte, hatte bereits während des Dreißigjährigen Krieges 1624/1625 suspendieren müssen. Im Westfälischen Frieden, 1650, wurde der Fortbestand der Universität in Gießen festgeschrieben.[390] Die neue hessische Landesregierung spielte in den kargen Zeiten mit dem Gedanken, die Universität aufzuheben. Zunächst wurden vakante Professorenstellen nicht neu besetzt. *Gmelin* wurde nach Darmstadt geschickt, um für deren Besetzungen zu werben und sprach mit dem Innenminister *Brentano* und dem Hochschulreferenten *Löhlein*.

---

[388] 3/189.
[389] Vgl. 3/193.
[390] Vgl. https://www.uni-giessen.de/de/ueber-uns/jlu/geschichtejlu/historie

Beide unterstützten *Gmelin* jedenfalls mit ihrem „Hoftrost". Da der Finanzminister auswärts war, empfing ihn im Finanzministerium der Ministerialdirektor *Schäfer*, der erklärte, dass die Aufhebung erwogen werde. Nach dieser düsteren Prognose leistete *Gmelin* noch Lobbyarbeit für seine Universität bei dem Landgerichtsrat *Neuroth*, der sich tatsächlich für die Landesuniversität einsetzte und bei dem Staatspräsidenten *Carl Ulrich*. *Gmelin* traf auf ihn, als dieser gerade sein Amt betrat. Er folgte ihm die Treppe hinauf: „Das ganze Haus roch nach neuem Anstrich, und in dem völlig ausgeräumten Vorzimmer lud mich der Staatspräsident mit würdiger Handbewegung ein, abzulegen. Aber da das Garderobebrett keine Haken hatte, legte ich eben meinen Mantel auf das Brett, nachdem ich mich überzeugt hatte, daß der Anstrich nicht frisch war. Die Unterredung mit dem Staatspräsidenten währte nur kurz und trug mir nur einen nichtssagenden Hoftrost ein. Als ich nun im Vorzimmer wieder in meinen Mantel schlüpfte, bemerkte ich zu meinem Schreck, daß er über und über mit weißer Farbe bekleckert war. Der Pförtner, dem ich Vorhaltung machte, reinigte eifrig meinen Mantel und verbrauchte dabei eine ganze Flasche Benzin, sodaß ich bei der Heimfahrt nach Gießen ganz abscheulich nach Benzin duftete, wohl nicht gerade zur Freude meiner Mitreisenden."[391] Die Haltung vieler Studierender war sicherlich nicht geeignet, die Liebe der sozialdemokratischen Landesregierung zu ihrer Landesuniversität zu vertiefen: Als die Bestimmung erlassen wurde, dass nur noch Kandidaten der philologischen Fakultät zum Vorbereitungsdienst zugelassen werden könnten, die gute Leistungen aufwiesen, forderten Studierende alle Juden vom Studium auszuschließen – entsprechend einem Antrag der Nationalsozialisten. Der Landtag war sich selten einig in der Ablehung dieses Vorschlags.[392]

Angesichts der innen- und außenpolitischen Spannungen und der tatsächlichen Reisebeschränkungen entfloh *Hans Gmelin* in seine Ersatzwelten, die

---

[391] 3/196.
[392] Vgl. 3/200f.

Musik, die Natur und Literatur. Auch Reisebeschreibungen sind ihm ein Ersatz für mangelnde Gelegenheit, selbst in die Ferne zu schweifen. Es wird in ihm der Wunsch wach, möglichst bald mit seiner Frau *Martha* nach Italien zu reisen.

Beim Weihnachtsfest 1923 macht *Hans* die teuerste Anschaffung seines Lebens, als er – zum letzten Mal mit Papiermark – ein Schaukelpferd für *Ulrich* für 14 Billionen Mark erwarb. Für *Ulrich* war die Schaukelei zunächst unheimlich und er freute sich mehr an einem von Großmutter *Johanna* genähten Stoffelefanten. Für den Festbraten sorgten die letzten Hühner, die ohnehin nicht mehr zum Eierlegen taugten und geschlachtet wurden.

Am 1. März 1924 reisen *Hans* und *Martha* unter winterlichen Verhältnissen mit den Kindern nach Günterstal, von wo aus sie auch die Familie *Meili* in Brombach besuchten, um ihr *Günter* vorzustellen. Am 15. März begann die Reise nach Italien. Nach dem faschistischen Marsch auf Rom 1922 war *Benito Mussolini* im Oktober von König *Vittorio Emmanuele III.* zum Regierungschef ernannt worden. In der Folge wurde vom Partito Nazionale Fascista das Wahlrecht manipuliert, um bei den Wahlen im Jahr 1924 sicher als Sieger hervorzugehen, was sich angesichts des überwältigenden Wahlergebnisses allerdings als überflüssig herausstellte.

## Reise nach Italien März 1924

Zunächst besuchten *Gmelins* die Berner Verwandten *Adolf*, *Betty* und deren Tochter *Erika Döll*. Dabei sammelte *Hans* im Landespalais der Hauptstadt Material für verfassungsrechtliche Arbeiten. Da Sonderfahrten zur Primavera Siciliana eine preiswerte Reise nach Sizilien ermöglichten, buchten sie direkt für den 19. März 1924 die Fahrt dorthin, die sie zunächst bis Genua führte. Von dort ging der Zug am nächsten Tag nach Rom ab. Dort unternahmen sie eine Besichtigungstour bis hin zum noch nicht besuchten Inneren der Engelsburg. In der Nähe des kapitolinischen Museums gerieten sie am Sonntag in eine faschistische Kundgebung, zu der 4.000 Bürgermeister nach Rom gekommen waren, um den fünften Jahrestag der Gründung der Fasci zu begehen.[393] „Auf der Piazza Venezia, vor der sich riesenhaft türmenden, etwas protzig wirkenden Ruhmeshalle und zu Füßen des geschmacklos vergoldeten Denkmals von *Vittorio Emanuele* erhob sich in der strahlenden Sonne schimmernd ein ganzer Fahnenwald. Auf dem Corso rückten die unzähligen Bürgermeister an, mit grün-weiß-roten Schärpen, von Fahnen ihrer Stadt, Musikbanden und Gemeindedienern begleitet, die oft in lakaienhaften Uniformen steckten. Auch der Bürgermeister von Bozen befand sich im Zuge, natürlich nicht ein frei gewählter Südtiroler, sondern der von der Regierung ernannte und der Stadt aufgedrängte faschistische Commissario. Dazwischen marschierten Faschisten in Schwarzhemden mit schwarzen Mützen und Vollhosen. Arditi (Sturmtruppen) in schwarzen Uniformen und Helmen, sowie Linientruppen in Feldgrau – alles zusammen eine recht mannigfaltige Demonstration, die ihren Abschluß in einer Wahlrede *Mussolinis* im Teatro Costanzi fand.“[394] Das Museum war wegen der faschistischen Machtdemonstration geschlossen, allerdings konnten die Überreste der antiken römischen Stadt besichtigt werden, das Forum, der Titusbogen und der Blick vom Palatin auf das Colosseum, wo nur wenige Besucher unterwegs waren.

Schließlich gab *Gmelin* seine Karte bei seinem alten Bekannten, dem italienischen Staatsrechtler *Pietro Chimienti* ab. Am Montag erkundete *Gmelin* das staatsrechtliche Material in der Libreria Laeschir, bevor er mit *Martha* eine Besichtigungstour durch eine Reihe von Kirchen antrat. Am verregneten Dienstag betrachteten sie die Vatikanischen Sammlungen und die Sixtinische Kapelle. Am Mittwoch folgten sie einer Einladung zur Familie *Chimienti* zu einem großartigen italienischen Essen mit anschließender Rundfahrt in dessen Auto. Dabei ging es auch in den Senat, wo *Gmelin* den

---

[393] Vgl. 3/228.
[394] 3/228f.

anderen Staatsrechtler an der römischen Universität, *Gaetano Mosca* kennen lernte, der sich als ehemaliger Verfassungsrechtler mehr zu soziologischen und politologischen Fragestellungen hinwandte. Ebenfalls wurde ihm *Vittorio Scialoja* vorgestellt, ein Zivilrechtler an der Universität, der sowohl Justiz- als auch Außenminister war. Schließlich unternahmen *Hans* und *Martha* noch einen Ausflug in die Albaner Berge bei zweifelhaftem Wetter. Am Samstag gelang es *Hans* in einer Kunsthandlung Kupferstiche des seit 1786 in Rom arbeitenden Kupferstechers *Wilhelm Friedrich Gmelin* zu sehr billigem Preis zu erstehen, wonach es noch einmal zum Maccaroni-Essen zu *Chimientis* ging.

Am 30. März 1924 reisten die beiden nach Neapel ab, um nach Sizilien überzusetzen. Da der Dampfer überlaufen war, blieben sie zunächst in Neapel, dessen anarchische Hektik ihrem bürgerlichen Ordnungssinn nicht entsprach.[395] Da sie Neapel bei Regenwetter kennen lernten, wirkte vieles von der dortigen Outdoor-Kultur auf sie nicht malerisch, sondern ärmlich: „Der an sich schon enge Raum für die Fußgänger war sehr eingeengt, weil alle Waren, Fleisch, Fisch, Butter, Früchte, von den vorüber fahrenden Wagen mit Kot bespritzt, auf der Straße hingen. Die Staße war zugleich Arbeitsstätte, denn auf ihr saßen die Leute bei der Arbeit, nahmen Hühner aus, machten Schuhe, nähten auf der Maschine und die offenen Türen gaben den Blick frei in ihre Elendswohnungen, die Höhlen glichen."[396] Im Gegensatz zu *Walter Benjamin*, der fast gleichzeitig in Neapel weilte, waren sie von der „Porosität" Neapels nicht fasziniert. Nach dem Reichtum Roms fanden sie Neapel eher bescheiden und *Hans* interessierte sich vor allem für das Dominikanerkloster, weil dort *Thomas von Aquin* gelebt hatte. „Im Übrigen sind in den Kirchen Neapels eigentlich nur die Grabmäler bewundernswert. Aber in zweierlei Hinsicht verlohnt der Besuch von Neapel: Durch die reichen Schätze seines Museums und durch die Reize seiner Umgebung. Das Mu-

---

[395] Vgl. 3/ 236.
[396] 3/ 236.

seum enthält eine Sammlung antiker Skulpturen, die nach meinem Urteil bedeutender ist als die vatikanischen und die kapitolinischen. Neben Büsten und Statuen, darunter die beiden Tyrannenmörder *Harmodius* und *Aristogeiton*[397] ... begegnen lebenswahre Tierdarstellungen, z.B. in der Gruppe des farnesischen Stiers und vollendete Reiterstatuen. Am meisten aber überraschten mich die herrlichen Fresken und die feinen Mosaikdarstellungen, die ein ganzes Stockwerk füllende Ausbauten der Ausgrabungen Pompejis. Während ich bis dahin vom Altertum nur Werke der Baukunst und der Bildhauerkunst kannte, gewann ich nun Einblick in die ebenso hoch entwickelte Malerei, deren Vollkommenheit sich gleichermaßen in sicherer Perspektive, unerschöpflichem Formenreichtum und feinabgewogener Farbenstimmung äußert. Namentlich bewunderte ich die mannigfaltigen Dekorationen des sogenannten dritten Stils, in dem einfache Mäanderfiguren mit vielverschlungenen, oft mit Tieren geschmückten Girlanden abwechselten. Noch mehr erstaunte ich, mit welcher Meisterschaft die antiken Künstler bei den technisch viel schwerer herzustellenden Mosaiken eine malerische Wirkung hervorzubringen verstanden, wie sie insbesondere beim Portrait die feinsten Nuancen zu treffen hatten. Viele dieser Mosaiken und Gemälde stammten von griechischen Künstlern, vor allem das lebensvolle Mosaik der Alexanderschlacht von *Philoxenos von Eretria*, dessen Eindruck ich umsomehr in mich aufnehmen konnte, als es mir aus einer Abbildung in *Jägers* Weltgeschichte von Jugend auf bekannt war."[398] - Im Anschluss erlebten *Hans* und *Martha* in einem Restaurant eine Schießerei, die mit einer Verhaftung endete, und beendeten ihre Besichtigungstour, ohne den in Wolken verborgenen Vesuv gesehen zu haben. Am 1. April buchten sie eine Dampferfahrt nach Palermo, auf der sich die gewünschten Kabinen als besetzt erwiesen. An einem regnerischen Abend um halb sieben begann die Fahrt bei kräftigem Seegang, der ihnen auch – wegen drohender See-

---

[397] Verübten 514 v. Christus einen Anschlag auf den Tyrannen Hipparch in Athen.
[398] 3/237f. Siehe Abb. Seite 238.

krankheit – eine Mahlzeit ersparte. Bei anbrechendem Tag endete auch der Sturm und die Magennerven konnten sich wieder beruhigen. Nach dem Einlaufen in das sonnige Palermo lernten sie die Stadt kennen, die ihnen besser gefiel als das verregnete Neapel. Mit der Bahn erreichten sie Messina, wo ihr Zug auf einer Fähre wieder übersetzte nach Kalabrien. Bald nach der Weiterfahrt holte sie der Sturm wieder ein. Dennoch stiegen sie in Pompeji aus, „wenn auch meine Frau an meinem Verstand zweifelte.“[399] –

Alexanderschlacht, Mosaik aus Pompeji, ca. 150 – 100 vor Chr. Eventuell von Philoxenos von Eretria. Schwarweißwiedergabe einer Farbdarstellung in Oskar Jägers „Weltgeschichte in vier Bänden“, Verlag Velhagen & Klasing, Bielefeld und Leipzig, 1892 (zweite Auflage, Bd. 1). Aus dem Nachlass von H.G.

[399] 3/244.

„Der Eindruck der alten Kulturstätte übertraf meine Erwartungen, handelte es sich doch nicht um dürftige Trümmer, aus denen man das Gesamtbild mühsam in der Vorstellung aufbauen mußte, sondern um eine weite Stadt mit wohl erhaltenen Häusern und Tempeln. Bevor wir die Stadt durch die Porta marina betraten, warfen wir einen Blick in das kleine Museum, in dem Gipsabgüsse der in der Asche durch die Verwesung von Leichen ausgesparten Hohlräume in erschütternder Weise den Todeskampf der vom Ascheregen überraschten Opfer des Vesuvausbruchs des Jahres 79 zeigen, ich erinnere mich eines wohlgebildeten Mädchenkörpers und eines Hundes. Die von der Porta marina aus gehende kurze Via marina führte uns gleich in den Mittelpunkt des städtischen Lebens, auf das Forum. An seinem Eingang erhob sich früher zur Rechten die Basilika, die ursprüngliche Gerichtshalle, von deren Pracht noch heute schönkannelierte Säulenstümpfe einen Begriff geben."[400]

Mittags ging es nach Neapel zurück und bei sonnigem Wetter weiter nach Rom, wo *Hans* und *Martha* abends ankamen, und sie am folgenden Samstag Gemäldegalerien aufsuchten. Am Sonntag, den 6. April 1924, war der Wahltag, an dem sich die italienischen Faschisten wählen ließen: „Abteilungen der Milizia nazionale fuhren mit anschlagbereiten Gewehren und Maschinengewehren auf Lastwagen durch die Straßen, um Unruhen entgegenzutreten und wohl noch mehr, um die Gegner des Faschismus einzuschüchtern. Die Wahlen endigten dann auch mit einem glänzenden Sieg der faschistischen Partei, denn ihre Haupt- und Nebenliste erhielt 4.600.000 Stimmen, die Gegner bekamen nur 2.500.000 Stimmen. Die faschistische Partei ist über diesen günstigen Wahlausfall ordentlich erschrocken, denn wenn man ihn vorausgesehen hätte, wäre die verdächtige Bestimmung des Wahlgesetzes vom 18. November 1923, daß der Partei der relativen Mehrheit 2/3 aller Sitze zufallen sollten, nicht vonnöten gewesen. Denn die Fa-

---

[400] 3/244f.

schisten hätten auch ohne diese Künstelei beinahe zwei Drittel der Sitze erhalten.“[401]

Am Montag führte sie ein Ausflug nach Tivoli, wo glühende Hitze herrschte und die Wasserspiele eingeschaltet waren, die *Hans* das letzte Mal versäumt hatte. *Hans* malte ein paar Ölskizzen, dann stiegen sie wieder in die Tram nach Rom. In den nächsten Tagen besuchte *Hans* die Staatsbibliothek Vittorio Emmanuele und die Senatsbibliothek, zu der *Chimienti* ihm Zutritt verschafft hatte. Am 10. April wurden sie noch Zeugen der Siegesfeier, die die Faschisten zu Ehren *Mussolinis* abhielten, bei der *Hans* im Gesicht mancher Burschen „eine mit Fanatismus gemischte Begeisterung“[402] las.

Am letzten Tag kletterten sie noch St. Peter aufs Dach und genossen die dortige Aussicht, sowohl nach draußen auf die Stadt, als auch im Innern der Kuppel auf den Boden der Kirche, etwa 50 Meter tiefer. Am Nachmittag bestiegen sie den Zug und kamen – trotz faschistischem Wahlsieg[403] – mit zwei Stunden Verspätung nach acht Uhr in Florenz an. An den folgenden Tagen unterzogen sie Florenz noch eines Stadtrundgangs, fuhren nach Fiesole und besuchten Gemäldesammlungen, zum Beispiel in den Uffizien. Von abends neun Uhr bis morgens sieben Uhr dauerte die Zugfahrt nach Mailand, wo sie noch einen Abstecher zum Dom machten. Um zehn ging dann der Zug ab nach Bern, wo sie bei Vetter *Adolf Döll* ihre hinterlegten Sachen wieder aufnahmen und eine Nacht dort blieben. Am 15. April ging es nach Brombach, am 17. April nach Freiburg zurück, wo sie ihre Kinder wieder in Empfang nahmen. In Brombach war es *Ulrich* wohl ergangen. Auf die Frage, wo denn seine Eltern seien, hatte er geantwortet: „In Rom, beim Papst.“[404] Ein Besucher fragte, ob *Ulrich* ein Schweizer sei. Da komman-

---

[401] 3/247.
[402] 3/249.
[403] Zur Propaganda der Faschisten gehörte auch der Kampf gegen den Schlendrian zum Beispiel im Hinblick auf die Pünktlichkeit des öffentlichen Verkehrs.
[404] 3/252.

dierte Tante *Selma*: „Marsch!" Und *Ulrich* marschierte. Der Besucher *Greiner*: „Nai, des isch kai Schwyzer, das isch'n Dütsche!" *Günter* war bei der Großmutter *Johanna* bei vorzüglichem Appetit in bester Laune.

## Reichstagswahl im Mai 1924

Das Ergebnis der Reichstagswahl musste alle Freunde der Weimarer Demokratie mit Sorge erfüllen: Die verfassungsfeindlichen Parteien am linken und rechten Rand, Kommunisten und Nationalisten, nahmen zu, die Verfassungsfreunde im politischen Mittelbau ab. Zum ersten Mal erschien auch die NSDAP mit 32 Mandaten. Die republikfeindliche DNVP stieg von 66 auf 105 Sitze, während die beiden liberalen Parteien DVP und DDP von 107 auf 73 Sitze verzwergten.

Im Sommer 1924 verlief ein normales Sommersemester, auch wenn es einen Betrugsversuch bei der Prüfung gab und am 5. Juli fand eine Exkursion der **Psychiatrisch-juristischen Vereinigung** ins Gefängnis nach Butzbach statt. Der Gießener Kriminologe *Wolfgang Mittermaier* und der Gefängnisdirektor *Stumpf* hielten Vorträge über neue Grundsätze im Strafvollzug. Am Ende stand eine Führung durch die Anstalt samt Werkstätten und einem Schuppen, in dem die Guillotine untergebracht war.[405]

## Otto-Eger Heim

Am 12. Juli 1924 wurde im Foyer des Stadttheaters ein Benefizkonzert zugunsten des Studententischs[406] gegeben. Am Nachmittag hatte sich der Staatspräsident *Carl Ulrich* angesagt, um das Studentenheim auf der Schönen Aussicht in Augenschein zu nehmen Auf Wunsch der Studenten wurde das Heim als „Otto-Eger-Heim" benannt, da *Eger* sich nicht nur für das

---

[405] Vgl. 3/259.
[406] Alte akademische Einrichtung, bei der bedürftige Studenten eine Mittagsmahlzeit erhielten.

Wohl von Studenten eingesetzt hatte, sondern auch die Initiative für dieses Haus ergriffen hatte. 2015 wurde diese Entscheidung vom Verwaltungsrat des Studentenwerks Gießen geändert, da man *Otto Eger* Verflechtungen in den NS-Staat vorwarf. (Siehe S. 317)

## Zweite Italienreise im September 1924

In den Ferien nach dem Sommeresemster fuhr die Familie zunächst nach Günterstal und von dort nach Venedig. Am 12. September ging es zunächst nach Brombach, dann nach Basel. Über Zürich und Chur, von dort nach Thusis nach St. Moritz, wo sie einige Tage Aufenthalt nahmen, in einem vom Tourismus fast schon freien Bergstädtchen, da das Jahr schon fortgeschritten war. Am 18. September ging der Zug richtung Pontresina ab, der bei Tirano die Grenze überfuhr. Mit dem Dampfer ging es über den Comer See nach Varenna, mit dem Ruderboot nach Bellagio, das *Hans* allerdings missfiel: „Allzuviel Fremdenverkehr, teure Preise und holperiges Pflaster."[407] In Lecco ging der Zug ab nach Bergamo, nach kurzem Aufenthalt dort nach Venedig. Ein früherer Wiesbadener Kapellmeister namens *Gentili*, den sie im Zug trafen, riet dringend, sich bereits am Bahnhof eine Übernachtung zu sichern, weil der 20. September ein Samstag sei, an dem Tausende von Oberitalienern das Wochenende in Vendig verbringen wollten. In der Tat wurde es schwer, ein erträgliches Quartier zu finden. Auf dem Lido fanden sie schließlich eine Unterkunft, die auch *Martha* halbwegs gefiel. Am folgenden Samstag mieteten sie ein Strandhäuschen mit Liegestühlen, Pritsche und Tischchen. „So konnten wir gemütlich lesend oder faulenzend vor unserer Hütte sitzen und von Zeit zu Zeit ins Wasser gehen, auch für körperliche und geistige Nahrung war gesorgt, denn es wurden Trauben und andre Dinge, so Zeitungen, feilgeboten. Durch andre Badegäste war man kaum gestört, denn, da in Italien der Grundsatz herrscht, ‚dal primo settembre non si bagna più,‘ so waren fast keine Italiener zu sehen, sondern nur Deutsche, Österreicher, Tschechen und Engländer, die sich auf dem weiten Strand

---

[407] 3/268.

förmlich verloren. Da es an jenem Sonntag sehr heiß war, verbrachten wir beinahe den ganzen Tag am Strand, badeten nochmals und fuhren erst gegen Abend zum Markusplatz, um einen ersten Eindruck von der Stadt zu gewinnen. Eigentlich gibt es kein herrlicheres Seebad als den Lido, denn während sonstige Seebadorte durch ihre kulturelle Öde und Verlassenheit schrecken, liegt in unmittelbarer Nähe des Lido eine der reichsten Kulturstätten, sodaß auch bei zweifelhaftem Wetter der Aufenthalt sich zu einem fruchtbringenden gestaltet.“

Beim Besuch der Sehenswürdigkeiten trafen sie zufällig den Botaniker und Direktor des benachbarten Botanischen Gartens in Gießen, *Ernst Küster* mit seiner Frau, mit denen sie sich für den Besuch der Scuola di San Rocco verabredeten, um eine große Zahl von *Tintorettos* zu betrachten. Über Mailand und Lugano ging es dann heim nach Brombach und Günterstal.

## Marthas Krankengeschichte und die Sache mit den Mädchen

Wieder in Gießen begann bei *Martha* ein geheimnisvolles Leiden, das sie für Jahre in Atem halten wird, da der Stand der Medizin – auch in Orten der optimalen Versorgung wie Gießen und Freiburg – im Hinblick auf eine exakte Diagnostik zu wünschen übrig ließ. So wandelte sich das Krankheitsbild je nach dem Arzt, den man befragte. Den Anfang machte die Diagnose von Blinddarmreizung und Gallenbeschwerden. Der Hausarzt *Schliephake*, der durch genaue Kenntnis seiner Patientin im Vergleich nicht am schlechtesten abschnitt, verordnete ein strenge Diät und Bettruhe. Als Hilfe für die mütterlichen Pflichten kam Schwiegermutter *Johanna* aus Günterstal angereist.

Zu den Standardproblemen bürgerlicher Haushalte dieser Epoche gehören die „Mädchen“, die schwer zu kriegen, oft den Aufgaben nicht gewachsen sind und entweder gekündigt werden müssen oder von sich aus gehen. Mit einer *Hedwig* war es halbwegs gegangen, nun im Jahr 1924 war sie gegangen, nachdem sie immer mehr unter ihrem Dienst gelitten hatte. Familie *Frick* hatte ein neues Mädchen vermittelt, das lange blieb: *Luise Goldbach*, aus Bromskirchen[408], lustig und fügsam, aber auch sehr zerstreuungsbedürftig. „Sie hat es mit Unterbrechungen bis 1932 bei uns ausgehalten, bis sie schließlich einen Schupowachtmeister in Gießen heiratete. Sie zeigte bald eine große Anhänglichkeit an die Kinder, doch nahm es ihr *Ulrich* übel, daß sie ihn mit ,Guten Tag, Kleiner' begrüßte, denn er vermeinte ,Ich bin doch nicht dlein, ich bin droß!' Zu diesem Punkte ließ er nicht mit sich sprechen. Bald drohte er: ,Ich will doch die *Luis* wieder mal fortjagen' und als ich ihn frug, warum, antwortete er: ,Weil sie immer dlein sagt.'[409]

*Hans Gmelin* unternimmt wenig, während seine Frau krank ist, hielt aber am 5. Dezember 1924 in Darmstadt beim 25jährigen Jubiläum des **Hessischen Richtervereins** einen Vortrag über die Rechtsstellung des Präsidenten der Republik. Er erschien in der „Hessischen Rechtssprechung" April 1925, S. 84. In Darmstadt war er bei einem Landgerichtsrat einquartiert, der von den Franzosen aus Mainz ausgewiesen worden war. „Immerhin war es ihm gelungen, seinen nicht unbedeutenden Weinvorrat aus dem besetzten Gebiet herauszuschmuggeln. Davon gab er mir einige Proben zu kosten und da ich zufälligerweise ihm zusagende Urteile über die mir gebotenen Sorten abgab, führte er mich in seinen Weinkeller, was – wie seine Frau versicherte, eine höchst seltene Auszeichnung bedeutete. Als ich am Samstag aus Darmstadt zurückgekehrt war, nahm ich mit *Marthel* abends noch am Rektorfest teil."[410]

---

[408] Am Rande des Rothaargebirges in Nordhessen.
[409] 3/280.
[410] 3/281.

## Vierte Reichstagswahl, Dezember 1924

Entsprechend dem regierungsfeindlichen Ergebnis der zweiten Wahl musste schon bald der Reichstag aufgelöst und ein neuer gewählt werden. Am Samstag, den 7. Dezember, fand die Reichstagswahl statt und brachte ein erfreuliches Ergebnis: Die verfassungsfeindlichen Flügelparteien Kommunisten und NSDAP waren zurückgegangen und die Weimarer Koalitionsparteien DVP, Zentrum, SPD u.s.w. hatten zugenommen. Dennoch blieb die Regierungsbildung schwierig. Beim Weihnachtsabend der juristischen Fachschaft verlas *Gmelin* seine Satire auf den Besuch zum Thronjubiläum des hessischen Großherzogs:

## Der Großherzog vom Nil

*Hans Gmelin* hatte – wie oben berichtet - während des Krieges die Aufgabe, seine Fakultät in der Residenz zu vertreten, auch beim Thronjubiläum des Großherzogs. Schon sein Wetterbericht zeigt, dass er die Festivität als verzichtbar einschätzt, angesichts der Kriegsereignisse: Er spricht davon, dass es kein leuchtender Tag gewesen sei, sondern ein Morgen „mit dem üblichen feldgrauen Himmel".[411] Feldgrau war im Ersten Weltkrieg die Farbbezeichnung der Kampfuniformen des Heeres, die den Frontsoldaten im Umgangsdeutsch auch ihren Namen gaben: Die „Feldgrauen".

Er schildert in launigem Ton die Vorbereitungen der Untertanen und den heruntergekommenen Audienzsaal im Darmstädter Schloss, Anzeichen einer vergangenen Epoche, die selbst noch nicht wahrgenommen hat, dass sie sich überlebt hat. Nach langer Wartezeit gibt sich Hoheit unter der Ankündigung eines bemüht würdevollen Kammerherrn, „Jetz komme se!" die Ehre und die gesamte landgräfliche Familie tritt herein. Es folgt die peinliche Prozedur der Huldigung, die große Ähnlichkeit hat mit den

---

[411]2/225..

Grußworten, mit denen spätere Generationen bei Festempfängen heute gepeinigt werden. Ein warmer Händedruck des Landgrafen schließt die Prozedur ab. Kulturellen Abschluss bildet am Abend die Aufführung von *Verdis* Aida, zu dem die Huldigenden ins Hoftheater eingeladen waren. Bevor sich der Vorhang hob, darf *Gmelin* noch Magnifizenz, dem Theologieprofessor und weiland Rektor der Universität, *Martin Schian*[412], helfen, seine Amtskette mit dem eben verliehenen Ludwigsorden zu drapieren, aber dann findet sich die Gesellschaft in der Hofloge, sehr weit weg vom Bühnengeschehen auf zweifelsfreien Ehrenplätzen wieder.

Was dann folgt, ist der nächtliche Traum in dem die ägyptische Welt der Oper mit der überlebten Welt des hessischen Hofes eine enge Verbindung eingeht, wo *Hans* auch den - damals in Gießen lehrenden – Ägyptologen, Freund und Wanderkameraden *Paul Kahle*[413] traf, „nach allen Seiten grüßend, und auch dem schmutzigsten Eingeborenen die Hände schüttelnd – und so kreuzvergnügt, dass man merkte, er war hier in Ägypten zuhause“.[414] Nach einer deutlich ägyptischeren Huldigung schloss sich ein Gartenfest auf der Nilinsel Phylae an, wo *Hans* zum Geplauder mit zwei Tänzerinnen des Pharao Gelegenheit fand, von denen er *Aida* überreden wollte, Lektorin des Ägyptischen in Gießen zu werden. Rüde wird er indessen darauf hingewiesen, dass er versäumt habe, eine lobende Papyrusrolle an den Pharao zu richten, weshalb nun der Burgfriede gefährdet sei. Der Oberpriester *Schian* will ihn darum lebendig begraben lassen. Unter der Bedingung einer „Kriegstrauung“ mit *Aida* – die Weltkriegs-

---

[412] Martin Albert Ernst Richard Schian (1869 - 1944) war ein deutscher evangelischer Theologe und Professor. Weiterhin war er ehemaliger Abgeordneter des Landtags des Volksstaates Hessen in der Weimarer Republik. Wikipedia, 2.2.2023.
[413] Paul Ernst Kahle (1875 - 1964) war ein deutscher protestantischer Theologe und Orientalist. Er war Mitherausgeber der Biblia Hebraica von Rudolf Kittel. Wikipedia, 2.2.2023.
[414] 2/230.

Gegenwart dringt hier in den Traum ein - begnadigt der Pharao den Delinquenten. Aber nur zum Schein einverstanden, entflieht er in den Nil und schlägt sich beim Auftauchen aus den Fluten den Kopf am Bettrand an. Mit dem Weckruf des Hausburschen endet das satirische Abenteuer, das ein deutliches Zeichen setzt, dass *Hans Gmelin* die Zeit der Monarchie schon vor Ende des Krieges für abgelaufen gehalten hatte.

Weihnachten und Silvester verliefen in harmonischer Stille. „Im Übrigen war ich in den Ferien mit dem Abschluß einer kleinen Abhandlung über die Stellung des Präsidenten der französischen Republik und die Bedeutung der Präsidentenkrise von 1924 beschäftigt, die Anfang 1925 im Archiv des öffentlichen Rechts (N.F. Bd. 8, S. 192ff) erschienen ist.“[415]

Das neue Jahr **1925** verschärft die Sorgen um *Marthas* Gesundheit, verbunden mit Fieber und Besuchen bei den Ärzten *Schliephake, Poppert* und *Veit*. Immerhin ähnelten die Diagnosen einander: „Dickdarmentzündung mit Gallen- und Blinddarmreizung. *Veit* empfahl besonders Karlsbader Mühlbrunnen. Tatsächlich besserte sich der Zustand *Marthels* in den nächsten Wochen merklich. Dazu trug wohl nicht das Karlbader Wasser allein bei, sondern auch das Kommen meiner Schwägerin *Friedel*: Denn nun ging meine Frau, die in den Wochen zuvor kaum das Haus verlassen hatte, täglich ein- oder zweimal mit *Friedel* und den Kindern spazieren. Jedenfalls sank die Temperatur, der Appetit nahm zu, auch die Stimmung hob sich wesentlich, als *Veit* aus der Röntgenaufnahme feststellte, daß die Lunge in Ordnung war.“[416]

*Marthas* Schwester *Frieda* blieb noch eine Weile bei der Familie, zumal sich ihre damaligen Heiratspläne an konfessioneller Differenz zerschlugen. *Günterlein* beginnt mit dem Sprechen und nennt *Luise*, „*Ise*“, ein Name, mit dem

[415] 3/285.
[416] 3/286.

sie bald die ganze Familie bezeichnet. Über den im Ersten Weltkrieg verschollenen Freud *Ulrich von Dewitz*, nach dem *Hans* seinen Erstgeborenen benannt hatte, bekam er nun Gewissheit, dass er 1918 in Berdiansk am Asowschen Meer einer Lungenentzündung erlegen sei. [417]

In Berlin braucht der parteilose Reichsminister *Hans Luther* über einen Monat, um eine Regierung zu bilden, obwohl das Ergebnis glücklicher war als das der Januarwahl. Zudem war am 28. Februar 1925 Reichspräsident *Friedrich Ebert* an einer Blinddarmentzündung gestorben.

## Staatsrechtlertagung in Leipzig, 8./9. März 1925

*Hans Gmelin* wird nicht nur zu dieser neuerlichen Tagung eingeladen, sondern auch von seinem Freund und Lehrer *Richard Schmidt*, „als Wohngast bei ihm abzusteigen".[418] So wurde er bei *Richard* und *Tilla Schmidt* „sehr freundlich aufgenommen." Bei einem Auftakt zu der Tagung in der Wohnung von *Schmidt* hielt dieser eine „formvollendete Begrüßungsrede", auf die sein Freund *Heinrich Triepel* sehr launig antwortete.[419] Am 10. März begann die Tagung in der Universität mit der Begrüßung des Vorsitzenden *Triepel*. Es folgten Beiträge des Rechtshistorikers *Alfred Schultze* als Dekan der Leipziger Fakultät und des Reichsgerichtspräsidenten *Walter Simons*, (1861-1937) der nach dem Tode *Friedrich Eberts* die Geschäfte des Reichspräsidenten zu führen hatte. Thema war der Schutz des öffentlichen Rechts und die neueste Entwicklung des Gemeindeverfassungsrechts. „Es handelte sich dabei um die Frage der Rechtsgültigkeit einer Ortssatzung über Getränkesteuer, die, weil die ihr zugrundeliegende reichsgesetzliche Ermächtigung eine viel zu kurze Frist gewährte, unter Außerachtlassung aller möglichen wesentlichen Formen, – Genehmigung des Ministeriums

---

[417] Vgl. 3/290.
[418] 3/292.
[419] Vgl. 3/292.

war z.B. nur fernmündlich eingeholt worden – Hals über Kopf erlassen worden war. Es war denn auch nicht schwer, die Ortssatzung mit Erfolg anzufechten. Bald darauf hatte ich einen ähnlichen Fall für eine Brauerei in Worms zu begutachten mit der Wirkung, daß sogar die Staatsanwaltschaft sich meinen Folgerungen anschloß und die Angeklagten freigesprochen wurden."[420]

Den einführenden Vortrag über den Schutz des öffentlichen Rechts hielt *Walter Jellinek*, damals in Kiel, und *Gerhard Lassar*, damals in Hamburg. Zur Entwicklung des Gemeindeverfassungsrechts berichtete zuerst *Fritz Stier-Somlo*, Köln, dann der ehemalige Minister *Ludwig v. Köhler*, Tübingen, und schließlich *Hans Helfritz*, Breslau. „Aus den Verhandlungen sei nur hervorgehoben, daß *Walter Jellinek* sich überraschenderweise zu einem streng justizstaatlichen Standpunkt bekannte, also die Verwaltungsgerichtsbarkeit verwarf, ähnlich dem Reichsgerichtspräsidenten *Simons*, der in seiner Begrüßungsrede erklärte, er würde es für ein Unglück halten, wenn neben das Reichsgericht ein selbständiges Reichsverwaltungsgericht gestellt würde. Aus den Berichten zu der Gemeindeverfassung klang die bedauernde Erkenntnis durch, daß sich als Folge des neuen Staats immer neue Einschränkungen der Selbstverwaltung ergaben. Am Abend folgten wir Tagungsteilnehmer einer Einladung des Reichsgerichtspräsidenten ins Reichsgericht. Wir verloren uns förmlich in dem hohen und weiten Empfangssaal. Die Feierlichkeit des Raumes paßte übrigens dazu, daß uns das Staatshaupt empfing, denn gerade an jenem 10. März 1925 hatte der Reichstag ein Gesetz angenommen, das den Reichsgerichtspräsidenten zum Stellvertreter des Reichspräsidenten bis zum Amtsantritt des neuen Reichspräsidenten bestimmte. Am folgenden Tag begab sich ein Teil der Teilnehmer nach Abschluß der Verhandlungen mit der Tram zum Völkerschlachtdenkmal. Da es in der Nacht heftig geschneit hatte, mußte man tiefen Schnee durchwaten. Von den Terrassen aus gewann man einen guten

---

[420] 3/293.

Überblick über das Schlachtfeld, das nur im weißen Winterkleid seltsam gespenstisch wirkte. Am Abend verließ ich Leipzig, sodaß ich nächsten Morgen wieder in Gießen ankam.“[421]

## Reichspräsidentenwahl 1925

Als ein neuer Reichspräsident gewählt werden musste, befand sich die Familie *Gmelin* in der vorlesungsfreien Zeit in Günterstal. *Hans* ließ die Wahlscheine dorthin senden. Im ersten Wahlgang wählten *Martha* und er den D.V.P.-Kandidaten, den durch seinen Kampf gegen separatistische Tendenzen im Rheinland bekannten *Karl Jarres*, der 1923 bis 1924 Reichsminister des Inneren gewesen war. *Jarres* bekam zwar im ersten Wahlgang mit 38,8 Prozent die meisten Stimmen, verzichtete dann aber im zweiten Wahlgang zugunsten von *Paul v. Hindenburg*, den dann auch *Hans* und *Martha* wählten. *Hindenburg* hatte mit seiner Dolchstoßlegende die Verantwortung für den selbst mitverschuldeten verlorenen Ersten Weltkrieg abgestreift und nahm nun Anlauf, auch der deutschen Demokratie den Dolch in den noch jugendlichen Leib zu rammen. Am 27. April erfuhren sie, dass *Hindenburg* gewählt war. Am 11. Mai veranstalteten die nationalen Vereine einen Fackelzug zu Ehren *Hindenburgs* – ein früher Bestattungsritus für die Weimarer Republik![422]

Indessen wird *Martha* einer mehrwöchigen Kur im Freiburger Diakonissenhaus unterzogen, während andere Ärzte auf andere Erkrankungen tippten. Während *Martha* noch im Sanatorium ausharrte, kam *Frieda* nach ihrer gescheiterten Verlobung, zur Unterstützung. Vom Besuch ihrer Schwester brachte sie die Nachricht mit, dass das Fieber wieder zurückgekehrt sei. *Hans* lädt sie ein, eine Weile in Gießen zuzubringen, zumal er ihre Unterstützung bei der Betreuung von *Ulrich* gut gebrauchen kann. Der Staatsrechtler

---

[421] 3/293f.
[422] Vgl. 3/298.

an der TH Darmstadt, der zugleich die Landespolizeischule Darmstadt betreute, *Harry Hollatz,* hatte *Gmelin* gebeten, vor Schupobeamten, Zivilbeamten, Offizieren und Damen einen Vortrag zu halten. Im Anschluss konnte *Hans* noch per Dienstwagen Besorgungen machen und war zum Schluss bei dem Schupo-Obersten *Klippstein* und seiner Familie zum Abendessen einge-laden. *Hans* besuchte am 16. Mai seine Frau, es gab nach wie vor keine Hei-lung oder Besserung. Der Freiburger Internist *Schule* riet nun doch, die Sache chirurgisch anzugehen. *Hans* holte dafür *Martha* nach Gießen, wo sie bei dem Chirurgen *Poppert* behandelt wurde, der für seine Gallenopera-tionen bekannt war. Böse Zungen behaupteten, er habe seine schöne Villa in der Gießener Wilhelmstraße 15 aus Gallensteinen aufgebaut... Bis zum 27. Mai war die Operation ausgeführt, Gallenblase und Blinddarm waren entfernt worden. Nun konnte sie endlich wenigstens ihren älteren Sohn wiedersehen.

## Unter den Talaren...

Bei der traditionellen Jahresfeier der Universität am 1. Juli 1925 gab es eine Neuerung: Rektor und Dekane hatten Talar zu tragen: Rektor und Pro-rektor erschienen in schwarzem Samt, für die Dekane langte schwarzes Tuch mit einem Johanniterkreuz, rot für Juristen, violett für Theologen, grün für Mediziner, blau für Philosophen.

Die relative Ruhe in häuslichem Umfeld mit nur dem älteren Sohn, war auf Kosten von Großmutter *Johanna* gegangen, die in Günterstal auf den „will-den *Günter"* aufpasste. Obwohl sie ihn zeitweise nach Brombach gebracht hatte, hatte sie sich wohl überanstrengt und wurde von Schwindel und Brechreiz geplagt. Hausarzt *Otto* stellte einen leichten Schlaganfall fest.[423] Für eine Woche steckte er sie ins Bett.

---

[423] Vgl. 3/310

Der Sommer verlief sehr warm, *Gmelins* bekamen von drei Studenten ein Ständchen dargebracht, das allerdings ins Wasser fiel, weil gerade da der Regen kam. *Hans* dachte über die bilateralen Verhältnisse mit Frankreich nach: „Um jene Zeit hielten mich die dem Anschluß des Locarnovertrags vorausgehenden Verhandlungen zwischen der deutschen und der französischen Regierung in Atem. Mit Spannung sah ich namentlich der Antwort der französischen Regierung auf die deutsche Note vom 20. Juli entgegen, die die Bedenken der deutschen Regierung zu den in Aussicht genommenen Schiedsgerichtsverträgen und zu dem Artikel 16 der Völkerbundssatzung zum Ausdruck brachte. Wie zu erwarten war, zeigte die Antwortnote der französischen Regierung vom 24. August wenig Entgegenkommen und erklärte weiteren Notenwechsel für wenig Erfolg versprechend. Aber sie schlug die Tür nicht zu, sondern empfahl den Weg der mündlichen Verhandlung, der ja dann überraschend schnell zu einem Abschluß, dem Vertrag von Lorcarno[424] am 16. Oktober 1925 führte.“[425]

Ende August durfte sich Großmutter *Johanna* von ihrem Enkel *Günter* in Kappel erholen. Zum ersten September 1925 folgte *Martha* dem Reisetrieb ihres Mannes auf die dritte Italienreise. Die Kinder blieben bei *Friedel* in

---

[424] Am 5. Oktober 1925 begann in Locarno, Schweiz, eine Konferenz über europäische Sicherheitsfragen, an der neben Reichskanzler Hans Luther und Außenminister Gustav Stresemann die führenden Staatsmänner Italiens, Frankreichs, Großbritanniens, Belgiens, Polens und der Tschechoslowakei teilnahmen. Am 16. Oktober wurden Verträge geschlossen, die ein europäisches Sicherheits- und Friedenssystem begründen sollten. Deutschland, Frankreich und Belgien verzichteten auf eine gewaltsame Veränderung ihrer Grenzen. Die im Versailler Vertrag festgelegte deutsche Westgrenze wurde vom Deutschen Reich ebenso bestätigt wie die Entmilitarisierung des Rheinlands. Großbritannien und Italien übernahmen die Garantie, bei einer Vertragsverletzung der jeweils geschädigten Seite zu Hilfe zu kommen. Vgl. https://www.dhm.de/lemo/kapitel/weimarerrepublik/aussenpolitik/konferenz-von-locarno-1925.html
[425] 3/312.

Brombach. Ein Zwischenstop in München ergab bei regnerischem Wetter gute Gelegenheit, zahlreiche Museen abzuklappern, unter anderen auch den Glaspalast, der 1931 abbrennen wird und von *Adolf Hitler* durch das Haus der deutschen Kunst ersetzt werden wird. Am 4. September ging es über Innsbruck, Brenner und Bozen, wo die beiden eine alpine Wanderung ausführten, bevor sie am 9. September wiederum in Venedig ankamen. Wieder ging es zunächst bei sommerlichen Temperaturen an den Lido, doch dann schlug das Wetter um, sodaß das Mittelmeer erhebliche Brandung aufwies. Sie erkundeten weiter die Lagunenstadt, bevor sie am 16. September nach Ravenna aufbrachen, dessen alte Bausubstanz sie bewunderten, vor allem die frühmittelalterliche Kunst in San Apollinare Nuovo und das Battistero wie das Grabmal der *Galla Placidia*, das *Hans* als das „Grab des römischen Reiches" bezeichnet, da ihr Vater *Theoderich* der letzte gewesen sei, der noch das ganze Römerreich beherrscht habe.[426] Über Rimini, Bologna und Mailand ging es nach Lugano, wo das Wetter allerdings so war, dass die beiden am 23. September nach Brombach flohen. Dort nahmen sie ihre Kinder an sich und blieben den größten Teil der Ferien in Günterstal. In einem Geburtstagsbrief an *Martha* entwirft *Hans* einen Fünfjahresplan: „'Wir sitzen dann immer noch in Gießen und sind nicht viel gesünder und nicht viel kränker als jetzt. Die Buben, *Ulrich* ein lerneifriger Gymnasiast, *Günter* ein wenig lernbegieriger Volksschüler. Günterstal vielleicht schon der Vergangenheit angehörend, wir im eigenen Heim?' Es ist alles so eingetroffen."[427]

Zurück in Gießen kam der 9. November 1925, an dem *Heinrich Himmler* die Schutzstaffel gründete, was *Hans* allerdings nicht mitbekam. Er gedachte an *Hitlers* Putschversuch vor zwei Jahren, aber vor allem wurde er Zeuge davon, dass seine Frau *Martha* ihren Damenkranz ins Leben rief, an dem im Gießener Café Astoria die Frauen *Frölich, Falkenberg, Groh* und *Stroth-*

---

[426] Vgl. 3/319ff.
[427] 3/323.

*mann* teilnahmen. Waren diese Freuden noch einigermaßen harmlos, folgten die besuchten Vorträge zunehmend den Wirrungen dieser Zeit: „Donnerstag Abend besuchten wir einen Vortrag des bekannten Geopolitikers General *Haushofer*[428] aus München über Japan, wo dieser mehrere Jahre als Offizier gewirkt hatte. Er hob besonders den dem Japaner eigenen Zug nach dem Süden und nach dem Ozean hervor. Die Japaner ließen sich zu Tausenden auf den ehemaligen deutschen Südseeinseln nieder, während sie Sachalin und die Mandschurei mieden. Dieser Zug erklärt, warum die Japaner keine Festlandspolitik treiben können und rückt die Gefahr eines Konflikts mit den Vereinigten Staaten nahe."[429] War die Geopolitik als Treibmittel des Nationalsozialismus jahrzehntelang in Verruf gekommen, hat sie sich nicht zuletzt unter dem Eindruck des geopolitisch verseuchten *Wladimir Putin* in den letzten Jahren wieder in die Gegenwart zurückkatapultiert.

Bereits zwei Tage später verlor ein harmloser Herrenabend in der Verbindung Adelphia in der heutigen Grünberger Straße seine Unschuld, da der gebürtige Gießener und damalige Darmstädter Kreisarzt *August Balser*[430] einen Vortrag über Rassenhygiene hielt, den *Hans Gmelin* als „fesselnd" bezeichnete, ohne seinem Inhalt weitere Bedeutung zu geben.

Dem Zeitgeschmack folgend dient auch der *Nikolaus* den rigiden Erziehungszielen, obwohl die Kinder noch sehr klein sind: „Dagegen weiß ich noch einiges über den Eindruck, den ich hervorrief, als ich als *Nikolaus* verkleidet vor die Kinder trat: *Günter* heulte, *Ulrich* zeigte sich sehr furchtsam. Aus lauter Angst sagten beide Sprüchlein auf und sangen, obwohl *Günter* bis

---

[428] Karl Ernst Haushofer (* 27. August 1869 in München; † 10. März 1946 auf dem Hartschimmel-Hof bei Pähl am Ammersee) war ein deutscher Offizier, Geograph und ein bekannter Vertreter der Geopolitik. Wikipedia, 2.10.2023.
[429] 3/325.
[430] August Hugo Wilhelm Karl Balser, * 29.12.1858 Gießen, † 5.2.1937 in Darmstadt, Dr. med. – Arzt.

dahin behauptet hatte, er könne nicht singen. Bevor ich die Gaben austeilte, zog ich eine große Schere hervor und drohte *Ulrich*, die Ohren abzuschneiden, falls er sie nochmals zusammenwickle. Er hatte nämlich die schlechte Angewohnheit, auf umgebogenem Öhrchen zu schlafen. Er hat es seitdem niemehr zusammen gezwitschert, wie er es nannte. Als wir am 15. Dezember mit *Frölichs* im Philosophenwald Kaffee tranken, wollte *Günter* seine Milch nicht trinken. Da drohten wir mit dem *Nikolaus* und Frau *Frölich* sagte: „Da kommt der *Nikolaus*!" und herein kam, dick beschneit, der alte Geheimrat *Pasch*, worauf *Günter* erbleichte, einen Schrei ausstieß und seine Milch trank."[431]

Nach einem Rückfall *Marthas* in ihr rätselhaftes Leiden bekam sie eine Kur in Günterstal, *Ulrich* und *Hans* blieben in Gießen und bekommen Unterstützung von *Friedel*, die ihren Haushalt führte.

## Staatsrechtlertagung in Münster im März 1925

Am 28. März 1925 fuhr *Gmelin* im Frühzug nach Münster, in dem er die Staatsrechtler *Gerhard Anschütz* aus Heidelberg, und *Fritz Freiherr Marschall von Bieberstein* aus Freiburg, den Rechtshistoriker *Felix Genzmer* und *Gärtner* aus Marburg traf, die mit fachlichen Diskussionen bereits während der Fahrt begannen. Im seinem bezogenen Hotel Reichshof in der Bahnhofstraße, heute Berliner Platz, traf er auf seinen Kollegen *Hermann Jahrreiß*, der damals in Leipzig, später in Greifswald und Köln das Staatsrecht vertrat. Mit diesem kunstsinnigen Kollegen machte er einen Stadtdurchgang, den er sehr genießt: „Bei St. Lamberti beginnt der Prinzipalmarkt, eine der schönsten alten Straßen Deutschlands: Über spitzbogigen Arkaden erhebt sich ein hochstrebender Giebelbau neben dem anderen, gotischer und Renaissancestil neben einander und doch harmonisch zusammenklingend. Köstlich wirkt in dieser Umgebung das gotische

---

[431] 3/327.

Rathaus mit Arkaden auf gedrungenen Säulen, maßwerkgeschmückten Fenstern und einem mit Fialen verzierten mächtigen Treppengiebel. Ein paar Schritte vom Prinzipalmarkt breitet sich der Domplatz, an dem übrigens auch die Universität liegt."[432]

Nach dem Abendessen wurden die Tagungsteilnehmer durch den gebürtigen Grazer Staatsrechtler *Josef Lukas*, einem Österreicher, der seit 1910 in Münster lehrte, begrüßt.

„Der nächste Tag war den wissenschaftlichen Beratungen gewidmet, die sich in der Aula der Universität abspielten. Am Vormittag hielten *Erich Kaufmann*, Bonn, und *Hans Nawiasky*, München, Vorträge über den Gleichheitsgrundsatz des Artikel 109 der Reichsverfassung[433], am Nachmittag sprachen *Hansel*, (?) Bonn, und *Buster*, (?) München, über den Einfluß des Steuerrechts auf die Begriffsbildung des öffentlichen Rechts. Die Vorträge über das Gleichheitsprinzip boten natürlich mehr als die anderen Gegenstand, namentlich gaben sie zu einer tiefgründigen Aussprache Anlaß. Besonderen Eindruck machten die Ausführungen von *Hans Kelsen*, Wien, und von *Walter Hallstein*[434], Greifswald. Der erstere wollte als Richtschnur nur die positive Religion und das positive Recht gelten lassen, während der zweite in durchgeistigter, aber etwas verwirrter Rede die Rechtsordnung auch abzuleiten suchte aus einer Summe psychologischer, soziologischer, ethischer Voraussetzungen kurz dem Volksgeist, als einer über und jenseits des positiven Rechts stehenden Gegebenheit. Am Abend wohnten die

---

[432] 3/331.

[433] §109 WRV: „Alle Deutschen sind vor dem Gesetze gleich. Männer und Frauen haben grundsätzlich dieselben staatsbürgerlichen Rechte und Pflichten."

[434] Walter Hallstein (1901-1982) war in diesem Jahr Hochschulassistent in Berlin, später an den Universitäten Rostock und Frankfurt /M. Dann Staatssekretär im Auswärtigen Amt und erster Vorsitzender der Kommission der Europäischen Wirtschaftsgemeinschaft. Vgl. Wikipedia, 24.4.2024.

Teilnehmer der Tagung auf Einladung der Stadt Münster einer Vorstellung im Stadttheater bei. Natürlich war es – wie damals beim Regierungsjubiläum des Großherzogs – wieder Aida. Nach dem Theater zeigte uns der Oberbürgermeister – ein Mann mit einem würdigen, aber doch sehr aus der Mode gekommenen Vollbart – noch den schönen Rathaussaal, in dem im Jahre 1648 der Friede zu Münster abgeschlossen worden ist. Der Saal sah bei reichlicher Kerzenbeleuchtung ganz gespenstisch aus. Dann zog die ganze Schar nebenan in den Ratskeller, um bei einem Glase Bier noch gemütliche Unterhaltung zu pflegen. Nachdem wir am andern Vormittag des 30. März die Aussprache abgeschlossen hatten, fuhr ich um vier Uhr von Münster ab und langte abends zehn Uhr in Gießen an, von wo ich nächsten Tag nach Freiburg zurückkehrte."[435]

Den Rest des Jahres 1925 überschatteten verschiedene Krankheiten. Nach dem Ende des Wintersemesters 1925/26 wird Großmutter *Johanna* in Gießen sein. Am 22. Janaur löste *Hans Gmelin* die von ihm mitgegründete und vom ersten Weltkrieg überrollte Ivaniska-Landgesellschaft auf, die 1913 als Siedlerprojekt gegründet worden war. Er beziffert seinen Verlust auf 12.000 Mark.

## Ausschuss für internationales Binnenschifffahrtsrecht

Im April folgte *Gmelin* der durch Vermittlung des Hallenser Völkerrechtlers *Max Fleischmann* erfolgten Berufung in den Ausschuss für internationales Binnenschifffahrtsrecht. Obwohl er davon zunächst wenig Kenntnis hatte, wurde er dafür öfter in die Reichshauptstadt Berlin eingeladen, wo die Sitzungen stattfanden. Zur ersten Sitzung nahm er seine Frau *Martha* mit, mit der er zahlreiche Museen abklapperte. [436] Bei der thematischen Arbeit galt es

---

[435] 3/332f.
[436] Vgl. 336ff.

einen Kompromiss zwischen den Anforderungen des Völkerrechts und den praktischen Forderungen der Schifffahrtsunternehmen zu finden.

Da der Leiter der Berliner Museen, *Wilhelm von Bode* mit *Anna Juliane* geborene *Gmelin* verheiratet war, glaubte sich *Hans Gmelin* berechtigt, ihn aufsuchen zu dürfen. Der noch immer amtierende 81jährige Geheimrat empfing die beiden „mit vollendeter Grandezza".[437] Im Opernhaus genossen sie eine perfekte Vorstellung des Tannhäuser: „Ich habe die Empfindung, nie zuvor und nie später eine derart vollkommene Darstellung gehört zu haben. Alles, die Einzelleistungen der Sänger, das Zusammenwirken, die Leitung und das Spiel des Orchesters, die Ausstattung, ergaben einen so vollendeten Zusammenklang, daß wir den ganzen Abend in weihevoller Stimmung verbrachten."[438]

## Sommersemester 1926

Eine Anfrage nach Zusammenarbeit seitens der Universität Straßburg nährte im Sommersemester 1926 die Hoffnung, dass es eine Normalisierung der persönlichen Beziehungen von Franzosen und Deutschen geben könnte. *Hans* bemühte sich, den Kontakt zu seinem französischen Freund *Luis Collas* wiederherzustellen, erfährt aber, dass dieser am 16. April 1917 gefallen war. Am 19. Mai war wieder ein Vortrag in Darmstadt vor der Schutzpolizei zu halten, wobei *Hans Gmelin* den einladenden Kollegen *Hollatz* und seine Familie kennenlernte.

Am 3. Juli machte die Fakultät mit 15 Erwachsenen und zwölf Kindern einen Ausflug mit dem Bus nach Fellingshausen, von wo es dann auf den Dünsberg ging. Nach damaliger Tradition brachten die weiblichen Teilnehmerinnen Kuchen mit, während Kaffee und Milch für die Kinder bereits oben gerichtet war. *Hans* schätzte besonders den Ausblick von dem damals

---

[437] 3/340.
[438] 3/340f.

14 Meter hohen Dünsbergturm[439], der dort 1899 errichtet worden war. Der Blick ging bis zum Taunus und zum Vogelsberg. Die Kollegen *Eger* und *Mittermaier* zeigten sich sehr belastbar im Rücktransport der beiden Gmelinkinder, die sich auf dem Gipfel ausgetobt hatten.[440] Gegen Ende des Semesters gab *Gmelin* seinen Plan für eine Veröffentlichung auf, die die Praxis der parlamentarischen Regierungen zum Thema gehabt hätte. Es fand sich kein interessierter Verlag.

## Rede zur Weimarer Reichsverfassung am 11. August 1926

Der Oberbürgermeister von Bad Nauheim hatte *Hans Gmelin* kurzfristig gebeten, zum 11. August bei der Verfassungsfeier die Festrede zu halten. Dem Charakter einer Festrede entsprechend galt es, keine Partei zu verletzen, weder die Linke, die sich als Hüterin der Verfassung sah, noch die Rechte, der die Verfassung nicht als hinreichender Ausgleich für die deutsche Vergangenheit und ihre Institutionen vorkam. In der Rede kommt auch die Ambivalenz *Gmelins* zum Ausdruck, die einerseits aus seinem Bekenntnis zur Demokratie besteht und andererseits aus der Überzeugung, dass die Weimarer Reichsverfassung eine Schönwetterverfassung ist, die den Stürmen einer Krise nicht standhalten wird:

„Um das Zutrauen der zum Lager der Linken gehörigen Versammlungsteilnehmer zu gewinnen, stellte ich zunächst einige Vorzüge der Weimarer Reichsverfassung heraus, vor allem den, daß die Verfassung durch die Erfüllung einer Reihe von Forderungen der Sozialdemokratie, wie Erweiterung des Wahlrechts, des Frauenwahlrechts, der republikanischen Staatsform u.s.w. solche Volksteile, die bisher dem Staat ablehnend gegenüberstanden, dazu berufe, ihre Kräfte für den Staat nutzbar zu machen. Nach diesem Lob

---

[439] Mittlerweile ist er zweimal erhöht worden auf 24 Meter.
[440] 3/350.

auf die Verfassung konnte ich umso eher auf die Gefahren hinweisen, die der Verfassung erwachsen mußten, wenn ihr Hauptorgan, der Reichstag, seine Aufgabe nicht zu erfüllen vermochte. Denn das Staatsorgan, das die höchste Macht ausübte, traf auch die volle Last der Verantwortung. Daher richtete sich die Unzufriedenheit des deutschen Volkes heute naturgemäß gegen den Reichstag.

Wohin diese Volksstimmung führen konnte, zeigte ich an der Errichtung von Diktaturen in Italien, in Spanien und anderen Ländern und ich verwies darauf, daß der Ruf nach der Diktatur sich auch schon in Deutschland erhob.[441] Dieses aber, fügte ich hinzu, könnte dem Reichstag nicht gefährlich werden, solange er es verstand, seine Rechte zum Besten des deutschen Volkes zu nützen und namentlich Regierungskrisen zu vermeiden oder rasch zu überwinden. Deshalb warnte ich vor dem unnötigen Zwiespalt der Parteien. Auch vor der sinnlosen Unterscheidung in nationale und freiheitliche Parteien. Wo doch unsere Vorväter nationale Einsicht und konstitutionelle Freiheit zugleich erstrebten. Ebenso verurteilte ich die Heraushebung sogenannter staatserhaltenden Parteien, die einen besonderen Anspruch auf die Staatsleitung erhoben, wie früher die Konservativen und heute die Parteien der Weimarer Koalition. Derartige Ansprüche erschwerten nur die Regierungsbildung. ‚Wir sollten trennende Gräben zuschütten, statt vorhandene zu erweitern oder gar neue aufzureißen.‘ Daher sollte jede Partei mit jeder anderen, die sich zur Mitarbeit auf dem Boden der Verfassung bereit zeigte, zusammenwirken. ‚Sonst steuert das Reich unbedingt der Diktatur zu.‘ Diese Wandlung könnte ohne Staatsstreich, ja ohne Verfassungsänderung eintreten, z.B. durch Hinauswachsen des Reichspräsidenten über den Reichstag. Als weitere Gefahrenquelle für die Reichsverfassung bezeichnete ich das Fehlen einer einheitlichen Staatsgesinnung, das besonders in dem

---

[441] Zum Beispiel durch den Kollegen Carl Schmitt, der darunter zunächst die Abweichung von der Norm im Notstand betrachtet, C. S.: Die Diktatur. Von den Anfängen des modernen Souveränitätsgedankens bis zum proletarischen Klassenkampf. 1921. Später aber: „Der Führer schützt das Recht"...

bedauerlichen Flaggenstreit[442] in erschreckendem Maße zu Tage trat. Ich fand die Verfechtung der einen wie der anderen Flagge verständlich und frug nur, ob nicht beide Flaggen verehrt und geachtet werden könnten. Die schwarz-rot-goldene als die Fahne des deutschen Einheitstraums von 1848 und des großdeutschen Gedankens und die schwarz-weiß-rote als die Fahne, unter der unsere Truppen im Weltkrieg kämpften und starben. ‚Jede der beiden Flaggen ist mehr als nur das Zeichen einer Partei, jede ist Gemeingut des deutschen Volkes, und jede wird in den Staub gezogen, wenn sie zum Symbol nur einer Partei gestempelt wird.‘ Wichtiger als die Durchsetzung einer Flagge schien mir die Erzeugung eines allgemeinen Zugehörigkeitsgefühls zum deutschen Staate. Aber staatstreue Gesinnung läßt sich nicht erzwingen. Sie läßt sich auch nicht dadurch erzeugen, daß man Überlieferungen, die von einem Teil des Volkes heilig gehalten werden, verächtlich macht. Viel mehr entwaffnet ein Staat seine Gegner am besten durch Leistungen. Es brauchen keine kriegerischen Lorbeeren zu sein. Die Republik hatte schon einige Leistungen aufzuweisen, wie die Rückkehr zu fester Währung, das Davosabkommen, der Locarnovertrag. Andere Aufgaben waren noch zu erfüllen, wie Behebung der wirtschaftlichen Krise, Angliederung Österreichs, Erlangung von kolonialen Mandaten. ‚Aber solchen Aufgaben vermag das deutsche Volk nur zu genügen, wenn es alles Trennende vergessend einig zusammensteht.‘ Ich schloß daher mit der Aufforderung, auch unter der neuen Verfassung zusammenzuhalten und ein jeder nach seinen Kräften mitzuarbeiten an der Wiedergeburt des deutschen Volkes.

Obwohl viele Sozialdemokraten anwesend waren, sodaß ein Parteigenosse der D.V.P. mich warnte, wurde meine Rede ohne Widerstand angehört und mit Beifall aufgenommen. Aber ein Sozialdemokrat hielt für nötig, hinterher

---

[442] An seinem ersten Auto hatte Gmelin eine Standarte anbringen lassen, die schwarz-weiß-rot war – bis er erkannte, dass eine solche überflüssig war.

noch in einer besonderen Ansprache die Errungenschaften der Revolution zu feiern."[443]

## Gutachten zum Volksbegehren im August 1926

Die drei Parteien im hessischen Landtag, Hessischer Landbund, D.V.P. und DNVP, die sich als „Ordnungs- und Wirtschaftblock" verstanden, hatten im April 1926 ein Volksbegehren eingeleitet, das zur Auflösung des Landtages führen sollte. Da das Verfahren – ähnlich wie beim Vorbild in der Schweiz – wenig formalen Gesichtspunkten genügte, kam es zu zahlreichen Unregelmäßigkeiten wie Eintragung von Verstorbenen, Verwendung von Bögen, in deren Kopf nicht der Zweck der Stimmensammlung hervorging und ähnliches. Der Landesabstimmungsleiter gab daraufhin die Listen zurück mit der Auflage, die Mängel zu beseitigen.

„Der Landesabstimmungsausschuß stellte sich im Gegensatz zum Landesabstimmungsleiter auf den Standpunkt des Ministerialdirektors *Schwarz*, daß als gültige Unterschriften nur die zu gelten hätten, die am Tage der Einreichung der Unterschriften unzweifelhaft den gesetzlichen Bestimmungen entsprachen. Doch beschloß der Ausschuß am 18. August 1926 auf Antrag der Minderheit schriftliche Gutachten anerkannter Staatsrechtler einzuholen. Dem entsprechend wurden *Anschütz*, Heidelberg, *Giese*, Frankfurt, und ich mit der Begutachtung betraut.

Wir kamen alle drei ganz unabhängig von einander zu demselben Ergebnis, nämlich, daß die Mängelbeseitigung als zulässig zu erachten sei. Zur Begründung dieser Auffassung berief ich mich in meinem Gutachten, abgedruckt in Drucksache des III. Hessischen Landtages, 1924/27 No. 721, S. 24ff, einmal auf den demokratischen Geist überhaupt, dann auf die Hessischen Ausführungsbestimmungen, die der Sammlung der Stimmen von Haus zu Haus nichts in den Weg legten, ferner auf die recht weitherzige schweizerische Praxis. Ich reiste am 25. August nach Basel und stellte durch Ein-

---

[443] 3/354ff.

sichtnahme in die Abstimmungslisten des Kantons Basel-Stadt fest, daß man dort an Strichelung oder an lückenhaften Angaben etwa des Namens ohne Beruf und Wohnung nicht den geringsten Anstoß nimmt.

Endlich stützte ich mich darauf, daß das Volksbegehren nur eine Anregung gibt, also keine entscheidende Bedeutung besitzt. Aus diesen Gründen nahm ich nicht für bloße Unregelmäßigkeiten, sondern auch für Verletzung von Mußvorschriften die Zulässigkeit der Mängelbeseitigung in Anspruch, nur, sofern es sich um Listen ohne Kopf handele, hielt ich das bloße Nachtragen des Kopfes für unzureichend. Die beiden anderen Staatsrechtler gelangten, wenn auch mit anderer Begründung, zu demselben Ergebnis. Trotzdem hielt der Abstimmungsausschuß an dem von Ministerialdirektor *Schwarz* vertretenen streng formalistischen Standpunkt fest und erkannte von ca. 152.000 Unterschriften nur etwa 62.000 als gültig an. Eine praktische Wirkung hatte dieser Beschluß insofern nicht, als die erreichte Zahl gültiger Stimmen zur Herbeiführung eines Volksentscheides ausreichte – erforderlich war 1/20 der Zahl der Stimmberechtigten, also 42.000. Der Volksentscheid fand am 5. Dezember 1926 statt und ergab eine knappe Mehrheit für die Ablehung der Landtagsauflösung (219.000 gegen 202.000 Stimmen).[444]

Das Gutachten hatte noch ein Nachspiel in der Landtagssitzung am 20. Oktober 1926: Der Offenbacher SPD-Abgeordnete *Wilhelm Widmann,* ein ehemaliger Angehöriger eines Arbeiter- und Soldatenrats, warf *Gmelin* vor, er hätte auf die Ausfertigung eines Gutachtens verzichten müssen, weil er sich selbst in die Liste des Volksbegehrens eingetragen hatte: „Wer so ostentativ und so offensichtlich Partei ergreift, kann nach meiner Auffassung nicht als objektiver Beurteiler und juristischer Gutachter angesehen werden." *Gmelin* meinte, dass dann auch *Anschütz* als Mitglied der demokratischen Partei ein Gutachten hätte ablehnen müssen. Und wenn er, der Demokrat, zu denselben Schlußfolgerungen gelangt wie ich, so ist doch wohl

---

[444] 3/356ff.

anzunehmen, daß mein Gutachten nicht durch einseitige Parteigesichtspunkte bestimmt war."[445]

## Reise in den Orient im September 1926

Nicht nur Höhepunkt des Jahres 1926, sondern auch das größte Abenteuer ihres gemeinsamen Lebens war für die Eheleute *Gmelin* die Reise nach Istanbul und Athen, auf die sie sich sorgfältig vorbereiteten. Mit dem Zug ging es am 1. September Richtung Konstanz, Sankt Anton, Innsbruck nach Wien. Dort statteten sie sich mit Fahrkarten und Devisen der unterschiedlichen Balkanstaaten aus und besuchten Gemäldegalerien und den Park Schönbrunn, dessen Schloss ihm weniger museal als „leer und ruinenhaft" vorkam, nachdem die Monarchie es verlassen hatte.[446] Am 4. September fuhren sie weiter nach Budapest, von dort durch die glühendheiße Puszta nach Belgrad: „Am 5. September besichtigten wir die Stadt. Sie enthält wenig Sehenswürdigkeiten und hat einen durchaus kleinstädtischen Charakter trotz ihrer Einwohnerzahl von über 200.000[447]. Autos gab es fast gar keine. Um etwas wie großstädtischen Verkehr vorzutäuschen, sind die Droschken mit Hupen ausgestattet, deren Töne unbeschreiblich komisch wirken. Interessant ist der Markt, der entschieden orientalisches Gepräge zeigt. Besonders fielen uns die Limonadeverkäufer auf, die eine im Orient sehr verbreitete schellenbaumartig verzierte messingne Kanne auf dem Rücken tragen. In der an den Markt grenzenden alten Türkenstadt, ... einem Gewinkel von verlotterten Häuschen, sahen wir die einzigen, übrigens recht dürftigen Moscheen Belgrads. In den Hauptstraßen und in den Kaffees wimmelte es von Offizieren, die z.T. Khaki trugen, z.T. aber allerlei bunte, an die Zeit *Napoleons I.* erinnernde Friedensuniformen. Alles protzenhaft und kleinstaatlich."[448] Natürlich wäre es naheliegend gewesen, nun den Orientexpreß für die Weiterfahrt zu nutzen. Da dieser allerdings nur Erste Klasse führte,

---

[445] 3/358.
[446] 3/361.
[447] 1926! 2016 hatte Belgrad 1,374 Millionen Einwohner.
[448] 3/366.

wählte *Hans* den „Konstantinopelzug" zweiter Klasse. Hinter der Grenze von Bulgarien ging es am Balkangebirge entlang nach Sofia und in eine griechische Enklave, die hauptsächlich den Grenzschikanen diente. Diese nahmen einige Stunden in Anspruch, in denen der Zug von der Gendarmerie überwacht, verschlossen stehen bleiben musste. Danach reisten sie in das türkische Ostthrakien, wo *Hans* seinem Freund *Mehmet Ali* telegraphierte, dass sie sich näherten. Der erste Eindruck von Thrakien war der von Armut: „elende Häuschen, kleine Moscheen, zerlumpte Leute, Eselchen mit hohen Lasten und scheue, halbwilde Hunde mit triefenden Augen, die bettelnd an den Zug herankrochen, aber aus Angst vor einem Steinwurf davonliefen, wenn man ihnen einen Bissen zuwarf. Stundenlang ging es durch einsamen niederen Buschwald, über dem die gar nicht hohen krummen Telegraphenstangen noch weit herausragten."[449] Gegen Abend kam das Marmarameer in Sicht, dann die byzantinischen Mauern und die zerfallenden Seemauern, bis der Zug um sieben Uhr in den Hauptbahnhof von Konstantinopel einfuhr.[450]

## Konstantinopel

Nach dem Ersten Weltkrieg hatten die Jungtürken Konstantinopel die Würde genommen, türkische Hauptstadt zu sein. 1930 wird sie dann auch noch offiziell ihren Namen ablegen und den inoffiziellen Namen Istanbul tragen, keine türkische Bezeichnung, sondern vermutlich auch aus dem Griechischen abgeleitet, - eis tan polin - „zur Stadt hin". *Gmelins* reisten noch nach Konstantinopel und wurden von *Mehemet Ali* am Bahnhof empfangen, der sie und ihr Gepäck mit einem Auto über eine das Goldene Horn überspannende Brücke nach Pangalti brachte, wo die von ihm geleitete Schule lag, ein von etwa 500 Schülern besuchtes Privatgymnasium mit einem Internat für etwa 150 Schüler. Er selbst und ein Teil des Lehrpersonals wohnte ebenfalls in der Schule, die in einem ehemaligen kaiserlichen Palast

---

[449] 3/368.
[450] 3/379.

untergebracht war, mit sechs Metern Raumhöhe mehr würdig als praktisch. Seine junge Frau empfing die Gäste wie eine Westeuropäerin, mit Bubikopf

Martha vor einer Moschee in Konstantinopel. Vielleicht das größte Abenteuer im Leben des Ehepaares. Auch wenn Martha späterhin davon nie erzählte.

Fotoalbum

und kurzem Rock. Allerdings verließ sie niemals die Wohnung. Als Absolventin der deutschen und französischen Schule konnte sie sich mit den Gästen spielend unterhalten. *Martha* und *Hans* bekommen ein möbliertes Schülerzimmer zugewiesen, erkennen jedoch in der gewaltigen Höhe des Raumes den Nachteil, dass Moskitos und andere Plagegeister sich immer hoch oben aufhielten, wo sie – trotz des mitgebrachten Insektenmittels - nicht zu jagen waren. [451] Ungewohnt waren für sie die Muezzinrufe um halb fünf Uhr morgens von der nahen Moschee. Bei ihren Besuchsgängen aßen *Gmelins* mittags auswärts, während man sich zum Abendessen bei *Mehmet Ali* und seiner Frau traf. Am ersten Tag bekamen sie als Führer den Onkel von *Mehmet Alis* Frau, einen Gymnasiasten mit guten Deutschkenntnissen. Ähnlich wie Wien sei auch Konstantinopel geprägt vom untergegangenen Ancien regime, das seine Spuren überall hinterlassen hat. Nach einigen verlassenen Palästen ist der erste Höhepunkt die Hagia Sofia, deren Innenraum ihnen überwältigend und unauslöschlich vorkommt mit ihrer schwebenden Kuppel.[452] Sie trugen Filzschuhe mit Rücksicht auf die Gebetsteppiche, da die Kirche bis 1935 noch als Moschee genutzt wird, wie seit 2020 wieder bis heute. Auch die Achmadije machte großen Eindruck auf die Reisenden, wie auch die wenigen antiken Überreste aus byzantinischer Zeit am At-Meidan, wo es ein Hippodrom gegeben hatte. Die Lage der Suleimanije ist für *Hans Gmelin* unübertrefflich: „Andererseits erfreut sie sich einer wunderbaren Lage, sodaß man die über der Stadt thronende Moschee von vielen Punkten aus immer wieder erblickt, und daß sich von ihrer Terrasse aus ein köstlicher Blick über das goldene Horn hinüber nach Galata und bis gegen Skutari[453] öffnet."[454] Am Freitag, dem muslimischen Feiertag, machten sie mit *Mehmet Ali* eine Dampferfahrt auf die asiatische Seite der Stadt, von wo sie aber wegen eines Sportfestes rasch wieder aufbrachen. Nach weiteren ausführlichen Erkundungen der Geschichte und Gegenwart der Stadt, mit reicher Kultur und aktueller Armut, beendeten sie ihren Besuch mit nochmaligem Besuch der Hagia Sophia und den Zisternen von Jere-Batan mit ihren 360 Säulen. Auf eine Bootsfahrt in deren Tiefe verzichteten sie, weil es ihnen zu kalt war. Auf der „Cleopatra", einem

---

[451] Vgl. 3/372.
[452] Vgl. 3/373ff.
[453] Üsküdar auf dem asiatischen Ufer des Bosporus.
[454] 3/378.

ehemals österreichischen Schiff, das als Kriegsbeute an die Italiener gefallen war, verließen sie dann Istanbul Mit Ziel Athen, wo sie am 17. September von Bord gingen.

Nach dem spannenden Aufenthalt in Konstantinopel sind Martha und Hans auf der Akropolis in Athen angekommen, auch wenn sie den Rest der griechischen Hauptstadt für weniger spektakulär halten im Vergleich zu Konstantinopel.

Aus dem Fotoalbum.

## Athen

In Piraeus nahmen sie ein Auto, das sie auf der einzig guten Straße Griechenlands nach Athen brachte. Acht Tage zuvor hatte ein Militärputsch den Diktator General *Pangalos* gestürzt, der seit 1922 an mehreren Putschen beteiligt gewesen war, und sich nur wenige Monate als Diktator hatte halten können. „Man sagt, weil er den Frauen das Tragen allzu kurzer Röcke verbot."[455] Der Aufenthalt war im Hinblick auf Essen und Trinken nicht unproblematisch: „Denn der Genuß von Wasser war in dem damals noch einer guten Wasserleitung entbehrenden Athen natürlich ausgeschlossen. Auch Bier war gefährlich, weil darin Eisstückchen – also wieder ungeklärtes Wasser herumschwamm. Beim Thee war man nicht sicher, ob das dazu verwendete Wasser gekocht wurde. Der türkische Kaffee war zu süß. Beim Wein endlich hatte man die Wahl zwischen guten Sorten, die sich aber durch ihren allzu hohen Alkoholgehalt nicht empfahlen und den gewöhnlichen Landweinen, die aber zu ihrer Konservierung geharzt wurden, daher die Bezeichnung „rezinato" trugen. Er schmeckte ungefähr wie wenn man einen Tannenzapfen in den Wein gelegt hätte. Mir war der bittere Geschmack nicht unsympathisch, während sich *Marthel* an diesen Medizinwein nicht gewöhnen konnte."[456]

Die Temperatur wirkte auf sie noch wärmer als in Konstantinopel, wo am Nachmittag kühlerer Wind vom Schwarzen Meer geweht habe. Für *Hans Gmelin* war Konstantiopel dem Athen seiner Zeit erheblich vorzuziehen, da dessen „Sehenswürdigkeiten sich in der Akropolis, dem Markt, dem Theseion[457], der Gräberstraße und dem Museum erschöpften".[458] Er genießt eben lieber intakte Kunst- und Architekturbeispiele als antike Trümmerfel-

---

[455] 3/392.
[456] 3/392f.
[457] Der Tempel des Hephaistos im Zentrum der Stadt.
[458] 3/394.

der. Darum kamen beide bei ihren täglichen Besuchen auf der Akropolis durchaus auf ihre Kosten, wo Propyläen, Niketempel, Erechtheion und Parthenon einen nur wenig beschädigten Eindruck machten. „Außer den beiden Tempeln besuchten wir noch das kleine Museum der Akropolis[459]. Seine Bedeutung liegt vor allem darin, daß es die Kunst enthält, die vor den Perserkriegen gepflegt wurde, da es nämlich vorwiegend Skulpturen aus archaischer Zeit enthält, z.B. einen *Hermes*, der einen Ochsen trägt, oder eine mit bemaltem Gewand bekleidete Frau. Hier zeigte sich, daß die Zerstörung der Burg durch die Perser zur Zeit der Schlacht bei Salamis auch ihre guten Wirkungen hatte. Denn die Trümmer der Burg wurden nach der Rückkehr der Griechen eingeebnet und eben in dieser Trümmerschicht fanden sich die Werke archaischer Kunst, die heute im Museum der Akropolis und im Nationalmuseum ausgestellt sind."[460]

Als Folge des Ersten Weltkriegs waren Hunderttausende Griechen aus der Türkei ausgewiesen worden und waren in Athen gelandet. Die Einwohnerzahl war in kurzer Zeit auf eine Million gestiegen, viele von ihnen ohne Sprachkenntnisse, sodass sie nur schwer zu beschäftigen waren, es sei denn als Schuhputzer.

Wegen *Marthas* Darmkatarrh beschlossen beide, früher abzureisen und bestiegen in Piräus am 22. September 1926 ein Schiff, dass durch den nacht-

---

[459] H.G. besucht das erste Museum von 1863. Heute gilt: Das Akropolismuseum (griechisch Μουσείο Ακρόπολης) verwahrt ausschließlich Fundstücke und Objekte von der Akropolis von Athen. Das heutige Gebäude am Fuß der Akropolis wurde von Bernard Tschumi und Michalis Fotiadis entworfen und am 20. Juni 2009 eröffnet. Jährlich wurden mehr als 1,4 Mio. Besucher gezählt. - Das Museum zeigt rund 300 Statuen und Friesteile sowie etwa 4000 andere kleinere Gegenstände aus dem archaischen Zeitalter, der klassischen Antike und der Spätantike, die bisher im alten Akropolismuseum auf der Akropolis ausgestellt waren oder aus Platzmangel in Magazinen lagerten. Vgl. Wikipedia, 12.10.2023.
[460] 3/398f.

schwarzen Kanal von Korinth über Patras nach Korfu fuhr. Von dort ging am Abend die Eleutheria ab, die beide am Morgen des 25. September nach Brindisi brachte. Mit dem Schnellzug fuhren sie nach Mailand, von dort über den Gotthard nach Basel, Brombach und Günterstal, wo sie noch drei Wochen mit ihren Kindern zubrachten.

In Gießen warteten dann 46 Kandidaten auf die juristische Klausur, die *Hans Gmelin* zu bewachen hatte, von denen dann 27 ihr Examen bestanden.

Am Ende des Jahres 1926 kam Mutter *Johanna* nach Gießen. *Ulrich* durfte – mit fünf Jahren – zum ersten Mal ins Theater, um „Frau Holle" anzusehen. „Als am Schluß ein kleiner Christbaum auf die Bühne gebracht wurde, rief *Ulrich* mit vernehmlicher Stimme: ‚Wir haben aber einen größeren Christbaum zu Haus.'"[461]

Die schriftlichen Arbeiten *Gmelins* erlitten einige Rückschläge: Die Arbeit über die griechische Verfassung, zu der er sich aus Athen Material beschafft und mitgebracht hatte und deren Wortlaut er aus dem Neugriechischen übersetzt hatte, scheiterte daran, dass die Verfassung kurz vor einer einschneidenden Änderung stand. Die Arbeit über parlamentarische Arbeit scheiterte endgültig an der Verlegerfrage und das einzige, was weiter lief, war die Verwaltungskartothek des Kollegen *Giese*, für die *Gmelin* erfolgreich Stichworte bearbeitete und dafür Tantiemen erhielt.

Im Sommersemester 1927 drehte sich alles um den bevorstehenden Hausbau.

---

[461] 3/417.

## Bauplatz und Hausbau in Gießen, Am Nahrungsberg 51[462]

Nachdem *Gmelin* alle Möglichkeiten geprüft hatte, wie er öffentliche Förderungen und Kredite in Anspruch nehmen konnte, wurde er auf die Nassauische Siedlungsgesellschaft aufmerksam gemacht, die schlüsselfertige Häuser baute. *Martha* und *Hans* fuhren nach Frankfurt zu den dort beschäftigten Architekten *Sieber* und *Koch*, wo sie eine Flachdachhäuser-Siedlung in Ginnheim gezeigt bekamen, die ihnen indes nicht gefiel. Am Ende der Gießener Gartenstraße war den Spaziergängern ein verwildertes Grundstück aufgefallen, das einem Oberst *von Witzleben* gehörte, der rechts daneben in einem ebenso verlotterten Haus wohnte. *Hans* läutete dort und erfuhr, dass seine Bewohner einen Teil des Grundstücks gern verkaufen würden, aber nicht damit zu rechnen sei, dass man darauf eine Baugenehmigung erwirken könne. Dazu trat *Gmelin* mit dem Bürgermeister Dr. *Hamm* in Kontakt, um doch eine Baugenehmigung zu bekommen. Gleichzeitig fertigte er eine Skizze, wie er sich das künftige Haus vorstellte und übergab die an den Architekten *Koch*. Der setzte sie bis zum 17. Mai in einen Plan um, mit dem der städtische Bauausschuss eine Entscheidung treffen konnte, was dann am 27. Mai geschah. Zuvor mussten das Vermessungsamt und das Baupolizeiamt, wie das Tiefbauamt ihre Stellungnahme abgeben. [463] Da das Grundstück damals jenseits der Ortsgrenze Gießens gelegen war, hätte eigentlich die Stadtverordnetenversammlung über das Bauvorhaben abstimmen und der Innenmisiter einen Dispens erteilen müssen. Das Bauamt behandelte das Vorhaben als Bau an einer vorhandenen Straße, nämlich damals noch am Schiffenberger Weg, was diese Verzögerungen vermied. Am 14. Juni 1927 hatte *Hans* eine Baugenehmigung, in der die Auflage stand, dass ein schmaler Weg an der Seite des Baugrundstücks erworben werden müsse, wenn das „Gässchen" als öffentlicher Durchgang

---

[462] Diese Adresse wird erst später das Grundstück bezeichnen, damals gehörte es noch zum Schiffenberger Weg.
[463] Vgl. 3/424.

geschlossen würde. Bemängelt wurde die Lage des Kamins, der eigentlich in die Küche gehört hätte, denn aus der Küche wurde nach den Plänen der Dunst des Grudeherds über ein verschaltes Ofenrohr über der Treppe in den Kamin hinübergeführt. Eine schräge Kaminkonstruktion hatte es ja auch schon in Günterstal gegeben... Der 1937 dann doch noch eingebaute Kohleherd wurde auch über das Oferrohr im Treppenhaus rauchabgeführt, die späteren Gas- und Stromherde konnten dann auf diesen Kaminanschluss verzichten und das Treppenhaus konnte befreit werden. Für zehn Reichsmark pro Quardratmeter wurde *Hans* mit Oberst *v. Witzleben* über den Grundstückspreis einig, einschließlich eines Vorkaufsrechts für das Nachbargrundstück, das *Hans* 1937 dazukaufte, um einen Hausbau in direkter Nachbarschaft zu verhindern, der dann Jahrzehnte später dennoch stattfand, als sein Sohn *Günter* dieses Grundstück wieder veräußert hatte. An den Plan für die Baugenehmigung hielt man sich dann nicht: „In dem Plan, den mir die Architekten für die Baugenehmigung übermittelt hatten, waren die Räume doch etwas zu klein ausgefallen: Die Hauptzimmer 5,30 zu 3,80 Meter, die Küche nur 3 zu 3,5 Meter. Ich gab daher als ich in einer Besprechung mit den Architekten am 28. Mai den Plan endgültig festlegte, an jeder Seite 20 Zentimeter zu, damit die Hauptzimmer doch eine Breite von vier Metern und damit einen Umfang von über 20 Quadratmetern erhielten. Dadurch wuchs die Gesamtbreite des Hauses auf 10,20 und die Tiefe auf 9,20 Meter. Bei dieser Gelegenheit teilte ich auch die Kammern anders ein: Während die Architekten zwei nach Süden gehende Kammern vorgesehen hatten, die aber beide durch Schrägheit der Wände verunstaltet gewesen wären, setzten wir eine nach Norden und eine nach Süden, durch einen schmalen Gang getrennte Kammern ein, die, weil sie in die Mitte des Dachraumes zu liegen kamen und sich vor ihnen je eine breite Dachgaube erhob, grade Wände hatten."[464] Auf die Ausschreibung im Gießener Anzeiger meldeten sich viele Bauunternehmen, unter denen die Firma *Buß* aus Holzheim den Zuschlag bekam, die gerade in der Nachbarschaft für den

---

[464] 3/429.

Studienrat Dr. *Emmel* ein Haus in der Hessenstraße baute. Das Angebot der Nassauischen Siedlungsgesellschaft war mit 43.000 Mark das teuerste, während die Firma *Buß* nur 28.500 Mark forderte. Trotz einiger Fehler in der Bauausführung rechtfertigte das Holzheimer Bauunternehmen am Ende das in es gesetzte Vertrauen. Am 1. Juli wurde die Lage des Hauses abgepflockt, dann der Bauzaun gesetzt und ein auf dem Grundstück stehender Lichtmast versetzt.

Am 5. Juli begannen dann die Ausschachtungsarbeiten. Dabei wurde die lehmige Erde mit Pferdewagen abgeholt. Bis Anfang August war dann bereits der ganze Keller bis auf Sockelhöhe aufgemauert. Die beiden Söhne nahmen regen Anteil an dem Baugeschehen und drängten täglich darauf, den Fortschritt zu betrachten. „Wenn wir nach Feierabend oder am Sonntag den Platz besuchten, stiegen sie wie kleine Affen in das Kellergeschoß hinab, um mit den herumliegenden Bausteinen kleine Mäuerchen zu bauen oder sonst allerhand Unfug zu treiben.“[465]

Der Sanitätsrat *Karl Gmelin*, ein weitläufiger Verwandter[466], der bis heute einen guten Ruf auf der Insel Föhr genießt[467], weil er das erste Nordseesanatorium in Wyk gegründet hat, teilte *Hans* mit, dass am 23. Juli eine Gedenktafel an der Gmelinschen Apotheke in Tübingen angebracht würde. Die „Untere Apotheke“ am Marktplatz war seit 1706 das Tübinger Stammhaus der Familie *Gmelin*, zu dem auch ein entsprechender Apothekengarten gehört hatte. Allerdings wurde sie bereits 1861 an *Wilhelm Mayer* abgegeben und trug darum schon seit langer Zeit den Namen *Mayer'sche* Apotheke, bis ihre letzte Inhaberin 2017 aufgab. Da ihre

---

[465] 3/434.

[466] Hans und Karl haben einen gemeinsamen Urgroßvater: den in Göttingen lehrenden Johann Friedrich Gmelin (1748-1804), der zu den Vorfahren seiner Mutter Johanna zählt (Jüngere Tübinger Linie). Karl lebte von 1863 bis 1941.

[467] Vgl. „Das Vermächtnis vom Südstrand"von Christian Meurer und Daniel Pilar. FAZ, 15.3.2021.

Inneneinrichtung denkmalgeschützt ist, hat sie seither keine neue Verwendung gefunden. Zum Auftakt des Tübinger Universitätsjubiläums sollte eine Gedenktafel angebracht werden, mit der die Hochschullehrer, die aus der Familie *Gmelin* hervorgegangen waren, geehrt werden sollten. Am Abend fand nach der Freiluftveranstaltung noch eine Zusammenkunft der Familienangehörigen statt, zusammen mit dem völkischen Botanikprofessor *Ernst Lehmann*, der die Einweihungsrede gehalten hatte.

Nach diesem kurzen Ausflug beendete die Fakultät noch das Semester in Gießen und am 10. August fuhr die Familie nach Günterstal, wo die alte *Therese* schwer erkrankt war. In Freiburg starben *Hans'* Onkel *Karl Döll*, der mit seinen humorigen Gedichten viel Freude bereitet hatte und bald darauf auch dessen Frau *Minna*. Von Freiburg unternahmen *Martha* und *Hans* noch einen Kurzurlaub in die französische Schweiz, wo sie bei rgenerischem Wetter den Völkerbund aufsuchten. *Hans* deckte sich mit Materialien ein und sie verfolgten mehrere Ausschusssitzungen des Völkerbundes. „So unbedeutend die zur Diskussion stehenden Gegenstände waren: In der einen Kommission die Sklaverei in Abessinien und anderen Teilen Ostafrikas, in der anderen Kommission internationaler Kinderschutz – so glaubte ich doch aus der Haltung der Teilnehmer die verschiedenen Einstellungen ihrer Länder zum Völkerbund herauslesen zu können. Einerseits die vertrauensvolle Gläubigkeit, die die Vertreter kleiner Nationen dem Völkerbund entgegenbrachten, sie offenbarte sich sowohl in der eifrigen Rede, die eine schwedische Dame hielt, wie in den ernsten Worten, die der Entdecker *Nansen*[468], der Vetrtreter Norwegens in tadellosem Englisch, aber mit dem

---

[468] Fridtjof Wedel-Jarlsberg Nansen (* 10. Oktober 1861 in Store Frøen bei Christiania, heute Oslo; † 13. Mai 1930 in Lysaker) studierter Zoologe, über moderne Neurologie bei Wibellosen promoviert. 1897 Forschungsreisen in Nordatlantik. Polarforscher, 1888 als Erster Grönland über das Inlandeis durchquert. Nordpolarexpedition (1893–1896) gemeinsam mit Fredrik Hjalmar Johansen 1895 größte erreichte Annäherung an geographischen Nordpol. Setze sich für die politische Unabhängigkeit Norwegens ein, auch für

singenden Ton der Nordländer sprach – andererseits die wegwerfende Behandlung, die Vertreter großer Staaten dem Völkerbund zuteil werden ließ, wenn er sich erlaubte, sich in ihre Angelegenheiten zu mischen, die sich z.B. in der Haltung des englischen Vertreters äußerte, als gegen England der Vorwurf erhoben wurde, an der Goldküste die Sklaverei noch zu dulden."[469] Am 3. September 1927 wurde in Gießen der Rohbau fertiggestellt und das Dach wurde wenig später mit Biberschwänzen fertig gedeckt. Am 22. September fuhr die Familie zurück nach Gießen, wo sie sich über den Baufortschritt freute, da die Firma *Appel* gerade die elektrischen Leitungen legte.

Der Wohnungshüter, ein Student namens *von Hahn* berichtete von einem Einbruch in der Wiesenstraße 2. Da der Wohnungshüter die Läden nicht geschlossen hielt, hatte der Einbrecher mit einem Diamanten das Küchenfenster aufschneiden können, das Fenster geöffnet und war durch die Wohnung geschlichen. Gestohlen hatte er hauptsächlich die Sachen des Herrn *von Hahn*: „Er holte aus einem Kleiderschrank im Gang einen grauen Winteranzug des Herrn *von Hahn*, ein paar neue Halbschuhe, ein Paar wildlederne Handschuhe und die schönste Krawatte, dann schlich er sich in das Schlafzimmer und stahl aus der Kleidung, die über den Stuhl am Bett hing, Uhr, Portemonnaie und Brieftasche. Dabei ist er ganz überlegt zu Werk gegangen, denn er ließ Gegenstände, die für ihn wertlos waren, zurück, z.B. die Uhrkette und den Füllfederhalter. Herr v. Hahn schlief währenddem den Schlaf des Gerechten. Zum Glück ist er nicht erwacht, denn der Dieb, ein ganz schlauer Junge, der aus dem Gefängnis in Herborn entwichen war, wäre wohl vor einem Mord nicht zurückgeschreckt. Der Dieb verließ die Woh-

---

die Inthronisation des Prinzen von Dänemark zum norwegischen König Haakon VII. 1906 bis 1908 im diplomatischen Dienst in London. Verhandlungen zur völkerrechtlichen Anerkennung Norwegens. Schließlich Delegierter und Hochkommissar für Flüchtlingsfragen im Völkerbund. Initiierte den nach ihm benannten Nansen-Pass für staatenlose Flüchtlinge. Hierfür und für seine Verdienste um die internationale Flüchtlingshilfe erhielt er 1922 den Friedensnobelpreis. Vgl. Wikipedia, 27.10.2023.
[469] 3/444f.

nung wieder durchs Küchenfenster, vertauschte auf der Wiese hinter dem Garten seine Sträflingskleidung gegen den gestohlenen Anzug, und hinterließ dort auch alles, was ihm gefährlich werden konnte, Briefe, Ausweise, Bilder, dann suchte er das Weite. Er wurde einige Wochen später in Westfalen wieder aufgegriffen.“[470] Zum Glück für den Wohnungshüter zahlte die Versicherung den Verlust des wohnungshütenden Studenten.

Am 6. August nahm *Hans Gmelin* an einem Klassentreffen zur Feier der 30. Wiederkehr des Abiturs in Karlsruhe teil und konnte *Ulrich* bei seinen Tanten *Luise* und *Klara* lassen. Von 22 Klassenkameraden, zu denen allerdings einige aus der Parallelklasse gekommen waren, hatten bereits sechs sterben müssen, davon fünf im Krieg. Zunächst erkannte er keinen und wurde auch nicht erkannt von dem einladenden Rechtsanwalt *Richard Gönner* (1879-1946). Dann entwickelte sich der Abend zur Symbolveranstaltung für die um sich greifende Unzufriedenheit der Menschen der Weimarer Zeit: „Im übrigen fiel es mir nicht leicht, zu Kameraden, die ich 30 Jahre lang nicht gesehen hatte, Beziehungen zu finden. Wir hatten außer den schon recht weit zurückliegenden Schulerinnerungen zu wenig Gemeinsames. Vielleicht verfiel deshalb *Gönner* auf die unglückliche Idee, die Anwesenden zur Äußerung ihrer Ansichten über die zur Gesundung Deutschlands einzuschlagenden Wege aufzufordern. Damit beschwor er eine politische Debatte herauf, die wohl nicht ganz am Platze war. Denn auf eine sehr patriotische Rede von *Steinel*, Rechtsanwalt in Pforzheim, protestierte Rechtsanwalt *Mayer*, Karlsruhe, sehr heftig gegen die Hereinziehung der Politik in unseren Kameradschaftsabend. So berechtigt dieser Widerspruch war, so wenig glücklich war er in der Form, der man nur allzu deutlich anmerkte, daß *Mayer* ein dem Trunk ergebener, ziemlich roher Kumpan war. Trotzdem bewährte er sich in glänzender Anwaltspraxis als tüchtiger Jurist. Der nun einmal angefachte Brand wurde noch mehr geschürt durch *Schabinger v. Schobingen*, der es für nötig hielt, ein strammes Bekenntnis zur Monarchie

---

[470] 3/448f.

abzulegen. Er war verbittert, weil er seinen Wirkungskreis verloren hatte, denn er lebte als Konsul a.D. in Karlsruhe.“[471]

Auf der Rückfahrt traf *Hans* noch einen der Klassenkameraden, *Adolf Eisenlohr,* (1879 bis 1963), der als Regierungsbaurat im badischen Eberbach arbeitete. Er war der Sohn eines Freundes von *Hans'* Großvater, des Präsidenten der Badischen Eisenbahngesellschaft, *Wilhelm Eisenlohr.* In den nächsten Wochen muss *Hans* auf seine Frau verzichten, weil sie wieder einmal medizinische Heilbehandlungen über sich ergehen lassen musste und darum in Freiburg geblieben ist.

## Auf der Baustelle

Zum Neubau in Gießen zurückgekehrt, fiel zuerst auf, dass die äußere Kellertreppe eingebaut war und die ersten Röhren für die Zentralheizung verlegt wurden. Die Innenräume bekamen ihren Putz aufgetragen. Da die Lage des Hauses erheblich über dem Niveau der Straße lag, musste ein Putzschacht errichtet werden, der im Vorgarten des Hauses gebaut wurde und dem Abwasserkanal einen ungeknickten Ablauf in die Kanalisation ermöglichte. In den nächsten Wochen stellten die für die Kanalisation ausgeschachteten Gräben ein gewisses Risiko für Besucher dar, das *Hans* als „lebensgefährlich“ bezeichnete. Mitte November kam der Heizungskessel für die künftige Zentralheizung, die damit in den Probebetrieb gehen konnte. In der Bauzeit zeigte *Hans* vielen Kollegen stolz den Rohbau, in dem man noch auf Leitern die oberen Stockwerke erklettern musste.

---

[471] 3/452.

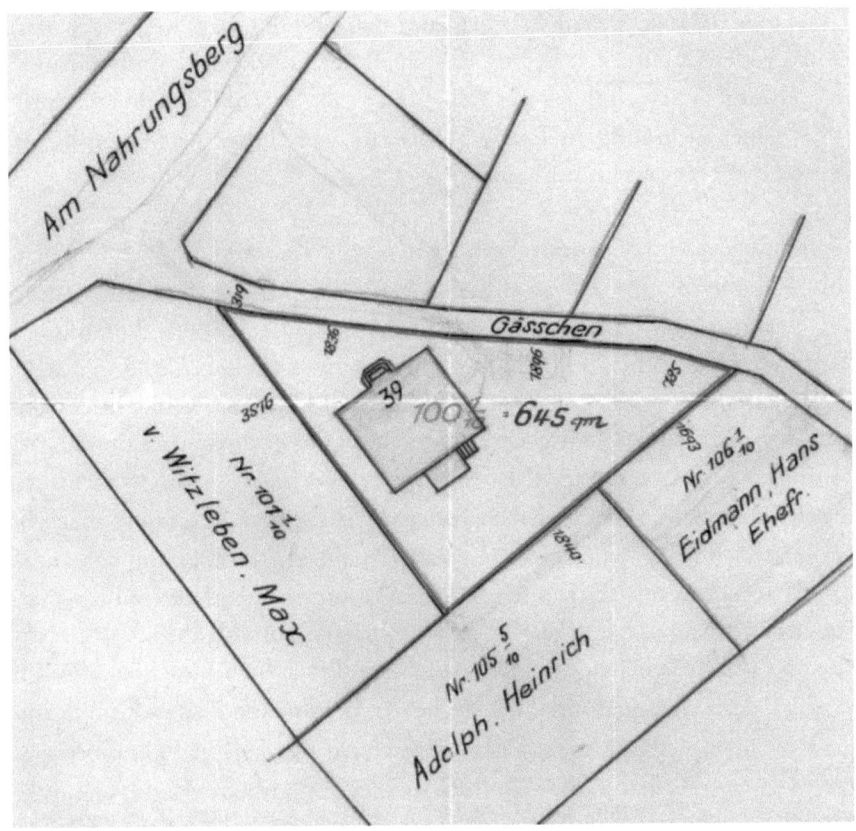

Lageplan des geplanten Hauses, später unter der Gießener Adresse
„Am Nahrungsberg 51".

Mitte November kam die Haustür und Gräben für die Gas- und Wasser-
leitungen wurden ausgeschachtet. Am 18. Dezember hatte es 15 Grad unter
Null und die bereits regelmäßig in Betrieb gehaltene Heizung war ausge-
gangen, was den Heizkörper in der Küche zum Platzen gebracht hatte. So
musste der Rohbau mit geliehenen offenen Koksöfen warmgehalten werden,

damit der Wandputz nicht gefährdet wurde. Bei der Reparatur des Frostschadens stellte sich heraus, dass auch der Heizkessel kaputtgefroren war, für den es erst nach einiger Zeit Ersatz gab. Da *Hans* auf den 1. April 1928 seine Wohnung in der Wiesenstraße gekündigt hatte, stand die Baustelle unter erheblichem Zeitdruck.[472]

Während *Günter* in Günterstal geblieben war, hat *Hans* in den vier Wochen ohne seine Frau Sohn *Ulrich* an seiner Seite: „Wenn es irgend ging, nahm ich ihn mit mir, auf die Post, die Bank, zu Besorgungen oder in die Bibliothek. Freilich konnte ich ihn nicht immer um mich brauchen und so war er auch häufig sich selbst überlassen im Kinderspielzimmer. Obwohl er sich ganz gut allein zu beschäftigen verstand, empfand er doch die Einsamkeit, darum erschien er öfter in der Küche bei der *Theres.* Als sie ihn wieder hinauswies, entgegnete er: „Sie haben gut reden, Sie haben die *Emma,* aber ich bin ganz allein.“ Da richtete ich ihm ein Tischchen im Studierzimmer, wo er von da ab neben mir „arbeitete“, d.h. er zeichnete allerlei Felder auf Papier und benannte sie als Lagepläne.“[473] Auch seinen Geburtstag am 3. November musste *Ulrich* allein feiern. *Hans* hat ihm mit schönen Geschenken und Ritualen das Fest ausgestaltet. Die die beiden betreuende *Therese* konnte am 17. November nach Günterstal zurückgeschickt werden, weil *Hans* besagte *Emma* eingestellt hatte, die sich flink in alles eingearbeitet hatte. Gesundheitlich wurde *Hans* durch einen Defekt in seinem Knie eingeschränkt, was seinen Aktionsradius empfindlich einschränkte. Bestrahlungen sorgten für zeitweise Schmerzfreiheit, nicht aber für Abhilfe. *Martha* war nach ihrer Operation noch schwach und bekam regelmäßig Besuch von Schwiegermutter *Johanna* mit Sohn *Günter.* Am 2. November wurde sie aus dem Krankenhaus entlassen und blieb zunächst in Günterstal, wo bald Schneefall

---

[472] Vgl. 3/465.
[473] 3/458.

einsetzte. Am 19. November brachte *Johanna* ihre Schwiegertochter nach Gießen.[474]

Einen bleibenden Eindruck hinterließ ein Unfall am 14. September 1927 im fernen Nizza, bei dem die Tänzerin *Isadora Duncan* neben dem italienischen Autohändler *Benoit Falchetto* im offenen Wagen saß, als sich ihr langer Schal auf das Rad des Autos wickelte und sie strangulierte: „Als wir von einem Shawl sprachen, warnte *Ulrich*, daß es nicht so gehen dürfe, wie der *Duncan*. Auf unsere Frage erzählte er das Mitte September vorgefallene unglückliche Ende der *Duncan* und kannte auch ihren Vornamen *Isadora*. Auf die Frage, was sie war, antwortete er: ‚Schleiertänzerin.‘"[475] Seine Mutter *Martha* erzählte mit warnender Intention noch Jahrzehnte später ihren Enkeln von diesem Unglück, obwohl es zu dieser Zeit kaum noch offene Wagen gegeben hat. Zu Weihnachten bekam *Hans* von seiner Mutter das Buch seines Vetters *Otto Gmelin*, „Im Angesicht des Kaisers", was ihm zu einer Bewertung der literarischen Qualität seines befreundeten Verwandten Anlass gab: „Dieses Werk steht zweifellos auf höherer Stufe als sein vorhergehendes, der bluttriefende und sinnliche Temudschin[476], Dschingis Khan, wenn ich auch an dem abgehackten Stil, wie an dem mich als Historiker nicht immer überzeugenden Inhalt manches auszusetzen finde."[477]

Anfang des Jahres begann das gesellschaftliche Leben in Gießen wieder mit vielen „Gesellschaften", aus denen sich *Martha* und *Hans* allerdings wegen erneuter Unpäßlichkeit *Marthas* bald zurückziehen mussten. *Martha* befürchtet, dass sie das neue Haus nicht lange werde genießen können. Sie wird dort aber bis kurz vor ihrem Tod 1982 zuhause sein.

---

[474] Vgl. 3/462
[475] 3/466
[476] Otto Gmelin: Temudschin, der Herr der Erde. Jena, 1925.
[477] 3/467.

## Staatsrechtliche Arbeiten 1928

Nachdem der erste Versuch, über die griechische Verfassung zu arbeiten, an den Veränderungen des griechischen Staates gescheitert war, nutzte *Hans* die wegen der Erkrankung *Marthas* ruhige Zeit für die Übersetzung der neuen Verfassung vom 3. Juni 1927, die er dann mit einer kleinen Einleitung im Jahrbuch des öffentlichen Rechts veröffentlichen konnte.

Zu den im völkerrechtlichen Sinne subversiven Tätigkeiten gehörte *Gmelins* Mitwirkung im Rechtsausschuss der Deutsch-österreichischen Arbeitsgemeinschaft, die es sich zum Ziel gesetzt hatte, einen von den Österreichern nach dem Esrten Weltkrieg gewünschten Anschluss Österreichs an das Deutsche Reich vorzubereiten, obwohl dieser Anschluss durch den Versailler Vetrtrag untersagt worden war. Parallel zu dieser arbeitete in Österreich eine Österreichisch-deutsche Arbeitsgemeinschaft, die mit ihrer deutschen Schwesterorganisation darauf hinwirkte, dass die rechtliche Gestalt beider Staaten aneinander angeglichen würde. *Gmelin* sollte in deren Auftrag Stellung nehmen zu der Frage der Staatsangehörigkeit: „In dem in Wien 1928 (Verlag deutsche Einheit) erschienenen Heft habe ich eine bedingte automatische Naturalisation vorgeschlagen in dem Sinn, daß alle Deutschen auch die österreichische und alle Österreicher die deutsche Staatsangehörigkeit erhalten sollten, jedoch bedingt durch ein Ablehnungsrecht des Betroffenen und durch ein Recht der Behörde, aus objektiven Gründen die Staatsangehörigkeit zu verweigern."[478]

Dazu kamen Anfang 1928 noch kleinere Arbeiten für das „Archiv für das Wanderungswesen", Artikel für die Verwaltungskartothek und die druckfertige Verfassung von Urteilen des Verwaltungsgerichtshofs und ein Vortrag in Mainz.

---

[478] 3/471.

## Innenausstattung des Hauses

Bei der Auswahl der Tapeten, trafen *Martha* und *Hans* eine Vorauswahl in einem Frankfurter Tapetengeschäft, die sie allerdings revidierten, nachdem sie in Gießen im Laden von *Otto Hochstätter* ansprechendere Motive gefunden hatten. Wie einstmals in Günterstal, wird es an den Wänden wieder bunt: Ein oranges Rautenmuster im Esszimmer, verschiedene Grünstreifen im anschließenden Musikzimmer und das neben der Haustür liegende kleine Zimmer *Marthas*, bekam eine violette Wandbekleidung. Auch im ersten Stock kam Hellgrün und Hellblau an die Wand. „In den Mansarden gab es wieder eine hellgrüne Tapete im Gastzimmer eine blaue im Kinderspielzimmer und eine beigefarbene im Mädchenzimmer. Uns gefiel die Auswahl derart, daß wir überzeugt waren, sie hätte sogar *Goethes* Beifall gefunden.“[479] Am 10. Januar waren die Treppen eingebaut worden und am 20. Janauar wurden die Putzarbeiten im Inneren beendet. Ende Januar kam ein neuer Heizkessel und die Frostschäden konnten nach einigem Hin und Her im Hinblick auf die Schadensregulierung behoben werden.

Ulrich, Martha und Günter posieren vor dem neugebauten Haus in Gießen, das noch nicht verputzt ist. Vor der Haustür im Jahr 1928.

Aus dem Fotoalbum.

[479] 3/474.

Ulrich, Hans und Günter auf
der Treppe des neuen Hauses
im Jahr 1928.

Aus dem Fotoalbum

## Sorge um die Universität Gießen

Die wirtschaftliche Lage der einzelnen deutschen Länder war nach wie vor
prekär und gerade ein kleines Land wie Hessen-Darmstadt suchte händerin-
gend nach Sparmöglichkeiten, zu denen natürlich auch die teuren Hochschulen zählten. So wurde zunächst aufgrund der geringen Hörerzahlen die
Theologische Fakultät auf die Liste der aufzuhebenden Abteilungen gesetzt,
allerdings dicht gefolgt von der juristischen, der in Frankfurt eine erhebliche
Konkurrenz erwachsen war: Obwohl die Juristische Fakultät damals noch
eine stattliche Hörerzahl aufwies, faßte ein Sparkommissar „den Abbau ins
Auge, weil nach Vereinheitlichung der Prüfung doch nur wenige Juristen
noch in Gießen studieren würden! Er hat Recht behalten, denn die Einführung des Einheitsstaats im Dritten Reich hat zusammen mit anderen

Gründen einen katastrophalen Rückgang der Zahl der Juristen an der Gießener Fakultät herbeigeführt. Da auch ich die Schrumpfung der Hörerzahl befürchtete, hätte ich den Abbau damals nicht ungern gesehen, ich hätte mir durch Habilitierung an einer größeren Universität damals noch einen neuen Wirkungskreis schaffen können."[480] Zuvor war die Kleinstaatlichkeit eine sichere Garantie für den Bestand der Gießener Juristenfakultät gewesen, da jeder, der in Hessen-Darmstadt Beamter oder Richter werden wollte, sich dort in die Geheimnisse des Hessen-Darmstädtischen Rechts einführen lassen musste. Später wird *Leo Rosenberg* von dem Reichssparkommissar *Oppermann* berichten, der offenbart hätte, dass Hessen, Baden und Württemberg vor dem Bankrott stünden. In Hessen verfolge man den Plan, die Universitäten Gießen und Marburg zusammenzulegen: Medizin und Naturwissenschaften würden dann in Gießen verbleiben, während es Theologie und Rechtswissenschaft nur noch in Marburg gäbe.[481]

## Die unendliche Hundegeschichte

*Martha* begleitete eine lebenslange Furcht vor Einbrechern, die durch den Einbruch in die Wohnung Wiesenstraße – wenngleich in Abwesenheit – neue Nahrung bekommen hatte. Bis ins hohe Alter kontrollierte *Martha* jeden Abend alle Räume des Hauses einschließlich einem Blick unter alle Betten, um unerwünschte Eindringlinge zu ertappen. 1928 bat sie eindringlich um einen Schutzhund. Auf eine Annonce wurde ihnen aus Krofdorf ein riesiges Tier geliefert, das mit reichlichen Futtergaben zwar leidlich unter Kontrolle zu bekommen war, es aber weder zur Leinenführigkeit noch zur Stubenreinheit brachte und darum wieder zurückgebracht werden musste. Der zweite Versuch betraf eine schwarze Deutsche Dogge mit merkwürdig verschnittenen Ohren. Die Nachfrage in der Tierklinik ergab, dass das Tier einem Studenten gehörte, dem es gestohlen worden war. *Martha* fand noch

---

[480] 3/476f.
[481] 3/485.

einen Schäferhund in der Mühlstraße, der aber einen merkwürdigen Gang aufwies: „Auf meine Vorhaltung erklärte der Eigentümer, mit echt oberhessischer Verschlagenheit: „Da Sie's sehe, will ichs Ihne sage, der Hund is von einer Mauer gefalle." Das war noch nicht der letzte Versuch mit Hunden, aber es hat keiner zum Ziele geführt."[482]

## Einzug am Nahrungsberg. Ulrichs Schulbeginn, 1928

Schon Wochen vor dem Einzugstermin Anfang April hatte die Familie begonnen im Leiterwägelchen kleinere Gegenstände umzuziehen. Der vierte April als eigentlicher Umzugstag war ungünstig, denn „es schüttete wie aus Kannen." Da die Möbelwagen weit weg von der Haustür auf der Nahrungsbergstraße halten mussten, wurden alle Möbel nass, obwohl man sie mit Tüchern zu schützen versucht hatte. Am Ende werden die Kosten des Hausbaus von *Hans* mit etwas über 41.500 Mark beziffert.[483]

Wenige Wochen später wurde *Ulrich* eingeschult. Wie sie es später bei ihren Enkeln machte, brachte *Martha* ihren Sohn täglich zur Schule und holte ihn von dort auch wieder ab. Als später *Günter* dazukam, wanderte sie eben mehrfach am Tag, wenn die Kinder nicht gleichzeitig Schule aus hatten. Für *Günter* hatte der Ernst des Lebens schon früher begonnen: „*Ulrich* entwickelte viel Eifer in der Schule und suchte als erster deutscher Schulmeister auch *Günter* das Schreiben beizubringen. Als sich dieser etwas ungeschickt anstellte, schalt ihn *Ulrich*: „Wenn du das jetzt nicht bald kannst, kriegst du eine Ohrfeig."[484]

Am 10. Mai wurde das Haus eingerüstet und verputzt: Bis zum 11. Juni hatte es einen weißen Rauhputz bekommen und die grauen Blendläden wurden neben den Fenstern angebracht. Mit Taglöhnern wurde der Garten

---

[482] 3/477f.
[483] 3/486.
[484] 3/479.

angelegt und die Grundstücksgrenze mit einem Maschenzaun gesichert. Die Familie freute sich, aus der feuchtkalten Wohnung in der Wiesenstraße in das zentralgeheizte Haus ziehen zu können, das mit einer Terrasse und einem Balkon ein naturnäheres Leben ermöglichte.

Bei der Reichstagswahl am 20. Mai 1928 wurde die bürgerliche Seite weiter geschwächt und die Regierungsbildung erschwert. Die DNVP ging erheblich zurück, Wahlgewinner waren die Sozialdemokraten, die auf 29,8 Prozent der Stimmen anwuchsen. Es machte sich hier das Fehlen einer Fünf-Prozent-Klausel verderblich bemerkbar, weil sieben winzige Parteien in den Reichstag kamen, die zusammen 9,4 % der Stimmen bekommen hatten und somit 40 Sitze von 491 Plätzen im Reichstag belegten und weder für eine qualifizierte Koalition, noch für eine entsprechende Opposition taugten.[485] *Hans Gmelins* D.V.P. hatte im Wahlkampf auf ihren Spitzenkandidaten *Gustav Stresemann* gesetzt, „Was gehen dich die anderen an – du wählst wie *Gustav Stresemann*“, was aber ihren Sinkflug nicht aufhalten konnte. Sie verlor 1,4 Prozent und kam nur noch auf 8,7 Prozent der Stimmen. Die Außenpolitik *Stresemanns* hat dem Ansehen Deutschlands in Frankreich, in Europa und der Welt sehr gutgetan. Er war sich allerdings selbst bewusst, dass dieser wichtige Vertrauensgewinn nicht im eigenen Land gegolten hat: „Die Zukunft liegt in den Händen der jungen Generation. Und die Jugend Deutschlands, die wir für den Frieden und für das neue Europa hätten gewinnen können, haben wir beide verloren. Das ist meine Tragik und eure Schuld.“[486] Immerhin wird er die politische Katastrophe von 1933 nicht mehr erleben müssen. Er erliegt nach einem Hirnschlag am 3. Oktober 1929 einem Herzinfarkt. Am 6. Oktober erlebte Berlin einen Trauerzug mit Hunderttausenden, den es seit dem Tod von Kaiser *Wilhelm I.* nicht mehr

---

[485] Vgl. Wikipedia 16.06.2024.
[486] Vgl. Wikipedia, Gustav Stresemann (Art.), 13.06.2024. Unter Hinweis auf Klaus Hildebrand: Das vergangene Reich: Deutsche Außenpolitik von Bismarck bis Hitler 1871–1945. Oldenbourg, München, 2008, ISBN 978-3-486-58605-3, S. 478–479.

gegeben hatte, eine zu späte Anerkennung, die *Stresemanns* Werk in seinem Land fand und die Republik nicht retten konnte.

In Gießen verschlechterte sich in dieser Zeit, im Mai 1928 der Gesundheitszustand von *Martha*, sie erlitt einen Schwächeanfall. Wie schon öfter waren sich die konsultierten Ärzte nicht über die Diagnose einig. Als eine Diätkur nichts fruchtete, wurde sie in das Sanatorium Speyererhof bei Heidelberg gebracht, wo sie einige Wochen verbringen wird. Sie wird dort von dem Leiter, *Julius Fraenkel*, behandelt, dessen Renomee als Arzt bei *Hans* allerdings nicht verfängt, weil er ihm seine jüdischen Vorfahren vorwirft.[487] Die ganze Familie brachte sie dorthin und fuhr im Anschluss nach Freiburg., wo *Hans* die Kinder bei seiner Mutter *Johanna* abgab und wieder zurück nach Gießen fuhr, wo er als Strohwitwer von *Frölichs* und *Rosenbergs* versorgt wurde. Die unterschiedlichen Belastungen blieben bei *Hans* nicht ohne Folgen. Am Ende des Sommersemesters erleidet er einen Schwindelanfall und Hausarzt *Schliephake* stellt einen zu hohen Blutdruck fest. Nun war er erholungsbedürftig und holte seine erfrischte Frau *Martha* in Heidelberg vom Sanatorium ab, konnte aber den Fußweg hinauf zum Speyererhof nicht schaffen und musste auf halbem Wege zurückkehren. Die beiden reisten nach Günterstal, wo sie ihre Kinder wiedersahen. *Ulrich* war derweil in die Schule in Günterstal gegangen, wo er sich mit Keuchhusten angesteckt hatte, den er sogleich an seinen Bruder *Günter* weitergegab. Die nächtliche Not der Kinder hat den angeschlagenen Eltern dann noch eine Weile den erholenden Schlaf geraubt.[488] Während *Martha* mit den Kindern einen Brombachbesuch machte, erholte sich *Hans* mit seiner Mutter *Johanna* am Thuner See in der Schweiz.

Wieder zurück in Günterstal mit etwas erfrischter Gesundheit aller Beteiligten bekommt *Hans Gmelin* das Angebot des Leipziger Verlags Quelle und

---

[487] Vgl. 3/484.
[488] Vgl. 3/487.

Meyer für deren Schriftenreihe „Wissenschaft und Bildung" ein Bändchen über die Weimarer Reichsverfassung zu schreiben. Dafür hatte er bis zum 1. Februar 1929 das Manuskript zu liefern. Der 1906 in Leipzig gegründete Verlag hatte – und hat – eine naturwissenschaftliche Ausrichtung, da er großen Erfolg mit den berühmten Werken *Otto Schmeils* hatte, mit seiner Tierkunde und einem Pflanzenbestimmungsbuch. Nach dem Tod der Gründer führte dessen Sohn, *Werner Schmeil* den Verlag weiter. *Hans* und *Martha* fuhren zunächst ohne Kinder wieder zurück nach Gießen um sich vom Keuchhusten der Kinder zu erholen. Dort warteten die Ferienkurse auf *Hans*, die eigentlich für „Ausländer" gedacht waren, aber vorwiegend von Deutschen besucht wurden.[489]

## Neue Kriminalgeschichte, jetzt am Nahrungsberg

Nach kurzer Erholung der Familie in Günterstal hörten sie vom Wohnungshüter in Gießen, einem oberhessischen Namensträger *Döll*, dass er abends heimgekommen sei und das Licht im Treppenhaus angesteckt habe. Welch ein Schreck: Über dem Treppengeländer des obersten Stockwerks erkannte er eine Hutkrempe. In seiner Panik holte er den Nachbarn *Emmel* aus der Hessenstraße, der einen Wolfshund mitbrachte. So aufgerüstet stellten sie fest, dass die Hutkrempe zum Metallrahmen der Deckenbeleuchtung gehörte. Entwarnung für die drei tapferen Hüter.

## Reichsreform

Die durch die Veränderungen der innenpolitischen Verhältnisse destabilisierten Länder und das durch die Bestimmungen des Versailler Vertrages geschwächte Reich führten zu einer auf allen Ebenen diskutierten Forderung nach einer Reichsreform. Die Reichsregierung hatte dazu auf der Länderkonferenz am 22. Oktober 1928 ein Programm vorgelegt, in dem für die Reichsreform der Rahmen gesetzt wurde: So sei eine starke Reichsgewalt

---

[489] Vgl. 3/490f.

notwendig, die der „Bedeutung der vielgestaltigen Eigenarten des deutschen Volkslebens und des Erfordernisses sparsamster Finanzgebarung der öffentlichen Haushalte" gerecht werde. Zum zweiten sei dazu eine territoriale Neugliederung erforderlich, die sich nicht beschränken dürfe auf Gebiete, „die infolge Gemengelage einzelner Gebietsteile eine besonders erschwerte und kostspielige Verwaltung" hätten. Das Ziel seien leistungsfähige Länder. Dazu sei ist zu prüfen, wie deren Verwaltung zu gestalten sei im Hinblick auf die Wahl der Landtage, die Amtszeit der Landesregierungen, und der Landesspitze.[490] Diese geplante Reichsreform hätte das noch aus dynastischer Tradition zerrissene und kaum lebensfähige Hessen-Darmstadt in seinem Bestand berührt. Darum forderte die Tageszeitung, Gießener Anzeiger, *Hans Gmelin* auf, das Thema Reichsreform in einem Zeitungsessay zu bearbeiten.

„Ich bin dieser Aufgabe nachgekommen in einer Artikelreihe über Hessen und die Neugliederung des Reiches am 13., 15. und 17. Dezember 1928. Darin habe ich die bisher schon gemachten Vorschläge beurteilt und selbst einen Lösungsversuch vorgeschlagen. Grenzveränderungen hielt ich nicht für dringlich, dagegen befürwortete ich Beseitigung der kostspieligen und überflüssigen parlamentarischen Regierung in den Ländern, Aufhebung des Dualismus von Reich und Preußen durch Verschmelzung der beiden Volksvertretungen und der beiden Regierungen, endlich engere Verknüpfung von Reich und Ländern durch weitgehenden Gebrauch der sogenannten Auftragsverwaltung."[491]

Zugleich schrieb *Gmelin* einen Beitrag für das Jahrbuch des öffentlichen Rechts über die Entwicklung des Öffentlichen Rechts in Hessen in der Zeit von 1925 bis Ende 1928.[492]

---

[490] Vgl. https://www.bundesarchiv.de/aktenreichskanzlei/1919-1933/0u00/mu2/mu21p/ kap1_2/para2_46.html
[491] 3/493.
[492] Jahrbuch des Öffentlichen Rechts, Bd. 17, 1929, S. 172ff.

Die Krise der parlamentarischen Regierung lag als Thema in der Luft. So hielt *Gmelin* am 7. Dezember 1928 darüber einen Vortrag, zu dem ihn die Darmstädter Juristische Gesellschaft aufgefordert hatte. Zuvor wurde er noch in die Wohnung des Vorsitzenden der Juristischen Gesellschaft, des Oberlandsgerichtsrats *Ernst Mayer* zum Tee eingeladen. Der 1872 in Mainz geborene Jurist wird 1943 im „Arbeitserziehungslager" Frankfurt-Heddernheim sterben, da er als Jude deportiert wurde, obwohl er 1899 evangelisch geworden war.[493] Zu dem Vortrag, waren dann etwa 100 Juristen gekommen.

In der Familie freute man sich relativer Gesundheit aller Mitglieder, *Ulrich* war nach seiner Günterstaler Zeit wieder in seine Gießener Grundschule zurückgekehrt und war seinen Mitschülern im Lesen überlegen, während er im Rechnen noch etwas hinterherhinkte. Stolz war sein Vater, dass er ein Zeichentalent entwickelte und vor allem Fahr- und Flugzeuge in korrekter Perspektive darstellte. Am 21. Dezember 1928 fand der Fakultätsabend am Nahrungsberg statt. „Er entbehrte nicht einer gewissen Feierlichkeit, weil *Mittermaier* auf meinen 50. Geburtstag anspielend, den ich am 13. August in aller Stille begangen hatte, mir eine kleine Tischrede widmete, in der sympathischerweise ohne jede abstoßende Lobhudelei, meine wesentlichen Eigenschaften: Kenntnis des Auslandes und Neigung zur Kunst hervorhob."[494]

Zu Weihnachten versuchte *Hans* erneut, seiner Frau einen passenden Hund zu schenken. Ein kleiner, schwarzhaariger Dackel war zwar stubenrein, wollte sich aber, statt das Anwesen zu bewachen, auf dem Schoß wärmen – und wurde nach wenigen Tagen zurückgegeben.

---

[493] Vgl. Wikipedia, 14.6.2024.
[494] 3/496.

## Reform von Hessen-Darmstadt?

Auch 1929 hörte die prekäre Lage in den Ländern und im Reich nicht auf. Wegen der preußischen Idee, die Einzelstaaten zu entmachten, trat zwischen Preußen und und Bayern eine Missstimmung auf. Der Druck auf die wirtschaftliche Entwicklung durch die hohen Reparationsleistungen war nach wie vor hoch. Ende März befürchtete man sogar den Rücktritt *Gustav Stresemanns*, „weil er in Genf mit seinen Vorschlägen nicht durchgedrungen war. Ich fühlte, daß die Reparationsverhandlungen mit schwerer Enttäuschung enden mussten und daß der wirtschaftliche Zusammenbruch immer näher rückte. Die Politik berührte auch meine literarische Arbeit. Denn damals ließ der hessische Minister des Inneren, der Sozialdemokrat *Wilhelm Leuschner,* in der Frankfurter Zeitung einen Vorschlag erscheinen über eine Teillösung der Reichsreform in Hessen."[495]

*Leuschner* wollte Hessen in ein Reichsland verwandeln und um einige preußische Gebietsteile wie Frankfurt erweitern. Es sollte im Namen des Reiches von Preußen verwaltet werden. *Gmelin* witterte hinter dieser Strategie *Leuschners* ein parteipolitisches Interesse. Angesichts der Kleinheit von Hessen-Darmstadt sah er in einer solchen Konstruktion die Einverleibung Hessens in Preußen und eine Auslieferung Hessens an Frankfurt. Im Beitrag „Neugestaltung Hessens" für den Gießener Anzeiger am 31. Januar 1929 entgegnete er *Leuschner,* was für Folgen sein Programm für Hessen hätte, zum Beispiel verlöre Darmstadt neben Frankfurt seinen Status als Hauptstadt. Er war sich bewusst, dass dies vom gesamtdeutschen Standpunkt aus unwesentlich erscheinen würde, meinte aber, dass sich auch *Leuschner* nicht von gesamtdeutschen Maßstäben leiten ließ, sondern hoffte, dass seine sozialdemokratische Partei durch die Industriestädte Hanau, Frankfurt und Höchst Vorteile in Hessen gewänne.[496]

---

[495] 3/498f.
[496] Vgl. 3/499.

Dass juristische Gutachten nicht immer für Eindeutigkeiten im Öffentlichen Recht sorgen, zeigt der Fall einer Zwangseingemeindung im Rheinland: Die Stadt Rheydt – später bekannt als Geburtsstadt von *Josef Goebbels* – war durch preußisches Landesgesetz in die Stadt Mönchen-Gladbach eingemeindet worden. Der Kölner Staatsrechtler *Fritz Stier-Somlo* hielt eine solche Zwangsmaßnahme für unvereinbar mit dem Artikel 127 der Wiemarer Reichsverfassung, die festlegt, dass Gemeinden ein Recht auf Selbstverwaltung innerhalb der Schranken der Gesetze hätten. Als nun eine Eingemeindung der Stadt Mainz gegen eine Nachbargemeinde anstand, wurde auch *Hans Gmelin* um ein entsprechendes Gutachten gebeten, das in einem Beitrag der Mainzer Allgemeinen am 16. Februar 1929 veröffentlicht wurde. Allerdings vertrat *Gmelin* den entgegengesetzten Standpunkt: „In Übereinstimmung mit der herrschenden Lehre und mit der Rechtsprechung des Reichsstaatsgerichtshofs legte ich Art. 127 dahin aus, daß er nicht den Bestand der einzelnen Gemeinde schützte, sondern nur bedeutete, daß das Selbstverwaltungsrecht nur durch Gesetz, nicht aber durch bloße behördliche Eingriffe beschränkt werden durfte. Daß also durch Gesetz erfolgende Zwangseingemeindungen zulässig waren. Mein Artikel wurde auch von der Westdeutschen Zeitung in Mönchen-Gladbach am 21. Februar übernommen, was Kollege *Stier-Somlo* etwas unfreundlich aufnahm. Er hat die Frage dann nochmals in einem eingehenden Aufsatz im Archiv des öffentlichen Rechts (Bd. 17, 1929, S.1ff) behandelt und mich darin zu widerlegen versucht (S. 20), ohne mich überzeugen zu können."[497]

Ab dem 1. Januar 1929 war das Dekaneamt wieder an *Gmelin* gefallen, diesmal für ihn zum ersten Mal mit der Pflicht, Talar und Barett zu den entsprechenden Veranstaltungen tragen zu müssen.

Am 5. März 1929 unternahm die Familie eine Winterwanderung zum verschneiten Gleiberg. Am dortigen Friedhof begegneten ihnen zwei Dackel

---

[497] 3/500.

mit ihrem Frauchen. Für 30 Mark kaufte Hans den einen drei Jahre alten Dackel ab. Das brave Tier war stubenrein und hatte nur den Nachteil, dass er wegen nicht nachlassendem Heimweh immer wieder davonlief. Wieder ein Reinfall. Dennoch bleibt „Hexe" eine Weile bei der Familie. Nachdem sie allerdings später in einem Fall nächtlicher Ruhestörung keinen Mucks getan hatte, wurde sie von *Hans* verstoßen und gegen Übernahme der Hundesteuer der geburtshilflichen Veterinärklinik überlassen.[498]

## Veröffentlichung über die Weimarer Reichsverfassung

Da der Verlag Quelle und Mayer zu Umfang und Erscheinungsdatum klare Bedingungen gestellt hatte, galt es, in dem Büchlein nur einen knappen Überblick zu dem Reichsverfassungsrecht zu geben. Die Diskussion um die kommende Entwicklung hatte kaum Platz. Erst auf den letzten Seiten[499] benannte er die damals diskutierten Reformpläne und auf der letzten Seite[500] machte er eigene Vorschläge im Sinne einer Stärkung der Gewalt des Reichspräsidenten und einer Einschränkung der parlamentarischen Regierung.[501] Abgeschlossen wurde die Niederschrift in Günterstal, wo er sie in wenigen Tagen einer Sekretärin diktierte.

Von einer kurzen Erholungsreise nach Lugano zurückgekehrt, wurde auch *Günter* eingeschult.

## Staatsrechtlertagung in Frankfurt / Main

Auch die Tagung der Staatsrechtler am 25. und 26. April 1929 fand prominente Teilnehmer wie *Richard Schmidt* aus Leipzig dann *Heinrich Triepel*, Berlin, *Gerhard Anschütz*, Heidelberg, *Fritz Freiherr Marschall von Bieberstein*, Freiburg, *Walter Jellinek*, Kiel/Heidelberg, *Hans Kelsen*, Wien,

---

[498] Vgl. 3/531.
[499] Seite 148.
[500] Seite 152.
[501] 3/500.

*Friedrich Giese,* Frankfurt /M., als Gastgeber. Der erste Vortrag kam von dem Schweizer Staatsrechtler *Fritz Fleiner*[502], Zürich, ein Vergleich der bundesstaatlichen und gliedstaatlichen Rechtsordnungen im Deutschen Reich, in Österreich und in der Schweiz. Dem folgte ein nach Meinung *Gmelins* ziemlich langweiliger Beitrag des Österreichers *Josef Lukas*[503], Münster, über den gleichen Gegenstand. Am Nachmittag fand die Aussprache statt, in der *Hans Kelsen* die von den Referenten aufgestellte Ansicht, dass Bundes- und Landesrecht weitgehend gleichzuordnen sei, noch übertraf, „indem er lediglich mit dem Mittel der Logik zu möglichst verblüffenden Schlüssen zu gelangen suchte, die sogenannte Koordinationstheorie[504] in so einseitiger Weise betonte, daß er Bundesstaat und Gliedstaaten einander gleichstellte und den Bund ebenso als Teilstaat bezeichnete wie die Gliedstaaten. Natürlich pflichtete ihm *Nawiasky*, München, im Ergebnis bei, dem schon als bayrischem Partikularisten diese Auffassung außerordentlich gelegen kam. Ich konnte nicht umhin, beiden Rednern und auch den Berichterstattern entgegenzutreten, weil sie historische und politische Grundlagen der Landesstaaten außer acht ließen. Ich betonte die in jedem Bundesstaat gegebene Überordnung der Landesgewalt, die sich in der von *Kelsen* übersehenen allen bundesstaatlichen Verfassungen als ungeschriebener Satz zugrunde liegenden logischen

---

[502] Fritz Fleiner (* 24. Februar 1867 in Aarau; † 26. Oktober 1937 in Ascona) war ein Schweizer Rechtswissenschaftler. Er gilt als einer der bedeutendsten Schweizer Staatsrechtler seiner Zeit und als «Vater» der modernen Verwaltungsrechtswissenschaft in der Schweiz. Wikipedia, 26.10.2023.

[503] Josef Lukas (* 3. August 1875 in Graz; † 23. November 1929) studierte Rechtswissenschaft, habilitierte sich 1902 und war danach als Privatdozent an der Universität Graz tätig. 1904 wurde er zum außerordentlichen Professor an der Universität Czernowitz und 1909 an der Universität Königsberg ernannt. 1910 erfolgte ein Ruf auf eine ordentliche Professur an der Universität Münster. Vgl. Wikipedia, 26.10.2023.

[504] Diese möchte die Judicative, Legislative und Executive im Sinne einer effektiven Staatsführung fördern.

Unmöglichkeit einer Exekution gegen die Bundesgewalt zeige."[505] *Gerhard Anschütz* unterstützte *Gmelin* in seinem Standpunkt, ihn hätten *Gmelins* Ausführungen „außerordentlich erfrischend berührt" und begrüßte es, daß er auf die Notwendigkeit der historischen Betrachtungsweise hingewiesen habe.

Am Abend lud die Frankfurter Fakultät zu einem Empfang, wo *Gmelin* sich mit dem Tübinger Staatsrechtler *Carl Sartorius*, dem Historiker, mit dem früheren demokratischen Reichtagsabgeordneten *Ludwig Bergsträßer*, DDP, und „dem Juden *Strupp*"[506], dem bekannten Völkerrechtler, traf. Am zweiten Tag behandelten *Richter*, Leipzig, und *Röttgen*, Jena, die Bedeutung der öffentlichen Anstalt im Verwaltungsrecht, *Richter* mehr vom wirtschaftlichen, *Röttgen* mehr vom juristischen Standpunkt. Eine Materie, die *Gmelin* nicht besonders interessierte, die allerdings zeigte, wie praktische Erfordernisse - unabhängig von allen theoretischen Grenzbestimmungen zwischen öffentlichem und privatem Recht - neue Rechtsgebilde hervorzubringen vermögen. Nach den Vorträgen reiste *Gmelin* am Nachmittag nach Gießen zurück.

Im Sommersemester 1929 befasste sich *Gmelin* mit dem „Staatsrecht der deutschen Einzelstaaten" für das Handbuch des deutschen Staatsrechts, das *Gerhard Anschütz* und *Richard Thoma* herausgaben. Auch musste er das Bändchen über die Weimarer Reichsverfassung kürzen und Korrektur lesen.

---

[505] 3/511.

[506] Karl Strupp (geboren 30. März 1886 in Gotha; gestorben 28. Februar 1940 in Chatou bei Paris) war ein deutscher Jurist mit Spezialisierung auf Völkerrecht und Internationales Privatrecht. Wikipedia, 7.8.2024.

## Zur Regelung der Kirchenfinanzierung

War bis 1918 die Kirche eine Behörde des Staates, ließ die institutionelle Trennung von Kirche und Staat, die die Weimarer Reichsverfassung bestimmte, die Frage nach der Finanzierung der Kirchen stellen. Dazu hatte die Hessische Landesregierung schon den erfolglosen Anlauf genommen, von *Hans Gmelin* ein Gutachten anfertigen zu lassen, das darum im Sande verlief, weil sich die Regierung nicht durchringen konnte, gewünschtes Material zu liefern. Nun fragte 1929 die Kirchenleitung in Darmstadt ihrerseits an, ob *Gmelin* ein Gutachten in ihrem Auftrag erstellen würde. Dazu erschien im Auftrag des Landeskircherates der Oberkirchenrat Dr. *Lichter*, der 1926 bei *Gmelin* eine Dissertation über den Staatszuschuss an die Evangelische Landeskirche in Hessen verfasst hatte.

Obwohl die Anfrage der Landesregierung Jahre zurücklag, sahen *Gmelins* Kollegen, *Eger, Rosenberg* und *Frölich*, darin ein Hindernis für die Annahme des kirchlichen Auftrags. *Gmelin* erklärte *Lichter*, daß er das Gutachten nur übernehmen könne, falls die Landesregierung nichts einwende. *Lichter* entgegnete, daß der Staat von dem Auftrag zu einem Gutachten an *Gmelin* nichts wissen dürfe, denn die Kirche wolle es nur dann vorlegen, falls es günstig für sie ausfiele. Zunächst lehnte *Gmelin* das Gutachten ab. Dann wies sein Kollege *Heyland* einen Weg auf, wie er das Gutachten doch annehmen könnte: „Ich erklärte nämlich der Landeskirche, in eine Vorprüfung der Frage eintreten zu wollen. Falls ich ein der Landeskirche günstiges Gutachten abgeben könne, könnte die Landeskirche ohne etwas zu riskieren die Karten aufdecken." Dann hätte nichts mehr im Wege gestanden, die Landesregierung um ihre Zustimmung zur Übernahme des Gutachtens zu bitten. „Die Landeskirche willigte in dies Verfahren ein. Aber da ich aus der Vorprüfung schloß, daß die Ansprüche der Landeskirche auf schwachen Füßen standen, lehnte ich die Erstattung des Gutachtens ab. Schließlich übernahm ich es doch, weil der bei mir am 11. Juli nochmals vorsprechende

*Lichter* mich darum bat und meine Bedingungen: Zustimmung von Professor *Heyland* als gleichberechtigten Mitarbeiters bewilligt wurden. *Heyland* hat nicht nur an der wissenschaftlichen Bearbeitung einen wesentlichen Teil übernommen, sondern als erfahrener Rechtsanwalt auch eine angemessene Vergütung in vorteilhafter Weise durchzusetzen verstanden."[507]

## Juristische Fakultät im Sommersemester 1929

Nicht weniger als drei Neuzugänge unter den Dozenten brachten die Habilitationen von *Eduard Bötticher* (1899-1989) im Zivil- und Arbeitsrecht, der 1933 in die SA eintreten und später nach Hamburg gehen wird, die des gebürtigen Gießeners *Karl Engisch* (1899-1990) in Rechtsphilosophie, der sich bei *Mittermaier* habilitieren ließ, später in München lehren und trotz Bedenken in die NSDAP eintreten wird. Und schließlich der schillernde Kriminalpsychologe *Hans von Hentig* (1887 – 1974), der als gebürtiger Berliner bei nicht bestandener Staatsprüfung promoviert wurde und sich nach dem Ersten Weltkrieg als Nationalbolschewist an Umsturzplänen der KPD beteiligt hatte. Nach seiner Habilitation in Gießen wird er 1930 einem Ruf nach Kiel folgen. Obwohl er mit rassistischen Vorstellungen Ähnlichkeiten zur NS-Ideologie aufwies, lehnte er deren Rechtsverständnis ab und emigrierte nach seiner Zwangspensionierung in die USA. Als Autor lieferte *Hentig* Beiträge für die SPD-nahe Neue Volkszeitung. Zusammen mit dem deutschen Theologen *Paul Tillich* und anderen Gegnern des Nationalsozialismus gründete er im Mai 1944 das „Council for a Democratic Germany". Wegen seiner früheren nationalbolschewistischen Umtriebe wurde er vom FBI überwacht. 1947 veröffentlichte er dennoch sein wichtigstes Werk, „The Criminal and His Victim", mit dem er die Lehre vom Verbrechensopfer (Viktimologie) mitbegründete.[508] Fachlich war *Gmelins* Achtung vor *Karl Engisch* am größten, den er als tiefen Denker bezeichnete. Obwohl er *von Hentig* als gewandte, geistreiche Blendernatur bezeichnete, hielt er die

---

[507] 3/513f.
[508] Vgl. Wikipedia, 16.6.2024.

nicht ganz falschen Gerüchte um dessen Vorleben für aufgebauscht, und hatte mit ihm oft Kontakt, bis er ein Jahr später durch seinen Ruf nach Kiel aus *Gmelins* Leben verschwindet.

Trotz des Zuwachses bei den Dozenten machten sich *Gmelin* und seine Kollegen Sorgen um die Zukunft ihrer Fakultät und Universität, da die Hörerzahlen im Gegensatz zu den benachbarten Hochschulen Frankfurt und Marburg kaum anstiegen und bei den Juristen sogar zurückgegangen waren. Die reichsweite Vereinheitlichung der Prüfungskriterien in der Rechtswissenschaft würde einen weiteren Rückgang der Hörerzahlen zur Folge haben. Dies trat dann auch nach der Machtübernahme der Nationalsozialisten so ein.

Für Studenten der Universität Gießen wurde am 2. Juni 1929 im Beisein von allerhand Prominenz der Grundstein für das Studentenheim in der Ludwigstraße gelegt. Ohne die energische Initiative des Rechtswissenschaftlers *Otto Eger* wäre der Bau nicht begonnen worden. [509]

## Das beginnende Ende vom Haus in Günterstal

Da die Lage des Hauses in Günterstal von seinen Bewohnern eine robuste Gesundheit verlangte, musste es doch über einen steilen Berghang erreicht werden, brauchte *Johanna* als wichtigste Bewohnerin ihre Dienerin *Therese*, die aber nach einem Schlaganfall ins Krankenhaus und absehbar in ein Altenheim gehen musste, da *Johanna* sie nicht noch hätte pflegen können. Die Behördenauflage verlangte weiterhin, dass dauernd Zimmer vermietet werden müssten. So waren entweder Hilfskräfte einzustellen oder das Haus zu verkaufen. Die ersten Schritte für den Verkauf erfolgten in den Sommerferien 1929, bevor die Familie *Gmelin* samt Kindern, *Johanna* und *Friedel* zur Sommerfrische in den Kanton Bern und an den Genfer See aufbra-

---

[509] Vgl. 3/518.

chen.[510] Auf dem Weg nach Gießen wird *Hans* von seiner Tante *Anna* das neueste Buch von deren Sohn *Otto Gmelin* bekommen, „Die Naturgeschichte des Bürgers", das er zu den besten von dessen Werken zählt, auch wenn er sich darüber ärgert, dass „er den Bürgertypus ins Lächerliche zieht, während er doch – wie er am Schluß selbst zugibt – für den Bürger auch ein gut Teil Sympathie besitzt."[511]

## Festschrift für Richard Schmidt

Zurückgekehrt nach Gießen fand *Gmelin* einen Brief des aus Freiburg bekannten Kollegen *Otto Koellreutter*, (1883 – 1972) vor. *Koellreutter* wird der erste Staatsrechtler sein, der für den Nationalsozialismus juristisch tätig wurde. Obwohl beide nicht das Ziel erreichten, zum Schöpfer des nationalsozialistischen Staatsrechts zu werden, konkurrierte er mit *Carl Schmitt* darum, wer als erster in die NSDAP eingetreten wäre. Den einzigen erfolgreichen Entwurf im Sinne des Nationalsozialismus wird der Freiburger Staatsrechtler *Ernst Rudolf Huber*, (1903-1990), ein Schüler *Carl Schmitts* und Vater des ehemaligen Bischofs und EKD-Ratsvorsitzenden *Wolfgang Huber*[512] abliefern. 1932 wird *Koellreutter* öffentlich dazu aufrufen, die NSDAP zu wählen. Diese wird sich bei ihm bedanken, indem sie ihn während des Dritten Reiches noch 1933 auf einen Lehrstuhl in München setzte. 1929 gehörte er indes noch derselben Partei wie *Hans Gmelin* an, der DVP. *Koellreutter* forderte in dem Brief *Hans Gmelin* auf, eine Festschrift für den 70ten Geburtstag von *Richard Schmidt* am 19. Januar 1932 herauszugeben, zu Ehren des gemeinsamen Doktorvaters der beiden. *Gmelin* wird dabei nur den staatsrechtlichen Bereich abdecken, während den zivilprozess- und strafrechtlichen Teil *Wilhelm von Pochhammer* (1892-1982) herausgeben wird.

---

[510] Vgl. 3/524-528.
[511] 3/529.
[512] Huber war auch Schwiegersohn des o.g. Walter Simons.

# Kriminalpsychiatrie, Rassismus und Strafvollzug

Im Zug trafen *Martha* und *Hans* zufällig den Privatdozenten *von Hentig*, der ihnen unterhaltsam die Mordgeschichte zu erzählen wusste, die im Jahr 1928 in der Nähe von Freiburg stattgefunden hatte. Zwei junge Lehrerinnen, 25 und 35 Jahre alt, wurden auf der Weißtannenhöhe bei Breitnau in der Nähe von Hinterzarten Opfer eines Lustmörders. In Verbindung mit dem Mord stand das Wirtshaus Thurner, wo ein Kurgast nach einem bestimmten Weg gefragt hatte, aber dann in die entgegengesetzte Richtung zum Wald gegangen war. *Hentig* meinte, dass diesem Kurgast „nach seiner Gestalt" ein solcher Lustmord zuzutrauen gewesen wäre. Das Gutachten *von Hentigs* hatte offenbar keine Folgen, der Fall blieb ungelöst, man war offenbar nicht bereit, allein von der „Gestalt" eines Tatverdächtigen auf dessen Schuld zu schließen. [513] *Von Hentigs* Rückschluss von der ästhetischen Gestalt auf eine innere Konstitution zum Beispiel für einen Mord hätte auch *Hans Gmelin* nicht fern gelegen und der Psychiater *Ernst Kretschmer* (1888-1954) hatte es mit seiner rassistisch motivierten Konstitutionstypologie von 1921[514] im Jahr 1929 sogar bis zur Nominierung für den Nobelpreis gebracht – auch wenn er ihn nicht erhielt.

Auf der Tagung der **Gesellschaft für gerichtliche Medizin und Psychiatrie**, einem Kind seines Kollegen *Mittermaier (1867 – 1956)*, die *Gmelin* am 28. Oktober 1929 in Gießen besuchte, war der Mitverfasser der Schrift „Die Freigabe der Vernichtung lebensunwerten Lebens" (1920) zu hören: *Alfred Erich Hoche* (1865 – 1943). Er galt später als Wegbereiter der Krankenmorde des Nationalsozialismus und war damals Leiter der „Irren-

---

[513] 3/532.
[514] Vgl.: Kretschmer, Ernst: Körperbau und Charakter, Untersuchungen zum Konstitutionsproblem und zur Lehre von den Temperamenten. Springer Verlag, Berlin 1921.

anstalt" in Groß-Gerau. Ebenfalls über „Irrenfürsorge" sprach *Adolf Heinrich Dannemann* (1867 – 1932), der u.a. in Gießen als Gerichtspsychiater gearbeitet hatte, 1929 als Direktor der Heil- und Pflegeanstalt Heppenheim wirkte und sich publizistisch mit 535 Beiträgen im Enzyklopädischen Handbuch der Heilpädagogik geäußert hat zur Förderung von „Geisteskranken".[515] *Gmelin* nahm an der Diskussion teil und kritisierte den politischen Gesetzgeber, dass Erwägungen in diesem Bereich nur durch Dienstanweisung geregelt seien, wenngleich sie gesetzlicher Regelung bedürften.[516] Am Nachmittag wurden den Tagungsteilnehmern im Schwurgerichtssaal des Landgerichts Strafgefangene aus dem Gefängnis in Butzbach „vorgeführt, nämlich drei Sittlichkeitsverbrecher und ein Hochstapler, und von Direktor *Stumpf* und *Hentig* ausgefragt. „Von *Stumpf*, der seine Autorität als Strafanstaltsdirektor nicht aufs Spiel setzen wollte, in knapper dienstlicher Form, während *Hentig* auf die Gefangenen in mildem und menschlichem Ton einsprach und dadurch auch eher Antworten erzielte. Freilich fand ich die ausgesucht höfliche, beinahe kollegiale Weise, mit der *Hentig* den Hochstapler, einen ehemaligen Reserveoffizier und Ritter des eisernen Kreuzes 1. Klasse behandelte, doch als eine Übertreibung, wenngleich sie bewirkte, daß der Hochstapler sichtlich geschmeichelt mit unverkennbarem Stolz seine Streiche erzählte."[517]

## Gmelins Buch zur Weimarer Reichsverfassung

Anfang Okober 1929 erschien das Büchlein über die Weimarer Verfassung, das *Gmelin* verfasst hatte. Da die anderen „Hauptwerke" *Gmelins* nicht wirklich zustandekamen, ist die kleine populärwissenschaftliche Schrift über die Weimarer Reichsverfassung die wichtigste Publikation, die auch in der damaligen Fachwelt wahrgenommen wurde. Sie erschien als „Einführung in

---

[515] Vgl. Wikipedia, 16.6.2024.
[516] 3/533. In diese Richtung wies 1934 das NS-Gesetz „"Gesetz zur Verhütung erbkranken Nachwuchses".
[517] 3/533

das Reichsverfassungsrecht" im genannten Verlag Quelle und Meyer, in der Reihe Wissenschaft und Bildung, Einzeldarstellungen aus allen Gebieten des Wissens, als Band 258. *Gmelin* bringt hier, in der wichtigsten Epoche seines Wirkens während der Weimarer Zeit, seine Haltung zum Ausdruck:

In einer „**Geschichtlichen Einführung**" weist *Gmelin* darauf hin, dass die Gründung des Deutschen Reiches rechtlich eine Erweiterung des Norddeutschen Bundes gewesen sei, „und durch die Weimarer Reichsverfassung hat das Reich zwar eine Änderung der Staatsform erfahren, ist aber dieselbe Reichspersönlichkeit geblieben. ... Der Beitritt der süddeutschen Staaten vollzog sich aufgrund von völkerrechtlichen Verträgen zwischen ihnen und dem norddeutschen Bund (November 1870), die vom norddeutschen Reichstag und den süddeutschen Landtagen genehmigt wurden. Und am 1. Januar 1871 in Kraft traten."[518]

Als charakteristisch für die Bismarcksche Reichsverfassung hält *Gmelin* zunächst das Übergewicht des Kaisers und im letzten Jahrzehnt des Kaiserreichs das Übergewicht des Reichstags. Die letzte Verfassungsreform vom 28. Oktober 1918, nach der der Reichskanzler nicht mehr durch den Kaiser bestimmt wurde, sondern vom „Vertrauen des Reichstags" abhängig war, sei nicht mehr zur Geltung gekommen, da „die Revolution ausbrach".[519]

Der zweite Paragraph gilt der **Revolution,** die am 3. November 1918 begonnen habe mit einer Meuterei der Flottenmannschaften in Kiel; sie strebte freilich zunächst nur Änderungen im Verhältnis zwischen Mannschaft und Offizieren an. „Aber, indem sie ihre Forderungen durchsetzte, gab sie den Anstoß auch zu einer Revolution mit politischen Zielen, die, von der unabhängigen sozialdemokratischen Partei vorbereitet und genährt, alsbald in den nordwestdeutschen Großstädten ausbrach. Eine Lokalisierung der Bewegung war nicht mehr möglich, denn schon am 8.

---

[518] Einführung, S. 5.
[519] Vgl. Einführung, S. 7f.

November sprang sie nach München über, wo es einem nichtbayrischen Schwär-mer[520] gelang, die Dynastie der *Wittelsbacher* zu stürzen.“[521]

Da der Kaiser nicht abdankte, weil er verfassungswidrig noch König von Preußen bleiben wollte, „entschloß sich der Reichskanzler“, *Prinz Max von Baden*, „um den Umsturz zu verhindern, eine vollendete Tatsache zu schaffen; er ließ im Reichs-anzeiger am 9. November verkünden, daß der Kaiser und König sich zur Abdankung entschlossen habe, und stellte den Thronverzicht des Kronprinzen, Einsetzung einer Regentschaft, Vorschlag des Abgeordneten *Ebert* zum Reichskanzler und Be-rufung einer über die künftige Staatsform entscheidenden Nationalversammlung in Aussicht. Die Erklärung des Reichskanzlers war eine Art Staatsstreich, denn der Kaiser hat erst, nachdem er am 10. November nach Holland übergetreten war, am 28. November der Krone Preußens und der Rechte auf die deutsche Kaiserkrone entsagt und die Beamten und Offiziere des Treueids entbunden. Auch der Kron-prinz gab erst am 1. Dezember auf der Insel Wieringen in Holland eine Thronver-zichtserklärung ab, die etwas unklar gefaßt war, wahrscheinlich weil der Kronprinz nicht wußte, ob der Kaiser schon abgedankt hatte.[522]

*Max von Badens* Versuch, die Monarchie zu retten, um den Kaiserenkel als *Wilhem III.* zu installieren, schlug fehl. „Aus Sorge, ihren Einfluß auf die Arbeitermassen an die Unabhängigen zu verlieren, schlossen sich die Mehrheitssozialisten der Revolu-tion an und riefen daher ihre Mitglieder aus der Reichsregierung ab. Sie suchten die Führung der Revolution zu übernehmen, denn als wenige Stunden nach der Kund-machung des Reichskanzlers die Revolution in Berlin die Oberhand gewann, war es der Mehrheitssozialist *Scheidemann*[523], der die Republik von der Terrasse des

---

[520] Kurt Eisner (geboren am 14. Mai 1867 in Berlin; gestorben am 21. Februar 1919 in München) war ein deutscher Politiker, Journalist und Schriftsteller. Bekannt ist er vor allem als Anführer der Novemberrevolution von 1918 in München. Vom 8. November 1918 bis zu seiner Ermordung war er der erste Ministerpräsident des Freistaats Bayern. Wikipedia, 14.3.2022.

[521] Einführung, S.8.

[522] Einführung, S.9.

[523] Philipp Scheidemann (* 26. Juli 1865 in Kassel; † 29. November 1939 in Kopenhagen), 1919 Reichsministerpräsident, trat wegen des Versailler Ver-trags zurück und war dann bis 1925 Oberbürgermeister in Kassel. Musste

Reichstagsgebäudes aus verkündete und die Bildung einer neuen Regierung in die Wege leitete. Als *Scheidemann* beim Reichskanzler erschien, um ihm die Notwendigkeit einer sozialistischen Regierung klarzulegen, legte *Prinz Max* das Reichskanzleramt nieder und ersuchte, vorbehaltlich gesetzlicher Genehmigung, den Abgeordneten *Ebert* um Übernahme des Reichkanzleramtes."[524]

„Nach dem Vorbild der russischen Revolution hatten die Unabhängigen allenthalben Arbeiter- und Soldatenräte ins Leben gerufen. Durch diese Räte beherrschten die Unabhängigen in den ersten Wochen der Revolution das eingeschüchterte Bürgertum sowohl wie die durch sozialistische Schlagworte begeisterten Arbeitermassen. Daher konnten die Unabhängigen den Mehrheitssozialisten ihren Willen aufzwingen. Diese mußten sich fügen, als die Unabhängigen forderten, die Regierung allein aus den beiden sozialistischen Parteien zu bilden, und die Arbeiter- und Soldatenräte als Inhaber der Staatsgewalt anzuerkennen."[525]

„Der Rat der Volksbeauftragten übernahm nicht nur die vollziehende, sondern auch die gesetzgebende Gewalt, er trat also an die Stelle des Kaisers, des Reichskanzlers, des Reichstages und des Bundesrates."[526]

„Ein tiefer Eingriff in die Staatsorganisation, und zwar mehr noch der Einzelstaaten als des Reichs geschah im Bereich des Wahlrechts: Das für die Reichtagswahlen und in wenigen Staaten für die Landtagswahlen bereits bestehende gleiche, geheime, direkte und allgemeine Wahlrecht wurde auf die Wahlen zu allen öffentlichen Körperschaften ausgedehnt; die erst ganz vereinzelt vorkommende Verhältniswahl wurde allgemein eingeführt und das Wahlrecht auf die Frauen und auf die Jugendlichen von mindestens 20 Jahren erstreckt."[527]

---

1933 ins Exil gehen. Seine innerparteiliche SPD-Kritik wurde erst 2002 veröffentlicht. Vgl. Wikipedia, 17.6.2024.
[524] Einführung, S. 9.
[525] Einführung, S. 10.
[526] Einführung, S. 10.
[527] Einführung, S. 11.

„Die in den Bestimmungen über das Wahlrecht und namentlich in der Erwähnung der konstituierenden Versammlung im Aufruf des Rats der Volksbeauftragten sich ausprägende demokratische Grundrichtung der Mehrheitssozialisten war in den folgenden Wochen durch die der Diktatur des Proletariats zusteuernde Politik der Unabhängigen schwer bedroht. Ihre Hauptstütze fand diese Richtung in dem aus den Großberliner Arbeiter- und Soldatenräten gebildeten Vollzugsrat, der sich die Stellung einer Volksvertretung anzumaßen versuchte und in einer Vereinbarung mit dem Rat der Volksbeauftragten vom 23. November diesem Ziele auch bedenklich nahe kam, denn bis zur Wahl eines Vollzugsrats durch eine Delegiertenversammlung der deutschen Arbeiter- und Soldatenräte sollte der Berliner Vollzugsrat die Kontrolle über den Rat der Volksbeauftragten üben, die sich namentlich in Berufung und Abberufung der Volksbeauftragten äußerte. Darüber hinaus erstrebte der Vollzugsrat wahrscheinlich auch gesetzgebende Befugnisse, was daraus geschlossen werden darf, daß er dem Rat der Volksbeauftragten nur die vollziehende Gewalt ausdrücklich übertrug; aber tatsächlich wurde die Gesetzgebung auch in der Folgezeit fast ausschließlich durch den Rat der Volksbeauftragten geübt."[528]

Dass die Macht der Arbeiter- und Soldatenräte schwand, empfand *Gmelin* als **Sieg der Demokratie**, zumal diese im „Bewußtsein ihrer Unzulänglichkeit" geschehen sei und andererseits: „Zur Zurückdrängung der Arbeiter- und Soldatenräte trugen auch die süddeutschen Staaten bei: Die Revolution hatte dort einen gegen Preußen gerichteten Einschlag gezeigt, weil man Preußen den unglücklichen Ausgang des Krieges zurechnete. Nun waren die Süddeutschen nicht gewillt, anstelle des preußischen Militarismus die Diktatur des Berliner Proletariats einzutauschen. ... Den Ausschlag zugunsten der Demokratie gab schließlich die Delegiertenversammlung der deutschen Arbeiter- und Soldatenräte (16.-20. Dezember 1918 in Berlin), die ebenfalls das Rätesystem ablehnte und die Wahlen zur deutschen Nationalversammlung auf den 19. Januar 1919 festsetzte."[529]

Ein dritter Abschnitt befasste sich mit „**Nationalversammlung und Reichsverfassung**". Die Wahlen am 19. Januar 1919 brachten kein eindeutiges Ergebnis: „Da einerseits die Sozialdemokraten keine Mehrheit erlangt hatten, und da andererseits die bürgerliche Mehrheit zu sehr in sich gespalten war, als daß sie dauernd hätte

---

[528] Einführung, S. 11.
[529] Einführung, S. 12.

zusammen arbeiten können, so war von vornherein entschieden, daß die Verfassung ein Kompromiß der Bürgerlichen und Sozialisten bilden werde. Die Nationalversammlung wurde nach Weimar einberufen, was wichtig war, nicht sowohl deswegen, weil darin ein Abrücken vom bisherigen Reiche zum Ausdruck kann, sondern weil die Nationalversammlung den politischen Einflüssen der Berliner Großstadtbevölkerung entrückt wurde."[530]

Der erste veröffentlichte Entwurf der neuen Reichsverfassung stammte von dem im Oktober 1925 verstorbenen Reichsminister Dr. *Preuß*[531]. Ein besonderes Merkmal des Entwurfs bilden die Vorschläge zur Neugliederung des Reiches. *Preuß* glaubte, daß die gegenwärtige Gestalt der Einzelstaaten, namentlich der übermächtige preußische Staat ein schweres Hindernis für die Vereinheitlichung des Reiches bedeutete. Daher wollte er dem deutschen Volk im weitesten Maße die Möglichkeit gewähren, im Wege der Volksabstimmung neue Staaten ohne Rücksicht auf die bestehenden Landesgrenzen zu bilden. „Dadurch, daß er eine größere Zahl von Mittelstaaten entstehen lassen wollte, dachte er den Boden zu schaffen für eine weite Ausdehnung der Zuständigkeit des Reiches, in die er u.a. die Landesverteidigung und die Eisenbahn einbezog. Die Selbständigkeit der Länder schränkte er auch noch in der Weise ein, daß er gewisse Grundsätze für die Verfassung der Einzelstaaten aufstellte, und daß er die Aufsichtsgewalt des Reiches über die Einzelstaaten wesentlich verschärfte. Als oberste Organe des Reichs nahm *Preuß* in Aussicht den Reichstag, den Reichspräsidenten und die Reichsminister. Der Reichstag sollte wie in der Frankfurter Reichsverfassung in ein Volkshaus und ein Staatenhaus zerfallen. Das Volkshaus entsprach als Vertretung des gesamten Volkes dem bisherigen Reichstag. Das Staatenhaus aber war nicht als Vertretung der Staatenregierung gedacht, wie der bisherige Bundesrat, sondern als Vertretung der Landtage, ähnlich dem Staatenhaus in der Frankfurter Reichsverfassung."[532]

---

[530] Einführung, S. 13.
[531] Hugo Preuß (* 28. Oktober 1860 in Berlin; † 9. Oktober 1925 ebenda) hatte als Staatsrechtslehrer und Politiker im Auftrag von Friedrich Ebert die Weimarer Reichsverfassung entworfen. Vgl. Wikipedia, 15.3.2022.
[532] Die von 1848/49. - Einführung, S. 15f.

„Gegen den Entwurf von *Preuß* erhob sich auf allen Seiten eine heftige Kritik. *Preuß* hatte ähnlich wie die Nationalversammlung in Frankfurt im Jahr 1848 den großen Fehler begangen, das Gewicht der Einzelstaaten zu unterschätzen. Er erblickte in den Einzelstaaten lediglich Zufallsbildungen dynastischer Hauspolitik, von denen er glaubte, daß sie sich nach dem Wegfall der Dynastien nach Belieben umbilden ließen.[533]... Als die Reichsregierung merkte, daß der Entwurf auf Widerstand stieß, gab sie ihn preis unter dem Vorgeben, es handele sich um eine Privatarbeit, und berief im Januar 1919 eine Zusammenkunft von Vertretern der Staaten, auf der sie förderalistische Zugeständnisse machte."[534] - „Der daraus entstandene Entwurf legte die Reichsregierung dem inzwischen gebildeten Staatenausschuß vor und mit geringen Änderungen am 21. Februar 1919 der Nationalversammlung. Dieser Entwurf kennzeichnet sich als föderalistischer Rückschlag. Insbesondere ist die Neugliederung der Staaten sehr erschwert worden, und die Regierungen der Staaten gewannen einen wesentlichen Anteil an der Reichsgewalt, indem anstelle des geplanten Staatenhauses ein aus Mitgliedern der Staatenregierungen bestehender Reichsrat trat, der an der Regierungsinitiative beteiligt wurde und ein Einspruchsrecht gegen die vom Reichstag beschlossenen Gesetze erhielt."[535]

„Die Nationalversammlung überwies den Verfassungsentwurf nach der ersten Lesung an einen Verfassungsausschuß, der einen neuen Entwurf ausarbeitete. ... Auch in der zweiten und dritten Lesung der Nationalversammlung wurden noch Änderungen getroffen, die den einheitsstaatlichen Grundzug verstärkten. Die Annahme erfolgte am 31. Juli 1919 mit 262 gegen 75 Stimmen, und zwar stimmten dafür die Regierungsparteien (Sozialdemokraten, Demokraten und Zentrum), dagegen die Rechte (Deutschnationale und Deutsche Volkspartei) und die Unabhängigen."[536]

„Die Bestimmungen des Friedensvertrages von Versailles (unterzeichnet am 28. Juni 1919) jedoch gelten auch, soweit sie der Reichsverfassung zuwiderlaufen; sie

---

[533] Diese Kritik verfocht Gmelin bereits 1919, für deren Geltendmachung er eine süddeutsche Konferenz der Staatsrechtler in Würzburg zusammengerufen hatte.
[534] Einführung S. 16.
[535] Einführung, S. 17.
[536] Einführung, S. 17f.

gehen der Reichsverfassung vor, obwohl die Reichsverfassung erst nach dem Reichsgesetz über den Friedensvertrag vom 16. Juli 1919 erlassen wurde."

**Staatsform und Staatshoheitszeichen** sind Gegenstand des vierten Abschnitts:
„Der Rechtsunterschied zwischen dem Bismarckreich und dem heutigen Reich liegt
vielmehr darin, daß das Bismarcksche Reich eine aristokratische Republik darstellte,
eine Herrschaft von Wenigen, weil das oberste Organ nur die deutschen Fürsten
und die Senate der freien Städte vertrat, während das heutige Reich eine demokratische Republik bildet, weil das höchste Organ, der Reichstag, aus der Gesamtheit
der Staatsbürger hervorgeht. Diese grundlegende Wandlung prägt sich aus in dem
zweiten Absatz des Artikel 1: Die Staatsgewalt geht vom Volke aus. Durch diesen
Satz schließt die Reichsverfassung nicht nur die frühere aristokratische Regierungs-
form aus, sondern jede Art von Klassenherrschaft, z.B. auch die in Sowjetrußland
bestehende Diktatur des Proletariats."[537] Die Symbole des neuen Staates lösten insbesondere in den Reihen der Kriegsteilnehmer des Ersten Weltkriegs heftigen Widerstand aus, zum Beispiel die Abschaffung der alten Fahne Schwarz-weiß-rot. Und
zwar entschied sich die Nationalversammlung für die Farben Schwarz-Rot-Gold,
die während der Revolution des Jahres 1848 das Symbol der deutschen Einheits-
bewegung gebildet hatten und später das Sinnbild der großdeutschen Lösung der
deutschen Frage, d. h. der Schaffung eines deutschen Reiches unter Einbeziehung
von Österreich."[538]

Das Reich verwaltet zentral die Auswärtigen Angelegenheiten, die Kolonien – auch
wenn es die Kolonien verloren hatte - die Landesverteidigung, deren Landesheer
zuvor durch Kontingente der Preußen, Bayern, Sachsen und Württemberg gebildet
wurde, das Post- und Telegraphenwesen, samt den Fernsprechangelegenheiten und
Postwertzeichen, und das Eisenbahnwesen, das zuvor von acht selbständigen Lan-
desbahngesellschaften betrieben wurde. Schließlich gelangten auch Wasserstraßen
und Seezeichen unter die alleinige Kontrolle des Reiches. Wie die Länder kann auch
der Reichspräsident Ausnahmemaßnahmen treffen, um Ruhe und Ordnung wiederherzustellen, zum Beispiel in schweren Fällen durch eine Militär- oder Zivil-
diktatur, die auch Grundrechte vorübergehend aufheben kann. [539]

---

[537] Einführung, S. 19.
[538] Einführung, S.21.
[539] Vgl. Einführung, S. 26-31.

Der Grundsatz der Gleichheit wird von der Weimarer Reichsverfassung den einzelnen Rechten vorangestellt, denn er ist für sie alle maßgebend. „Er wurzelt in der naturrechtlichen Theorie und wurde zuerst verkündet in den amerikanischen Erklärungen der Rechte und in geradezu dramatischen Formen in der Französischen Revolution, als in der Nacht des 4. August 1789 die privilegierten Stände auf ihre Vorrechte verzichteten. Der Grundsatz der Gleichheit vor dem Gesetz erscheint seitdem in allen Verfassungen. Darum ist der in Artikel 109 der Reichsverfassung niedergelegte Grundsatz altes Recht. Neu ist dagegen die weite Auslegung, die die Theorie dem Grundsatz zuteil werden läßt. Während man früher in dem Gleichheitsgrundsatz nur eine Bindung für die Verwaltungsbehörden und die Richter bei der Rechtsanwendung erblickte, wird er neuerdings auch als maßgebende Richtschnur für den Gesetzgeber aufgefaßt, so daß Rechtsnormen, die den Gleichheitsgrundsatz außer acht lassen, als nichtig zu betrachten wären. Freilich: Der Richter kann dieser Auffassung nur dem Landesrecht gegenüber praktische Folge geben, den Reichsgesetzen gegenüber aber nur, wenn sich ein Recht des Richters auf Prüfung der Verfassungsmäßigkeit von Reichsgesetzen durchsetzt.

Neu sind auch die Forderungen, die die Reichsverfassung selbst aus dem Gleichheitsprinzip zieht. Männer und Frauen haben grundsätzlich die gleichen staatsbürgerlichen Rechte und Pflichten, d.h. durch die natürliche Verschiedenheit des Geschlechts notwendigerweise bedingte Unterschiede in der Rechtsstellung können bestehen. Im übrigen stehen sich Männer und Frauen gleich in Wahlrecht und Wählbarkeit; auch hinsichtlich der Zulassung zu den Ämtern, wogegen sich die Praxis eine Zeitlang sträubte, die aber klargestellt wurde durch die Reichsgesetze über die Fähigkeit der Frauen zum Schöffen- und Geschworenenamt (25. April 1922) und über ihre Zulassung zur Rechtspflege (11. Juli 1922). Nach Artikel 128 Abs. 2 „werden" alle Ausnahmebestimmungen gegen weibliche Beamte (z.B. Vorschrift der Ehelosigkeit) beseitigt, und dieses „werden" wird von der Rechtsprechung einem „sind beseitigt" gleichgesetzt.[540] ...

---

[540] In der Personalpolitik der evangelischen Kirchen dauerte dieser illegitime Zwangszustand, dass Pfarrerinnen ledig bleiben müssten, noch sehr viel länger. Die Frauenordination wurde in der Ev. Landeskirche von Schaumburg Lippe erst 1991 zugelassen.

„Zu beseitigen sind insbesondere die Vorrechte, die die bisher regierenden Häuser und die früher regierenden Häuser genossen (sowohl die 1866 und 1918 depossedierten Häuser wie die ca. 70 sog. standesherrlichen Familien, die vor 1806 in deutschen Territorien regierten). Z.B. die Rechte der Ebenbürtigkeit, der selbständigen Regelung des Familienrechts, des besonderen Gerichtsstandes u.s.w.; auch der Anspruch auf besondere Anreden wie Majestät, Königliche Hoheit. ... Dagegen sind Adelsbezeichnungen nicht abgeschafft, sie gelten aber einfach als Bestandteil des Namens und dürfen nicht mehr verliehen werden."[541]

„Aus der Garantie der Gewissensfreiheit folgt auch, daß es jedermann freistehen muß, sich zu keiner der vorhandenen Religionen zu bekennen oder sich über seine religiöse Überzeugung überhaupt nicht zu äußern. Daher bestimmt die Reichsverfassung, daß niemand verpflichtet ist, seine religiöse Überzeugung zu offenbaren. ... Es darf niemand zu einer kirchlichen Handlung oder Gebrauch einer religiösen Eidesform gezwungen werden."[542]

„Die Zensur ist verboten; das ist für Druckerzeugnisse keine Neuerung, wohl aber bezüglich anderer Formen der Meinungsäußerung, vor allem für das Theater. Zugelassen ist die Zensur – abgesehen von ihrer vorübergehenden Einführung beim Ausnahmezustand nach Artikel 48 – nur noch für Lichtspiele (Lichtspielgesetz vom 12. Mai 1920, das vorzuführende Bildstreifen der Genehmigung unterwirft)."[543]

„**Volksbegehren und Volksentscheid** hat die Reichsverfassung dem schweizerischen Recht entnommen. Die unmittelbare Teilnahme des Volks an den Staatsgeschäften begegnet dort in zwei Formen, in der Landsgemeinde und in der Volksabstimmung. Die Landsgemeinde bedeutet eine Versammlung der stimmberechtigten Bürger, die zu Gesetzen und anderen Staatsangelegenheiten beschließend und anregend Stellung nimmt. Diese aus mittelalterlichen Marchgenossenschaften und Centgerichten hervorgegangene Einrichtung eignet sich nur für ganz kleine Gemeinden. Sie besteht in der Schweiz denn auch nur noch in sechs kleinen Kantonen. Die andere Form, dagegen, die Volksabstimmung, ist auch in größeren Staaten anwendbar. Sie ist im großen Maßstab zuerst in der Französischen Revolu-

---

[541] Einführung, S. 49f.
[542] Einführung, S. 55.
[543] Einführung, S. 56.

tion verwertet worden, einerseits bei Gebietserweiterungen, um Eroberungen zu verschleiern, andererseits für die Einführung von wichtigen Verfassungsgesetzen. Auch das Volksbegehren tauchte damals auf. Von Frankreich aus wurde die Volksabstimmung auch in die Schweiz eingeführt; als fremde, aufgedrungene Einrichtung nahmen sie die Schweizer zunächst mit Mißtrauen auf, aber seit den demokratischen Verfassungsänderungen der Kantone in den 30er Jahren des 19. Jahrhunderts und namentlich seit der Bundesverfassung von 1848 bauten sie die unmittelbare Volksgesetzgebung immer mehr aus. Seit dem Ende des 19. Jahrhunderts fanden die schweizerischen Einrichtungen in den Weststaaten der Nordamerikanischen Union Eingang."[544]

Im Paragraph 15 geht es um den **Reichswirtschaftsrat:** „Zu Beginn der Revolution versuchten die radikalen Arbeiterparteien vergeblich, den in ganz Deutschland gebildeten Arbeiter- und Soldatenräten die politische Macht in die Hände zu spielen, um in einem Rätesystem nach russischem Muster die Diktatur des Proletariats zu erreichen. Später hofften sie, das Räteprinzip in irgendeiner Form in die demokratische Verfassung hinüberzuretten, wie dies z.B. ursprünglich in der braunschweigischen Verfassung geschah. Daher forderten sie „Verankerung des Rätesystems" in der Verfassung. In der Tat ist ein Rätesystem in Art. 165 der Reichsverfassung festgelegt worden, aber es hat mit der Klassenherrschaft des Proletariats nichts gemein. Denn einerseits sind die darin vorgesehenen Räte nicht lediglich Vertretungen der Arbeiterklasse, andererseits erscheinen sie nicht als Träger politischer Macht, sondern in der Hauptsache als wirtschaftliche Kontrollorgane. Die in Art. 165 geplanten Organe sollen sowohl den Gegensatz als auch die Gemeinschaftsinteressen der Gesellschaftsklassen zum Ausdruck bringen: der soziale Gegensatz spiegelt sich wider in dem Aufbau von Betriebsräten, Bezirksarbeiterräten und Reichsarbeiterrat, die als Vertretungen der Arbeiter und Angestellten den schon bestehenden Organisationen der Arbeitnehmer (wie Kammer für Handel und Industrie u.s.w.) ein Gegengewicht setzen sollen. Zur Pflege von den Arbeitern und Unternehmern gemeinsamen Interessen dagegen sind die Bezirkswirtschaftsräte und der Reichswirtschaftsrat bestimmt, die bestehen sollen aus den Bezirksarbeiterräten bzw. aus dem Reichsarbeiterrat und entsprechenden Vertretern der Unternehmer und sonst beteiligten Volkskreise."[545]

---

[544] Einführung, S.67.
[545] Einführung, S. 102.

Im Abschnitt über die **Organe der Vollziehung** geht es zunächst um den **Reichspräsidenten.** „Für die Organisation der Staatsleitung boten sich verschiedene Möglichkeiten: Entweder übertrug die Staatsleitung allein dem Ministerrat (Ministerratsverfassung), wie sie in den deutschen Ländern eingerichtet wurde, oder man unterstellte den Ministerrat einem höheren Organ, sei es einem Kollegium (Direktorialsystem), sei es einer Einzelperson (Präsidialsystem). Das Präsidialsystem ist zum ersten Male in den Vereinigten Staaten verwirklicht worden. Der amerikanische verfassungsgebende Konvent entschied sich für einen Präsidenten als einen Mittelweg zwischen dem von einer Seite vorgeschlagenen kollegialen Vollziehungsorgan und dem von anderer Seite gewünschten Monarchen. Der Präsident stellt in der Tat einen Kompromiß dar zwischen Monarchie und Republik. Das Präsidialsystem ist in Frankreich faktisch schon durch *Napoleon I.*, als er als erster Konsul an die Spitze der französischen Republik trat (1799), übernommen worden, rechtlich aber erst mit der Erfassung der zweiten Republik, 1848, und dann wieder in den Verfassungsgesetzen der dritten Republik, 1875. Jedoch besteht zwischen der amerikanischen und der französischen Form des Präsidialsystems wenigstens rechtlich ein tiefgreifender Unterschied: In den Vereinigten Staaten ist der Präsident von der Volksvertretung unabhängig, er wird vom Volk gewählt und bestellt und entläßt die Minister (die sog. Staatssekretäre) nach eigenem Ermessen; während in Frankreich nach den Verfassungsgesetzen der dritten Republik der Präsident vom Parlament abhängig ist, weil er von der Nationalversammlung gewählt wird und das Ministerium nach den Regeln der parlamentarischen Regierung zu bilden hat. Tatsächlich ist der Unterschied nicht allzu groß, weil auch der Präsident der Vereinigten Staaten in starker Abhängigkeit von der politischen Partei steht, die ihn als ihren Kandidaten durchbrachte. Das Präsidialsystem fand Eingang in beinahe allen Republiken (ausgenommen die Schweiz, die deutschen Länder und Sowjet-Rußland), nach dem Muster der Vereinigten Staaten in Süd- und Mittelamerika, nach französischem Muster in mehreren europäischen Republiken (Österreich, Tschechoslowakei und Polen), in einzelnen Staaten in der vermittelnden Lösung einer Verbindung von Volkswahl mit parlamentarischer Regierung (Finnland, Deutsches Reich). Bei den Beratungen der Nationalversammlung sind nur die Unabhängigen und ein Teil der Mehrheitssozialisten für das Direktorialsystem eingetreten, die Mehrheit der Versammlung dagegen gab dem Präsidialsystem den Vorzug, weil das Direktorialsystem sich wohl für kleine Staaten wie die Schweiz oder die deutschen Länder eignen mochte, nicht aber für ein großes Reich, in dem nur eine starke Einzelpersönlichkeit das nötige Gegengewicht gegen das Parlament bilden konnte."[546]

„Schon seit dem Altertum hat man dreierlei Staatstätigkeiten unterschieden; zu einem leitenden Prinzip aber wurde diese Unterscheidung erst, nachdem der französische Staatsphilosoph *Montesquieu* aus dem Beispiel des übrigens von ihm gänzlich mißverstandenen englischen Staatswesens die Trennung von Gesetzgebung, Vollziehung und Rechtsprechung ableitete. Dieser Grundsatz ist in der Folgezeit in sehr ungleicher Weise verwirklicht worden, zuerst und am vollständigsten in der Verfassung der Vereinigten Staaten, dann beinahe ebenso streng in einigen Verfassungen der französischen Revolution, in den späteren europäischen Verfassungen dagegen nur mit mancherlei Abschwächungen und Milderungen. Da eine restlose Aufteilung der Staatstätigkeiten unter die ihnen entsprechenden Staatsorgane unmöglich ist, wird zwischen Staatstätigkeiten im materiellen und formellen Sinn unterschieden."[547]

Wie oben bereits angedeutet, hat *Gmelin* in der **Schlußbetrachtung** einen möglichen **Zukunftsweg für die Reichsverfassung** aufgezeigt. „Drei Momente sind es vor allem, die die heutige Reichsverfassung kennzeichnen: das Übergewicht des Reichstags, die Stärkung der Reichsgewalt und der preußisch-deutsche Dualismus."[548] - „Die Weimarer Reichsverfassung zeigt deutlich das Bestreben, die Reichsgewalt auszudehnen. Dieses Bestreben bezeichnet keine neue Richtung im Verfassungsleben des Reiches, denn schon während des Kaiserreiches herrschte diese unitarische Tendenz. Die Weimarer Reichsverfassung hat nur die durch die Revolution hervorgerufene Erschütterung der bestehenden Rechtsschranken benützt, um die Reichskompetenzen ein gutes Stück weiter hinauszutragen. Trotzdem hat das Reich eine gewisse Machteinbuße erlitten, nämlich durch die Beseitigung der preußischen Vormachtstellung. Die Reichsverfassung hat dem Reich die Stütze der preußischen Staatsmacht geraubt. Die Veränderung äußert sich namentlich darin, daß das Reich im Reichsrat keine einzige Stimme abgeben kann, während es früher über die preußischen Stimmen im Bundesrat verfügte. Der Machtverlust des Reiches ist allerdings zum Teil wieder wettgeschlagen worden durch die Reichsfinanz-

---

[546] Einführung, S. 106f.
[547] Einführung, S. 129.
[548] Einführung, S. 144.

reform von 1919. Da sie die wichtigen Steuerquellen, aus denen bisher die Länder ihren Haushalt bestritten, nämlich Einkommens- und Vermögenssteuer, in die Verwaltung des Reiches überführte, so sind die nun auf Zuschüsse des Reichs angewiesenen Länder in finanzielle Abhängigkeit vom Reich geraten."[549]

„Die Krise des Parlamentarismus ist eine Erscheinung, die keineswegs auf Deutschland beschränkt ist, auch nicht auf Staaten mit parlamentarischer Regierung. Aber sie macht sich in diesen Staaten besonders geltend, namentlich wenn sie, wie Deutschland, infolge der Parteizersplitterung unter häufigen Regierungskrisen leiden. Es läge nahe, die Heilung in der Abschaffung der parlamentarischen Regierung zu suchen. Allein bis jetzt ist dieser Ausweg nur für die deutschen Länder, in denen z. T. Zerrbilder parlamentarischer Regierung entstanden sind, ins Auge gefaßt worden."[550] - „Von lebenswichtiger Bedeutung für den Staat ist es aber, daß die Verfassung sich den Erfordernissen der Zeit anzupassen vermag, ob nun diese Anpassung mehr durch die praktische Handhabung oder durch Änderung von Verfassungsbestimmungen geschieht."[551]

-------

Damit meinte *Hans Gmelin* nicht die Vernichtung der Weimarer Republik und ihrer Verfassung, wie sie drei Jahre später die Nationalsozialisten vollziehen werden. Mit der Vernichtung der Bestimmungen der Weimarer Reichsverfassung durch die nationalsozialistische Machtübernahme ist auch das Büchlein von *Hans Gmelin*, das sonst bestimmt ein gern genutztes Hilfsmittel für das Studium des Staatsrechts geworden wäre, auf dem Müllhaufen der Geschichte gelandet. Dass es zu solcher Verwendung das Zeug gehabt hätte, bekommt *Gmelin* durch zahlreiche Reaktionen seiner Fachkollegen gespiegelt „So schrieb Kollege *Smend* am 11. November 1929 aus Berlin: ‚Ich habe mir seit einem mißlungenen Versuch einer wohl auf einen ähnlichen Leserkreis gemünzten kleinen Einleitung, nämlich zu einer Textausgabe der Reichsverfassung, die Frage dieser Einführungsprobleme, auch für Studenten!, oft überlegt und bin überzeugt, daß Sie da das einzig Richtige getroffen

<hr />

549 Einführung, S. 147.
550 Einführung, S. 150.
551 Einführung, S. 152, Schlusssatz.

haben, auch wenn uns unruhigen Geistern Ihre Stellung gegenüber der herkömmlichen Behandlungsweise fast ein wenig zu konservativ erscheinen will.' – Aber dieser Verzicht auf allzu starke Hervorkehrung der Dogmatik wurde mir gerade als Vorzug angerechnet, wie die Zeilen vom 11. November 1929 meines Frankfurter Nachbarn, Prof. *Giese*[552] zeigen: ‚Vor allem freue ich mich darüber, daß Sie – wie ich – nicht der Modekrankheit verfallen, dynamisch-politische Elaborate zu produzieren, die bestenfalls der Autor versteht (und auch das nicht immer), sondern klare und vollständige, wirklich juristische Sachen liefern, die dem Fachmann wie dem Laien verständlich und nützlich und vor allem unseren Studenten unentbehrlich sind.' Selbst *Günther Holstein*[553], Kiel, der an den Staat als Philosoph heranzutreten gewohnt war, verachtete im Brief vom 22.11.1929 die einfache Kost meines Büchleins nicht: ‚Ich habe es in jeder Beziehung mit großer Freude durchgearbeitet. Es ist ein Meisterstück klarer Zusammenfassung wesentlicher Dinge auf kleinem Raum und eröffnet doch auch zugleich die großen Perspektiven, um die es geht. Es ist eine sehr große Annehmlichkeit, nicht nur seine Hörer, sondern auch interessierte Laien, vor allem Pädagogen, von denen man oft gefragt wird, auf Ihre Darstellung hinweisen zu können.' Etwas später, am 24. März 1930 dankte mir mein Vorgänger auf dem

---

[552] Dietrich Kaspar Friedrich Giese (* 17. August 1882 in Eitorf; † 25. April 1958 in Wiesbaden) lehrte seit 1914 an der Universität Frankfurt. Distanziertes Verhältnis zum Nationalsozialismus, aber 1946 wegen eines 1938 veröffentlichten Buchs zum Völkerrecht entlassen. Vgl. Wikipedia, 29.10.2023.
[553] Günther Holstein (* 22. Mai 1892 in Berlin; † 11. Januar 1931 in Kiel) studierte in München und Berlin Rechtswissenschaft. Erster Weltkrieg Verwundung. 1920 Dr. phil. und D. theol., 1921 Habilitation in Bonn für Öffentliches Recht. 1922 Privatdozent in Greifswald. 1924 ordentlicher Professor für Öffentliches Recht. 1928 „Grundlagen des evangelischen Kirchenrechts". 1930 Kiel. Holstein widersprach dem Rechtspositivismus aus national-konservativer Grundhaltung, gründete das Recht auf geisteswissenschaftlich untermauertem Rechtsidealismus. Anschluss an Theologie, Philosophie und Soziologie. Geprägt durch Luther und Schleiermacher. Vgl. Wikipedia, 29.10.2023.

Gießener Lehrstuhl, *van Calker*, Freiburg, da er durch eine Netzhautablösung, die zur Erblindung auf einem Auge führte, seine Arbeit hatte unterbrechen müssen. Er schrieb: ‚Ich werde Ihr kleines Buch meinen Hörern angelegentlich zur Anschaffung empfehlen, da es den umfangreichen Stoff m. E. in ausgezeichneter und klarer Weise darstellt, überall die große Linie einhält und so eine außerordentlich lehrreiche und zugleich angenehm lesbare Grundlage für das Studium bildet.'"[554]

In Gießen stieß das Büchlein bei den Hörern *Gmelins* auf großes Interesse, mit der unerwünschten Folge, daß sie sich den Besuch seiner Vorlesung über Staatsrecht ersparten. Nach wie vor schwebte über der Universität Gießen die dunkle Wolke des Sparzwangs. Die verzweifelte Finanzlage Hessens, besserte sich auch nicht, als die Franzosen aus Rheinhessen abzogen. Im Gegenteil, denn Wirte, Friseure und andere Geschäftsleute hatten aus der Besatzung Vorteile gezogen.[555]

## Von Otto Eger zu Mildred Harnack-Fish

Das neue Studentenhaus am Ende der Ludwigstraße wird etwa 550.000 Mark kosten, die zunächst nicht gedeckt waren. 200.00 Mark würden vom Reich kommen, 125.000 kamen vom Land Hessen, den Rest sollten freiwillige Spenden aufbringen. Im Oktober war dann Gelegenheit, die Einrichtungen des Studentenheims bereits während der Bauarbeiten kennenzulernen: „Den geräumigen und gut beleuchteten Speisesälen gaben lichte Tapeten eine heitere Stimmung. Die Studentenzimmerchen wirkten trotz ihrer Kleinheit sehr wohnlich. Und die Riesenküche mit großen Gasherden, Kühlapparaten und Kesseln versprach auch großer Inanspruchnahme zu genügen."[556] Damals war aufgrund studentischer Forderungen das Studentenheim in Otto-Eger-Heim benannt worden. Gegenüber solch basisdemo-

---

[554] 3/536f.
[555] 3/538.
[556] 3/588.

kratischer Handhabung der Namensfrage nimmt sich die Umbenennung durch den Verwaltungsrat des Studentenwerks im Jahre 2015 auf dem Verwaltungswege recht bürokratisch aus, auch wenn *Mildred Harnack-Fish* eine Ehrung in Gießen gewiss verdient hat.

## Deutsche Politik 1929

*Hans* empfand die neuen internationalen Verhandlungen zwiespältig: Einerseits bedeuteten auch sie erneut eine Demütigung für seine deutsche Seele, andererseits aber bedeuteten sie realpolitisch ein großer Schritt in Richtung einer halbwegs erträglichen Normalität im Reich. Ende September 1929 hatten der Stahlhelm und die Deutschnationalen ein Volksbegehren gegen den *Young*-Plan beantragt, der von einem internationalen Gremium unter dem Vorsitz des amerikanischen Diplomaten und Industriellen *Owen D. Young* vorsah, die Folgen des Versailler Vertrages zu reduzieren, allerdings um den Preis, dass Zahlungen bis 1988 geleistet werden müssten. Dafür würde das Rheinland fünf Jahre vor dem Zeitpunkt geräumt, den der Versailler Vertrag vorgesehen hatte, und zahlreiche alliierte Kontrollen würden ausgesetzt. Die Mehrheit des Reichstages, darunter auch die D.V.P. – deren Vorsitzender *Gustav Stresemann* federführend bei den Verhandlungen war – lehnte ein Volksbegehren ab, ein entsprechender Volksentscheid am 22. Dezember scheiterte an zu geringer Teilnahme. Durch die Weltwirtschaftskrise nach dem New Yorker Börsencrash Ende Oktober 1929 hatte der Young-Plan keine starken Auswirkungen mehr.[557]

## Weihnachten am Nahrungsberg 1929

Zusammen mit Großmutter *Johanna* wurde der Weihnachtsabend vorbereitet, auf dem die Kinder eine Seilbahn bekamen, für die eine Berglandschaft geschaffen wurde, in der auch Autos, Häuschen und Eisenbahn nicht fehlten. Besonders stolz ist Vater *Hans*, dass sein Sohn *Ulrich* ein reges

---

[557] Vgl. 3/539.

Interesse am Malen und Zeichnen entwickelt, darum bekommen beide Jungen neues Material, Papier und Farben, zur Bescherung.

## Verkauf des Günterstaler Hauses 1930

Zwei Ereignisse sieht Hans für das Jahr 1930 als kennzeichnend: Der endgültige Abschied vom ersten Haus, das er in Günterstal gebaut hatte und andererseits die Anschaffung des ersten Autos, schon vor dem Führerschein. Das Auto – es gibt noch wenige Straßen im heutigen Sinn und alle Waldwege ließen sich befahren – bedeutete für ihn ein „ganz neues landschaftliches Erleben, Öffnung unbegrenzter Weite" und „zigeunerhaftes Umherschweifen von Ort zu Ort."[558] Bei Mutter *Johanna* musste die Dienerin *Therese* ins Krankenhaus. Darum kam sie Februar und März nach Gießen. Mit dem dauernden Ausfall von *Therese* wurde das Haus in Günterstal für die alternde *Johanna* unbewohnbar, zumal es ohne Zentralheizung war. Der den Selbstkosten nahe Verkaufspreis von 38.000 Mark erwies sich als nicht realisierbar. Am 27. März 1930 erfolgte die Unterschrift eines Käufers zum Preis von 31.000 Reichsmark. Bevor das Haus zum 1. Juli an den Käufer übergeben würde, konnte die Familie noch einige Wochen dort zubringen und auch Entscheidungen treffen, was mit den einzelnen Möbeln passieren solle. [559] *Johanna* sollte in einer Mietwohnung in Freiburg leben.

„Vom 12. bis 19. April 1930 weilte meine Frau mit *Günter* in Brombach. Nach ihrer Rückkehr weilten wir nur noch eine Woche in Günterstal. Dann hieß es Abschied nehmen von unserem schmucken Berghaus. Es war mir doch recht wehmütig als ich am letzten Abend mit meiner Mutter vom Nordbalkon über das von Tannenbergen umhegte Dörfchen in den Abendhimmel blickte."[560]

---

[558] 3/544.
[559] 3/552.
[560] 3/554.

## Hessisches Sparprogramm

Die Politik und besonders die wirtschaftliche Entwicklung nach Einsetzen der Weltwirtschaftskrise machte *Hans* große Sorgen, zumal die Folgen bis in seine eigenen Verhältnisse hineinwirkten. Eine Begrenzung der Reparationslasten war zwar erfolgt, aber die Belastung der deutschen Wirtschaft führte zu neuen Steuern einerseits und harten Sparmaßnahmen andererseits. In Hessen wurden etwa die Hälfte der Kreisämter und damit eine entsprechende Verringerung der Amtsgerichte erwogen. Das hätte die Anstellungsaussichten von Juristen wesentlich verschlechtert, was den Bestand der Rechtsfakultät bedrohte. Allerdings ging das tatsächliche Sparprogramm der hessischen Regierung lange nicht so weit: Es blieb zögerlich, konnte aber nur die Hälfte des 14 Millionen Mark betragenden Defizits decken. „Gehaltskürzungen, die die sozialdemokratische Partei forderte, konnten nicht erfolgen, weil dazu ein verfassungsänderndes Reichsgesetz erforderlich war."[561]

Eine landespolitische Maßnahme hatte *Hans Gmelin* zu begutachten: Die Regierung und Mehrheit des Landtages wollten die Wahlperiode von drei auf vier Jahre verlängern. Das hätte im Sinne von *Hans Gmelin* sein müssen, denn es verbilligte die parlamentarische Arbeit. Was *Hans* aber für einen „teuflischen Plan" hielt war, dass man das Gesetz auf den bereits gewählten Landtag anwenden wollte. Um ein Scheitern durch einen Volksentscheid zu verhindern, hob das Gesetz eine entsprechende Bestimmung auf. *Gmelin* wurde durch den Zentrumsabgeordneten *Josef Maria Schül* (1873-1960), Amtsrichter in Offenbach, und ab 1924 für das Zentrum im Landtag mit einer Stellungnahme beauftragt. *Gmelin* antwortete auf die Anfrage *Schüls*: „Ich halte es, wenn der Landtag die Verlängerung auch auf den laufenden Landtag beziehen will für erforderlich, daß dies in dem verfassungsändernden Gesetz auch zum Ausdruck gebracht wird." Die bloße Ablehnung

---

[561] 3/545.

des Antrags *Niepoth* zur Sache reiche „nicht aus, selbst wenn die Ablehnung mit qualifizierter Mehrheit geschieht, denn der Richter braucht bei der Auslegung nur das Gesetz zu berücksichtigen". Mit einem Gesetz vom 13. Mai 1930 beschloss nun der Landtag ausdrücklich die Verlängerung der Wahlperiode des laufenden Landtags. Für *Gmelin* widersprach dies dem Artikel 17 der Reichsverfassung[562], danach die Volksvertretung eines Landes gewählt sein mußte, während hier die Abgeordneten zwar für drei Jahre gewählt waren, für das vierte Jahr – nämlich die Verlängerung – jedoch nicht.[563] Für ihn stand die Verlängerung mit einer schrankenlosen Parlamentsherrschaft in Einklang, nicht aber mit dem Grundsatz der Demokratie. Er veröffentlichte dazu einen Aufsatz „Die Verlängerung der Legislaturperiode des hessischen Landtags in ihrer verfassungsrechtlichen Bedeutung" im Archiv des öffentlichen Rechts, n.F., Bd.19, 1930, S. 270ff.

## Familiäres

Nachdem in der Familie wieder oft die Ärzte aufgesucht werden mussten, starb Ende Januar *Hans'* Tante *Luise Döll* in Karlsruhe. Während des Aufenthalts in Günterstal, ließ sich die Familie einen gebrauchten Opel im Schwarzwald vorführen. Nachdem sie zügig über beschotterte Straßen bis Hinterzarten gefahren waren, beschlossen sie mit dem Ankauf noch zu warten, zumal weder *Hans* noch *Martha* einen Führerschein besaßen.

---

[562] WRV Art. 17.: Jedes Land muß eine freistaatliche Verfassung haben. Die Volksvertretung muß in allgemeiner, gleicher, unmittelbarer und geheimer Wahl von allen reichsdeutschen Männern und Frauen nach den Grundsätzen der Verhältniswahl gewählt werden. Die Landesregierung bedarf des Vertrauens der Volksvertretung. Die Grundsätze für die Wahlen zur Volksvertretung gelten auch für die Gemeindewahlen. Jedoch kann durch Landesgesetz die Wahlberechtigung von der Dauer des Aufenthalts in der Gemeinde bis zu einem Jahr abhängig gemacht werden.
[563] 3/548f.

Das Sommersemester begann in Gießen und am 11. März 1930 bekamen *Gmelins* den Fachkollegen *Friedrich Giese* aus Frankfurt zu Besuch. Er plante mit Studenten Anfang August nach Den Haag zu fahren, um dort völkerrechtliche Einrichtungen anzuschauen. Er bot an, dass sich *Gmelin* mit eigenen Studenten anschließen könne. Da allerdings Gießener Studenten „sich solche Ausgaben nicht leisten können"[564], kam die Kooperation nicht zustande.

Damals begannen sich *Hans* und *Martha* Sorgen zu machen, was die schulischen Leistungen von *Günter* anbetraf: „Das Rechnen fiel ihm so schwer, daß ich ihm durch Herrn *Kröll* Privatstunden erteilen lassen mußte. Darum glaubte ich, daß der Beruf eines Landwirts für ihn am geeignetsten sei und dachte schon an den Erwerb eines Landguts, weil solche damals zu billigem Preise angeboten wurden. Der beginnende Ernst des Lebens wurde *Günter* an seinem Geburtstag dadurch vor Augen gerückt, daß er morgens und nachmittags Schule hatte. Aber das focht ihn wenig an, er freute sich über die Geschenke: Ein paar Stelzen, ein Gesellschaftsspiel, ein Schiff und einen Farbenkasten und namentlich über eine hölzerne Eisenbahn, die sein Pate *Walter* aus Brombach sandte. Und am nächsten Nachmittag fand er Gelegenheit, sich in einer zu seinen Ehren geladenen Kindergesellschaft auszutoben."[565]

*Günter* wird später nicht auf das Humanistische Gymnasium gehen wie sein Bruder *Ulrich*, sondern auf die Oberrealschule, er wird mit 17 Jahren seinen Vater verlieren und studiert nach Wehrmacht und Spätheimkehr aus französischer Kriegsgefangenschaft Zahnheilkunde in Marburg. Er wird mit seiner Mutter *Martha* bis fast zu deren Tod 1982 und mit seiner Ehefrau und Kollegin *Heti*, geb. *Ebbers* (1928 -2007) unter einem Dach mit ihrer beider Familie am Nahrungsberg 51 leben und selbst 2008 sterben.

---

[564] 3/557.
[565] 3/558.

Für den Zentralverein für Binnenschiffahrt begutachtete *Hans* einen Gesetzentwurf. Auch nahm er das Gutachten für die Landeskirche in Angriff, nachdem *Heyland* die Fragen des Honorars geklärt hatte und schrieb einige Beiträge für die Verwaltungskartothek *Gieses*. Einige Aufsätze für den Giessener Anzeiger vom 11. Juni 1930 und im Archiv des öffentlichen Rechts widmete er der Mandatsverlängerung des Hessischen Landtags. In zwei weiteren Artikeln äußerte er sich über den „Stand der Reichsreform", im Gießener Anzeiger vom 5. und 7. Juli.

## Familientag Gmelin in Stuttgart, 1930

In den Pfingstferien hatten *Hans* und der ehemalige württembergische Dekan *Eduard Gmelin* (1859-1945), ein Vetter 2. Grades, in das Furtbachhaus, damals noch Hospiz des CVJM, später, 1946 Schauplatz der Verfassungsgebenden Landesversammlung für das Württemberg-Baden der Nachkriegszeit, zu einem Treffen eingeladen, zu dem die ganze Familie von *Hans* fuhr. Insgesamt waren 64 meist ältere Vettern und Basen zu dieser Versammlung gekommen, auch der Bruder *Eduards*, der Münchener Verleger *Otto Gmelin*. *Eduard* referierte über die Herkunft der Familie und ihres Namens. *Hans* über neue Wege der Familienforschung, im Hinblick auf die Bedeutung der Verebungslehre für die Familiengeschichte. Wir hoffen, dass da nur wenig aus den Gesprächen mit dem ihm bekannten Rasseforscher und Eugeniker *Eugen Fischer* und dessen rassistischer Anthrpologie vermittelt wurde. Der Münchner Verleger *Otto Gmelin* zeigte eine Sammlung von Bildnissen aus der Vergangenheit der Familie *Gmelin* und *Hans* empfahl die Gründung eines Vereins zu dem Zweck, den Zusammenhalt der Familie zu pflegen, ein Familienarchiv einzurichten und Familientage abzuhalten. Im Jahr 1936 ist dieser Verein als Familienverband Gmelin gegründet worden und existiert bis heute. Das ursprünglich vom Familienverband autonom verwaltete Familienarchiv wurde in das Tübinger Stadtarchiv überführt.[566]

## Das Auto-Projekt

Im Sommer fuhren *Martha* und *Hans* einen kleinen BMW - Dixi Probe, den sie ohne Führerschein auf der Straße zum Krofdorfer Forst ausprobieren durften. Der Kleinwagen, eine Lizenzproduktion der Bayern, mit gesteckten Zelluloidscheiben an den Seiten und Textildach hatte kaum Zubehör. Es fehlte sowohl der Kofferkasten, eine Heizung, wie auch die Scheibenwischer, die man aber wenigstens nachrüsten konnte. Im Garten am Haus wurde eine Wellblechgarage errichtet. Den Führerschein konnten beide für 80 Mark machen, da sie im eigenen Wagen übten. Die beiden Fahrlehrer *Faber* hatten keine Lizenz zur Erteilung von Fahrunterricht. Und so verlegte man die Übungsfahrten auf einsame Landstraßen vor den Toren Gießens, um die Mitmenschen vor den Fahrversuchen zu schützen, aber auch um polizeiliche Kontrollen zu vermeiden. *Martha* machte beim täglichen Fahrunterricht raschere Fortschritte als *Hans*, der kurz davorstand, die Fahrstunden aufzugeben. Schon vor der Führerscheinprüfung machte sich die Familie mit jeweils einem Fahrgast – mehr passten in das Auto nicht hinein, wenn die Kinder hinten saßen – auf zu Spritztouren in die nähere Umgebung, wie nach Kloster Armsburg, in den Vogelsberg oder nach Braunfels. „Überhaupt bereiteten mir die Autofahrten einen eigenartigen Genuß, denn die Umgebung Gießens lernte ich durch sie von ganz neuen Seiten kennen, ich sah die Landschaft nun mehr in ihrem Zusammenhang.“[567] Um trotz all dieser Schwarzfahrten doch an den Führerschein zu kommen, wurden sie von ihrem Pseudofahrlehrer an eine lizensierte Fahrlehrerin, *Röhrig*, in Wetzlar überwiesen, die die Prüfung durch den „Dampfkesselüberwachungsverein Siegen“ organisierte. Unter abenteuerlichen Umständen ging die theoretische und praktische Prüfung am 1. September 1930 am Bahnhof in Wetzlar

---

[566] Vgl. 3/562.
[567] 3/596.

los, wo sich die Prüflinge jeweils mit eigenem Fahrzeug eingefunden hatten. Nach der mündlichen Prüfung der Theorie, die wohl nicht sehr streng war, kam die praktische: „Der praktische Teil der Prüfung spielte sich im Freien ab, indem sich die ganze Kolonne zunächst durch die Straßen Wetzlars bewegte und dann über Rechtenbach und durch mehrere Dörfer nach Gießen steuerte, voran drei Personenwagen, dann der Lastwagen, zum Schluß die Motorradler, ein seltsam gemischter Zug, der das Staunen der Dorfbewohner erzeugte. Der Inspektor stieg mit Frau *Röhrig* bald in den einen, bald in den anderen Wagen, um die Fahrfähigkeit der Prüflinge festzustellen." *Hans* kam als letzter an die Reihe: „Mir wurde entschieden die leichteste Aufgabe zuteil, denn ich hatte zu dem mir aus Dutzend Fahrten geläufigen Schiffenberg zu steuern, was mich kinderleicht dünkte. Damit war die Prüfung überstanden und wir konnten kurz darauf an dem Tage, als meine Mutter nach Freiburg zurückkehrte, beim Landratsamt in Wetzlar unseren Führerschein abholen." [568]

Sechs Tage nach der Fahrprüfung später machte sich die Familie am Sonntag, den 7. September 1930, auf zu einer ersten Autoreise nach Freiburg, nahm aber vorsichtshalber noch den Sohn ihres Fahrlehrers *Faber* als Chauffeur mit, der mit zügigen 45 Kilometern in der Stunde in zwölfeinhalb Stunden nach Freiburg kutschierte. Der Fahrassistent blieb ihnen auch noch einige Tage erhalten und half, das Höllental automobil zu bewältigen oder den Weg nach Brombach zu fahren. Nach dessen Abfahrt nach Gießen übten die *Gmelins*, ihr Autochen selbständig zu führen, indem sie zahlreiche Touren durch den Schwarzwald kurvten.

In dieser romantischen Umgebung erreichte die Familie die Nachricht vom Ergebnis der Reichtagswahl am 14. September 1930, die der NSDAP über hundert Mandate einbrachte. „Wenn man auch die volle Tragweite des Ereignisses damals noch nicht ermessen konnte, so hatten wir das Gefühl, daß

---

[568] 3/572f.

sich eine folgenschwere Wendung für Deutschland anbahnte. Mutter, *Marthel* und ich gaben am Morgen unsere Stimme ab, am Abend nahm ich mit *Marthel* an einer Wählerversammlung der D.V.P. im Fahnenberg teil, wo wir Professor *Cohn* und andere Bekannte trafen und hörten die von allen Seiten einlaufenden Meldungen über das fabelhafte Anwachsen der nationalsozialistischen Stimmen."[569]

Nach vielen weiteren Autofahrten und kurzer Reise an den Bodensee ging es am 13. Oktober wieder nach Gießen, wo noch einige häusliche Probleme zu beheben waren. Gegen den Winter zu waren sie dankbar, dass sie ein bewährtes Hausmädchen einstellen konnten, *Luise Geldbach*, denn *Marthas* Gesundheit begann wieder labil zu werden und auch *Ulrichs* Untergewicht machte den Eltern Sorgen. Nachrichten von einer Venenentzündung bei Mutter *Johanna* und einem Schlaganfall von Vetter *Adolf Döll* in Bern waren zu beklagen.

Das Wintersemester 1930/31 begann wieder mit Prüfungen, in denen sich der Sohn des sozialdemokratischen Staatspräsidenten *Bernhard Adelung* bewährte, der dann auch bei *Gmelin* promovierte, während der Sohn des Innenministers *Ferdinand Kirnberger*, Zentrum, durchfiel. Wie alle Jahre wieder kam ein Weihnachtsabend im trauten Familienkreis, dieses Jahr ohne Großmutter *Johanna*, die noch zu schwach war für eine solche Reise, während *Gmelin* die außenpolitische Lage in Europa als extrem labil einschätzte. Die Not in Italien sei erheblich gestiegen, sodass er *Mussolini* zutraute, ein außenpolitisches Abenteuer zu suchen, in das auch Deutschland hätte hineingezogen werden können. Die Reichsregierung unter Reichskanzler *Heinrich Brüning* bekam wie so häufig keine Mehrheit im Parlament und war auf Notverordnungen angewiesen. „Die aussichtslose Lage der Reichsregierung und das steigende Wirtschaftselend bewirkten, daß sich immer weitere Kreise dem Nationalsozialismus zuwandten. Das zeigte sich

---

[569] 3/574.

z. T. bei den badischen Gemeindewahlen. Die Studentenschaft war beinahe ausschließlich nationalsozialistisch. Auch einige Kollegen näherten sich dem Nationalsozialismus. „Wenn sie sich ihm auch noch nicht offen anzuschließen wagten, so bereiteten sie sich darauf vor, um den rechten Zeitpunkt nicht zu versäumen. Ganz deutlich hatte ich dies Gefühl bei *Groh*[570] - seit dem Wintersemester 1926/27 in Heidelberg. Als er am 13. Dezember 1930 zu dem Fakultätsabend bei *Frölich* erschien, äußerte er, daß nach seiner Überzeugung die Nationalsozialisten immer mehr zunehmen würden und daß alles auf einen Kampf zwischen ihnen und den Kommunisten hinauslaufe, zwischen denen die bürgerlichen Parteien und die Sozialdemokratie völlig zermahlen würden."[571]

## Auch 1931 magere Zeiten

Trotz der noch immer besorgniserregenden Folgen der Weltwirtschaftskrise und drei Fällen von Grippe in der Familie begann das Jahr 1931 ohne große Verwerfungen. Von dem Kollegen *von Hentig*, der einem Ruf nach Kiel gefolgt war, hörte *Hans Gmelin*, dass der 38jährige Kirchen- und Staatsrechtler *Günther Holstein* einem Schlaganfall erlegen sei. Er war erst kurz zuvor aus Greifswald nach Kiel gewechselt. In Gießen erlitt der Römischrechtler *Otto Eger* einen Autounfall, den sein Sohn „mit jugendlichem Schneid" zu verantworten hatte, als er es das Auto der Studentenhilfe, einem Vorläufer des heutigen Studentenwerks die Ludwigstraße hinauffuhr und aus der Liebigstraße ein Wagen kam, der zu einem Zusammenstoss führte. Er blieb allerdings von einigen Schrammen abgesehen, von schweren Folgen verschont. [572]

---

[570] Wilhelm Groh ging nach Habilitation in Gießen 1927 nach Heidelberg: Als Mitglied der SA und ab 1. Mai 1937 der NSDAP wurde er 1933 Rektor der Universität Heidelberg und bekleidete dieses Amt bis März 1937. Vgl. Wikipedia, 7.11.2023.
[571] 3/ 590f.
[572] 3/597.

Auch außenpolitisch ging es nicht weiter mit den Versuchen, aus den Ketten des Versiller Vertrages zu entkommen: Der deutsche Außenminister *Julius Curtius*, der nach dem Tod von *Gustav Stresemann* 1929 ins Amt gekommen war, versuchte eine Zollunion mit Österreich zu installieren, die *Gmelin* sehr begrüßt hätte. Sie scheiterte aber am „Einspruch der Feindmächste", samt dem dafür zuständigen Minister.[573]

Parteipolitisch trat die NSDAP aus dem Reichtag aus und *Gmelin* hoffte noch immer, dass die Nazipartei keine „enormen Ziffern" erreichen werde, befürchtete aber dennoch eine plötzliche Wendung, nach der die Nationalsozialisten durch eine inkompetente Währungspolitik das wenige Erreichte der Weimarer Republik in Gefahr bringen würden.

Die geplante Teilnahme an einer weiteren Tagung des **Verbandes der Staatsrechtslehrer** fiel aus. Sie wurde abgesagt, weil der lokale Kollege in Breslau, der Völkerrechtler *Heinrich Johann Pohl* (1883-1931), im Alter von 48 Jahren gestorben war.[574] Stattdessen machte sich die Familie zu einer Autoreise durch Franken auf, nach der sie in Freiburg Quartier nahmen. Am 24. April 1931 fuhren sie wieder zurück nach Gießen.

Im Sommersemester hatte die Zahl der Studierenden im Studiengang Jura weiter abgenommen. Für die Festschrift für *Richard Schmidt* hatte *Gmelin* seinen eigenen Beitrag zu verfassen, den er „Die politische Abhängigkeit von Staaten untereinander" widmete. Er zeigt darin, dass es nicht nur rechtliche Abhängigkeiten gäbe, sondern dass die politische Abhängigkeit auch von geographischen, wirtschaftlichen, finanziellen, religiösen, nationalen und parteipolitischen, dynastischen oder persönlichen Faktoren beeinflusst sei. Für die Festschrift besuchte ihn der Mitherausgeber *Otto Koellreutter* am 7. Mai 1931. Zu diesem Zeitpunkt war *Koellreutter* bereits aus der gemein-

---

[573] 3/598f.
[574] 3/602.

samen D.V.P. ausgetreten und hatte sich der NSDAP angenähert. Zur Entlastung von *Martha* war zeitgleich die Tochter *Trude* des Freiburger Malers *Stefan Kölble* zu Gast, die für das Abendessen mit *Koellreutter* den Kochlöffel schwang. Auch im Garten machte sich die junge Frau nützlich, wenn sie nicht mit der ganzen Familie im Auto und zu Fuß die Umgebung von Gießen kennenlernte. Zu Ehren des Fräulein *Kölble* gaben *Gmelins* auch eine kleine Gesellschaft, auf der sie *Roloffs* mit Tochter, *Fischers*, *Momberts*, die Fakultätsassistenten *Kaser* und *Georgi* und eine Studentin der Rechtswissenschaft namens *Speer* aus Günterstal, die *Gmelin* als intelligent, aber etwas vorlaut bezeichnete, eingeladen hatten.

In der warmen Jahreszeit machten *Gmelins* einige Ausflüge vor allem in den Vogelsberg, den *Hans Gmelin* mehr und mehr lieben lernte. Das Haus am Nahrungsberg bedurfte einiger Nacharbeiten, da Putz von der Decke fiel und darum die größten Räume des Erdegeschosses leergeräumt werden mussten, das Eß- und Musikzimmer. Während der Malerarbeiten rief der Bruder *Marthas*, *Walter* aus Karlsruhe an, dass er und seine Frau gern nach Gießen zu Besuch kommen wollten. *Martha* schaltete bis ins hohe Alter sofort auf ihren allemannisch schwyzerdütschen Dialekt um, wenn Mitglieder ihrer Familie mit ihr sprachen. Sie bat ihren Bruder das herrschende Durcheinander zu entschuldigen, da die „Aschtriecher" im Hause seien. *Walter* verstand dieses verdächtig klingende Wort so lange nicht, bis sie ihn aufklärte: „Mr häm d'Moler im Hus!"[575]

Aus Günterstal empfing die Familie, die sich gesundheitlich einigermaßen durchs Jahr brachte, die Nachricht, dass die alte Dienerin *Therese* am 22. Juni einen Oberschenkelhalsbruch erlitten habe, für den es in ihrem Alter keine Heilungsmöglichkeit mehr gäbe. Sie musste von da an ständig liegen und verstarb am 12. April 1932 im Alter von 86 Jahren.[576]

---

[575] 3/619.
[576] 3/623.

## Steuererhöhungen und Gehaltskürzungen
## im Sommer 1931

Der Staat der Weimarer Republik litt unter ständigen Finanzschwierigkeiten, bei denen die Steuereinnahmen hinter den Erwartungen zurückblieben. Um das Defizit in den Griff zu kriegen, sollten Einsparungen vorgenommen werden durch 20prozentige Gehaltskürzungen im öffentlichen Dienst. Auch blieb die außenpolitische Isolation dem demokratischen Deutschland treu, was wenig Chancen auf eine Minderung der Reparationslasten versprach. Der Beginn des Notverordnungswesens, das zwar bei den Mehrheitsverhältnissen im Weimarer Reichstag verständlich war, aber letztlich den beginn des Untergangs der Weimarer Republik einläutete, empfand *Gmelin* als notwendig, als er in einem Brief am 13. Juni 1931 schrieb: „Natürlich ist keine Partei durch die Notverordnung zufriedengestellt, aber man sollte sie trotz ihrer Mängel hinnehmen, denn sie bedeutet augenblicklich das einzige Mittel, um Einnahmen zu schaffen. Wenn die Parteien auf Einberufung des Reichstags bestehen, ist dies gleichbedeutend mit dem Sturz der Regierung, und was sich daran reihen kann, ist schwer zu sagen."[577] Besonders fürchtete *Gmelin* ein Erstarken des Nationalsozialismus, weil er mit dem Ausbruch eines Bürgerkriegs seitens der Kommunisten rechnete. Dabei stieg die Arbeitslosigkeit auf sieben Millionen und mit ihr sanken die Steuerleistungen, sodass die Finanzämter die zu hohen Vorauszahlungen nicht zurückerstatten konnten. Wirtschaftlich und symbolisch wirkte der Zusammenbruch des Zusammenschlusses der Darmstädter mit der Nationalbank, der sogenannte Danatbank, dem größten Kreditinstitut der Weimarer Republik, verheerend. Es setzte ein „unsinniger Run" auf die Banken ein, „dem die Reichsregierung durch Bankfeiertage, durch Beschränkung der Abhebungen und durch starke Erhöhung der Reichsbankdiskonts zu begegnen suchte".[578]

---

[577] 3/655f.
[578] 3/626.

Auch *Gmelin* erlitt Verluste unter den Bedingungen dieser Zeit, aber „keine unbillige Belastung". Die Lage blieb unübersichtlich: „Die Geldknappheit wirkte sich für Beamte in Hessen zunächst nur darin aus, daß der monatliche Gehalt in zwei Raten gezahlt wurde, dagegen wurde die in Aussicht stehende weitere Gehaltskürzung mit Rücksicht auf die im Herbst stattfindende Landtagswahl noch verschoben, da die Regierung die Wähler nicht verschnupfen wollte. Daß aber auch der hessische Staat sich in ernsten Zahlungsschwierigkeiten befand, zeigte sich z.B. darin, daß er die für die protestantische Kirche fällige Unterhaltsrate nicht zahlen konnte und daß er den württembergischen Staat um ein Gelddarlehen anging". Auch trafen mitunter die Abhebungsbeschränkungen und Zahlungssperren der Banken den Einzelnen hart. Durch die Zahlungssperre der Danatbank gerieten manche Kollegen in Bedrängnis: „So konnte *August Messer* als seine Frau Mitte Juli starb, kein Geld zum Begräbnis abheben. Auch mußte der für den 18. Juli geplante Sonderbundsausflug abgesagt werden, weil der Sonderbund sein Guthaben nicht abheben konnte. Man mußte damals mit dem Geld sehr haushälterisch umgehen, denn man durfte zehn Prozent des Bankkontos auf einmal erheben und nur über die Hälfte der neuen Gehaltszahlung verfügen.

Ab dem 31. Juli 1931 trat die Familie eine Urlaubsreise nach Norddeutschland an, zumal ihr Hausarzt sich von einem Aufenthalt an der See gute Wirkung versprach. So lernten die „Buben" *Gmelin* den Bootsverkehr auf der Alster in Hamburg kennen, einen realen Feuerwehreinsatz im Nebenhaus des Hospizes und das Gewirr der Fleete. Nach Besichtigungen des Rathauses, des eiskalten Elbtunnels, des Hafens und des Hapagdampfers „Deutschland", war der Höhepunkt der Tierpark Hagenbeck, wo nicht nur exotische Tiere in weitläufigen Anlagen gehalten wurden, sondern auch – typisch für Hagenbeck – eine Truppe von Neukaledoniern, mit Tänzen, Speerwerfen und Klettern. *Hans Gmelin* hielt die „Menschenschau" zwar nicht für besonders spektakulär, aber deren menschgenverachtende Tendenz kritisiert er nicht. Weitere Besichtigungen galten Lübeck und Schwerin, Rostock und Stralsund. Von dort ging es dann mit der Fähre nach Rügen, wo die Familie in Göhren einen Badeurlaub verbrachte.[579]

Ein Spiegel für die wirtschfatliche Lage des Landes bildete die Geburtstagspost, die *Hans* am 13. August empfing: Er bekam nichts als einen Steuerbescheid. Mit dem Dampfer „Hertha", der im Seebäderdienst zwischen der Ostküste Rügens, Stettin und Swinemünde fuhr, ging es durch den Kaiserkanal nach Stettin, wo das Gepäck nach Gießen geschickt wurde. [580] Mit kleinem Gepäck fuhr die Familie nach Berlin weiter, wo sie in einem Hospiz des Vereins christlicher Frauen und Mädchen preiswert unterkam, da das leitende Fräulein *von Mussow* befreundet war mit der Frau von Vetter *Erwin* in Ingelheim. Am folgenden Tag galt es noch einige Sehenswürdigkeiten der Hauptstadt zu besuchen, bevor um halb eins der Zug abfuhr.

Zurück in Gießen bekam die Familie noch einige Besucher, Freund *Schule* und Mutter *Johanna*. Eine gute Gelegenheit die Umgebung mit dem Auto zu erkunden.

## Erstarken der Nazis in Hessen-Darmstadt November 1931

Bei den Landtagswahlen am 15. November 1931 stieg die Zahl der von Nationalsozialisten beanspruchten Sitze von einem auf 27 Sitze. Demgegenüber wurden „die bürgerlichen Parteien derart zerschlagen"[581], dass die D.V.P., die zuvor wenigstens noch sieben Sitze hatte, nur noch ein Mandat bekam. „So hat es *Dingeldey*, dem Vorsitzenden der D.V.P., doch nichts genutzt, daß er sich an die Nazi anbiederte, im Gegenteil", meinte *Gmelin*. Da die beiden erstarkten bisherigen Oppositionsparteien NSDAP und Kommunisten mit 37 Sitzen über die Mehrheit verfügten, aber nicht miteinander

---

[579] 3/837.
[580] 3/645.
[581] 3/ 650.

regieren konnten, rückte eine stabile Regierungsmehrheit in weite Ferne. Eine der beiden Oppositionsparteien müsste mit den alten Parteien zusammen arbeiten. Eine Regierung der Nazis mit den Resten der bürgerlichen Parteien unter Beteiligung – oder wenigstens Duldung – des Zentrums wäre denkbar gewesen, oder eine Regierung des Zentrums und der Sozialdemokratie mit den Kommunisten. Das Zentrum verhandelte mit der NSDAP. Es war die Rede von der „gemäßigten Lösung", daß der parteilose Provinzialdirektor von Rheinhessen, *Wilhelm Wehner*, (1879 – 1972) Staatspräsident werden sollte. Dem Zentrum würde das Finanzministerium zufallen, während das Innenministerium an die NSDAP gegangen wäre, die über die Polizei verfügen wollte. Als die NSDAP dem Zentrum eine Art Ultimatum stellte, wie z.B., dass alle Parteibuchbeamten ohne vorgeschriebene Fachbildung zu entlassen seien – aber auch die unannehmbare Forderung enthielt, daß die hessischen Reichstagsbevollmächtigten im Reichsrat gegen die Reichsregierung Stellung nehmen sollten, endeten die Verhandlungen. – In dieser Zeit kamen auch Unterlagen ans Licht, die einen ersten Blick auf die Folgen einer nationalsozialistischen Herrschaft erlaubten. In Gießen fand sich eine Liste von Personen, die die Nationalsozialisten verhaften wollten. Auf ihr stand der Oberbürgermeister *Keller*, Landgerichtsrat *Schudt* und andere angesehene Persönlichkeiten. Der damals noch als Gerichtsassessor wirkende *Werner Best*[582] (1903-1989), der seit dieser Wahl als nationalsozialistischer Abgeordneter dem Landtag angehörte, drohte auf Handlungen und Unterlassungen – wie Widerstand gegen Maßnahmen der SA, oder Nichtablieferung aller Waffen an die SA, die Todesstrafe an. Sein Programm verfügte Ablieferung aller Lebensmittel ohne Entgelt, „und bestimmte, daß es bis auf weiteres kein Privateinkommen geben und daß weder Kapitalzins noch Mietzins entrichtet werden solle. Und wenn sich auch herausstellte, daß diese Richtlinien nur

---

[582] Karl Rudolf Werner Best (* 10. Juli 1903 in Darmstadt; † 23. Juni 1989 in Mülheim an der Ruhr) war ein deutscher Jurist, Polizeichef, SS-Obergruppenführer und Politiker der NSDAP. Hatte u.a. auch in Gießen Jura studiert. Vgl. Wikipedia, 3.4.2024.

als Notmaßnahmen für den Fall eines kommunistischen Aufstandes gedacht waren[583], und wenn auch der Oberreichsanwalt in der bloßen Aufstellung der Richtlinien keine Handlung erblickte, die zu einem Hochverratsverfahren Anlaß geben konnte, so war doch im ersten Augenblick die wirkliche Tragweite der *Bestschen* Richtlinien erkennbar." In zwei Jahren wird *Hermann Göhring* ähnliche Verfügungen treffen, gegen die dann kein Widerstand mehr wirksam werden konnte. *Best* wird 1940 in einem Lehrbuch zum Polizeirecht im gleichen Sinne polizeiliches Handeln von jeglicher Gesetzesbindung lösen.

Für *Gmelin* war klar, dass der Nationalsozialismus zwei Richtungen verfolgte, eine gemäßigte, zu der er *Hitler* zählte und eine sozialistische, wie sie *Strasser* verfolgte, unter ihnen hätte Deutschland „eine Art Kommunismus mit Abschaffung des Privateigentums zu gewärtigen",[584] schrieb *Gmelin* am 7. Dezember 1931. Ihm erschien allerdings auch die „gemäßigte" Parteilinie als politisch katastrophal. So beantragte die NSDAP im Hessischen Landtag eine Winterbeihilfe für Arbeitslose. Sie hätte 19 Millionen Mark gekostet, ein Viertel des gesamten Haushalts von Hessen. „Zur Deckung sollte ein Notopfer vom Vermögen und eine Besteuerung des Einkommens dienen, die zusammen mit der geltenden Einkommensteuer unter Umständen das ganze Einkommen weggesteuert hätte."[585] Noch konnte ein Reichsfinanzminister gegen diese Maßnahme Einspruch erheben. Was den Umgang mit der Landesuniversität anbetraf, waren die Erwartungen von *Gmelin* ähnlich rabenschwarz, egal ob die Kommunisten oder die Nationalsozialisten zum Zuge kommen würden.[586]

---

[583] Dies war die Argumentation, mit der Best seinen Kopf aus der politisch-kriminellen Schlinge gezogen hatte.
[584] 3/652.
[585] 3/652.
[586] Vgl. 3/653.

## Gutachten zu Landtagswahl und Propaganda

*Gmelin* bekam von einer „Hessischen Wirtschaftspartei" den Auftrag, ein Gutachten zu erstellen, ob die Zurückweisung ihres Wahlvorschlags durch den Landeswahlleiter *Bornemann* rechtens gewesen sei. Sie hätte für die Wirksamkeit ihres Vorschlags 500 Unterschriften von Wahlberechtigten vorlegen müssen, von denen allerdings nur 495 gültig waren. *Gmelin* beanstandete, dass man der Partei nicht Nachbesserung angeboten hatte, musste das aber zurücknehmen, weil der Wahlvorschlag erst eine Stunde vor Ablauf der Frist eingereicht worden sei. *Gmelin* wies allerdings noch auf andere Beanstandungsgründe hin, so hatte man bei der „Radikaldemokratischen Partei nur 20 Unterschriften gefordert", während die Wirtschaftspartei pedantisch überprüft worden sei. Er stellte der Wirtschaftspartei anheim, die Landtagswahl durch Klage beim Staatsgerichtshof anzufechten, was diese auch erfolgreich tat: Die hesssische Landtagswahl wurde am 9. Mai 1932 für ungültig erklärt.[587]

Ein zweites Gutachten drehte sich ebenfalls um den Parteienstreit: Der nationalsozialistische „Erziehungswissenschaftler" *Ernst Krieck*, der es später ohne Abitur zum Rektor einer Hochschule bringen wird, beauftragte *Gmelin* mit der Prüfung, ob der Vorwurf, den die sozialdemokratische Landtagsabgeordnete, die Jüdin *Berta Jourdan* (1892-1981) aus Frankfurt gegen ihn erhoben hatte, dass er während einer Sonnwendfeier nationalsozialistische Propaganda betrieben hätte und seine Lehrtätigkeit an der Pädagogischen Akademie in Frankfurt dazu missbrauche, die deutsche Republik zu untergraben, um aus den Lehrerstudenten Vorkämpfer des Nationalsozialismus zu machen, strafbar sei. *Jourdan* hatte diese kleine Anfrage an die preußische Regierung gerichtet und *Krieck* wurde an das Pädagogicum in Dortmund versetzt. Jetzt erhob er Privatklage wegen übler

---

[587] 3/654.

Nachrede, allerdings berief sich die Abgeordnete *Jourdan* auf ihre Immunität. Am 12. Dezember 1931 bat er *Gmelin* um ein Rechtsgutachten, da er der Ansicht war, die Immunität schütze Abgeordnete nur bei Äußerungen in Plenarsitzungen. *Gmelin* „mußte Prof. *Krieck* allerdings enttäuschen, denn die Stellung einer kleinen Anfrage fiel ebenfalls unter die Ausübung des Abgeordnetenberufs, zumal nur Abgeordnete kleine Anfragen stellen durften. Also erstreckte sich die Immunität des Abgeordneten auch auf diese Tätigkeit".[588]

## Demontage der Fakultät als Prüfdungsinstanz

*Gmelin* weist in allen Semestern auf die Zahl der Kandidaten hin, die die Prüfungen zur Erlangung eines Referendarplatzes geschafft haben bzw. dabei gescheitert waren. Manchmal betrug die Zahl der Gescheiterten fast die Hälfte der Prüflinge. Die hessische Landesregierung wollte dies steuern, indem sie den Dekan der juristischen Fakultät als Vorsitzenden der Prüfungskommission absetzte, um ihn mit dem Präsidenten des Oberlandesgerichts zu ersetzen. Der Prüfungsort blieb allerdings Gießen – nicht die Hauptstadt wie in Baden, wo *Gmelin* sein juristisches Examen in Karlsruhe hatte ableisten müssen. Auch bestimmte weiterhin der Dekan der Fakultät, wer zur Prüfung zugelassen wurde. Im Unterschied zu vorher mussten die ungenügenden Arbeiten an den neuen Vorsitzenden gesandt werden, der dann auch an den mündlichen Prüfungen teilnahm. Der beauftragte Präsident des Oberlandesgerichts, *Adolf Müller*, der im Jahr 1931 sein Amt übernommen hatte, das er noch bis 1935 führen wird, machte seine Sache für die Hochschullehrer überraschend „taktvoll", sodass es einfach war, sich an die neue Lage zu gewöhnen. Faktisch bedeutete indessen die neue Prüfungsordnung einen Abschied von der typisch hessischen Fachprüfung und eine Annäherung an das preußische System der aus Professoren und Praktikern gemischten Prüfungskommissionen. Dass der Oberlandesgerichtspräsident nicht als Störfaktor gesehen wurde, bewies

---

[588] 3/655.

eine Begrüßungsfeier, die *Leo Rosenberg* für ihn mit besonders guten Weinen abhielt.[589] Schließlich hatte der nach Kiel berufene *v. Hentig Gmelin* für die Stelle des mit 39 Jahren verstorbenen Staats- und Kirchenrechtlers *Günther Holstein* vorgeschlagen, „doch die Fakultät wünschte begreiflicherweise eine jüngere Kraft".[590]

## Martha Gmelin, geborene Meili

*Martha* litt auch 1931 wieder unter erhöhter Temperatur und verlor in drei Monaten fünf Kilo Körpergewicht. Wieder tappten die Ärzte im Dunkeln, Hausarzt *Schliephake* vermutete ein Magengeschwür, was sich als Irrtum herausstellte. Bevor der Fehler diagnostiziert war, hatte *Schliephake* ihr Diät auferlegt, die natürlich zu weiterem Gewichtsverlust führte. Seit ihrer Eheschließung litt sie regelmäßig unter Krankheiten, die sich schwer identifizieren ließen. Die biographische Veränderung ihrer gesellschaftlichen Stellung zur Ehefrau eines Professors in einer kleinen Universitätsstadt ist *Martha* nicht immer leichtgefallen. Eher schon die Kameradschaft zu ihrem Mann im Familiären. Ab und an ließ sie später durchblicken, dass sie sich unter ihren vornehm tuenden Kolleginnen, den Professorengattinnen, die meist auch deutlich älter waren, als Enfant terrible gefühlt habe. In den Aufzeichnungen von *Hans Gmelin* kommt dies so nicht zum Ausdruck, außer, dass sie sich ab und zu nicht den „gesellschaftlichen Verpflichtungen" fügte, sondern bei Einladungen und Abenden zuhause blieb. Da die Haushaltshilfen in der Zeit nach dem Ersten Weltkrieg weitgehend verschwanden, blieb der im technikfernen Haushalt ungeheure Arbeitsaufwand für Küche, Wäsche, Garten, Kindererziehung, dann auch Autobetrieb und -technik meist an ihr hängen. Nach dem Tod ihres Mannes, nach Krieg, ausgebombter Stadt Gießen und Wiederaufbau des leicht demolierten Hauses am Nahrungsberg, war sie wie ausgewechselt: Zäh wie Leder, so gut wie

---

[589] Vgl. 3/658.
[590] 3/ 656.

nie krank, fleißig ohne Pause, allerdings auch gewohnt, dass es nach ihrem Kopf ging. Von dem anpassungsfähigen kränkelnden Frauchen an der Seite von *Hans* war nichts mehr zu spüren.

Die nächste technische Revolution im Hause *Gmelin* war das Radiogerät, ein Telefunken mit dem Spitznamen Katzenkopf mit einem Lausprecher aus Bakelit und Metall. In der ersten Woche hörte man dem Gerät unermüdlich zu. Den Stellenwert erkannte *Hans* später in den Briefen an seine Mutter, dass er ihr über das Radioprogramm berichtet hat. „Und wenige Jahre später war man schon so abgestumpft, oder soll ich sagen: so feinfühlig, daß man vom Radio möglichst verschont zu werden wünschte." – Da hatte *Joseph Goebbels* allerdings auch schon den Rundfunk übernommen und zu einem Instrument seiner Propaganda herabgewürdigt. – „Allerdings bot das Radio damals eine entschieden bessere Auswahl als späterhin. Hörten wir doch z.B. ausgezeichnete Opern-Aufführungen, wie Fledermaus und Hermann[591], davon in späteren Jahren keine Rede mehr war. Von der Eintönigkeit des Reichsfunks im Kriege ganz zu schweigen. Was mir das Radio besonders wertvoll machte, war die Möglichkeit, fremde, mir bekannte oder unbekannte Sprachen zu hören. Das bedeutete für mich einen umso grösseren Vorteil als sich in Gießen so gut wie keine Gelegenheit bot, mit Ausländern fremdsprachige Konversation zu üben."[592] In den Weihnachtsferien war es tagelang neblig und so spielte das Leben oft vor dem Radio statt, zum Beispiel mit Bachkantaten aus Leipzig.

Über die Zeit bis zu den Sommerferien 1932 fehlen in den Manuskripten einige Monate aus unbekannten Gründen. Dies ist sehr bedauerlich, weil sich gerade in dieser Zeit der Untergang der Weimarer Republik manifestiert, mit gewaltiger Arbeitslosigkeit, täglichen Straßenkämpfen zwischen SA und Rotfront, aber auch der zunehmenden Ratlosigkeit der weimar-

---

[591] Die Fledermaus ist eine Operette von Johann Strauß. – Hermann - die dramatische Ouvertüre Hermann und Dorothea von Robert Schumann?
[592] 3/660

freundlichen Kräfte im Rahmen ihrer geringen Parlamentsanteile. Im Rahmen des Ringens um die Nachfolge des Reichspräsidenten *Paul Hindenburg* ernennt die Stadt Braunschweig *Adolf Hitler* zum Regierungsrat und verleiht ihm damit die Staatsbürgerschaft, sodass er die Kandidatur zum Staatsoberhaupt antreten kann. Am 13. März 1932 erhält *Hindenburg* zwar 49, 6 Prozent der Stimmen, aber nicht die erforderliche absolute Mehrheit. Bei der Stichwahl am 10. April bekommt er sie mit 53 Prozent, während *Hitler* nur 36,8 Prozent erhält. *Hindenburg* ist zwar der Kandidat der Weimarer Koalitionäre, aber die darauffolgenden Landtagswahlen in fünf Ländern bringen vielfach Pattsituationen bei erheblichen Zugewinnen der NSDAP. *Hindenburg* intrigiert mit dem Rechtskatholiken *Franz von Papen* gegen die Regierung *Brüning* erfolgreich. Der General *Kurt von Schleicher* kungelt mit der NSDAP aus, dass diese eine neue Regierung tolerieren werde, wenn das kurz vorher verhängte SA-Verbot aufgehoben würde und Neuwahlen ausgeschrieben würden. Damit treten zuverlässig neue Straßenkämpfe ein. Im Juni nimmt ein konservatives „Kabinett der Barone" unter *Franz von Papen* seinen Dienst auf, allerdings folgt bereits am 31. Juli eine Reichstagswahl, in der die NSDAP mit 37,4 Prozent die stärkste politische Kraft wird.

Die Konferenz von Lausanne bringt die langersehnte Einstellung der Reparationszahlungen, aber für eine Konsolidierung der Weimarer Republik ist es offenbar schon zu spät: Mit dem sogenannten „Preußenschlag" wird der sozialdemokratische Kabinettsschef in Preußen, *Otto Braun*, aufgrund einer Notverordnung von *Hindenburg* abgesetzt und durch Reichskanzler *Franz von Papen* als Reichskommissar ersetzt, die Exekutive vertritt der Militärbefehlshaber *Gerd von Rundstedt*. Durch diesen Putsch von oben bekommt die föderale Struktur des Reiches einen erheblichen Schlag versetzt und bereitet bereits die unitarische Diktatur der Nazis vor, die nicht mehr lange auf sich warten lässt. Da *Hans Gmelin* ein Verteidiger des föderalen Systems gewesen ist, auch wenn ihm die parlamentarische Struktur der Zwergstaaten wie Hessen-Darmstadt als zu teuer erschien, hat er sich mit Sicherheit darüber ausgelassen. Ob dies mit einer Haltung geschah, die er nach 1933 bedauerte und diese Seiten selbst verschwinden ließ oder ob diese Seiten von seiner Familie nach seinem Tod entfernt wurden, weil sie seiner Abneigung gegen die NSDAP zu deutlichen Ausdruck gegeben hätten, bleibt ungeklärt.

## Reisen im Umbruchsjahr 1932

Weniger spektakulär als die Verwerfungen im Reich sind die Erholungsversuche der Familie *Gmelin*: Die setzen mit einer Reise nach Nordwestdeutschland ein, die am 6. August 1932 begonnen hat. Mit dem Zug ging es in den Teuteburger Wald am Hermannsdenkmal vorbei, nach Herford und Osnabrück. Von da ging es nach Juist, wo die Kinder gleich erkrankten. Nach dem bisher Geschilderten ist das Urteil über den Inselurlaub vorhersehbar: „Wir hatten das Gefühl, zur Strafe auf diese öde, völlig baumlose Insel verbannt zu sein. Keine Landschaft, keine geschichtliche Erinnerung, nur die See, und die lag in jenen Tagen ohne jede Welle. Kein Motiv zum Malen, keine Gelegenheit zu Ausflügen, außer daß man eben in einer Stunde an das Ostende oder das Westende der Insel lief, was eigentlich nur den Kindern Freude bereitete wegen der vielfarbigen Muscheln, der Quallen und sonstigen Seegetiere, die sie am Strande fanden. Dazu die Unsicherheit des Wetters: Den heißen Tagen, die wir am Bett der Kinder verbracht hatten, folgte am Nachmittag des 13. August ein heftiges Gewitter, das bis drei Uhr nachts anhielt."[593] Vor dem dann herrschenden Suddelwetter floh die Familie nach Emden, das vor dem Zweiten Weltkrieg noch ein intaktes Rathaus im Renaissancestil besaß. Über Detmold ging es mit dem Zug zurück nach Gießen, wo die Familie am 20. August 1932 ankam. Nach diesem verpfuschten Reiseversuch startete die Familie noch einmal eine Reise mit dem Auto nach Franken und Bayern, mit Sightseeing in Rothenburg ob der Tauber, Donauwörth, Füssen, Pfronten, Grainau und Eibsee, dann Ulm und durch den Spessart wieder über Gelnhausen und Büdingen zurück nach Gießen.

---

[593] 3/665f.

Martha, Ulrich und Günter im BMW Dixi vor der Zugspitze von der Österreichischen Seite bei Leermoos auf der Erholungsreise von den Frustrationen an der Nordsee, 1932. Aus dem Fotoalbum.

## VII. Der Abstieg nach der „Machtergreifung" 1933

*Hans Gmelin* spricht von dem im Jahr 1933 beginnenden Abschnitt seines Lebens von einem „Abstieg". Er sah diesen Abstieg auf allen Lebensgebieten, auch wenn er nicht überall zugleich eingesetzt hat. In beruflicher Hinsicht war seine Karriere vorbei, jede öffentliche Betätigung endete, finanziell erlitten Hochschullehrer Einschnitte, persönlich beginnt für *Hans Gmelin* nun auch die Loslösung von der engeren Heimat als seine Mutter *Johanna* 1934 stirbt, und er empfindet erste Altersbeschwerden.[594]

*Gmelin* erlitt mit der Machtübernahme durch die Nationalsozialisten eine Vernichtung vieler Strukturen und Regeln, für deren Installation er mit anderen tätig geworden war: „Vielleicht ist durch die nationale Revolution kein wissenschaftlicher Beruf so hart betroffen worden wie der des Staatsrechtlers. Die Einschränkungen des Rechts der freien Meinungsäußerung machen sich für ihn besonders geltend: „Schon meine Vorlesungstätigkeit litt unter dieser Beeinträchtigung, vor allem aber hörte für mich die Möglichkeit zu literarischer Produktion nahezu auf. Auch der finanzielle Abstieg ist für mich mit der nationalen Revolution verknüpft; wenn auch Abzüge vom Gehalt und vom Kolleggeld schon vor 1933 stattfanden, so setzten sich Maßnahmen seit 1933 in verstärktem Maße fort, indem die Prüfungsgebühren zum größten Teil wegfielen und die Promotionsgebühren ganz wegfielen. Der Einnahmenausfall verstärkte sich noch durch die rapide Abnahme der Hörerziffer, die hervorgerufen wurde einerseits durch die Beseitigung der Studentenverbindungen, andererseits durch die Ankündigung von der bevorstehenden Aufhebung der Juristischen Fakultät. Einer, der zum dritten Mal durchfiel und daher die Prüfung nicht wieder versuchen konnte, wollte sich gar nicht beruhigen, seine beiden Schwestern machten bei allen Prüfenden die Runde, um eine Abänderung des Ergebnisses zu erreichen, und sein Vater richtete eine Beschwerde an die Fakultät und schließlich sogar einen beleidigenden Brief, sodaß nichts übrig blieb, als ihn durch seine vorgesetzte Behörde - er war Regierungsrat im Finanzministerium – auf das Ungehörige seines Betragens hinweisen zu lassen."[595]

Vom Jahr 1933 haben wir keine Aufzeichnungen vorgefunden – angesichts der Folgen der von *Gmelin* „nationale Revolution" benannten Vorgänge ist es unwahrscheinlich, dass es solche Aufzeichnungen nicht gegeben hat. An

---

[594] Vgl. 3/682.
[595] 3/682f.

seinen Patenonkel *Adolf Mayer,* dem Schwiegersohn des berühmten Ur-großvaters *Leopold Gmelin,* der im Jahr 1934 bereits im Greisenalter stand, hat *Hans Gmelin* einen Brief gerichtet, in dem er seine Einschätzung der politischen und wirtschaftlichen Verhältnisse gab. Er sah darin einige Parallelen zwischen dem Regime in Deutschland und der Diktatur des spanischen Usurpators *Primo de Rivera.* Ähnlich sah er, dass beide Diktaturen die „Fühlung mit der öffentlichen Meinung" verlören.[596] In diesem zweiten Jahr nach der „Machtergreifung" war er noch immer mit den Folgen der befohlenen Änderungen im Staatsrecht beschäftigt:

„Das ist bei der unheimlichen Masse neuer Gesetze schon rein äußerlich keine geringe Arbeit. Sich aber innerlich umzustellen, ist noch weit schwerer, denn da wird an allen Grundsäulen des bisherigen staatsrechtlichen Denkens wie zum Beispiel den **Rechtsstaatsbegriff,** der gesetzmässigen Verwaltung, der Selbstverwaltung gerüttelt."[597]

1934 ist das Jahr, in dem *Hans Gmelin* ein kleines Haus in Hinterzarten im Schwarzwald in der Nähe von Freiburg bauen ließ, in dem *Johanna Gmelin* leben sollte. Im Sommer war sie dorthin gezogen, aber sie wird dort am 31. Oktober 1934 mit 83 Jahren sterben; der Grund für das Gefühl *Hans Gmelins,* in diesem Jahr seine engere Heimat verloren zu haben. Auch für seine Erinnerungen ist dies ein Einschnitt, waren doch die wichtigste Quelle für seine Aufzeichnungen die regelmäßigen Briefe, in denen er seine Ansichten und Ereignisse des Lebens seiner Mutter gemeldet hatte: „Mit dem Tod meiner Mutter ist eine große Leere in meinem Dasein entstanden. Nicht nur, weil der Tod der Mutter im Leben jedes Menschen eine große Lücke hinterläßt, zumal, wenn man mit seiner Mutter lange in enger Lebensgemeinschaft gelebt hat. Sondern auch, weil meine Mutter für uns noch einen lebendigen Zusammenhang mit der badischen Heimat bedeutet

---

[596] 3/684.
[597] 3/684.

hatte. Wir hielten zwar noch über ein Jahr das Haus in Hinterzarten, trotz der damit verbundenen Unannehmlichkeiten, aber die tote Sache vermag den durch Lebende vermittelten Kontakt mit der Heimat doch nicht zu ersetzen. Und so fühlte ich: Jetzt erst hatte ich die Heimat verloren, die ich bis dahin durch das Wohnen meiner Mutter in Günterstal, in Freiburg, in Hinterzarten immer noch behalten hatte."[598]

Zu den Gründen, die es ihm schwer machten, sich in Gießen heimisch zu fühlen gehörte die zunehmend gespannte Situation an der nationalsozialistisch verseuchten Universität, deren braun-borrnierte Studenten immer mehr voller Verachtung für jegliche intellektuelle Qualität waren. Er glaubte auch an eine Abstammungs- und Blutideologie, der entsprechend seine Frau *Martha* sich als „reine Alemannin" schwerer verpflanzen ließe als er, dessen Großmutter aus der leichtblütigeren Pfalz gestammt habe. *Martha* habe eine starke Abneigung gegen Gießen empfunden – sie wird aber auch nach dem Tod ihres Mannes dieser Stadt treu bleiben fast bis zu ihrem eigenen Tod 1982.

Was ihn mit Gießen und seiner Universität verband, war der Rennklub, an dessen Ausflügen er ab 1934 besonders häufig teilnahm. Auch Ausflüge mit der Familie, zu Fuß oder per Auto gehörten zu seiner Selbsttherapie nach dem Tod der Mutter, in denen er die Verbindung zur Landschaft suchte. Für einen seit 1913 der Universität angehörigen Hochschullehrer war es auch vertraut, dass die Belange der Universität im fakultätsübergreifenden Gesamtsenat besprochen wurden, der vom Führerprinzip des NS-Staates beseitigt worden war. So blieb allein der Rennklub als Forum, wo sich fächerübergreifend Universitätsangehörige trafen, um auch solche Belange miteinander zu diuskutieren. Hinzu kam, dass vertraute Namen aus Gießen verschwanden, so der Mediziner *Jeß*, der nach Leipzig berufen wurde, als auch *Roloffs* und *Zwicks*, die nach ihrer Emeritierung Gießen verließen. Die Studentenverbindungen, die regelmäßig den Lehrkörper zu ihren Kommersen

---

[598] 3/685.

einluden, mussten ihren Betrieb einstellen. [599] Um ein Eindringen der NS-Ideologie in seine Familie zu verhindern, bemühte sich *Gmelin*, seine Söhne aus der Hitlerjugend herauszuhalten. Das brachte ihm allerdings nur ein Gespräch mit den Schuldirektoren ein, die ihm klar machten, dass seine Kinder nur dann einen Abschluss machen könnten, wenn sie ihren HJ-Dienst leisteten. Nach seinem Manuskript bemühten sich die Eltern nach „Kräften, sie vor den Übertreibungen, die beim HJ-Dienst immer wieder vorkamen, zu bewahren". [600] Offiziell verpflichtend war die Teilnahme für alle Kinder und Jugendlichen erst ab 1939.

Im Jahr 1934 war *Gmelins* Entscheidung gefällt worden, sein Manuskript entstehen zu lassen: „Ich suchte in meinen nun reichlichen Mußestunden nach einer geistigen Beschäftigung, die sich seitab von dem bedenklichen Gebiet der Politik hielt. So verfiel ich darauf, allnächtlich meine **Lebenserinnerungen** niederzuschreiben." [601]

## Dauernotstand der Juristenfakultät

Bereits während der Weimarer Republik galt der Fortbestand der Juristenfakultät als wackelig, dies verstärkte sich unter der Naziherrschaft im Jahr 1935: Im Oktober wurde bekannt, dass die juristische Fakultät abgebaut werden würde. Das führte zu einem Massenexodus der Studierenden. Der Horror der Landesuniversität, dass die Juristenexamen künftig in der Hauptstadt Darmstadt stattzufinden habe, wurde nun angeordnet. Während in der Weimarer Republik die Professoren ihre Vorlesungen nach ihrer fachlichen Kompetenz und ihrem Gewissen ausrichten konnten, musste *Gmelin* nun die Vorlesungen „auf das nationalsozialistische Gedankengut" umstellen. Veröffentlichungen verboten sich von selbst: Weder die neuen Redaktionen, die sich stromlinienförmig anpassten, noch die Verleger hat-

---

[599] Vgl. 3/690.
[600] 3/687.
[601] 3/687.

ten ein Interesse an verantwortlichen Inhalten im „alten Stil". Der Zuwachs des Lehrkörpers geschah nicht mehr in der Verantwortung des Gesamtsenats: Nach dem Führerprinzip stellten Nazis Nazis ein, was den Zusammenhalt der Dozenten eher erschütterte, zumal es mehr und mehr Denunziationen gab. Ein letzter Grund entfremdete Studenten von der Gießener Universität: In deren Kleinformat war es leicht, Studierende zu SA-Übungen und weltanschaulichen Schulungen heranzuziehen, während es in großen Universitätsstädten schwerfiel, die Kommilitonen zu erreichen.

## Wehrpflicht und Machtpolitik

*Hans Gmelin* ging davon aus, dass Festlandsstaaten wie Deutschland einer schlagkräftigen Armee bedürften und begrüßte die Wehrpflicht, die durch ein Gesetz im Jahr 1935 wiedereingeführt wurde, nachdem sie von der Wiemarer Republik ausgesetzt worden war. Sie sah vor, dass alle 18jährigen Männer gemustert und für zwei Jahre dienstverpflichtet wurden. Ein Verweigerungsrecht war nicht vorgesehen. Zugleich wurde den jungen Männern als Voraussetzung für ihren Wehrdienst ein halbes Jahr im Reichsarbeitsdienst auferlegt. *Hans'* Sohn *Ulrich* wird sich in dieser Dienstzeit mit Tuberkulose anstecken, der er später während des Wehrdienstes erliegen wird. Im Sinne einer deutschen Machtpolitik stimmte *Hans* auch mit der nationalsozialistisch exekutierten Aufrüstung und Wiederbesetzung der neutralisierten Zone überein. Allerdings vermisste er bei der nationalsozialistischen Außenpolitik die diplomatische Grundlage einer staatlichen Nachbarschaft und wirtschaftspolitische Weichenstellungen. Er hatte im Fiasko der Niederlage im Ersten Weltkrieg das „abschreckende Beispiel" gesehen, dass das Deutsche Reich sich diplomatisch und wirtschaftlich nicht hinreichend vorbereitet hatte. Die Ungeschicklichkeit des Deutschen Kaisers war ihm bereits zu dessen Zeit übel aufgefallen, weil sie das Vertrauen der europäischen Mächte in das kaiserliche Deutschland empfindlich untergraben hatte.[602]

---

[602] 3/692.

# Reise in den Osten Deutschlands bis Ostpreußen 1936

Über die Zeit der Machtübernahme *Hitlers* und der Nationalsozialisten am 30. Januar 1933 durch das Einknicken *Hindenburgs*, zum Reichstagsbrand am 27. Februar 1933, dessen fragwürdiger Aufklärung und seinen grauenvollen innenpolitischen Folgen durch das Ermächtigungsgesetz, zu dem der Reichstag mit offenen Drohungen und Verhaftung der kommunistischen Abgeordneten genötigt worden war, erfahren wir ebensowenig wie über die Boykottaufrufe gegen jüdische Geschäfte oder der weitgehenden Gleichschaltung, die auch die bisherigen Länder der Reichsregierung unterstellen, im Rahmen eines willkürlichen Unitarismus, der weit über das hinausging, was der erste Entwurf der Weimarer Reichsverfassung angepeilt hatte. Zu den Kaltstellungen von jüdischen Hochschullehrern durch das Gesetz zur Wiederherstellung des Berufsbeamtentums vom 7. April 1933 haben wir manches bei den Charakterisierungen von *Gmelins* Kollegen lesen können. Eine Stellungnahme von *Gmelin* zu den Nürnberger Gesetzen, die am 15. September 1935 erlassen wurden, in denen es hieß „Ein Jude kann nicht Reichsbürger sein. Ihm steht ein Stimmrecht in politischen Angelegenheiten nicht zu; er kann ein öffentliches Amt nicht bekleiden." wäre interessant gewesen."[603]

Auch die Auflösung der Parteien, die bisher die politische Heimat von Leuten wie *Gmelin* gewesen waren, fällt in diesen Zeitraum, das Konkordat zwischen Nazideutschland und dem Vatikan und der Beginn des Kirchenkampfes um die Eigenrechtlichkeit der Evangelischen Kirchen. 96,3 Prozent der stimmberechtigten deutschen Bürger ließen sich gleichschalten, indem sie am 12. November 1933 mit 92,2 Prozent der Stimmen die NSDAP wählten. Eine zeitnahe Bewertung von den immer häufiger werdenden Menschenrechtsverletzungen, wie „Euthanasie" und Zwangssterilisationen, Verhaftungen von Pfarrern und politischen Gegnern und die Annektion

---

[603] Erste Verordnung zum Reichsbürgergesetz vom 14.0.1935, §4.

des Autobahnbaus, der längst begonnen hatte, aber jetzt von den Nationalsozialisten als eigene Idee verkauft und forciert wurde, wird nicht chronologisch geboten. Zum „Röhmputsch" und der „Nacht der langen Messer" 1934 erfahren wir etwas an anderer Stelle. So gibt es auch karge Andeutungen über den Spanischen Bürgerkrieg bei der Rückschau auf seine Dissertation und der damit verbundenen Reise nach Spanien. Nichts erfahren wir über die Propaganda-Schau, die der NS-Staat mit der Olympiade in Berlin 1936 ausrichtete.

Das Manuskript setzt erst wieder ein am 11. Juli 1936 mit der detaillierten Beschreibung einer Reise nach Ostpreußen, die die Familie mit der Eisenbahn antrat, weil man durch Nachtfahrten Hotelkosten einsparen konnte. Nach 15stündiger Fahrt langte die Familie in Königsberg an, das ausführlich betrachtet wurde.[604] Sie fanden eine Unterkunft in Rauschen-Düne, deren Wirtin der Bekennenden Kirche nahestand, „die überhaupt in Ostpreußen stark verbreitet war".[605] Bei warmem Sommerwetter genoß die Familie einen Badeurlaub, bevor sie eine ausführliche Erkundung der Seenlandschaft Ostpreußens unternahm, zu der auch ein Besuch von Orten gehörte, die an Kriegsereignisse vornehmlich des Ersten Weltkriegs erinnerten, einschließlich dem Tannenbergdenkmal, in dem die sterblichen Reste des *Paul von Hindenburg* zwischengelagert wurden, bevor sie nach dem Zweiten Weltkrieg in die Elisabethkirche Marburg überführt wurden. Er war am 2. August 1934 im Alter von 86 Jahren gestorben und von *Hitler* in das Tannenbergdenkmal überführt worden. *Gmelin* störte sich daran, dass neben dem pathetischen Bau ein Touristenrestaurant betrieben wurde, in dem ganze Schwärme von Fremden abgefüttert würden.[606] Über die Zukunft der Provinz Ostpreußen machte sich *Gmelin* Gedanken angesichts einer Landwirtschaft, die zwar erfolgreich und preiswert produzieren könne, aber angesichts der geographischen Lage ein teures Transportproblem hatte:

---

[604] Vgl. 3/694ff. Hier werden die Reiseerlebnisse ausführlich dargestellt.
[605] 3/696.
[606] Vgl. 2/702.

„Von der Lösung dieses Absatzproblems wird es abhängen, ob die ferne Provinz von Deutschland gehalten werden kann.“[607]

Über Marienburg und Danzig ging es dann wieder gegen Westen. Von Danzig aus besuchten sie das Ostsee-Kurbad Zoppot, wo *Hans'* Manuskript einen rassistischen Ausfall in Stürmer-Manier macht: Wir „erschraken nicht wenig ob der den Ort bevölkernden, recht polnisch anmutenden Judentypen mit enormen Nasen, assyrischen Bärten, Plattfüßen und Säbelbeinen.[608] Von Marienburg ging es im Nachtzug zurück nach Berlin, wo die Familie die „Deutschland-Ausstellung“[609] besuchte, eine nationalsozialistische Leistungsschau mit weitgehend propagandistischem Charakter. *Hans* verstimmte „das offensichtliche Renommieren mit den Leistungen des gegenwärtigen Staates“.[610] Über Magdeburg und Goslar erreichte die Familie Gießen.

## Reise nach Berlin und an die See 1937

Auch im Jahr 1937 fällt die politische Analyse des Staatsrechtslehrers weg, weil offenbar erhebliche Teile des Manuskripts fehlen oder entfernt worden sind. Erst im Juli setzt eine Beschreibung mit einer unverfänglichen Urlaubsreise in den Harz und nach Berlin ein. Damit *Günter* nicht noch an einer HJ-Übung teilnehmen musste, fuhr die Familie mit dem Auto, seit 1933 einem Hanomag, bei Regen über Kassel und Göttingen in den Harz. In Braunlage mieteten sie sich im mittlerweile abgerissenen Hotel „Zum braunen Hirschen“ ein, flohen aber am nächsten Tag wegen des andauernden Regenwetters aus dem Harz über Quedlinburg nach Berlin. Nachdem sie

---

[607] 3/703.
[608] Hier passt sich Hans der Nazi-Propaganda an. Die Neigung zu Vorurteilen hatte Hans auch sonst. Hier hat er sie in keinerlei Weise gezügelt, sodass ein ästhetischer Rassismus zum Ausdruck kam.
[609] Vom 18. Juli bis 16. August 1936 in den Ausstellungshallen am Kaiserdamm
[610] 3/709.

über die Avus in die Hauptstadt gekommen waren, besuchten sie die Wohnung von dem ehemaligen Gießener Kollegen und Nachbarn, dem emeritierten Professor für neuere Geschichte, *Gustav Roloff* und seiner Frau, die nach Berlin gezogen waren, um ihrem Sohn *Helmut* bei seiner Karriere als Pianist beizustehen. *Roloff* selbst war nicht zu Hause und bei der Ankunft wollte seine Frau gerade zum Zahnarzt. So trafen sich die Familien bei *Roloffs* zum Abendessen. *Helmut Roloff* (1912 – 2001) hatte die juristische Referendarprüfung absolviert, sich dann aber für die Musikerkarriere entschieden, mit der er es zum Hochschullehrer an der Hochschule für Musik in Berlin brachte, deren Leitender Direktor er von 1970 bis 1978 war. Nach dem üblichen Sightseeing fuhr die Familie über Schwerin nach Wismar. Im Hotel Wilhelminenbad in Haffkrug bezogen sie ein Zimmer. Dort zeigte sich der Kurswechsel im Tourismus des Dritten Reiches: „Die Gäste gehörten nach dem Grad der Ungezogenheit der zahlreich vertretenen Kinder zu schließen, kaum den besseren Ständen an, aber sie waren noch erträglich im Vergleich zur Masse der „Kraft durch Freude"[611] Reisenden, die sich eines Tages mehrere Hundert Köpfe stark in unser Hotel ergoß, lärmend und über einfältige Witze eines Redners in unbändiges Lachen ausbrechend, die Frauen durch eifriges Rauchen die Dame von Welt markierend. Wir ordentlichen Pensionäre[612] rückten gegenüber diesen illustren Gästen selbstverständlich in die zweite Linie, denn wir wurden gebeten, mit Rücksicht auf die K.d.F. das Mittagessen schon um halb 12 Uhr statt um ein Uhr einzunehmen und das Abendessen erst um acht Uhr, aber es bedurfte energischer Vorstellungen, daß wir um halb neun Uhr das Abendbrot bekamen."[613] Immerhin war das Essen seit dem Überfall der K.d.F.-Gruppe besser geworden. Von dort fuhr die Familie nach Kiel, wo *Hans* seiner Familie die Orte seiner Kieler Monate zeigte. Danach ging es weiter über Flensburg, Glücksburg nach Husum nach Sankt Peter Ording, wo sie kein

---

[611] Die nationalsozialistische Urlaubsagentur, die den Massentourismus etablierte.
[612] im Sinne von Pensionsgästen...
[613] 3/724.

Quartier bekamen und erst in Böhl Unterkunft fanden. Als schlimm empfanden sie die Wasserverhältnisse. Man musste das Wasser an einer Pumpe im Hof holen und anstelle eines Wasserklosetts gab es ein Sitzbrett mit daruntergestellter Tonne – wie weiland in Kiel. Die Wirtsleute entpuppten sich als gescheiterte Existenzen, da der Hausherr sich bei der Suche nach einer auskömmlichen Position offenbar hauptsächlich auf seine Zugehörigkeit zur NSDAP berufen hatte. Weil *Günter* einen Darmkatarrh eingefangen hatte und sich das Wetter weiter verschlechterte, verließen sie am 25. Juli „ohne Bedauern die ungastliche Stätte".[614]

Über Ratzeburg und Lüneburg fuhren sie nach Braunschweig, wo sie noch eine Stadtbesichtigung vornahmen und die Stätten ihrer Geschichte besuchten. Dabei ist sich *Hans* sehr bewusst, dass Braunschweig *Adolf Hitler* auf dem Weg zum deutschen Diktator den Steigbügel gehalten hat: „Aber im Unterschied von manchen alten Städten hat Braunschweig nicht nur eine Vergangenheit mit Aufstieg und Absinken, sondern auch eine lebendige Gegenwart, ja es wird, wohl weil es eine der ersten Stätten des Nationalsozialismus[615] war, geradezu verhätschelt, wie der Neubau der Technischen Hochschule und andere Anstalten zeigen."[616] Über Wolfenbüttel und Goslar gings weiter nach Harzburg, wieder nach Braunlage, wo allerdings noch oder schon wieder nebliges Regenwetter herrschte, sodass *Gmelins* durchstarteten nach Erfurt. Nach Übernachtung und Besuch des Domes, „unstreitig eine der schönsten gotischen Kirchen"[617], nahmen sie in Oberhof im Thüringer Wald sie noch einen Aufenthalt in 800 Meter Höhenluft, bevor sie am 30. Juli 1937 auf einem Zickzackparcours zur Wartburg kamen, wo sie eine respektlose Führung über sich ergehen ließen. Durch Hersfeld und Alsfeld fuhren sie nach Gießen zurück.

---

[614] 3/736.
[615] Weil die NSDAP hier zuerst in Amt und Würden kam, konnte Hitler hier seine deutsche Staatsbürgerschaft bekommen...
[616] 3/740.
[617] 3/342.

## Wissenschaft im Nationalsozialismus

Obwohl kein Teil seiner Lebensbeschreibung, hat *Hans Gmelin* ein Blatt in seinem Manuskript hinterlassen, das mit seiner Handschrift auf ein Formblatt „1937" für eine „Öffentliche mündliche Prüfung" geschrieben ist. Es ist das Bekenntnis eines intellektuell schlichten, dafür aber ideologisch hundertprozentigen Nationalsozialisten, der Wissenschaftler aller Fachbereiche darauf verpflichten will, das organische und biologische, d.h. nationalsozialistische Denken als obersten Leitsatz über all ihr wissenschaftliches Forschen zu stellen. Solche Thesen vertrat ähnlich auch *Fritz Todt*, seit 1933 Generalinspektor für das deutsche Straßenwesen, der aber als Autor nicht infrage kommt, da weder von Technik, noch von Autobahn die Rede ist. Der hochtrabende Ton würde auf *Josef Goebbels* passen, aber es hat ja viele kleine *Goebbels'* in dieser Zeit gegeben. Vielleicht am wahrscheinlichsten war der zuständige Fachminister *Bernhard Rust* der Autor, der im Hochschulbereich das Gesetz zur Wiederherstellung des Berufsbeamtentums exekutiert hatte, indem er etwa tausend missliebige Hochschullehrer wegen ihrer Herkunft oder ihrer politischen Gesinnung aus dem Amt jagte. Dabei war es ihm auch ein Anliegen, die akademische Selbstverwaltung aus den Angeln zu heben: Statt des Senats führte jeweils ein von ihm installierter Führer die Hochschulen. In der ersten der beiden Reden, die er in Wien am 6. November 1940 gehalten hat, steht eine Paraphrase aus dem obigen Text: „Das Ordnungsprinzip für alle Bezirke des geistigen Lebens steht für uns aus der Biologie, aus der Erkenntnis der Rasse. Sie ist der Ausgangspunkt für die politische Formung des deutschen Volkes."[618]

---

[618] Bernhard Rust, Reichsuniversität und Wissenschaft, Zwei Rede, Gehalten in Wien am 6. November 1940. Herausgegeben von der Deutschen Forschungsgemeinschaft. Berlin, 1940, 9.

Es falle „alten" Wissenschaftlern und auch manchem jungen Wissenschaftler schwer, die „Triebkräfte nationalsozialistischer Weltanschauung und nationalsozialistischen Handelns zu begreifen".[619] Statt sich als instrumentiertes Zahnrad des Führers einbauen zu lassen, würden sie die Wissenschaft zerstückeln und atomisieren. Der Autor dreht die Wirklichkeit in guter Manier jeder Verschwörungstheorie von den Beinen auf den Kopf: Wissenschaftler alten Typs hätten sich gleichgeschaltet, „ebenso wie sie sich auch in einem marxistischen System letzten Endes gleichschalten ließen".[620]

Der ideale nationalsozialistische Wissenschaftler wird als ein Mann gezeichnet, „dem die Zukunft seines Volkes oberstes Gesetz ist", der seine Fachkompetenz der Gemeinschaft kompromisslos unterordnet. Weil dazu gehöre, dass er die wissenschaftliche Arbeit nach eindeutig politischen Kriterien bewerten können muss, „so weiß ich, daß dieses Ideal nicht von Alten erreicht werden kann".[621]

Dazu steht ein satirischer Kommentar[622] im Zusammenhang, der zwar keine Autorenzeile hat, - das wäre mitten in der NS-Zeit nicht sehr klug gewesen - aber durchaus von *Hans Gmelin* stammen könnte, der gern solche Versarbeiten bei Fakultätsabenden oder ähnlichen gesellschaftlichen Veranstaltungen zum Besten gab. Darin heißt es:

„Doch da kam die große Zeit,
Aus ist's mit Behaglichkeit!
Alles muss marschiern und wandern
Und kein Stein bleibt auf dem andern.
Rechtgelahrter Staub und Plunder

---

[619] 3/749
[620] 3/749.
[621] 3/750.
[622] 3/751ff.

Fällt jetzt ab wir mürber Zunder."

„Gleichschaltung" wird hier in der rechten Art benutzt:

„Denn die Fakultät in Gießen
Darf nicht mehr das Recht genießen,
Ganz allein den blinden Hessen
Ihre Fünfer zuzumessen.
Alles wird jetzt gleichgeschalt:
Richter, Rechts- und Staatsanwalt
Nehmen ein den hohen Thron
Unsrer Prüfungskommission."

Die nächste Strophe beweist, dass der Autor zur juristischen Fakultät gehört:

Es verschwindet Hand in Hand
Mancher Prüfungsgegenstand
Kirchenrecht und Völkerbund
Und dergleichen andrer Schund,
Volkswirtschaft unnötig Wissen,
Römisch Recht kann man jetzt missen,
Wollen wieder sein Barbaren,
Nordische wie wir einst waren.
Wieder schluckt's die Fakultät
Gehorsam wie's dem Deutschen steht.

Bevor die Fakultät bis auf zwei Ewiggestrige aufgelöst wird, wird in der vorletzten Strophe noch deutlich, dass es einen *getreuen Eckart* gibt– eine Figur aus der Erzählung von *Ludwig Tieck*, die alles verliert, ihre Treue nicht aufgibt und am Ende die rettet, die ihren Untergang betrieben haben, der der Fakultät das Licht ausbläst, ohne dass es für uns Nachgeborene klar wird, wer damit gemeint sein könnte:

„Doch, wie sie[623] gehorchen mag,
Es droht ihr ein neuer Schlag.
Was, ihr seid ja noch am Leben?
Hab ich's euch nicht g'nug gegeben?
Der getreue Eckart spricht:
Mit euch Gießnern geht es nicht.
Ungeachtet unserm Warnen
Tatet ihr euch doch nur tarnen.
Träger seid ihr aller Ismen,
Liber-, Parlamentarismen,
Helfer gar der Kirche Schismen,
Förderer der Reaktion.
Wartet, Strafe trifft euch schon!

Wenn mit dem *getreuen Eckart* nicht ein lokaler Nationalsozialist wie der Augenarzt und Rasseforscher *Heinrich Wilhelm Kranz* gemeint ist, der als Rektor von 1939 bis 1942 durch übertriebene Anpassung der Universität an die Anforderungen des Nationalsozialismus dennoch deren Bestand gefährdete, könnte wiederum der für Hochschulen zuständige Minister *Bernhard Rust* gemeint sein, den nach dem Artikel über ihn in Wikipedia[624] nicht einmal seine Parteigenossen ernst nahmen. *Rust* galt in den Reihen der Nationalsozialisten zwar als alter Kämpfer, allerdings auch als Trinker; sein in dieser Hinsicht auch nicht abstinenter Parteigenosse *Karl Schmidt*, ebenfalls Ophthalmologe und Rektor der Universität Bonn nannte ihn einen „missgeratenen Treuhänder der Wissenschaft" und *Goebbels* notierte über ihn: „faul, kann nichts und besitzt wenig Intelligenz". Nach der rabenschwarzen Prognose in dieser Satire, deutet der Schlussvers auf *Rust* hin: „Also mag er's mit uns planen, Lenker deutscher Hochschulbahnen."[625]

---

[623] Die juristische Fakultät.
[624] Wikipedia, 1.7.2024.
[625] 3/753.

# Kirche im Nationalsozialismus

So sehr *Hans Gmelin* mit einzelnen Theologen wie *Paul Kahle* freundschaftlich verbunden war, so wenig persönliches Interesse zeigte er an der Institution Kirche und ihrer Verkündigung. Im Rahmen der bürgerlichen Wohlanständigkeit ließ er sich trauen in der Röttelner Kirche und ließ auch seine Kinder taufen in der Gießener Stadtkirche. Weihnachten ist ein familiäres Fest, für dessen Kinderbescherung er Jahr für Jahr großes Engagement zeigte, aber den weihnachtlichen Hintergrund gab vermutlich *Martha* an ihre Kinder weiter, mit denen sie zum Beispiel gebetet hat. Im Unterschied zu der Zeit, als sie sich um ihre Enkel kümmerte. Religiöse Geschichten, Ansprüche oder gar Unterweisungen habe ich von ihr nicht bekommen.

Um so überraschender ist wieder ein eigenartiger handschriftlich von *Gmelin* aufgezeichneter Text[626], der aus der norwegischen Zeitung Tidens Tegn stammt, einer Zeitung, die bis 1941 erschien und zur Kollaboration mit den deutschen Besatzern aufruft. Auch der norwegische Nationalsozialist *Vidkun Quisling* veröffentlichte hier. *Gmelin* hat sie vermutlich durch seinen Mathematikkollegen *Friedrich Engel* zu lesen bekommen, der zu den wenigen gebürtigen Hessen im Lehrkörper gehörte. Am 20. April 1937 war hier ein Bericht abgedruckt, der sich um die Lage der Kirche und des Christentums im NS-Staat drehte. Der in deutsche Sprache übertragene Bericht benennt ein Studentenlager auf dem das Verhältnis zwischen Christentum und Nationalsozialismus besprochen worden sei: „Ich bin nicht blasphemisch, aber ich frage, wer war am größten, Christus oder Hitler? Christus hatte bei seinem Tod zwölf Anhänger, wovon nicht einer ihm treu war. Hitler hat heute ein Volk von 70 Millionen hinter sich..."[627] Auch benehme sich der Nationalsozialismus wie Gott im Ersten Gebot, der keine anderen Götter neben sich dulden will.

---

[626] 3/753ff.
[627] 3/753

Der Korrespondent hat wahrgenommen, dass es im kirchlichen Bereich in Deutschland brodelt: „Der Kirchenfrieden ist in Wirklichkeit ganz illusorisch. Wie einer von Deutschlands ersten Kirchenmännern zu mir sagte: ‚Man kann bald nicht mehr ein Wort von dem glauben, was sie offiziell in Deutschland sagen.'“[628] Dabei sei der konfessionelle Streit weitgehend erlahmt. Der Beitrag endet: „Selbst gehöre ich zu denen, die mit den Jahren viel von dem Glauben an die Lebenskraft des kirchlichen Christentums verloren haben. Was ich im neuen Deutschland gesehen und erlebt habe, hat mir etwas von diesem Glauben zurückgegeben. In einem Land, wo alle anderen, auch Wissenschaft und Kunst, die Knie gebeugt haben, ist der christliche Pfarrer der einzige, der gewagt hat, zu widersprechen, zu reden. Ein Mut, der Respekt einflößt. Und das Versprechen für die Zukunft gibt.“ Eine Hoffnung, die noch bis zum Kriegsausbruch leben wird und dann verblasst.

---

[628] 3/754.

Der äußere Druck durch den Nationalsozialismus, aber auch die Sympathien zwischen den heranwachsenden Jungen Günter (Fotograf) und Ulrich (rechts)zu der Cousine Ursula (links) lässt die Familien von Hans (2.v.l.) und des Schriftstellers Otto Gmelin (3.v.r.) zusammenrücken. Martha (2.v.r.) und Ottos Frau Kläre, geb. Stegmann (1892-1941) (3.v.l.), hier auf einer Wanderung in hessischer Landschaft im Jahr 1936.

Foto von Günter aus dem Familienalbum.

Ob das folgende ein Teil seiner Selbsterlebensbeschreibung hätte werden sollen, ist unklar. Wir sind allerdings dankbar, dass wir hier eine ausführliche Stellungnahme *Gmelins* zum NS-Staat bekommen haben, die er ausdrücklich an seine Söhne adressiert hat:

# VIII. Politischer Kommentar zum NS-Staat von Hans Gmelin

## (1936/37?)

Als Motiv nennt *Gmelin*, dass er sich pflichtvergessen vorkäme, „wollte ich, der ich als früherer Politiker, als Historiker und als Vertreter des Staats- und Völkerrechts mich immer um politische Fragen und vor allem um die Belange des deutschen Volkes gekümmert habe, nun das neue große Geschehen nur wie ein stummer, gleichgültiger Zuschauer an mir vorüberziehen lassen."[629] Zugleich gesteht er ein, dass er als Patriot diese Streitschrift nicht im Ausland verlegen lassen wolle, „und weil es mir widerstrebt, mich hinter einem Decknamen zu verbergen". - Unter dem Decknamen *Sebastian Haffner*, um die in Deutschland verbliebenen Familienmitglieder zu schützen, schreibt annähernd zeitgleich *Raimund Werner Martin Pretzel* als Exilant in Großbritannien seine Betrachtung „Germany, Jekyll & Hyde, 1939, Deutschland von innen betrachtet."[630] Wir werden die beiden Betrachtungen da und dort vergleichen, da der ausgebildete Jurist *Haffner* völlig rücksichtslos schreiben kann, wie er sein Heimatland unter der Knute der Nationalsozialisten einschätzt. Dem Nachgeborenen scheint *Hans*' Betrachtung da und dort recht nachsichtig zu sein. Vielleicht weil er heimlich hofft, dass seine Betrachtungen doch eines Tages „anderen Volksgenossen" zu Gesicht kommen könnten, „wenn sie dann richtig verstanden, zu Maßnahmen Anlaß geben konnte, die dem deutschen Volk zugutekommen, dann sind diese Zeilen nicht umsonst geschrieben".

*Gmelin* beginnt einmal mehr mit einer Apologie der militärischen Rüstung, da ein Staat mit Mittellage wie Deutschland ohne Rüstung seine Existenz

---

[629] 3/755

[630] Sebastian Haffner, Germany, Jekyll & Hyde, 1939 Deutschland von innen betrachtet (engl. 1940 London), dt. 1900 Berlin Verlag, Berlin, 1998. TB-Ausgabe, Knaur-Verlag, o.J.

aufs Spiel setze. Für Machtpolitik sei nicht allein Rüstung nötig, das habe sich bereits im Ersten Weltkrieg gezeigt, als Diplomatie und wirtschaftliche Vorbereitung gefehlt hätten. Die Illusionen über die Haltung der Mächte in Europa hätten zum Verlust des Krieges geführt. „Bei einer Beurteilung der auswärtigen Politik des Dritten Reiches muß daher geprüft werden, ob die Reichsregierung die beiden Fehler *Wilhelms II.*, Selbstisolierung und Täuschung über die Haltung anderer Mächte – vermieden hat."[631] Bei der Verhältnisbestimmung zwischen Innen- und Außenpolitik müsse eine Art Ausgeglichenheit gesucht werden. Der viel beschworene Primat der Außenpolitik habe durchaus Gefahren, denn „dann gerät die Führung des Staates in zu sklavische Abhängigkeit gegenüber dem Ausland. In diesen Fehler verfielen die Urheber der Revolution von 1918; man gewinnt den Eindruck, daß sie den deutschen Staat weniger nach den Bedürfnissen des deutschen Volkes als vielmehr nach dem Geschmack der Feindstaaten einrichteten.[632] Sie wiegten sich in die törichte Hoffnung, ehrenvolle Friedensbedingungen zu erhalten, wenn sie im Umbau des deutschen Staates möglichst weit vom bisherigen Staate abrückten und die westischen Einrichtungen nachahmten.[633]

## Die alten Parteien und die NSDAP

Die NSDAP hatte sich jeglicher politischer Konkurrenz entledigt durch das Gesetz vom 14. Juli 1933. Was es noch an „verängstigtem Dasein" der alten Parteien gibt, ist ins Verborgene gerückt. Dabei gäbe es die alten Strömungen noch immer: In der Arbeiterschaft genieße der Kommunismus noch eine gewisse Achtung, weil er sich nicht ganz kampflos ergeben habe. *Gmelin*

---

[631] 3/ 757.

[632] So auch Hedwig Richter unter Verweis auf Nolte, Demokratie, in: Demokratie, Eine deutsche Affäre. Beck, München, 2020, 191.

[633] *Anmerkung von Hans Gmelin:* Den Gipfel dieser würdelosen Politik bezeichnet die Verleugnung der ruhmreichen Reichsfarben und ihre Ersetzung durch Schwarz-rot-gold; freilich fand gerade dieser Schritt keine Gnade im Ausland, weil die neuen Farben der belgischen Flagge nahekamen.

meint, die Sozialdemokratie habe bei der Arbeiterschaft ihr Ansehen ein-gebüßt. Vom katholischen Zentrum ist er überzeugt, dass es sich beim Rück-zug in die Kirche erholen könne und dabei abwarte. Ein Teil der Zen-trumsanhänger habe es leichter als Liberale den Anschluss an die NSDAP gefunden, sei doch das Zentrum politisch immer sehr geschmeidig gewesen, zumal die Regierungsmethode der NSDAP dem Zentrum gar nicht so fremd sei.[634]

Alle liberalen Parteien seien nicht erst durch die Nationalsozialisten, son-dern bereits zuvor „im Parteienkampf zermalmt" worden. Linksliberale der ehemaligen DDP seien zum Teil eifrige Parteigenossen der NSDAP gewor-den, um ihre demokratische Vergangenheit zu verhüllen, während Anhän-ger der DVP distanzierter seien, weil sie von der NSDAP verachtet würden, obwohl sie doch für des Reiches Größe eingetreten seien. Das Wichtige an liberalen Politikern sei deren Bildung, an der die NSDAP allerdings kei-nerlei Interesse zeige. Die Deutschnationalen und deren Stahlhelm seien zum Teil den Nazis gram, weil sie sich durch die DNVP hätten in den Sattel heben lassen, und sie dann abserviert haben. Auch deren Rückzugsmöglich-keit, der Stahlhelm wurde durch teilweise Eingliederung in die SA weitgehend aufgelöst. So hätten sie nur noch Einfluss durch wichtige Beamtenstellen und das Offizierskorps. *Hans Gmelin* meint, der National-sozialismus unterschätze den Einfluss der Familie, in der „wie die Religion so auch die politische Überlieferung weitergepflanzt" werde.[635] Gegen diese Bahauptungen steht der Zwang, bereits Kinder den NS-Organisationen auszuliefern. In Führerreden beschwört *Adolf Hitler*, dass man die in HJ und BdM geprägten Kinder nicht mehr an die Familien zurückgeben werde.

---

[634] Vgl. 3/761.Ob es im politischen Katholizismus außer Carl Schmitt auch noch weitere Kräfte gab, die eine autoritäre Diktatur forderten, müsste untersucht werden. Der Vatikanstaat wirkt durchaus monarchisch.
[635] 3/762.

Nach dem Verbot aller Parteien sei auch die NSDAP keine Partei mehr, sondern ein politisches Mittel des Führers, um seine Mitglieder mit NS-Gedankengut zu durchdringen, und eine Art Sieb, in dem die Führer für Staatsdienste und andere Organisationen herausgefiltert würden. Die NSDAP erzeuge dabei keineswegs die natinalsozialistischen Anschauungen, da diese nur an deren Spitze durch *Hitler, Rosenberg, Heß* und *Goebbels* gebildet würden. Alle anderen seien nur Gefolgschaft.

*Sebastian Haffner* verschärft diese Ansicht, indem er darauf hinweist, dass *Hitler* keine Idee verfolgte, keinem Volk diente, kein staatsmännisches Konzept verfolgte, sondern „einzig und allein sein Ego" befriedigte. Seine Motive seien „sture Eigenliebe, Erbitterung und eine korrupte Phantasie".[636]

*Gmelin* verweist auf die Begriffsbildung „Bewegung" für den Nationalsozialismus, die *Carl Schmitt* 1933 vorgenommen habe. Er spricht dem Nationalsozialismus ab, wirklich ein bewegendes Element in der Gesellschaft zu sein, da bei Reichsparteitagen die Mitglieder allein Statisten seien, die der Prominenz Beifall zu spenden habe.[637] „Es liegt daher umgekehrt: Nicht die Staatsmaschine ist von Erstarrung bedroht, sondern weit eher die Partei. Die Phrase von der Erstarrung der Staatsverwaltung ist geboren aus der Abneigung des kleinen Mannes gegen die Bürokratie. Gegen die ihm in ihrer Technik unverständliche und daher wegen ihrer vermeintlich überflüssigen Langsamkeit verhaßte Bürokratie; während doch in Wirklichkeit in der deutschen Verwaltungspraxis trotz mancher Unzulänglichkeiten immer auch tüchtige, fruchtbare Arbeit geleistet wurde."[638] Obwohl die NSDAP im NS-Staat obsolet wäre, hätte man sie beibehalten müssen, um einen bewaffneten Aufruhr zu vermeiden. Damit die Partei den Machthabern nicht gefährlich werden konnte, habe man sie eingefangen, indem man den Parteigenossen

---

[636] Haffner, a.a.O., 29
[637] Vgl. 3/764.
[638] Eine Würdigung der Bürokratie als notwendiges Mittel gegen Willkür gab Gmelins Lehrer Max Weber. Das Führerprinzip stellt sich ja in die Tradition der Willkürherrschaften und kann so der Bürokratie nur misstrauen.

möglichst viele einträgliche Stellen übertrug. Parteigenossen, die ohne einen Posten blieben, da sie wegen ihrer Befähigung ungeeignet seien, seien für Staat und Partei recht unbequem, weil sie der Meinung seien, für die Erlangung eines Postens sei ausschließlich eine niedrige Mitgliedsnummer wichtig. Solche „alten Kämpfer" seien besonders gereizt, wenn „Märzgefallene", spät eingetretene Pg., ihnen vorgezogen würden. Auch die Aufgabe der S.A. als Saalschutz oder als Gegengewalt gegen kommunistischen Terror hätte einen Bedeutungswandel erfahren:

## Die S.A. und das Wesen der NSDAP

*Gmelin* würdigt die Bedeutung von *Adolf Hitler* bei der Unterdrückung der gefährlichen Bewegung der S.A. etc. im „Röhm-Putsch", was „ihm bei Freunden und Gegnern einen Achtungserfolg eingetragen" habe.[639] Die S.A. sei weder als Hilfspolizei, noch als paramilitärische Streitkraft geeignet. Die erste Aufgabe spiele bei zunehmender Festigung des Dritten Reiches keine Rolle, weil die Gefahr innerer Unruhen verschwand, die zweite, „weil durch die Wiedereinführung der allgemeinen Wehrpflicht im Jahre 1935 halbmilitärische Ersatzeinrichtungen überflüssig wurden. Es hätte mithin nahe gelegen, die S.A. überhaupt aufzugeben, umsomehr als bei den Ereignissen des 30. Juni 1934[640] zu Tage trat, daß die S.A., wenn sie in die Hand skrupelloser Agitatoren geriet, unter Umständen für den Staat selbst eine schwere Bedrohung bedeuten konnte".[641] Hitler ließ die S.A. bestehen; setzte ihre halbmilitärische Ausbildung herab und machte sie zu einer Pflegestätte nationalsozialistischer Haltung. Im Unterschied zur NSDAP sind in die S.A. viele eingegliedert worden – man denke an den früheren Stahlhelm, -

---

[639] 3/766

[640] Gmelin vertraut der Berichterstattung über die „Nacht der langen Messer". Erst später wurde deutlich, dass Hitler und Consorten in Wirklichkeit die SA durch eine brutale und radikale mörderische Aktion gegen deren Führer – und damit seiner früheren Parteifreunde bzw. Konkurrenten entmachtete, um seinen eigenen Stand zu konsolidieren.

[641] 3/767.

die nicht hätten in die Partei eintreten wollen, andererseits nahm man Personen auf, die man nicht in die Partei aufnehmen wollte und „die nun in der S.A. eine Art Fegefeuer durchmachen, bevor sich ihnen die Pforten der Partei öffnen".[642]

Im NS-Staat sei die S.A. zur Paradetruppe degradiert, die Festen und Kundgebungen einen feierlichen Hintergrund gäben. Sei sie vordem ein gefürchtetes Machtmittel der Partei gewesen, sei sie heute nur eine harmlose Erinnerung. Im Gegensatz dazu sei die S.S. schon früher eine Elitetruppe gewesen und sei aufgestiegen, während die S.A. immer weiter gesunken sei. Mitglieder oder ganze Abteilungen seien mit polizeilichen Funktionen betraut worden. Und Teile der S.S. wurden ohne Rücksicht auf Abrüstungsbestimmungen des Friedensvertrags, als bewaffnete Truppenkörper geführt, auch nach Einführung der allgemeinen Wehrpflicht.[643]

Die NSDAP würde gelegentlich als Aristokratie gesehen, was allerdings in anderem Sinne gelte, da hier nicht die Besten des Volkes herrschten, sondern eine Oligarchie, eine Minderheit. Die für eine Aristokratie bezeichnende Abgeschlossenheit des herrschenden Standes fehle nicht, da seit 1933 die Aufnahme in die NSDAP wenigstens grundsätzlich versperrt sei. Solche Exklusivität sei darum peinlich, weil sie zu dem Leitgedanken der Volksgemeinschaft im Widerspruch stehe.

## Religionsfragen

Mit dem Einheitsgrundsatz auf allen Gebieten strebte der NS-Staat auch im Bereich der Religion die Einheit an. Die Einigungsversuche der Vergangenheit waren an den Anschauungen der religiösen Institutionen gescheitert. Darum sollte der Versuch diesmal nicht von der religiösen, sondern von der politischen Seite her gemacht werden. Direkt nach der nationalen Revolution, als die Begeisterung des Volkes noch nicht verebbt war, erschien eine

---

[642] 3/767.
[643] Vgl. 3/768.

Vereinigung der Konfessionen und die Schöpfung einer Nationalreligion denkbar, wenn sich ein Mann gefunden hätte, der dafür die nötige weltanschaulich religiöse Grundlage geschaffen hätte. Da *Alfred Rosenberg* mit seinem Mythos wirkungslos blieb, fehlte ein solcher.[644]

Das Dritte Reich schien den christlichen Kirchen wohlwollend gegenüber zu stehen, behauptete der Führer doch, die Gottlosenbewegung zu bekämpfen und den Staat auf christlichem Fundament zu gründen. Das Verhältnis zur römisch katholischen Kirche war von Anfang angespannt, da auch das Zentrum abgeschafft wurde. „Das von *v. Papen* mit der Kurie abgeschlossene Konkordat brachte keinen wirklichen Ausgleich, obwohl die Reichsregierung derart weitgehende Zugeständnisse machte, daß in katholischen Kreisen eitel Jubel herrschte und zum Zeichen dessen in vielen Orten die Glocken geläutet wurden."[645] Das Konkordat sorgte nicht für eine eindeutige Verhältnisbestimmung. Die Beziehungen zu den evangelischen Kirchen war zunächst geprägt von der starken nationalen Orientierung vieler Geistlicher, zumal die evangelischen Kirchen nicht von einem im Ausland residierenden Oberhaupt abhingen.[646]

Als die Deutschen Christen Grundsätze des Nationalsozialismus - wie z.B. deren Rassenlehre in die evangelische Kirche einzuführen suchten, hätte das die Harmonie nicht zu stören brauchen, denn in der evangelischen Kirche seien von jeher verschiedene politische Strömungen wirksam gewesen. Der Konflikt zwischen den evangelischen Kirchen und dem Dritten Reich setzte ein, als die Reichsregierung in die Verfassung der evangelischen Kirchen eingegriffen habe. „Dieses Eingreifen setzte damit ein, daß der damalige Wehr-

---

[644] Vgl. 3/769.

[645] 3/769f.

[646] Die Begründung für die Bekämpfung der „Ultramontanen" seit der Bismarck-Zeit.

kreispfarrer *Müller*[647] als Beauftragter der Reichsregierung mit Bevollmächtigten des Deutschen Evangelischen Kirchenbundes in Verhandlungen trat über eine von dem Kirchenausschuß bereits ins Auge gefaßte Verfassung, Reform und den Zusammenschluß der evangelischen Landeskirchen.[648]

Der Blick von *Sebastian Haffner* mag diese Andeutung ergänzen: „Der letzte, bereits hoffnungslose Versuch, irgendeine Orientierung zu finden, war der plötzliche Massenzulauf, die die protestierende evangelische Kirche in den Jahren 1936/37 erlebte. Mochte der eigentliche Kern der Bewegung der Bekennenden Kirche auch noch so naiv und unpolitisch gewesen sein und ihre Methode defensiv, sowie ihre Absicht religiös, die Massen strömten in den ersten sechs Monaten des Jahres 1937 – auf dem Höhepunkt der Bewegung – plötzlich in die lange leergebliebenen Kirchen und auf die Plätze um sie herum und sangen Luthers „Ein feste Burg ist unser Gott", weil sie das Gefühl hatten, die Kirche böte eine Möglichkeit, gegen die Nazis zu kämpfen und Widerstand zu leisten. Man kann sich vorstellen, welchem Irrtum sie unterlagen... Die führenden Köpfe der Bekennenden Kirche wollten keinen politischen Kampf. Sie wollten die Rettung ihrer Seelen und die Märtyrerkrone, worauf sie nicht lange zu warten brauchten."[649]

## Die deutsche Sprache

*Gmelin* sieht in der Geschichte immer wieder, dass große Volksbewegungen eine Sprachvergröberung nach sich ziehen. Sowohl die französische Revolution als auch der französisierte Italiener *Napoleon I.* hätten im königlichen Frankreich den feinen Sprachstil der privilegierten Klassen

---

[647] Der spätere Reichsbischof Johann Heinrich Ludwig Müller, (1883-1945), da er als ehemaliger Stahlhelmer bereits 1931 in die NSDAP eingtereten war und als einer der Gründer der „Deutschen Christen" galt. Als Reichsbischof wurde er 1934 eingeführt. Als solcher versuchte er weitgehend erfolglos die Kircheneinigung nach dem Führerprinzip. Vgl. Wikipedia.

[648] 3/770.

[649] Haffner a.a.O. 175.

zerstört. Die Massenparteien des Parlamentarismus hätten sich mit groben und unflätigen Ausdrücken in Reden und Artikeln gegenseitig überboten. Die nationalsozialistische Bewegung habe keinen durchgehenden Wandel in der Sprachverwilderung herbeigeführt. An die Reden des Führers dürfe man natürlich nicht „den strengen Maßstab der sich auf ererbter Kultur berufenden Sprachpflege gebildeter Kreise" anlegen.[650] Aber weil der Führer seine Bildung durch Selbstschulung erworben habe, sei seine Handhabung der Sprache erstaunlich. Selbst bei den Reden von *Goebbels*, wie man sich auch zu ihrem Inhalt stelle, will *Gmelin* an der Form nichts tadeln.

Viele nationalsozialistische Redner bemühten sich, die Form ihrer Rede den früheren marxistischen Rednern anzupassen oder noch zu übertrumpfen, indem sie „auf die Volksmassen durch möglichst vulgäre Wendungen und Witze einwirken".[651] *Gmelin* meint, das Volk werde nicht gewonnen durch grobe Sprache, im Gegenteil, es fühle sich verletzt, wenn der Gebildete es für nötig hielte, im Verkehr mit ihm auf ein tieferes Niveau herabzusteigen. Und nun gar der Ton der Reden! Redner hielten es im NS-Staat für nötig, am kreischenden Ton festzuhalten, einem „Mittelding zwischen scharfem militärischem Kommandoton, und dem aufreizenden Klange sozialdemo-kratischer Hetzpredigten". Wie sagt der Franzose? C'est le ton, qui fait la musique. Im Hinblick auf über Rundfunk verbreitete Reden macht *Gmelin* sich Gedanken, welch üblen Eindruck sie im Ausland hervorriefen. Sie gäben schon durch ihren Ton den Verdacht, Deutschland suche den Krieg. Nazi-Redner verkennten, dass solch heftige Redeweise abstumpfen müsse, wenn sie ständig genutzt würde, ohne Steigerungsmöglichkeit.

Wie später *Victor Klemperer* bereits im Titel seiner Betrachtung der Sprache des nationalsozialistischen Deutschlands, „LTI"[652] auf die Abkürzungswut

---

[650] 3/771.

[651] 3/772.

[652] Victor Klemperer: LTI – Notizbuch eines Philologen (Lingua Tertii Imperii, Sprache des Dritten Reiches'), Leipzig, 1947.

des NS-Staates hinweist, ist auch für *Gmelin* diese Sprachveränderung auffällig die sich zuerst in England eingebürgert hätte. Im ersten Weltkrieg seien solche Abkürzungen eingeführt worden, wie OHL[653], AOK[654], das EK I[655] und sie seien im militärischen Bereich auch gerechtfertigt. Aber um das Volk militärisch zu politisieren sei das gesamte Sprachgut mit solchen Abkürzungen überschwemmt worden. Bei der Totalität des Nationalsozialismus könne kaum ein Gespräch geführt werden, ohne Abkürzungen wie HJ.[656], I.v.[657], NSKK[658] u.s.w. Für schlimm hält er, dass diese nicht nur im Schriftlichen, sondern auch im mündlichen Verkehr gebraucht würden.

Da jede geschichtliche Zeit ihre besondere sprachliche Prägung habe, hätte auch die Zeit der W.R.V.[659] ihre sprachlichen Unarten und Vorzüge gehabt. „Was wurde damals in der W.R.V. nicht alles ‚verankert'?“ So sei auch die Sprache des Dritten Reiches durch ständig wiederkehrende Ausdrücke und Wendungen geprägt: In jeder nationalsozialistischen Rede werde etwas „unter Beweis gestellt!“ Man behaupte, dass Gesetze aus einem Guß und klar formuliert seien, weil nicht mehr wie früher eine Volksvertretung an dem Gesetzestext herumbastele. Aber *Gmelin* kennt auch im damaligen Staat unklare Fassungen von Vorschriften: „Unter dem 9. Mai 1935 erging eine Bekanntmachung des Reichsministers für Wissenschaft, Erziehung, Volksbildung, deren Paragraph 5 lautet: ‚Rein wissenschaftliches Schrifttum ist von dieser Regel ausgenommen; doch können auch rein wissenschaftliche Schriften auf die ...Liste, (nämlich, daß ihre Verbreitung im Buchhandel untersagt ist wegen Gefährdung des nationalsozialistischen Kulturwollens).gesetzt werden, wenn der Minister für Wissenschaft etc. es wünscht

---

[653] Oberste Herresleitung.
[654] Damals noch: Armeeoberkommando.
[655] Eisernes Kreuz erster Klasse.
[656] Hitlerjugend
[657] Irrtum vorbehalten. Medizinisch: Intravenös.
[658] Nationalsozialistisches Kraftfahrkorps.
[659] Weimarer Reichsverfassung

und damit einverstanden ist.' Mir scheint, daß, wenn der Minister etwas wünscht, er doch auch damit einverstanden ist! Konnte jener Paragraph nicht einfacher so gefaßt werden: Rein wissenschaftliche Bücher können nur auf Wunsch des Ministers auf die Liste gesetzt werden." – Und jener Paragraph ist enthalten ausgerechnet in einer Anordnung der Reichsschrifttumskammer."[660]

Mit der Unterdrückung der freien Meinungsäußerung täuscht sich die Regierung über die Wirkung der von ihr künstlich hervorgebrachten Einmütigkeit. Im Auslande glaube niemand, dass Presseerzeugnisse ein Spiegelbild der öffentlichen Meinung seien, sondern würden nur als Kundgebungen der Regierenden gelesen.

*Gmelin* bestreitet, dass es überhaupt noch eine öffentliche Meinung in Deutschland gäbe. Selbst sogenannte „spontane" Demonstrationen, wie die von *Goebbels* als spontaner Volkszorn bezeichneten Pogrome nach dem 9. November 1938[661] könnten nicht zu ihnen gerechnet werden, da sie durch die Regierung oder die NSDAP befohlen würden. In der Bevölkerung gebe es noch die humoristische Äußerung: Oft habe in absolut regierten Staaten der Hofnarr eine Rolle gespielt, „sogar an dem exklusiven und etikettenstrengen Madrider Hof im 17. Jahrhundert. Der Hofnarr bildete sozusagen ein Gegengewicht gegen den schrankenlosen Herrscher: Der unverantwortliche Spaßmacher gegen den unverantwortlichen Monarchen". So sei es auch im NS-Staat, wo der Spaßmacher eine gewisse Freiheit habe. Ob es sich um den Münchener Komiker *Weiß Ferdl*[662] oder um den Narrenrat des Mainzer

---

[660] 3/774f.

[661] Der als „Reichskristallnacht" oder später als „Reichspogromtag" benannte Beginn von massenhaften Übergriffen auf jüdische Einrichtungen, Geschäfte und Personen. Täter waren zumeist SA-Leute in Zivilkleidung.

[662] Weiß Ferdl (* 1883 in Altötting; † 1949 in München; eigentlich Ferdinand Weisheitinger) zählte als deutscher Humorist zu den bekanntesten bayerischen Volkssängern und Volksschauspielern. (Vgl. Wikipedia, 7.3.2023)

oder Kölner Karnevals oder sonst einer närrischen Instanz handele. Die Regierung drücke auch ein Auge zu bei vielen manchmal guten, aber oft auch mehr oder weniger geschmacklosen Witzen, die selbst in Parteikreisen umliefen. Nur allzu treffende Anspielungen würden verfolgt. Gegenüber ernsten Kritiken zeige sich die Regierung weniger nachsichtig. Nur wer zwischen den Zeilen läse oder höre, würde von der offiziellen abweichende Meinungen ausgedrückt finden. Themen solcher Äußerungen seien die einseitige Bevorzugung der Parteigenossen, Übertreibung des Führerprinzips, allzustarke Beschränkung der Freiheit der Meinungsäußerung. Eine öffentliche Meinung sei noch vorhanden, nur fehlten ihr die Ausdrucksmittel, und vor allem: Sie sei ziemlich einflusslos. Die Regierung sucht die öffentliche Meinung zu diktieren und gibt ihre Meinung für die des Volkes aus. Die Regierung interessiere sich in keiner Weise für die öffentliche Meinung und wolle sich auch nicht nach ihr richten.

## Die Presse

Entsprechend wenig gelte die gleichgeschaltete Presse als Spiegel der öffentlichen Meinung. Parteigenossen in der Parteipresse dürften sich dabei eher ein freies Wort erlauben als andere, daher stoße man in der Parteipresse öfter auf Ansichten, die der der Regierung zuwiderlaufen: „z.B. wenn etwa der Völkische Beobachter[663] aus den Grundsätzen des Nationalsozialismus heraus den Kapitalismus bekämpft, den die Regierung zum Schutz der Rüstungsindustrie zu erhalten sucht. Oder wenn die einzelnen Blätter ein noch schärferes Vorgehen gegen die Juden fordern."[664]

Die Nichtparteipresse werde besonders misstrauisch überwacht, zumal wenn ein Blatt früher nach einer politischen Partei orientiert war. Trotz des

---

Obwohl Antisemit und NSDAP-Mitglied leistete er sich auch kräftige Scherze gegen die NS-Obrigkeit. Vgl. Wikipedia.

[663] Der Völkische Beobachter war von 1920 bis 1945 das Parteiorgan der NSDAP.

[664] 3/777.

Wechsels der Schriftleiter hätten solche Traditionen oft Nachwirkungen, sei es aus finanziellen Gründen, sei es aufgrund des Lesepublikums, das häufig dem früheren entspricht.

Eine jede Partei müsse klarmachen, welche Vorteile ihren Mitgliedern aus den Bestrebungen der Partei erwachsen. Das legen sie in ihren Programmen und Kundgebungen fest. So auch die NSDAP, obwohl sie das deutsche Volk auf harte, entbehrungsreiche Zeiten eingeschworen habe.[665] Dennoch hätten viele Parteiredner Erwartungen geweckt, „daß sich ein großer Teil des deutschen Volkes einen ungeheuren Aufschwung in materieller Hinsicht von schlechterdings nicht erfüllbaren Ausmaßen erwartete".[666] Dies bedeutet eine große Gefahr, denn die Enttäuschung war unausweichlich und sei schon bei vielen Volksgenossen eingetreten, obwohl sich die deutsche Wirtschaft noch in der Periode der künstlichen Ankurbelung durch Straßenbau, Aufrüstung und anderem befinde. Die Unzufriedenheit werde wachsen, wenn die künstliche Ankurbelung der Wirtschaft aufgegeben würde. Früher oder später müsse sie eingestellt werden, während die Wirtschaftskrise weiter andauern werde oder sich verschärfte.[667]

Die NSDAP habe ihre Werbetätigkeit nicht eingestellt, sondern durch Einsetzung eines Reichsministers für Propaganda verstärkt und ausgebaut. Nach dem Gedanken der „Volksgemeinschaft" müsste die NSDAP allen Volkskreisen gleich nahestehen. Ihr Verhältnis zu den verschiedenen Ständen sei aber sehr unterschiedlich.

Als Arbeiterpartei gegründet, zielte sie von vornherein darauf, die Arbeiterschaft zu gewinnen. Da die Industriearbeiterschaft zumeist noch mehrheit-

---

[665] Das 25-Punkte-Programm wurde im Februar 1920 zum Parteiprogramm der NSDAP, als Adolf Hitler das intellektuell schlichte compositum mixtum im Münchner Hofbräuhaus verkündete.
[666] 3/778.
[667] Es sei denn, man ließe einen Krieg ausbrechen...

lich marxistischen Parteien zuneigte, habe sich die NSDAP bis zur nationalen Umwälzung vor allem auf die Bauernschaft konzentriert.
Verständlicherweise, denn die Bauernschaft sei der Verzweiflung nahe
gewesen. Aus der Inflation habe die Bauernschaft zweifellos Vorteile
gezogen, „da sie die Entschuldung der zum Teil überschuldeten Bauerngüter
gebracht und die Befriedigung mancher Luxusbedürfnisse ermöglicht
hatte".[668] Diese günstige Lage hielt nicht lange vor. Die Auswirkungen der
Deflation, wie das Sinken der Preise für landwirtschaftliche Erzeugnisse und
das Schwinden der Kaufkraft des Volkes, bewirkte eine furchtbare Geldknappheit der Landwirte, sodaß sie nur schwer die Steuern aufbringen und
nach Entrichtung der Abgaben kaum die notwendigsten Lebensbedürfnisse
befriedigen konnten. Dieser Geldmangel trieb zur Aufnahme neuer
Schulden, die zwar augenblickliche Erleichterung brachten, aber durch ihre
hohe Verzinsung die Not steigerten. In dieser Lage orientierten sich viele
Landwirte an der NSDAP.

Bei *Sebastian Haffner* lesen wir: „Einer der höchsten Beamten der Reichsschrifttumskammer hat, wie ich erfahren habe, geäußert, daß seines Wissens
75 Prozent der Redakteure politisch unzuverlässig seien und daß er das
dulden müsse, da es nicht genügend fähige Nazijournalisten gebe. Und er
könne sie dulden, da die ‚unzuverlässigen' Redakteure ihre Aufgabe nicht
schlechter erfüllten als die besten Nazis. Von Angst und Ehrgeiz getrieben
handeln sie gegen ihr Gewissen und tragen als Mitarbeiter der berüchtigten
Nazipresse dazu bei, zynisch die Wahrheit zu entstellen."[669]

## Finanzpolitik

*Hitler* hat in seinen Reden häufig den Vorwurf erhoben, dass die Regierungen der 14 Jahre Weimarer Republik die deutschen Finanzen zerrüttet
hätten. Der Vorwurf sei gewiß nicht ganz grundlos: Zu Beginn der 14 Jahre
hätten sich die Regierungen der Inflation bedient, die aber bald zum wirt-

---

[668] 3/779.
[669] Haffner, a.a.O. 109.

schaftlichen Ruin geführt hätte. Und nach der Stabilisierung der Währung hätten sie ausländische Anleihen aufgenommen. Als auch dieses Mittel versagte, habe man durch immer erneutes Anziehen der Steuerschraube und durch Sparmaßnahmen die nötigen Mittel für den Staatsbedarf zu gewinnen gesucht. Allerdings hätten die überhöhten Steuern die Wirtschaft erstickt. „Selbst die Sparmaßnahmen verhinderten eine Gesundung der Finanzen, weil die abgebauten Beamten, Angestellten und Arbeiter die Zahl der Erwerbslosen vermehrten. Das Erliegen der Wirtschaft wirkte sich wieder im Schmelzen der Steuereinnahmen aus und in einem Anwachsen der Fürsorgelasten aus, sodaß die Finanzpolitik der Regierung sich letzten Endes gegen die Staatswirtschaft selber kehrte. Es schien ganz aussichtslos, aus diesem Circulus vitiosus herauszukommen."[670] Darin sei die Kritik *Hitlers* gerechtfertigt. Er schlug, sobald er an die Macht gekommen war, andere Wege ein. Er wolle vor allem die Wirtschaft von ihren Schäden heilen, die Gesundung der Finanzwirtschaft des Staates werde sich dann von selber einstellen. Darum beschritt die nationale Revolution den Weg der Steuersenkung und stellte sich selbst in den Dienst der Arbeitsbeschaffung.

## Straßenbau

Auf dem Gebiet Straßenbau hätten Diktatoren oft gewaltige Leistungen hervorgebracht, *Napoleon* I., *Mussolini*, General *Primo de Rivera, Hitler*, alle haben den Straßenbau gefördert. Dies sei ein Verdienst, denn dadurch hätten sie wirklich Dauerndes geschaffen. Diktatoren und Diktaturen seien größtenteils wieder verschwunden, aber ihre Straßen hätten sie überlebt. Noch heute gebe es in vielen Teilen Deutschlands noch Straßen *Napoleons* I. „Der Straßenbau dient der Landesverteidigung und er gewährt der Volkswirtschaft augenblicklich Erleichterungen, weil er Arbeit beschafft, dauernde Verkehrsbeziehungen knüpft und abseitiges Gelände erschließt.[671] Der Straßenbau bilde auch eine gute Reklame für den Staat, denn die

---

[670] 3/780.
[671] 3/781.

Arbeiten unter freiem Himmel fallen jedem auf, viel mehr als wenn der Staat beispielsweise in einem Archiv eine Ausgabe mittelalterlicher Urkunden zusammenstellen ließe.

## Protektionismus

Die NSDAP erhob gegen die Regierungen der 14 Jahre zuvor den Vorwurf des Parteibeamtentums. Auch diesen sieht *Gmelin* als nicht ganz unberechtigt, denn in vielen Fällen bilde die Zugehörigkeit zu einer der herrschenden Parteien oder die Empfehlung durch eine solche die Voraussetzung für die Ernennung zu einem Amt. Eine Anstellung allein wegen Parteizugehörigkeit, ohne jede Rücksicht auf berufliche Qualifikation, sei nur in Ausnahmefällen vorgekommen. Das Kriterium der Ausbildung für die Amtsanwärter wurde beachtet. Diese vorherrschende mildere Form sei dennoch eine bedenkliche Seite parlamentarischer Verwaltung. Die Angriffe *Hitlers* gegen diesen Mißbrauch der Parteiherrschaft hätten einen großen Teil der deutschen Wähler zur NSDAP geführt, und die rücksichtslose Entlassung von Beamten, die hauptsächlich wegen ihrer Parteizugehörigkeit zu Ämtern gelangt waren, wären in weiten Kreisen des Volkes mit Genugtuung begrüßt worden.

Dabei wäre mancher verdiente Beamte und Richter, die durchaus die Befähigung für ihr Amt gehabt hätten, entlassen worden, lediglich weil er einer der früheren Parteien der Weimarer Koalition angehört hatte, oder weil er Freimaurer oder Mitglied des republikanischen Richterbundes gewesen war. Das habe Kopfschütteln erregt, zumal, wenn es Anhänger nationaler Parteien traf. Und bald wurde erkennbar, daß die neue Regierung nicht das Parteibuchbeamtentums beseitigte, sondern daß die Regierung ein Parteibeamtentum durch ein anderes ersetzte. Ja, noch schlimmer: Man kam vom Regen in die Traufe, „denn während das frühere Regime doch im eigensten Interesse fähige Beamte der kaiserlichen Zeit gerne in ihren Stellen beließ und in der Hauptsache nur politisch wichtige Stellen wie Landratsposten, Polizeipräsidium u.s.w. an ihre Anhänger verlieh, griff die neue Regierung bis in die untersten Stellen, ja über den Organismus der

Staats- und Gemeindebeamten noch weit hinaus in alle möglichen Körperschaften und private Vereine, um möglichst viele Posten mit Nationalsozialisten zu besetzen. Nach Abzug der Ehrenämter wurden Parteigenossen mit bezahlten Stellen im beträchtlichen Maß versorgt. Viele Stellen seien für sie in dem bei den Parteiämtern und anderen Organisationen überhaupt erst geschaffen worden.

Eine Partei, die aus einer großen Zahl für den Beamtenberuf qualifizierter Mitglieder bestanden hätte, hätte nicht ausreichend viele Ämter mit befähigten Leuten besetzen können. Für die NSDAP galt dies in extremer Weise, weil sich die aktive Beamten- und Lehrerschaft wegen des dauernden Konflikts zwischen der Weimarer Republik und der staatsfeindlichen Bewegung sich der NSDAP hatte fernhalten müssen. Auch standen sich nationalsozialistische Kreise der Intelligenz mit einem gewissen Mißtrauen gegenüber, und so fehlte es der NSDAP in erheblichem Maße an geeigneten Anwärtern. Dieser Mangel glich sich auch nach dem Sieg der nationalen Revolution nicht aus, da qualifizierte Leute, um nicht als Konjunkturritter zu erscheinen, es nicht über sich brachten, rasch den Beitritt zur NSDAP zu vollziehen. Dieser Mangel störte aber die Partei nicht im Geringsten, da sie meinte, die junge Generation sei zum Regieren bereiter als ältere Jahrgänge. Sie vertrauten oft recht jungen Leuten verantwortungsvolle Stellen an. Die NSDAP hatte in vielen Fällen ihren Anhängern freigebig Posten versprochen, und musste liefern. Damit wurde die nationale Regierung gefestigt, weil viele Posten an unbedingte Anhänger der NSDAP vergeben wurden. Daß auch unqualifizierte Personen Ämter bekleideten, brachte den Vorteil, dass Durchschnittsmenschen weniger Schwierigkeiten bereiten als selbständige Charaktere. Der britische „Ministerpräsident *Salisbury*[672] äußerte einmal: ‚In England gibt es nur zwei höchst wichtige Posten: Den Posten des Premierministers und den Posten des Ministers des Äußeren. Alles andere kann jeder halbwegs tüchtige Mensch machen.‘ Wenn das schon im parla-

---

[672] Robert Arthur Talbot Gascoyne-Cecil, 3. Marquess of Salisbury, KG, PC (1830 - 1903), britischer Staatsmann und Premierminister.

mentarisch regierten Staate möglich sein soll, um wieviel mehr müßte das Regieren mit gering befähigten Beamten einem absolut regierten Führerstaat durchführbar sein, in dem alle wichtigen Entscheidungen durch den Führer zu fällen sind."[673] Allerdings müssen auch in einem absolut regierten Staat wichtige Entscheidung durch untere Organe getroffen werden. Gerade bei minderbegabten Leuten stellt sich leicht eine hastige Übergeschäftigkeit ein, die dem Staat nicht nur Nutzen bringt. In belustigender Weise ahmen sie die Redewendungen und Allüren des Führers nach. Das Volk fühle sich durch die Vielrednerei der Unterführer bevormundet und auch wer die guten Absichten *Hitlers* anerkenne, verurteilt bald die vielen Fußtritte der „Hitlerchen". Man entschuldige den Führer selbst damit, daß ihn diese Vorfälle wohl nicht zu Ohren gekommen wären.[674] Allerdings würde sich in steigendem Maße die Kritik gegen den Führer selbst richten, wenn dieser nicht die Kraft finde, dieses Problem zu lösen.

Die nächsten Punkte betreffen die persönlichen Interessensgebiete von *Hans Gmelin*, das Deutschtum im Ausland und die Kolonien:

## Deutschtum im Ausland

Standen die Auslandsdeutschen zunächst der nationalsozialistischen Bewegung recht skeptisch gegenüber, schlossen sich nach der nationalen Revolution in manchen Ländern, z.B. in Japan, fast die ganze deutsche Kolonie der Bewegung an, in anderen Ländern bildeten sich beachtliche Gruppen der NSDAP, z.B. in Brasilien. Der Auslandsdeutsche habe zwar bessere Gelegenheit, Vieles über die Kehrseite der Bewegung zu erfahren. Aber weil kritische Berichte über den nationalsozialistischen Staat in der Auslandspresse stehe, würden sie von Auslandsdeutschen nicht geglaubt. Sie könnten den Nationalsozialismus schätzen, weil sie im Ausland nicht unter ihm leiden, denn der betreffende Auslandsstaat sichere sie gegen Beschränkung der freien

---

[673] 3/784.

[674] „Wenn das der Führer wüßte" war ein geflügeltes Wort im NS-Staat, leider nicht immer mit ironischem Unterton...

Meinungsäußerung, wie gegen willkürliche Freiheitsbeschränkungen. Darum wirke der Nationalsozialismus bei den Auslandsdeutschen viel gemässigter und erträglicher. Anders sei die Lage beim Grenzlanddeutschtum. Dort habe sich der Nationalsozialismus ebenfalls ausgebreitet, aber konnte sich nicht durchsetzen wie bei den Auslandsdeutschen.

In geschlossenen deutschen Siedlungsgebieten habe das bisherige politische Parteiwesen noch überlebt – in der Tschechoslowakei habe die Sozialdemokratie noch Viele hinter sich. Auch schaffe in ausländischen Staaten der NS-Staat einen Grund zur Bekämpfung des Deutschtums. Aus der politischen Abhängigkeit eigener Untertanen von einem fremden Staatshaupt können der Staatsführung ebensolche Verlegenheiten erwachsen wie beispielsweise der deutschen Regierung aus dem Umstand, daß die deutschen Katholiken von dem im Ausland residierenden Papst in ihrer politischen Haltung mitbestimmt wurden. Die Förderung des Deutschtums im Ausland werde durch die Veränderung der Lage erschwert. Zwar anerkennt *Gmelin*, daß das Interesse am Deutschtum im Ausland, das bisher nur eigentlich von einer schmalen Schicht der Intelligenz, hauptsächlich von Studienräten und Universitätsprofessoren, im ehemaligen deutschen Schulverein, dem späteren Verein des Deutschtums im Ausland, V.D.A. gepflegt worden sei, durch die NSDAP in weitere Volkskreise gedrungen sei. Seit der nationalen Erhebung habe die Mitgliederzahl des V.D.A. nicht unerheblich zugenommen. Auch sei der V.D.A. nicht gleichgeschaltet worden, damit der V.D.A. im Ausland nicht einfach als ein Anhängsel der NSDAP betrachtet würde.

## Kolonien

Auch in den ehemaligen deutschen Kolonien erfuhr das Deutschtum zumeist eine Stärkung, als sich die Kolonisten zu gutem Teil in der nationalsozialistischen Partei zusammenscharten.

Die Aussichten für die Rückgabe der Kolonien habe sich kaum gebessert, da über diese Frage weder durch die Kolonisten noch durch Kundgebungen in

Deutschland entschieden werde, sondern einzig und allein auf dem Schlachtfeld der Diplomatie, wo es nicht zum Besten stehe. Nachdem Deutschland aus dem Völkerbund ausgetreten sei, könnte weiterer Niederlassung von Deutschen in den Kolonien ein Riegel vorgeschoben, oder das Verbleiben ansässiger Siedler in Frage gestellt werden. England führe bereits Klage über Bevorzugung deutscher Kolonisten und Vernachlässigung der englischen Kolonisation am Tangajikagebiet, was derartige Maßnahmen befürchten lasse. Während *Hitler* in seinem „Kampf"[675] sich noch gegen Kolonialerwerb erklärte, weil er nicht zu Unrecht daraus eine Beeinträchtigung der militärischen Schlagkraft befürchtete, habe er später einen kolonialfreundlichen Standpunkt eingenommen, teils weil er mit Recht in der Vorenthaltung von Kolonien eine Verächtlichmachung des Deutschtums erblickte, teils weil er erkannt habe, daß die Kolonien eine notwendige wirtschaftliche Ergänzung Deutschlands bedeute. Die Aussichten für den Kolonialerwerb hätten sich seit dem Umschwung eher verschlechtert als gebessert.

## Studenten und Universität

Als Hochschullehrer nahm *Gmelin* politische Vorgänge an der Universität aufmerksam wahr. Wegen angesetzter Wahlen zum Allgemeinen Studentenausschuß wurde von Nationalsozialisten und Anhängern der Republik vor der Universität lebhaft agitiert, wobei es öfter zu Handgemengen kam, an denen sich hauptsächlich Nichtstudenten, Gymnasiasten, Arbeitslose und Reichsbannerleute beteiligt hätten.

Von Anfang an habe sich ein guter Teil der Studentenschaft zur nationalsozialistischen Bewegung bekannt, da die trostlose Lage der deutschen Wirtschaft die Aufnahme junger Kräfte in Handel und Industrie verhindert habe. So sei die Zahl der Studierenden in die Höhe getrieben worden, zumal in der Notlage Unterstützungsmaßnahmen wie Stipendien, Freitische und

---

[675] Adolf Hitler: Mein Kampf. Zentralverlag der NSDAP, München, Bd. 1, 1925; Bd. 2, 1926.

Honorarbefreiungen das Studium auch mäßig Begüterten ermöglichten. Der Nationalsozialismus sei ein Erzeugnis des Weltkriegs, denn nationaldenkende Deutsche hätten die Verluste und entwürdigenden Demütigungen, die der Friedensvertrag von Versailles dem deutschen Volke zufügt habe, tief empfunden. Darum hätten sie eine Änderung des Friedenvertrages herbeigesehnt. Über die Wege zur Erreichung dieses Ziels gingen die Meinungen auseinander: Während die Weimarer Regierungsparteien der Weimarer Koalition eine Besserung der Lage Deutschlands aus einer streng vertragstreuen Politik erhofften, hielten die Anhänger der nationalen wie der kommunistischen Opposition eine Politik entschlossenen Widerstands für das geeignete Mittel zur Lenkung der Fesseln von Versailles.

Als Kerngruppe der nationalen Opposition bezeichnet *Gmelin* die ehemaligen Berufsoffiziere des Kaiserlichen Heeres, die nach dem Verlust ihres Berufes und ihrer glänzenden gesellschaftlichen Stellung beraubt wurden. Da sie sich in untergeordneten Beschäftigungen kümmerlich durchschlagen mussten, hätten sie zu dem Deutschland der demokratischen Republik kein rechtes Verhältnis gewonnen. Ein Staat ohne Heeresmacht blieb ihnen unverständlich, die Erfüllungspolitik der Weimarer Koalition erschien ihnen verächtlich und schwächlich. Nur wenige Offiziere vollzogen den Übertritt zur Demokratie oder zur Sozialdemokratie. Neben den Offizieren bildeten auch monarchisch gesinnte Beamte, Großgrundbesitzer und Studenten diese Opposition. Die Masse des Volkes, Arbeiter, Bauern und Bürgerliche wollten nach dem verlorenen Krieg von nationaler Machtpolitik nichts wissen, umso weniger als man hinter den nationalistischen Machtbestrebungen nicht ohne Grund den Versuch einer Wiederherstellung überholter Einrichtungen witterte: national und reaktionär erschienen als gleichbedeutend, wenn auch einige Phantasten eine Verbindung von Nationalismus und Bolschewismus zu knüpfen suchten.[676]

---

676 Damit meint H.G. wohl den Tatkreis, Niekisch und Konsorten.

Nach Ansicht *Gmelins* wurde der Nationalismus erst wieder lebensfähig, als man ihn aus seiner Verbindung mit der Vergangenheit löste und ihn mit den Zukunftsaufgaben des deutschen Staates verknüpfte. Für das verarmte und ausgesogene deutsche Volk lag die Zukunft nun einmal beim Sozialismus. *Gmelin* bezeichnet es als das „Verdienst" *Adolf Hitlers*, die Brücke zwischen Nationalismus und Sozialismus geschlagen zu haben. Eigentlich eine höchst einfache und selbstverständliche Tat. Aber daß sie gelang, habe sich durchaus nicht von selbst verstanden: Seinerzeit hätte auch *Friedrich Naumann*[677] eine Verschmelzung von Demokratie und Kaisertum versucht, ohne daß ihm diese Vereinigung gelungen wäre. Damals fehlten die politischen Voraussetzungen für die Verwirklichung des an sich großen Gedankens *Friedrich Naumanns*, denn das Kaiserreich stand noch in vollem politischem Ansehen und wirtschaftlicher Blüte.[678] *Hitler* dagegen habe durchdringen können, weil die Nachkriegsjahre den Boden für die nationalsozialistische Neugestaltung bereitet hätten. Die Ententestaaten,[679] die dem deutschen Volk unerfüllbare Leistungen auferlegten, hätten die deutsche Wirtschaft in ihren Grundfesten erschüttert. Daß auch die Regierungen der 14 Jahre sich um die Beendigung der Reparationszahlungen hartnäckig bemüht haben, dass sie auch Erfolge in diesem Kampfe davontrugen, daß sie vor allem die Räumung der Rheinlande erreichten, wurde ihnen von den in bitterster Not steckenden Volksteilen nicht gedankt. Sie spürten nicht einmal die sich langsam auswirkenden Vorteile des eingeleiteten Befreiungswerkes.

---

[677] Joseph Friedrich Naumann (1860 - 1919) war als evangelischer Theologe, liberaler Politiker und Publizist, dem Gmelin in seiner Jugend näher gestanden hat, obwohl N. später zu den Gründern der „linksliberalen" Deutschen Demokratischen Partei (DDP) gehörte. Er betonte bei seiner regen journalistischen Arbeit in seiner Zeitschrift „Die Hilfe" die soziale Frage.

[678] Den Vergleich zwischen Hitler und Naumann hat in jüngerer Zeit (2011) Götz Aly vorgenommen, um der FDP den Namensgeber ihrer Parteistiftung als „Leiche im Keller" zu präsentieren.

[679] Als Ententestaaten werden die Siegermächte des Ersten Weltkriegs bezeichnet.

„Nicht Belagerungszustand, nicht Ausnahmezustand, mit dem Belagerungszustand kann jeder regieren!" lautete ein Ausspruch des Gründers des italienischen Staates, *Cavour*[680]. Es wollte besagen: Wer über die Gewalten im Belagerungszustand verfügt, für den ist das Regieren kein Kunststück. Der gutgemeinte Satz träfe aber nicht zu, denn es ist ex officio schwer, bei der weiten Machtfülle, wie sie der Belagerungszustand bietet, das richtige Maß in der Ausübung der Staatsgewalt einzuhalten. *Gmelin* beschreibt die Lage im Reich nicht gerade als Belagerungszustand, wenn auch wesentliche Bürgerrechte suspendiert seien; aber bei der schier unbeschränkten Gewalt, die sich die Reichsregierung eingeräumt habe, liege nah, dass von ihr ein übertriebener Gebrauch gemacht werde. Ein das richtige Maß überschreitender Gebrauch der Staatsgewalt sei aber für den Bestand des Staates nicht unbedenklich, weil der Staat sich auf die Dauer nicht auf Handlungen gründen kann, die von der Mehrzahl der Bürger als Willkürakt empfunden werde. Dabei seien dem Regierenden die einzuhaltenden Grenzen dadurch unklar, daß er das Recht der Meinungsäußerung aufgehoben hat und so „die Zugänge zur öffentlichen Meinung gleichsam verschüttet sind. Zumal auch in Deutschland die öffentliche Meinung nicht als Regulator wirken kann, da die Stimmung der Bürger wegen der strengen Überwachung der Presse gegenwärtig nicht erkennbar ist."[681]

## Rückblick auf Gmelins Kommentar

Wir blicken zum Abschluss noch einmal in die gleichzeitige Sicht auf den NS-Staat durch den im Exil in England lebenden *Sebastian Haffner* als Beispiel für eine Betrachtung, die weder von den Ketten eines traditionellen

---

[680] Camillo Benso, Conte di Cavour (1810 - 1861), italienischer Staatsmann und Unternehmer, trieb als Ministerpräsident des Königreichs Sardinien die italienische Einheit voran, war danach Architekt der italienischen Verfassung und erster Ministerpräsident des neuen Königreichs Italien. (Vgl. Wikipedia, 10.3.2023.)
[681] 3/791.

Patriotismus, noch von der Angst um die eigene Antastbarkeit der eigenen Person, wie der Familie eingeengt wird:

„Die Intoleranz und Grausamkeit, die das Leben in Deutschland zur Hölle machen; die zunehmende Versklavung jedes Deutschen und die immer stärkere Einengung des privaten ‚Lebensraums‘; die tägliche Zunahme der Greueltaten, mit denen die Nazis die einen Deutschen fast ebenso unvermeidlich für sich einnehmen, wie sie die anderen Deutschen abstoßen (ein Grund für die ständige Propaganda, welche die Erinnerung der Letztgenannten an jene Ungeheuerlichkeiten auslöschen soll).“[682] Damit charakterisiert *Haffner* die deutsche Gegenwart von 1939. *Haffner* versucht mit seiner Schrift, die *Winston Churchill* jedem Verantwortlichen im Kriege zu Lesen empfohlen hat, Deutschland vor sich selbst und Europa vor Deutschland zu retten, wie er dies am Ende ausführt, wozu allein ein Friede mit den wiederhergestellten deutschen Staaten nütze. In der Analyse sind *Haffner* und *Gmelin* nicht sehr weit von einander. Aber die Betrachtung von *Hans Gmelin* entbehrt nicht der resignativen Grundstimmung, die den Kampf um das geliebte Vaterland bereits aufgegeben hat, bzw. in den Bereich einer irrationalen Hoffnung verschoben hat. Zu den Gründen gehört sicherlich, dass *Haffner* eine Generation jünger ist, Jahrgang 1907 gegen Jahrgang 1878, in dem *Hans Gmelin* geboren wurde. Diese 29 Jahre Unterschied markieren auch eine unterschiedliche Wahrscheinlichkeit, mit der sich beider Leben dem Wahnsinn des nationalsozialistischen Spuks eines Tages würde entziehen können. Darum zieht *Haffner* alle Register der Meinungsfreiheit, die ihm in England geboten wird und *Gmelin* zieht sich publizistisch in das private Heim zurück, das dann – ohne ihn – den Krieg überdauern wird. Sein Kommentar schulmeistert zwar argumentativ seine Söhne über die Fehler der nationalsozialistischen Politik, aber gibt ihnen keine Perspektive, wie sie sich dagegen wehren sollten. Zuweilen tröstet er die Nachwelt auch, dass da und dort die Nationalsozialisten einiges geleistet hätten. Ein argumentum

---

[682] Haffner, a.a.O., 128.

ad populum, da der NS-Staat *Gmelin* alle öffentliche Wirkung genommen hat und seinen Beruf zur Farce gemacht hat.

Dagegen kommt *Haffner* auf der Ebene der Ratschläge an die militärische Allianz gegen Deutschland zu der Aufforderung, alle nationalsozialistischen Einrichtungen und Personen zu eliminieren, weil ein Tausch einiger Köpfe bei Weitem nicht ausreichen würde.[683]

---

## IX.  Die letzten Jahre

### Krankenstand im Jahr 1938

Wir nehmen im Jahr 1938 die Lebensgeschichte von *Hans Gmelin* wieder auf, bei der wiederum die ersten Monate des Jahres fehlen. Am 11. März hatte die Reichsregierung nach Aufmarsch von Truppen an der deutsch-österreichischen Grenze sowohl eine Volksabstimmung in Österreich verhindert als auch den Rücktritt des Bundeskanzlers *Kurt von Schuschnigg* erzwungen. Bundespräsident *Wilhelm Miklas* weigerte sich zunächst, den von den deutschen Influenzern geforderten *Arthur Seyß-Inquart* zum Kanzler zu machen, tat es aber dann doch noch vor Mitternacht. Dennoch besetzten am Morgen des 12. März 1938 deutsche Truppen Österreich. *Seyß-Inquart* verlor sein Spitzenamt am nächsten Tag, machte aber im Nazi-Deutsch/Österreich zunächst als „Reichsstatthalter" so weit Karriere, dass ihm ein Todesurteil wegen „unbarmherzigen Terrors zur Unterdrückung allen Widerstands" in Nürnberg sicher war.[684]

*Hans Gmelin* beschreibt für den 12. Juni 1938 „Venenschmerzen", die er von einem Dr. *Neumann-Spengel* behandeln lässt, da Hausarzt *Schliephake*

---

683 Haffner, a.a.O., 249ff u.ö.
684 Vgl. Wikipedia, „Arthur Seyß-Inquart", (Art.), 3.7.2024.

auf Reisen war. Medikamentös behandelt, war er bald wiederhergestellt. Am 18. Juni empfing er seinen Vetter *Adolf Döll*, der als Gehbehinderter zu einem gemütlichen Beisammensein gekommen war. Immerhin konnten sie einige Autofahrten unternehmen. Ab 21. Juni lehrte *Gmelin* wieder, allerdings dank der geringen Hörerzahlen zuhause.

Am 25. Juni fand eine juristische Referendarsprüfung nach neuem Zuschnitt, jetzt in Darmstadt, statt, unter dem neuen Leiter des Oberlandesgerichts, Dr. *Peter Christian Hansen* (1886 - ?), den *Gmelin* dabei kennenlernte. „Er zeigte angenehme Formen und erwies sich als gewandter und kenntnisreicher Examinator." Die Prüfungskommission bestand aus dem Strafrechtler *Hall*, dem Oberlandesgerichtsrat *Tautphaeus* (?) und dem Oberregierungsrat *Kieber*. „Die drei Examinatoren hielten sich ganz wacker, namentlich zeichnete sich mein Doktorand *Hall* aus. Nach Schluß der Prüfung aß ich mit meinen Angehörigen im Bahnhofshotel."[685]

Die politischen Verhältnisse nach der Annektierung Österreichs kamen auf der Reise zum Ausdruck, die die Familie *Gmelin* im Juli 1938 unternahm:

## Sommerreise nach Anschluss Österreichs im Juli 1938

Die Ferienplanung für den Sommer war vielfältig: Ein Treffen mit Vetter *Adolf* in Pippoldsau, Auflösung des Möbellagers in Freiburg, Möblierung des Hauses in München mit diesen Möbeln, Besuche in Brombach und Rorschach – und dann über Oberstorf, Garmisch, Innsbruck, Salzburg nach Wien. Schließlich wollte die Familie sich noch im Münchener Haus erholen. Dann kam es anders: Da *Gmelin* sein neugekauftes Haus wieder verkaufen wollte, wurde er vom beauftragten Agenten nach München bestellt. Am 12. Juli kam die ganze Familie in München an, besprachen sich mit dem Agenten und dem neuen Käufer und betrachteten die naziverseuchte bayrische

---

[685] 3/795.

Hauptstadt, so den „Ritter-Epp-Platz"[686]. *Hitler* war gerade zur Eröffnung des „Hauses der deutschen Kunst" in München gewesen, das an die Stelle des abgebrannten Glaspalastes getreten war. „Nach dem, was ich von diesen Zurüstungen sah, gewann ich nicht den Eindruck, daß die bekannte Münchener Überlieferung in der Herrichtung von Festen ihre frühere Höhe bewahrt hat. Die protzenhaft vergoldeten Gipsfiguren, bei denen man unbekümmert antike Statuen neben germanische Pferdeschädel setzte, sowie die allzu bunten, in der Farbzusammenstellung geradezu geschmacklosen Behänge des rückwärtigen Mittelbaus des Justizpalastes wirkten mehr karnevalsmäßig als einer ernsten Feier würdig."[687]

Nachdem der derzeitige Mieter *Schneider* behauptete, er habe die Summe für den Kauf von *Gmelins* Haus beisammen – er gehörte zu den Gründen, warum dieser es gleich wieder veräußern wollte, – verkaufte *Gmelin* dennoch an den annoncierten Bewerber, einen Herrn aus Baden, *Unberle*. Später trafen sie auf einen Autokorso, in dem der italienische Faschist *Arconovaldo Bonaccorsi*, *„Conte Rossi"*, von seinen nationalsozialistischen Gesinnungsgenossen durch die Stadt geschleust wurde.

Am Donnerstag, den 15. Juli 1938, besuchte die Familie das Haus der deutschen Kunst, das sie offenbar bereits 1937 vorab betrachten konnten, denn *Gmelin* machte die Ausstellung 1938, zu der er auch einen Katalog kaufte, einen bedeutenderen Eindruck als die von „vergangenem Herbst". Auf Seite 4 des Kataloges ist programmatisch der „Schirmherr" des Hauses der Deutschen Kunst abgebildet, ein stur gen Himmel glotzendes Bildnis des Führers in entsprechender Pose. Die Nazis lieferten der Ausstrellung nicht nur den ideologischen Impuls, sondern auch den Gegenstand von manchem Bild: Das erste auf Kunstdruckpapier wiedergegebene Bild von *Wilhelm Otto Pitthan* zeigt „Reichminister Dr. *Josef Goebbels*", ein verwelktes Gesicht über

---

686 Der Münchener Promenadeplatz.
687 3/800.

glattem Zweireiher. *Elk Eber* malte „So war SA", korrekt im Imperfekt, zu allem entschlossene Straßenprügler im Spalier von treuherzigen Proleten: „Als wenig erfreulich empfand ich auch die einzelnen Proben von Partei-malerei, z.B. „So war S.A."[688] von *Eber*[689], das nicht nur durch die betonte Brutalität auf den Minen der SA-Leute abstieß, sondern auch durch die Eintönigkeit der Darstellung, bei der – wie so häufig – die wohlmeinende Absicht über das mangelnde Können hinwegtäuschen sollte."[690] *Conrad Hommel* malte einen herzallerliebsten „Reichsjägermeister *Hermann Gö-ring*" mit Trachtenhut und obskurer Flinte. *Hans Gmelin* ist froh, dass viele ältere Werke von ihm bekannten Malern dort zu sehen waren, auch einige Landschaftbilder, die ihm besonders wichtig waren. „Übrigens enthält die Ausstellung auch manche sehr mittelmäßige Leistungen. In einem Truppen-haus sind zum Beispiel lauter meist kitschig gemalte, lebensgroße Gemälde kinderreicher Familien dargestellt, man weiß nicht, ob zum Zweck der Er-munterung oder der Abschreckung. Auf mich jedenfalls wirkte diese Tendenzkleckserei nur abschreckend.[691]

Die Fahrt ging dann zunächst zum Haus des Vetters *Erwin* am Pilsensee bei Erling, wo aber nur dessen Sohn *Walter* bastelte. Da sich an der Zugspitze ein Gewitter zusammenbraute, bestand *Martha* auf rascher Weiterfahrt nach Mittenwald, wo sie auf die Cousine *Klara Döll* trafen. Ortsbild, Lüftlmalerei und die Geigenwerkstatt von *Johann Reiter* fanden Beachtung. Für die Beherbergungsbetriebe der kleinen Stadt am Karwendel schien sich

---

[688] Das düstere Bild wurde von Adolf Hitler angekauft.
[689] Wilhelm Emil „Elk" Eber alias „Hehaka Ska" (* 18. April 1892 in Haardt; † 12. August 1941 in Garmisch-Partenkirchen) war ein deutscher Maler und Grafiker, der in der Zeit des Nationalsozialismus mit Motiven aus dem Ersten Weltkrieg und NS-Propagandabildern erfolgreich war. Eber schuf neben Land-schafts- und Sportlerbildern zunehmend Bilder von Soldaten, SA-Männern und Indianern. Mitglied der SA und NSDAP. Vgl. Wikipedia, 7.1.2024.
[690] 3/805.
[691] 3/805.

seit der Öffnung Österreichs nichts verschlechtert zu haben. Für Bergwanderungen war *Hans* gesundheitlich nicht genügend auf dem Damm, sodass er sich als Tal-Kriecher bezeichnen musste. Nach einigen Erkundungen und kleineren Gängen ging es am Samstag, den 23. Juli 1938, weiter über den Seefeldpass nach Innsbruck. Im Hofgarten dort war die Österreichische SA versammelt, um einem Chefideologen der Nationalsozialisten zuzuhören. Da der Regen eingesetzt hatte, fuhr man den Inn abwärts bis Kufstein, wo um 18 Uhr die Heldenorgel an die Gefallenen des Ersten Weltkriegs erinnerte. Am nächsten Tag fuhr *Martha* nach Bayrisch Zell, in Landschaften, die *Hans* aus seiner Kindheit kannte über Schliersee und Berchtesgaden zum Königsee. Nach Übernachtung und Seepartie ging die Fahrt an Führers Haus in Obersalzberg vorbei, „aus Männerstolz vor Königsthronen" den Rummel dieser „nationalsozialistischen Wallfahrt" meidend[692], nach Salzburg.

*Hans* schätzte den italienischen Einschlag der Renaissancebauten in Salzburg, den Dom und den Petersfriedhof. Sie besuchten das Geburtshaus *Mozarts*. Durch das Salzkammergut ging es dann zum Wolfgangsee. Dort erfuhren sie, dass im Grandhotel die zahlungskräftige Kundschaft seit dem Zusammenschluss ausgeblieben sei und es für einen Massenbetrieb nicht gerüstet sei. Man mietete sich in Strobl in einem Privatquartier bei Frau *Stehrer* ein, die mit einem vollwaisen Hausmädchen den Laden schmiss. Ihr Mann war zwar vollbeschäftigt mit der Produktion von Militärschränken, vermisste aber die Amerikaner, Engländer und Tschechen, die seit dem Anschluss ausblieben. Die Söhne *Günter* und *Ulrich* waren begeistert, dass sie beim nahen Bootshaus schwimmen und im Ruderboot rudern konnten. Nachdem auch der noch einzig vollständig erhaltene Pacheraltar in Sankt Wolfgang betrachtet war, gab es noch einige Autoausflüge in die Gegend, bevor es am 29. Juli nach Wien ging. Bei Linz wartete ein ungewöhnliches Hindernis: In Niederösterreich und Wien hatte sich noch das Linksfahren

---

[692] Vgl. 3/821.

gehalten, das nach und nach dem Rechtsfahrgebot des sonstigen Reiches angepasst wurde. Die Umstellung sollte erst am 1. Oktober 1938 kommen. Ein Gendarm regelte den Transfer mit höflicher Handbewegung und die Umstellung fiel *Martha* sehr leicht. Das Kloster Melk am Wegrand wurde kurz besucht, wo einige Tübinger SS-Studenten unangenehm auffielen, auch der Fremdenführer durchs Kloster trug das Rosettchen, das Abzeichen der Partei. Nach dem Wiener Wald begannen die Villenvororte von Wien, wo ein Passant nach einem passenden Hotel gefragt wurde und das Hotel Sauer an der Linzer Straße empfahl. Ein Trinkgeld wurde mit einem entrüsteten „Heil Hitler" zurückgewiesen. Das Hotel erwies sich als sauber und wanzenfrei, „was in Wien etwas bedeuten will".[693] Am nächsten Tag begann die Erkundung Wiens mit dem Kunsthistorischen Museum und dem Stephansdom und nach einer Jause mit einer Stadtrundfahrt per Autobus. Schloss Schönbrunn blieb den Gästen versperrt, weil das Natinalsozialistische Kraftfahrtkorps NSKK, das Heer und die HJ ein Motorradrennen veranstalteten. Am Rande des dazugehörigen Parks kehrten sie in ein Gartencafé ein und erschraken, als sie merkten, dass sie in einem Juden zugänglichen Restaurant saßen, das einem Halbjuden gehörte. „Es ist ja schließlich kein Wunder, daß man in einer Stadt, die noch 300.000 Juden zählen soll, diesen auch irgendwo begegnet. Wir zahlten natürlich bald und setzten unsere Jause in einem nichtjüdischen Kaffee innerhalb des Parks fort."[694] Auch *Ulrich* schildert diese Episode in einem eigenen kleinen Reisebericht, leider genau so vorurteilsbeladen und ressentimentreich wie sein Vater.

Am nächsten Tag ging es über den Semmering Richtung Graz. Die Landschaft erinnerte *Hans* an den Schwarzwald. Sie erreichten die turmreiche Universitätsstadt, die auch eine Technische Hochschule hatte und heute, 2024, sechs Hochschulen beherbergt mit etwa 60.000 Studenten. Nach kurzer Besichtigung fuhren sie Richtung Klagenfurt, wo sie übernachteten,

---

[693] 3/832.
[694] 3/840.

und das Stadttheater aus dem Jahr 1910 bewunderten, weil es wie ein Ei dem anderen dem Stadttheater von Gießen ähnelte. Beide wurden – wie auch das Stadttheater in Gablonz an der Neiße - durch das Architekturbüro *Fellner & Helmer* in Wien baugleich errichtet.

Bevor sie wieder in heimatliche Gegenden kamen, übernachtete die Familie noch einmal am Wolfgangsee bei Frau *Stehrer*, die sie nach einer kleinen Autopanne erreichten. Von dort ging der Weg über Salzburg nach Braunau, ein „anheimelndes altes Städtchen mit zinnenbekröntem Torturm, alten Häusern um einen brunnengeschmückten Markt und hohem weithin sichtbarem Kirchturm, ein Städtchen nach seinem Aussehen eher geeignet, einen träumenden Dichter als einen durchgreifenden Diktator hervorzubringen. Zufällig kamen wir an *Hitlers* Geburtshaus vorüber, das durch Fahnen, Girlanden, ein großes Hakenkreuz und zwei Wachposten gekennzeichnet war.[695] Über Straubing gings nach Regensburg, wo die Familie übernachtete. Am nächsten Tag endete die Fahrt über Bamberg, Schweinfurt, Kissingen, Fulda, Alsfeld und Lauterbach wieder zuhause: „Die vom Regen erfrischten Hochflächen leuchteten, die beschienenen Wälder lagen in warmem Braun mit blauen Schatten. Sodaß ich dankbar anerkannte, daß wir auch in unseren bescheidenen Mittelgebirgslandschaften die Schönheit der Natur nicht zu entbehren brauchten. Kurz vor halb acht Uhr trafen wir in Gießen ein – 410 Kilometer ab Regensburg."[696]

## Krise am östlichen Grenzland des Reiches

Vom fortgeschrittenen Jahr 1938 erfahren wir aus einem Brieffragment, dessen Adressat wir nicht kennen, dass *Hans Gmelin* über die Krisenlage im östlichen Mitteleuropa besorgt war, deren Zentrum die Tschechoslowakei bildete. Am 15. September musste sich der britische Premierminister *Arthur*

---

[695] 3/850.
[696] 3/854.

*Neville Chamberlain* von *Hitler* auf dem Obersalzberg anhören, dass dieser den Anschluss des Sudetenlandes an das Reich fordere. Die Tschechoslowakei machte bereits mobil, gefolgt von England, Frankreich und Italien. *Benito Mussolini* schlug, von Großbritannien um Vermittlung gebeten, ein Treffen der Großmächte in Deutschland vor, das am 29. September in München zusammentraf. Im **Münchener Abkommen** wurde das Ende der Tschechoslowakei beschlossen, um den Frieden zu erhalten. *Gmelin* meint, dass man die polnischen und ungarischen Forderungen, die sich in Zusatzprotokollen zum Münchener Abkommen niederschlugen, mit gemischten Gefühlen begrüßt habe. Ein Versagen der Appeasementpolitik *Chamberlains* würde nach seiner Ansicht zu dessen Rücktritt führen, was eine deutschfeindliche Regierung durch *Robert Antony Eden* zur Folge hätte. In Wirklichkeit wurde dann allerdings *Winston Churchill* gewählt, der im Zweiten Weltkrieg England eine große Kontinuität an Durchhaltewillen geben wird. Im Privaten berichtet *Hans* über die Österreich-Reise und über seine zunehmende gesundheitliche Einschränkung, aufgrund derer seine Frau ihn vielfach spazieren fahren müsse. Mit diesem Brieffragment enden die Aufzeichnungen aus dem Jahr 1938. Sicherlich hat *Gmelin* den Einmarsch ins Sudetenland am 1. Oktober 1938 kommentiert. Wir erfahren hier nichts über die Wirkung der sogenannten „Reichskristallnacht", den 9. November 1938, als in Zivil verkleidete SA-Horden zusammen mit dem deutschen Mob jüdische Läden und Synagogen plünderten und brandschatzten. In der mündlichen Familiengeschichte hatte sich erhalten, dass Sohn *Ulrich* von der Schule nach hause kam und seiner Mutter sagte: „Ab heute schäme ich mich, ein Deutscher zu sein."

## Kurz vor Kriegsbeginn 1939

Auch im Jahr 1939 gibt es keine Eintragungen mehr in der Lebensgeschichte aus unbekannten Gründen für die ersten fünf Monate. In den Lebenserinnerungen geht es los am 27. Juni mit juristischen Übungen in Darmstadt.

Aus einem Brief an den Onkel, *Adolf Mayer*, am 12. Februar 1939, erfahren wir allerdings, dass *Hans* wegen seines Gesundheitszustands an Ehrungen für *Adolf Mayer* nicht hatte teilnehmen können: „Mein Herz und Gefäßsystem waren nie in besonders gutem Zustand, nun leide ich seit einigen Jahren an Gefäßstörungen, die sich in erhöhtem Blutdruck und Krämpfen äußern. Diese haben sich seit dem Sommer verschlimmert, sodaß ich mich in Behandlung eines hiesigen Professors begeben mußte, der das Übel durch Injektionen zu bekämpfen versuchte. Wenn auch eine gewisse Besserung eingetreten ist und ich meine Vorlesungen ohne Beschwerden halten konnte, so bin ich doch immer noch von Gefäßkrämpfen geplagt, die namentlich auftreten, wenn ich aus warmen Räumen in kalte Luft hinauskomme. Daher muß ich bei kühler, feuchter Witterung selbst kleine Gänge unterlassen; meine Frau fährt mich täglich mit dem Wagen ins Kolleg."[697]

*Hans* berichtet, dass Sohn *Ulrich* vor dem Abitur steht und dann in den Reichsarbeitsdienst eintreten wird. Danach würde er mit dem Studium der Mathematik und Physik beginnen, da er zu schwach und zu jung sei für den Militärdienst. *Günter* habe noch drei Klassen vor sich.

Am 1. September 1939 hatte mit dem Einmarsch deutscher Truppen nach Polen der Zweite Weltkrieg begonnen. Am 4. September wird ein Kriegswirtschaftsgesetz erlassen, das zum Beispiel die Benzinabgabe für private Kraftfahrzeuge von staatlichen Genehmigungen abhängig machte. Am 22. September teilten sich die UdSSR und das Deutsche Reich das polnische Territorium auf.

---

[697] Hans Gmelin besaß den Gedichtband „Singsang" des 95jährigen Hobbydichters Adolf Mayer-Gmelin, den dieser 1940 im Selbstverlag publiziert hatte. Unter vielem anderen enthält er eine Huldigung an Hakenkreuz und Hitler. („Singsang für Volk und Vaterland", 1940)

*Hans* schrieb am 18. Februar 1940 an seinen Vetter *Otto Gmelin* – den Schriftsteller – weil dieser ihm sein neuestes Buch geschickt hatte, „Die Krone im Süden. Von Größe und Untergang des ersten Reiches der Deutschen." Das Buch endet mit dem Tod Heinrichs VII. und dem Ende des „deutschen Traums vom Reich im Süden". Leider endet es mit dem Pathos von Dankbarkeit und Ehrfurcht vor Träumen und Taten früherer Geschlechter. Als Allegorie auf wirkliche Zustände des „Dritten" Reiches hätte daraus ein wichtiges Buch werden können.[698] *Hans* freut sich an der Historizität des Romans und kommt dann zu einem Bulletin über die Krankheiten der letzten Zeit in der Familie. Trotz Bronchialkatarrh halte er Vorlesungen: „Seit drei Wochen lese ich, weil das Vorlesungsgebäude stillgelegt worden ist, an ganz verschiedenen Orten, im Theologischen Seminar, im Institut für Leibesübungen. Selbstverständlich haben wir Juristen nur geringe Hörerziffern, 4 bis 12, während es der Mediziner aus bekannten Gründen viele sind. *Ulrich* studiert recht eifrig weiter, namentlich befriedigt ihn die Vorlesung über Atomphysik. Auch die mathematischen Vorlesungen fesseln ihn. Er ist dem Dozenten wegen seiner außerordentlichen Begabung für dieses Fach – die bei mir nur im Unterbewußtsein besteht – bereits aufgefallen. Wir hoffen, daß er auch im nächsten Semester noch nicht durch Einberufung gestört wird, obwohl sie neulich als möglich bezeichnet wurde."[699]

Zur politischen Lage will *Hans* in diesem Brief nichts schreiben, beschränkt sich auf Tanzstundenklatsch von *Günter* und dass seine beiden Söhne und noch ein Mediziner *Mühe* für die Tochter *Ottos, Ursula*, schwärmten. *Martha* rackere sich von früh bis spät ab, „um uns das Dasein erträglich zu gestalten".

Über die Offensiven der Deutschen Wehrmacht in Norwegen und Frankreich über Holland und Belgien ab Mai 1940 erfahren wir nichts. Auch das

---

[698] Otto Gmelin: Die Krone im Süden. Verlag Eugen Diederichs, Jena, 1936.
[699] 3/860.

vorhergesehene Scheitern des englischen Premierministers *Chamberlain* nach dem Scheitern seiner Appeasementpolitik im Mai 1940, der einer Berufung von *Winston Churchill* durch König *George VI.* Platz machen wird, bleibt unkommentiert. Dass ausschließlich private und weniger wichtige Sachverhalte zum Ausdruck kommen, ist ein Zeichen, dass entweder eine gründliche Revision der Papiere nach dem Tod von *Hans* stattgefunden hat oder dass er tatsächlich die jüngste Vergangenheit nicht mehr aufschreiben wollte.

## Zukunftsplanungen 1940

Am 6. Juli 1940 finden wir noch einen Brief an den Vetter *Otto Gmelin,* vermutlich einer der letzten, da *Otto* am 22. Oktober 1940 sterben wird. Offenbar hat *Otto* einen gemeinsamen Sommerurlaub beider Familien vorgeschlagen, der ins Sudetenland gehen sollte. *Hans* möchte stattdessen zur Erholung lieber in den vertrauten Schwarzwald. Fachlich träumt er von einer Erkundung der gegenwärtigen Rechtsverhältnisse in der besetzten Tschechei, dem „Protektorat Böhmen und Mähren" und möchte eine Studienreise nach Prag unternehmen, für die er sich Zuschüsse aus der Gießener Universitätsstiftung erwartet.

Wir finden einen Verweis auf die europäische Großwetterlage, nachdem am 3. Juli die englische Flotte vor Oran wesentliche Teile der französischen Flotte versenkt hat, um zu verhindern, dass sie an die Deutschen geht: „Die politische Lage bringt eine Überraschung nach der andern; hätte man Derartiges vor einer Woche geweissagt, wäre man vermutlich ins Irrenhaus gewandert. Ich habe offen gestanden die Engländer nicht für so kurzsichtig gehalten, daß ich ihnen zugetraut hätte, <daß sie es sich mit> seltenem Geschick mit ihrem einzigen Verbündeten verderben könnten."[700]

---

[700] 3/863.

## Verhältniswahl und Gelenkrheumatismus

Ein weiterer Brief an den Onkel *Adolf Mayer* vom 4. September 1940 beginnt mit einem Glückwunsch zum 97. Geburtstag: „Das ist wahrhaftig schon eine Leistung, so viele Notzeiten durch- und überlebt zu haben. Du gibst damit deinen Familiengenossen ein leuchtendes Vorbild, dem sie leider trotz aller guten Vorsätze kaum werden folgen können."[701]

*Hans* erklärt ihm – auf dessen Anfrage hin - das englische Wahlsystem, das er gegenüber dem Verhältniswahlrecht für ungerechter hält, auch wenn dieses in Deutschland „an lauter Gerechtigkeit" zugrunde gegangen sei, weil es die Parteienzersplitterung gefördert und damit aktionsfähige Regierungen verhindert habe. Nach einer Kur in Baden-Baden im Jahr 1939 sei sein Gelenkrheumatismus völlig verschwunden, der dafür gesorgt habe, dass er zum Anziehen fremde Hilfe gebraucht hätte. Allerdings beklagt er noch etwas Kreislaufstörungen, wenngleich er wieder zweistündige Spaziergänge unternehmen könne.

Seine Söhne seien ihm jetzt beide über den Kopf gewachsen. *Ulrich* studiere nach dem Arbeitsdienst im dritten Trimester Physik und Mathematik. *Günter* lerne in der Unterprima und sei versiert in Radiotechnik und im Fotografieren. Allerdings dürften seine schulischen Leistungen etwas besser sein. Erholung hätten sie für drei Wochen in Igls bei Innsbruck gefunden. Nächste Woche beginne das neue Trimester, bei dem er wieder mit sehr kleinen Zahlen rechne.

## Das Ende von Hans Gmelin

Im Januar 1941 spricht der Präsident der Vereinigten Staaten *Franklin D. Roosevelt* davon, dass sich die USA nicht aus dem europäischen Krieg werde

---

[701] 3/864.

heraushalten können. Es beginnen erste britisch amerikanische Militärbesprechungen. Für Gegner des NS-Regimes gibt es dennoch wenig Grund zur Hoffnung, dass der Spuk bald vorbei sein werde. *Hans Gmelin* wird am 14. Februar 1941 nicht mehr aufstehen. Seine Frau *Martha* nahm noch wahr, dass ihm unwohl war, ging um das Bett herum und konnte nur noch seinen Tod feststellen. Der Arzt wird die Todesursache als Angina pectoris bezeichnen, die allerdings nur ein Symptom der Koronaren Herzkrankheit ist, die vermutlich zum Tode geführt hat.

Die kleine Karawane von Ulrich Gmelin zieht durch eine Wüste der Ungewissheit an deren Ende zwei von ihnen ihr Leben lassen werden. Aquarell und Bleistift.

## Historisches Völkerrecht am Ende

Als letzten Text enthält das Manuskript eine völkerrechtliche Überlegung zum „Verhältnis zwischen Außen- und Innenpolitik in Geschichte und Gegenwart." Es ist wahrscheinlich ein nicht veröffentlichter Aufsatz, den sich *Hans Gmelin* vielleicht noch zur Selbstvergewisserung aufgegeben hatte und den er nicht zuende führte.

*Gmelin* nennt viele Beispiele aus der Geschichte, in denen die Interdependenz beider politischer Richtungen – nach innen und nach außen – bis in die jüngste Vergangenheit sichtbar wird. Im Ersten Weltkrieg sei der Eindruck entstanden, die demokratischen Mächte der Allianz hätten gegen die autoritären Monarchien gestanden. Innenpolitisch habe das Deutsche Reich durch seine Demokratisierung diese Frontstellung begradigt, habe dabei aber außenpolitisch feststellen müssen, dass dies keineswegs zu einem faireren Friedensvertrag geführt habe. Die Frontstellung zwischen Monarchie und Demokratie verschob sich allerdings, als die kommunistischen Machthaber in Russland aufgetreten seien. Der jüngste Gegensatz sei der zwischen dem Liberalismus und dem Faschismus. „So paradox es klingen mag, es ist schon so: Je größere innenpolitische Erfolge der Nationalsozialismus in der Bekämpfung der Arbeitslosigkeit und anderer Krisenerscheinungen erzielte, als desto größere Gefahr erschien er den demokratischen Staaten. Denn in allen Staaten sind dem Nationalsozialismus oder Faschismus verwandte Organisationen entstanden, die zwar zum Teil unbedeutend sind, um schon einen ausschlaggebenden Einfluß auf das Staatsleben gewinnen zu können, aber doch als Ansätze größerer Bewegungen, durch eine in ihren Wirkungen noch gar nicht abschätzbare Strömung verstärken sie die Abneigung der an der Demokratie festhaltenden Völker gegen den Nationalsozialismus."[702]

Der Aufsatz endet mit einigen Stichworten. Sie zeigen, dass *Hans Gmelin* die weltanschaulichen Gegensätze betrachten wollte, wie sie zu außenpolitischen Differenzen führen, zum Beispiel zwischen Christentum und Islam. Dann wäre es noch um das Nichtinterventionsprinzip gegangen und abschließend um Ausnahmen davon. Am Ende hätte gestanden das „Wiederhervortreten der Intervention: Weltkrieg."[703]

---

[702] 3/874.
[703] 3/875.

Martha und Hans schauen aus dem Haus im Schwarzwälder Hinterzarten hoch über Freiburg, zwei Jahre nach dem Tod von Johanna im Jahr 1936, als es endgültig verkauft wird.

Aus dem Fotoalbum

Das dritte Auto, ein Adler Trumpf Junior im Jahr 1937.

Unmittelbar nach dem Ersten Weltkrieg waren Privatautos noch Luxus. ... Zwischen 1924 und 1932 vervierfachte sich der Pkw-Bestand im Deutschen Reich nahezu, von rund 132.000 auf über 497.000.

# Ein Foto des Fotographen Uhl im Gießener Stadtarchiv

*Martha und Hans Gmelin in Gießen, um 1922. Foto: Uhl.*

Das Bild, das undatiert war, fand seine zeitliche Einordnung aufgrund des Buches, das auf dem Tisch liegt, auf das *Hans* seine Hand legt. Ob das Buch und *Hans*'Geste von Bedeutung ist, ist fraglich. Es gehörte zu den Usancen der frühen Fotografie, dass der Fotograf dem zu Portraitierenden etwas an oder in die Hand gab, das für dessen Profession stand. Damit kann durchaus sein, dass *Oswald Spenglers* zweiter Band seines „Untergangs des Abendlandes" hier ausschließlich Staffage ist. Das 1922 erschienene Buch hätte dann im Atelier dazu gedient, denen in die Hand gedrückt zu werden, denen man zutrauen sollte, sich für dessen Inhalt zu interessieren. Nicht ganz auszuschließen wäre aber, dass *Gmelin* sich tatsächlich für diese geschichtsphilosophische Spekulation interessiert hat, handelt sie doch vom Untergang der bürgerlichen Kultur und damit von einem der Kernthemen seiner Generation. Zu den Anzeichen, die einen Untergang flankieren, gehören nach *Spengler* auch das Entstehen von Weltstädten. Bestimmend für die Weimarer Republik wurde die Weltstadt Berlin.[704] Unter den vielen Büchern aus der Bibliothek von *Hans Gmelin* sind die beiden Bände nicht mehr gewesen; nicht auszuschließen ist allerdings, dass *Martha* auch den Bücherschrank nach 1941 revidiert hat.

*Martha* sitzt hier als junge Mutter durchaus modisch gekleidet mit einem posamentenbesetzten Bolero, *Hans* ebenso mit einer selbstbewusst kontrastierenden Strickkrawatte, die nach dem Ersten Weltkrieg der Tatsache modische Rechnung trug, dass es schwer war, an erschwingliche Krawattenseide zu kommen. - Der Blick der beiden ist von merkwürdigem Ernst: *Martha* ist abzuspüren, dass sie jetzt überall woanders lieber wäre als vor dem Objektiv eines Fotoapparates. *Hans* wirkt wie auf dem Sprung, unentspannt, aber wach. Die Tatsache, dass sich das Bild nicht unter den familiär überlieferten Fotos fand, kann bedeuten, dass es den beiden nicht gefallen hat. Vielleicht zeigt es zu deutlich, dass sie mit der Gründung ihrer Familie und dem ersten Kind zumal auch mit dem sich vielleicht bereits andeutenden zweiten Kind ein neues Terrain betreten haben, das es nun zu erkunden gilt – in unwirtlichen äußeren Verhältnissen.

---

[704] Vgl. Jähner, Höhenrausch, a.a.O., 199.

## C. Ästhetische Bildung
## im Zeitalter der untergehenden Monarchie

Ein bürgerlicher Bildungsbegriff mit ästhetischen Idealen bestimmt das Selbstbewustsein, das *Hans* auch für seine „Buben" vorschwebt, wenngleich er mit Anbruch der nationalsozialistischen Herrschaft in Verruf geraten wird: *Ulrich* lernt Bratsche, *Günter* versucht sich am Cello, das Ziel eines Familienquartetts wird aber wohl nur widerständig erreicht. *Günter* wusste später von durch die Luft rauschenden Geigenbögen aus der Richtung seiner Mutter zu berichten, wenn der klangliche Wohllaut des Ensembles nicht vollends getroffen worden war. Beide Jungs freuten sich später über das Grammophon, mit dem es möglich war, angstfrei Musik für Tanzkränzchen in Professors Haus am Nahrungsberg abzuspielen. Die zahllosen Malblöcke und Malstifte auf den Garbentischen der Kinder zeigen, dass *Hans* davon träumt, dass auch seine Söhne begeisterte Maler würden. Im Hinblick auf *Ulrich* hat es wohl auch gewirkt.

*Dietrich Schwanitz* fasste das Dilemma deutscher Bildungsprozesse in der Zeit vor 1933 so zusammen: „Bildung war das Ideal eines neuhumanistischen Erziehungskonzepts, das in der Vergangenheit besonders das deutsche Bürgertum geprägt hatte. Im Gegensatz zum politischen Humanismus der Angelsachsen hat es mit seiner Betonung der Innerlichkeit als Zivilisationskonzept gegenüber den Nationalsozialisten versagt..."[705]

Detailliert haben wir aus der Hand von *Hans* erfahren, wieviel Mühe und Energie er in seine eigene ästhetische Erziehung gesteckt hat: Die Kunst, aktiv als Maler und Zeichner, passiv als Kunstkenner und -liebhaber, die Musik als Geiger in Gesellschaften und Konzertbesucher, und schließlich als Freund der Geschichte weisen *Hans* als Angehörigen eines Bildungsbürger-

---

[705] Dietrich Schwanitz: Bildung. Alles, was man wissen muß. München, 2002, 504.

tums aus, das sich selbst für eliditär hält, aber ebenso weiß, dass es bald Opfer einer Massenkultur werden wird, die sich in den Revolutionen bereits einige Male seit 1789 bemerkbar gemacht hat. *Hans Gmelin* schreibt seine Erinnerungen in der Blütezeit des Nationalsozialismus – also während der Herrschaft einer totalitären Massenkultur, die sich unter dem klebrigen Etikett der Volksgemeinschaft gewaltsam zusammenhalten lässt. Hier schwingt immer ein Hauch von Abschied vom Bürgertum und seiner Kultur mit, die sich in den Kunstdisziplinen zum Ausdruck bringt. Seine persönlichen Bildungsreisen erweiterten sein germanozentrisches Weltbild wie auch das Erlernen fremder Sprachen, ohne allerdings die Ressentiments seiner völkischen Herkunftsepoche vollends wegwischen zu können. Die stolze bildungsbürgerliche Epoche, hatte sich vielleicht zu sehr mit den ver-krusteten Strukturen des Kaiserreichs verkettet, als dass sie den Untergang dieses Rahmens schadlos hätte überstehen können. Eine ganze Generation von Gebildeten findet sich auf der Seite der Antibürgerlichen, von *Martin Heidegger, Theodor Wiesengrund Adorno* bis *Carl Schmitt* und andrerseits der traurige Strauß von kriegstraumatisierten Kleinbürgern, die erst esoterische Zirkel bilden, bevor sie dem Nationalsozialismus auf den Leim gehen, der ihnen materielle und ideelle Erlösung versprach.

Der Hass gegen das Bürgertum wird provoziert durch dessen Individualismus, seinen Bildungsstolz – mit und ohne die Hegelschen Spekulationen - und den materiellen Aufschwung der begüterten Wenigen durch den technisch-industriellen Fortschritt, der ein immer größer werdender Faktor des individuellen Lebens, aber auch in der umgebenden Natur wird. Gleichzeitig lässt er die Kluft zu denen tiefer werden, die sich immer elender den Maschinen verdingen müssen, deren Schornsteine den Fortschritt symbolisierten. Im preußisch bestimmten Deutschen Reich kommt noch der zügellose Militarismus hinzu, in dem bereits lange vor dem „Dritten Reich" kleine Hirne bunte Uniformen tragen und in selbstbewusster Lautstärke sinnleere Kommandos in die Welt schreien.

Die Kombination von Militarismus und Manchestertum war gerade für nachdenklichere Köpfe wenig attraktiv. Einen möglichen Ausweg bot die nationalistische Isolierung, auch wenn sie sich als selbstreferentielle Ideologie erwies, die nur die Lösungen hervorbringt, deren Probleme sie selbst erzeugte, ohne umfassende Antworten auf lebensbedrängende Fragen von Zeit und Gesellschaft der Menschheit zu finden. Ob *Hans* es als Mangel empfunden hat, dass die diversen Parteien des Liberalismus nicht die politische Kraft hatten, eine glaubwürdige Gegenposition gegen die Massenphänomene Sozialismus oder Nationalsozialismus zu beziehen?

Vielleicht gestaltete sich diese stolze Bildungswelt zu sehr als bürgerliche Blase, die noch zu nahe an den dekadenten Lebenszusammenhängen des Adels orientiert war, der sich auf diesem Wege und mittels seiner Kavaliersreisen auf ein Dasein im Müßiggang vorzubereiten pflegte. Eine zukunftsorientierte bürgerliche Bildung, die einen gebührenden Platz im nachrevolutionären Zeitalter hätte beanspruchen dürfen, hätte auf die Fragen der Gesellschaft und all ihrer Schichten Antworten suchen – und finden - müssen. Zur Ironie der Geschichte gehört, dass der letzte große Monarch, der seine Rolle als ästhetische Aufgabe im alten Sinne begriffen hat, *Friedrich Wilhelm IV.* von Preußen war. Dieser ließ nicht nur die Märzrevolution in Berlin niederkartätschen, sondern ignorierte auch weitgehend die soziale Frage seiner Zeit. Schließlich weigerte er sich, die demokratisch legitimierte Einheit Deutschlands aus den Händen des Paulskirchenparlaments zu empfangen. Nach den verquasten Regeln der Arisrtokratie durften Geländegewinne nur durch Gottesurteile im Krieg akzeptiert werden – durch militärische Eroberung. Spätestens hier hatte sich die deutsche Aristokratie aus dem Projekt der Moderne herausgeschosssen.

Unbezweifelbar wurde Kunst zu allen Zeiten in direkter Abhängigkeit von den kulturellen, sozialen und politischen Verhältnissen geschaffen. Umgekehrt sind die an der Kultur- und Kunstgeschichte Orientierten nicht immer in der Lage, aus ihrer Kenntnis Impulse für ihren eigenen geistig-politischen Horizont zu empfangen. – Dennoch überlebte die ästhetische

Erziehung im Bürgertum als Sehnsucht nach einer Existenz des Wahren, Schönen und Guten. Auch der Paradigmenwechsel nach dem Ersten Weltkrieg, der nicht nur einen neuen Staat, sondern auch ein neues Lebensgefühl hervorrief, drückte sich ästhetisch aus. Unter der ideologischen Begleitung des Bauhauses wurde ein dem Historismus entwachsener „Neuer Mensch" ausstaffiert, der es satt hatte, „in Polstern zu versinken, in eine Wohnung einzutauchen und von Atmosphäre eingehüllt zu werden; er wollte sich exponieren, wollte auch in seiner Wohnung ein Kämpfer sein, den die Gegenwart forderte, emporragen als ein Mensch, der sich nicht länger in der Vergangenheit verstecken will".[706]

Die unterschiedlichen Ausprägungen bürgerlicher Bildung und Meinungsbildung ließen schon seit den Zeiten des Vormärz einen ganzen Strauß von politischen Richtungen entstehen, die sich als bürgerliche Haltungen darin einig waren, dass sie gesellschaftliche Massenphänomene als Bedrohung empfanden, wie sie in Frankreich – und mit Abstrichen 1848 auch in Deutschland - zu Revolutionen geführt hatten, besonders dann auch durch die russische „Revolution" nach 1918. Aufgrund ihrer disparaten politischen Ziele blockierten sich die liberalen, demokratischen und konstitutionellen Richtungen gegenseitig, was sie davon abhielt, zu einer gesellschaftlichen Prägungskraft zu gelangen. Längst hatte sich am Rand der überkommenen Strukturen die soziale Frage als politische Dimension bemerkbar gemacht. Die Erstarkung der Massengesellschaft gedieh durch das Versagen der bürgerlichen Ideen, als kommunistische, sozialistische, anarchistische und später auch als nationalsozialistische Ideologie.

„Das war nicht nobel, Nobiling!/ Du nahmst die Sache zu gering.
Man schießt mit ein paar Körnern Schrot
Nicht einen deutschen Kaiser tot!"[707]

---

[706] Jähner, Höhenrausch, a.a.O., 126.
[707] Vgl. Theodor Fontane: Kaiser Wilhelms Helm, in: Werke, Schriften und Briefe, Abt. 1, Bd. 6, Hanser, München 1978, S. 571 f.

Im Geburtsjahr 1878 von *Hans Gmelin* kommentierte der ehemalige Revolutionär *Theodor Fontane* mit diesen launigen Versen an den Attentäter *Karl Eduard Nobiling* - das zweite der beiden misslungenen Attentate, die auf den Kaiser *Wilhelm I.* verübt worden sind. „Die Attentate riefen in der Bevölkerung Sympathiebekundungen für den Monarchen hervor. Es wurden zahlreiche Genesungswünsche abgedruckt und im ganzen Deutschen Reich publizistisch verbreitet. Vor allem auf diese ‚Heilung' seiner Popularität anspielend, nannte *Wilhelm I. Nobiling* seinen ‚besten Arzt'."[708] Auch *Felix Mendelssohn-Bartholdy* widmete dem geretteten Kaiser seinen berühmten Choral „Er hat seinen Engeln empfohlen" bei dieser Gelegenheit.

*Hans Gmelin* wächst in dieser Welt auf, in der vergessen war, dass mit dem Namen *Wilhelms* blutige Unterdrückung verbunden war: Die deutsche Freiheits- und Demokratiebewegung nach 1848 wurde durch Preußen unterdrückt, indem Andersdenkende Verfolgungen und Hinrichtungen ausgesetzt waren, aber auch eine gewaltige Zahl von ihnen die deutschen Länder mit Ziel Amerika verlassen hatte. Die vornehmlich aus Baden und Hessen-Darmstadt gegebenen demokratischen Impulse der Paulskirchenrevolution waren weitgehend verebbt. *Jörg Bong* hat eindrucksvoll geschildert, wie 1848 die liberale Revolution ihre demokratischen Kinder gefressen hat: „Am Ende werden 4000 Hochverratsprozesse angestrengt, noch weitaus mehr Untersuchungen sowie über 800 Verhaftungen. ... Was ebenso folgt: die Abwanderung vieler Demokraten, die nach Amerika, in die Schweiz, nach England oder Frankreich gehen, ein Braindrain sondergleichen. Bis Ende 1849 fliehen 80.000 Badener aus ihrem Land..."[709]

Der im Vormärz zum Ausdruck gekommene Einheitswille des deutschen Volkes fand im Norddeutschen Bund unter der Führung Preußens nur eine unbefriedigende Antwort. Ihr Wunsch nach Einigkeit – und damit aus der

---

[708] „Wilhelm I. (Deutsches Reich)", Wikipedia, am 28.1.2023.
[709] Jörg Bong: Die Flamme der Freiheit. Die deutsche Revolution 1848/1849, Kiepenheuer&Witsch, Köln, 2022, 496.

Enge provinzieller Willkür – wurde schließlich aus der demokratischen Wunschvorstellung „von unten" in die Politik des deutschen Obrigkeitsstaates *Bismarcks* und *Wilhelms I.* transportiert, wo er 1871 fernab von demokratischen Legitimationsfragen die Gründung eines Deutschen Reiches ermöglichte. Im Endeffekt entsprach dieses Reich weitestgehend den konstitutionellen Vorstellungen *Heinrich von Gagerns*, der 1848/1849 die politischen Entscheidungen als Liberaler nicht allein dem Volk hatte überlassen wollen. Der alte *Gagern* begrüßte darum die Reichsgründung *Bismarcks*, ohne deren mangelnde Legitimation zu vermissen.

Da *Gmelin* mit dem Bismarckreich und seinen scheinselbständigen Duodezfürstentümern großgeworden war, entsprach seine Haltung einer solchen, allerdings nichtaristokratischen Liberalität, die das Verdienst der Bismarckschen Reichsgründung patriotisch guthieß, ohne nach dessen demokratischem Glaubensbekenntnis zu fragen. Innerhalb der liberalen Strömungen hatte es schon seit den Tagen des Vormärz eine Europa gegenüber aufgeschlossene demokratische Richtung gegeben, aber auch eine fremdenfeindlich-antisemitische Fassung. Hieraus entwickelten sich die intellektuellen Milieus, die auch später an den Hochschulen ihren Niederschlag fanden.[710]

*Michael Stolleis* sieht vornehmlich die „schon lange vor 1933 herrschende nationalkonservative Haltung, der augenzwinkernd geübte, bürgerlich gemäßigte Antisemitismus, das tiefsitzende Ressentiment gegen die ‚westlichen' Ideen von 1789", als wichtigste Faktoren für das fast völlige Versagen der deutschen Universität angesichts der nationalsozialistischen Barbarei.[711]

---

[710] Vgl. dazu Bong, Flamme der Freiheit, a.a.O., 232f.
[711] Michel Stolleis, Geschichte des öffentlichen Rechts in Deutschland, Beck, München, 1999, Bd. III, 411.

## D. Streit unter Juristen –
## vor der Entmachtung des Juristischen

Mit dem Kaiserreich endet auch die Geltung von dessen positivistischer Bismarck-Verfassung. Im sogenannten Methodenstreit unter Juristen steht auf der einen Seite die Forderung, dass dessen ungeachtet die positivistische Juristerei fortzugelten habe. Weil hier viele Gegner des Nationalsozialismus standen, wie der Wiener Staatsrechtler *Hans Kelsen* (1881-1973), der später die österreichische Bundesverfassung erstellte, wird diese Haltung gern als die „der Guten" gesehen. – Und auf der anderen Seite des Streits steht ein bunter Strauß von Kritikern an einer Rechtswissenschaft, die um der reinen Lehre willen zum Glasperlenspiel zu werden droht. Diese sahen entweder in naturrechtlichen, psychosozialen oder religiös bestimmten Faktoren die Grundlage des Rechts. Für *Gmelin* und seinen Lehrer *Richard Schmidt* war die Geschichte die Basis des Rechts. Gegen diese „Anderen" ergeht manchmal pauschal der Verdacht, sie seien am Untergang der Weimarer Reichsverfassung schuldig geworden. Zu diesem pauschalen Verdacht gehört auch, dass diese einem revolutionär naturrechtlichen Trend folgten, der seit *Rousseaus* Volonté générale die verfasste Ordnung gefährde und mit dem Begriff der „politischen Romantik" bezeichnet wird, dem *Carl Schmitt* 1919 eine – dieser differenziert gegenüberstehende - Monographie gewidmet hat. Dieser hat *Adam Müller* und den Vordenkern solcher romantischen Einflussnahme einer vernichtenden Analyse unterzogen. Die Romantisierung sei als subjektiver Occasionalimus zu einer politischen Argumentation geradezu unfähig, zu der der frühe *Schmitt* die gänzlich unromantischen Normen und Gesetze für unerlässlich hielt. Offenbar von Erinnerung an jugendliche Lektüre geleitet, widmet er auch der Betrachtung von *David Friedrich Strauß* einige Seiten[712], obwohl dieser bereits 1872 unwiederbring-

---

[712] Carl Schmitt: Politische Romantik. Duncker & Humblot, Berlin, (1919), 1982, 210ff.

lich in den unzeitgemäßen Betrachtungen *Friedrich Nietzsches* intellektuell der philisterlichen Schaumschlägerei überführt worden war.

Der wie viele Positivisten aus dem späteren Österreich stammende *Ludwig Wittgenstein* (1889-1951) hat mit seinem Tractatus logigco philosophicus (1921) definitiv das positivistische Grundlagenwerk geschaffen, aber im Gegensatz zu seinen juristischen Geschwistern im Geiste wusste er, dass damit im Leben der Welt nichts gewonnen sei. Weder eine Philosophie noch eine Rechtswissenschaft darf sich darauf beschränken in sich schlüssig und logisch konsistent zu sein, sie müssen sich bewähren, wo Menschen in der Geschichte existieren und entscheiden.

Ein merkwürdiger Fall von Eisegese begegnet uns in der Betrachtung von Festschriften für Rechtshistoriker und Juristen zwischen 1930 und 1961[713], in der der Rechtshistoriker *Heinz Mohnhaupt*[714] auch *Gmelins* Festschrift für *Richard Schmidt*[715] aus dem Jahr 1932 „auswertet". Dabei fällt auf, dass er jedem Verfassungsbetrachter der Zeit kurz vor 1933 abverlangt, ein Hurra-Patriot der Weimarer Reichsverfassung zu sein, obwohl diese sich für jeden damaligen Zeitgenossen jeden Tag als hoch problematisch – will sagen: als politisch nicht funktionierend erwies. So hält er die Betrachtung der Herausgeber dieser Festschrift *Gmelin* und *Otto Koellreutter* vor, sie hätten in der Widmung von „unserer politisch so zerrissenen Zeit", ge-

---

[713] Heinz Mohnhaupt: Rechtsgeschichte und Recht in Festschriften für Rechtshistoriker und Juristen zwischen 1930 – 1961. Zur Auswertung einer Literaturgattung. In: Joachim Rückert und Dietmar Willoweit, (Hrg.): Die Deutsche Rechtsgeschichte in der NS-Zeit, ihre Vorgeschichte und ihre Nachwirkungen. J.C.B. Mohr (Paul Siebeck), Tübingen, 1995. 139ff.
[714] Am gleichen Max-Planck-Institut Institut für Rechtsgeschichte in Frankfurt tätig wie der zu anderen Ergebnissen kommende Michael Stolleis.
[715] Festgabe für Richard Schmidt…, Band 2: Gegenwartsfragen aus der Allgemeinen Staatslehre und der Verfassungstheorie, in Verbindung mit *W. Apelt* hg. von *Hans Gmelin* und *Otto Koellreutter*, Leipzig 1932.

sprochen. Diese politische Zerrissenheit zeigte sich bereits in den Personen der beiden Herausgeber: Während *Gmelin* weiterhin als Liberaler seine politische Heimat in der D.V.P. bewahrte, trotz ihres sich in Wahlen zeigenden Absinkens in die Bedeutungslosigkeit, war sein ehemaliger Parteigenosse *Otto Koellreutter* zu den Nationalsozialisten gewechselt. Dass die beiden den Jubilar, *Richard Schmidt* rühmen, er habe im Staatsrecht „unbeirrte Sachlichkeit und echt wissenschaftliche Objektivität" walten lassen und vertrete eine „von Tagesströmungen unbeeinflußt gebliebene politische Wissenschaft" scheint mir nicht verwunderlich, da diese Betrachtung der beiden Freiburger *Schmidt*-Schüler sie in die heile Welt ihrer Studienzeit versetzt, in der es noch unverfänglich gewesen war, „brennende Gegenwartsprobleme in ihrer geschichtlichen Bedingtheit zu erkennen"[716], wie *Schmidt* es gelehrt habe.

Kritisch sieht *Mohnhaupt* auch die Widmung der Herausgeber: „Ein kleines Bild von der Wirkung, die Ihre Persönlichkeit als wissenschaftlicher Forscher... ausgeübt hat, sollen die nachfolgenden Abhandlungen geben."[717] Denn einzelne Aufsätze zeigten eine kritische bis ablehnende Haltung gegenüber der Weimarer Reichsverfassung. Einer der Autoren, der linksliberale DDP-Staatsrechtler *Willibald Apelt*, bescheinige der Weimarer Reichsverfassung „nur eine Übergangsform und nicht eine Gestaltung der deutschen Lebensgemeinschaft..., die von dauernder Geltung sein könnte."[718] Halte man nach der gegenwärtigen Lage die sofortige Durchführung einer Reichsreform für unerläßlich, „...müssen die staatstheoretischen Bedenken ... in Kauf genommen werden".[719] „Vielleicht aber geht der rasche Fluß des Lebens auch über diese sogenannte differenzierende Endlösung hinweg. Dann wird der deutsche Verfassungsstaat der Zukunft die Lebens-

---

[716] Mohnhaupt a.a.O. 149.
[717] Festgabe für Richard Schmidt, Bd. 2 (Anm. 1), Widmung S. Vf.
[718] *W. Apelt*, Staatstheoretische Bemerkungen zur Reichsreform, in Festgabe für Richard Schmidt, Bd. 2 (Anm. 1) S. 1-26.
[719] *Apelt*, Bemerkungen (Anm. 3), S. 26.

form der endlich geeinten deutschen Nation sein oder er wird nicht mehr sein."[720] Die Bewertung *Mohnhaupts* kann aus einer rechtshermeneutischen Perspektive nur als absurd bezeichnet werden, da seit Ende der zwanziger Jahre vermutlich alle Verfassungsrechtler über eine Reform der Weimarer Reichsverfassung nachdachten – auch *Gmelin*. Ihre „Grundhaltung von 1932" sei „pessimistisch und fatalistisch zugleich"[721]: Was ist daran fatalistisch, dass zum Ausdruck gebracht wird, dass der moderne Rechtsstaat entweder in der Lage ist, zu einer regierbaren Form zu finden oder er wird untergehen, wie es einige Monate später auch tatsächlich geschieht?[722] *Willibalt Apelt* war Gründer der DDP, also einer der intellektuell anregendsten Parteien der Weimarer Zeit und hat sich politisch und juristisch für die Demokratisierung in Deutschland eingesetzt. Er wurde 1933 von den Nationalsozialisten zwangspensioniert. Die „Deutsche Biographie" würdigt ihn: „*Willibalt Apelt* gehörte als jüngerer Vertreter der zwischen 1918 und 1933 in Deutschland tätigen Staatsrechtslehrer zu den wenigen Professoren der Rechtswissenschaft, die fest auf dem rechtsstaatlich-demokratischen Boden der Weimarer Reichsverfassung standen, an deren Entstehung er maßgeblich beteiligt war. Er verband das akademische Amt eines Hochschullehrers mit dem öffentlichen politischen Engagement als Parteipolitiker und Landesminister für die neue republikanische Staatsordnung.[723]

---

[720] Apelt a.a.O. 150f.

[721] Sieht heute – 2024 – irgendjemand die Rechtswirklichkeit der Weimarer Republik anders? Sie ist an ihren inneren Konflikten gescheitert. Auch wenn man Deutschland gewünscht hätte, dass es danach nicht in den NS-Staat pervertiert worden wäre, kann doch dieser Befund der Zeitlage nicht als bedenklich eingestuft werden. (RAG)

[722] Dass die staatsrechtlicher Gestaltung zugrundeliegende Moral von geschichtlichen Bedingungen abhängt, so auch in seiner Einleitung: Hanno Sauer, Moral, Die Erfindung von Gut und Böse. Piper Verlag, München, 2023, 11ff.

[723] https://www.deutsche-biographie.de/pnd118649795.html. 27.7.2024.

Nicht nur *Apelt* wird in dieser absurden Art verfassungsfeindlicher Umtriebe verdächtigt, sondern auch *Gmelin*: Die von *Mohnhaupt* nun eingeräumte „Instabilität der politischen Verhältnisse" habe das öffentliche Recht besonders erfaßt und damit auch vor allem seine Begriffswelt. *Hans Gmelin* habe daraus die Folgerung gezogen: „Rechtswissenschaftliche Begriffe können nicht ein für alle Mal fest gegossen werden, sie müssen gleichsam immer wieder umgeprägt werden."[724] Die Lüge steckt hier in Chronologie: *Hans Gmelin* hat seit seinen Jugendtagen das Historische für sein Leben für bestimmend gehalten und reagiert nicht auf die „Instabilität der Verhältnisse". Nun überrascht *Mohnhaupt* mit einem Taschenspielertrick: „Wenn sich in dem Satz auch nur eine allgemeine Einsicht in die politische Standortgebundenheit der Rechtsanwendung und die Probleme der Anpassungsprozesse zwischen Recht und rechtlich zu bewältigender neuer Realität ausdrücken mag,[725]" so zeige er doch „eine große Nähe zu *Carl Schmitts* provokantem Wort: ‚Wir denken die Rechtsbegriffe um ... Wir sind auf der Seite der kommenden Dinge',[726] womit bekanntlich die schamlose Pervertierung der gesamten Rechtsordnung begleitet und begründet wurde". Wie oben unterschlägt der Kommentator das Historische, nämlich das Erscheinungsjahr: Während *Carl Schmitt* sich dem III. Reich und seinen rechts-

---

[724] *H. Gmelin*, Politische Abhängigkeit von Staaten untereinander, in Festgabe für Richard Schmidt, Bd. 2 (Anm. 1). S. 27-58 (27). Der Verfasser dieser Arbeit meint 2024: Dieser erste Satz des Aufsatzes entspricht präzise der Ablehnung des Rechtspositivismus, den Richard Schmidt 1901 bereits in seiner dreibändigen Allgemeinen Staatslehre dargelegt hatte und der Gmelin zeitlebens gefolgt ist. Er läuft hier nicht heimlich dem Nationalsozialismus voraus! Zumal es Gmelin immer um die föderale Struktur Deutschlands geht, die sein süddeutsches Erbe ihm aufgibt. (RAG) Vgl. dazu Hans Gmelin, „Republik und Monarchie", (Art.) im Handwörterbuch der Rechtswissenschaft, Berlin und Leipzig, 1929, 98.

[725] Vgl. dazu grundsätzlich *B. Rüthers*, Wir denken die Rechtsbegriffe um ... Weltanschauung als Auslegungsprinzip, Zürich, 1987, S. 27ff.

[726] *C. Schmitt*, Nationalsozialistisches Rechtsdenken, in Deutsches Recht, 1934, S. 225-229, (229).

stürzenden Realitäten anzubiedern versucht, ist es hermeneutisch unzulässig, einen Text vor 1933 so zu deuten, als habe er das Folgende zu verantworten. So handelt es sich um eine Manipulation statt einer Interpretation, die jedenfalls nicht dazu dient, die Intentionen der Autoren genau zu erfassen. Dass die „Guten" nur auf der Seite der Kelsenianischen Dogmatisten zu finden seien, unterstreicht das Folgende: „Aus dieser Haltung erwuchs auch die Frontstellung gegen die unpolitische und ‚formale' Dogmatik, gegen die sich *Otto Koellreutter* unter Berufung auf *Richard Schmidts* Parteienlehre[727] gleichfalls in der für diesen herausgegebenen Festschrift wandte, nämlich, daß die Dogmatik im Sinne einer rechtstechnischen Methode jedenfalls allein gar nicht imstande ist, gerade die wesentlichen Probleme unserer Wissenschaft einer befriedigenden Lösung zuzuführen."[728] *Koellreutter* wendet sich ausdrücklich gegen *Kelsens*[729] Forderung „nach strenger Trennung wissenschaftlicher Erkenntnis vom politischen Werturteil", die dieser gegenüber *Carl Schmitt* erhoben hatte. Weder *Gmelins* Rückzug aus der öffentlichen Wirkung seines Faches, noch der Versuch, den Rechtsstaat innerhalb des NS-Staates hochzuhalten, dessen sich *Otto Koellreutter* rühmte, oder die Verleugnung des Rechtsstaates nach *Carl Schmitt*, - allerdings auch nicht *Hans Kelsens* dogmtische Richtung des Staatsrechts - hat die Katastrophe aufhalten können.

---

[727] R. Schmidt, Allgemeine Staatslehre, Bd. 1: Die gemeinsamen Grundlagen des politischen Lebens, Leipzig, **1901**, S. 238-252. (BEACHTE DAS ERSCHEINUNGSJAHR!!)
[728] O. Koellreutter, Parteien und Verfassung im heutigen Deutschland. Ein Beitrag zur Krise des modernen Staates und der Staatslehre, in: Festgabe für Richard Schmidt, Bd. 2 (Anm. 1), S. 107-139 (108).
[729] Hans Kelsen gehört wie Georg Jellinek genau zu den Rechtspositivisten, gegen die sich die Undogmatischen Schmidt, Gmelin und Koellreutter zur Wehr setzen. Allerdings wurde Kelsen in Österreich das, wovon Gmelin für das Deutsche Reich oder wenigstens Hessen vielleicht geträumt hatte: Der Vater der Verfassung.

# E. Ein Vergleich mit Carl Schmitt

Einige Zeit nach meinem Abitur 1976 traf ich einen Hochschullehrer der Gießener Universität, der als Rotarier Gast meines Vaters war. Als ich darauf hinwies, dass mein Interesse sowohl der Literatur der Romantik als auch der aktiven politischen Arbeit galt, bekam ich von diesem den Lektürehinweis, ich möge mir die „Politische Romantik" und den „Begriff des Politischen" von *Carl Schmitt* besorgen, alles andere sei „kalter Kaffee". Obwohl mich die Büchlein seither begleiteten, hatte ich sie damals nicht verstanden und schon gar nicht die Intention ihres Verfassers. Sie haben mir aber später doch noch gute Dienste geleistet, als ich 1982/83 „Marxismus" im Fachbereich Soziologie in Frankfurt studierte, um eine oppositionelle Haltung gegen den Seminargegenstand einzunehmen.

*Hans Gmelin* hat *Carl Schmitt* gekannt, „einen philosophisch eingestellten, noch jungen Mann, der damals dem Zentrum nahestand, aber später im Dritten Reich eine Hauptrolle zu spielen verstand."[730]. 1922 war er mit *Gmelin* bei der Gründung der **Vereinigung der Staatsrechtlehrer** dabei. 1924 trat er hier als Referent vor diese Vereinigung.[731] *Gmelin* wusste, dass die Selbstbezeichnung der NSDAP als „Bewegung" dem Titel der Schrift „Volk, Staat, Bewegung" (1933) von *Schmitt* entstammte.[732] In seiner letzten veröffentlichten Publikation über die spanische Verfassungsgeschichte zitiert *Gmelin* die Haltung von *Carl Schmitt*, dass eine zweite Kammer für die Cortes mit der „Demokratie unvereinbar" sei, die in der Diskussion vorgebracht worden sei.[733]

---

[730] 3/132.

[731] Vgl. Reinhard Mehring; Carl Schmitt, Aufstieg und Fall. Verlag C.H. Beck, München, 2009, 168f.

[732] 3/763

[733] Gmelin, Entwicklung des Verfassungsrechts, a.a.O., 416. Auch wenn Gmelin diese Haltung Schmitts an dieser Stelle nicht wertet, war er ein Freund einer zweiten Kammer...

Es sind kaum zwei Personen unterschiedlicher von Herkunft, Werdegang und Lebensschicksal. Gemeinsam haben sie, dass sie beide ähnliche Berufskarrieren begonnen haben, die im Dritten Reich enden: *Carl Schmitt* scheiterte wegen seines Ehrgeizes am staatsrechtlichen Anspruch der SS, *Hans Gmelin* starb.

Einen großen Unterschied machte die geographische Herkunft beider Juristen: *Carl Schmitt* stammte aus dem Preußen zugehörigen Rheinland, was seine Orientierung an einer zentralen unitarischen Macht sicherlich gefördert hat. *Hans Gmelin* kam aus dem Großherzogtum Baden, was ihn zugleich auch für eine Neigung zum Föderalismus der deutschen Länder bestimmt hat. Als Freund des Föderalismus wird er sich um die Landesverfassung von Hessen-Darmstadt (1919) bemühen und ihre Fortentwicklung fachlich begleiten, bis das Dritte Reich die einzelnen Länder ab dem 31. März 1933 gleichschalten und damit suspendieren wird, und sich damit alle seine Bemühungen als vergeblich herausstellen werden. *Schmitt* wird im Juni 1933 bei der Vernichtung der föderalistischen Tradition in Deutschland nachtreten.[734] Vielleicht sind die dazu passenden Konfessionen nicht zufällig: *Schmitt* bleibt dem römischen Zentralismus verhaftet, während die evangelischen Strukturen im Föderalismus von *Hans* Entsprechung finden.

Der Vergleich lohnt mit dem zehn Jahre jüngeren *Carl Schmitt*, (\*1888) weil über ihn eine detailreiche Biographie von *Reinhard Mehring* vorgelegt wurde, der Gelegenheit hatte, die minutiösen Tagebücher *Schmitts* einzusehen und für diese Biographie auszuwerten. Solche Spiegelungen des eigenen Ich und seiner Befindlichkeiten hat *Hans Gmelin* niemals hervorgebracht. Sein „Manuskript" ist eine reflektierte – historische – Betrachtung seines Lebens im Nachhinein und mithin das Gegenteil eines Tagebuches, dessen Charakter durch die augenblicklichen Gemütslagen des Schreibers gekennzeich-

---

[734] Vgl. Stolleis, Recht im Unrecht, Suhrkamp, Frankfurt am Main, 1994, 18. Mehring a.a.O., 321.

net ist. Sexuelle Begehren oder „Ejakulationen" hätte *Hans Gmelin* als Bildungsbürger für unentschuldbare Entgleisungen gehalten, während *Carl Schmitt*, der Aufsteiger aus einfachen Verhältnissen, solche Details festhielt und der Nachwelt anvertraute.

Beide Juristen sind ungewöhnlich sprachfertig: *Carl Schmitt* ist frankophon, weil er die Sprache mütterlicherseits in die Wiege gelegt bekommt, *Hans Gmelin* erlernt das Französische aus Leidenschaft für diese Sprache und für ihre Kultur. Darüber hinaus machte sich *Hans Gmelin* noch weitere Sprachen vertraut, deren jeweiligen Kulturraum er durch Reisen erkunden wollte. Reisen dienen ihm zu solcher kultureller – auch rechtlicher - Erforschung. *Carl Schmitts* Leidenschaft neben dem Französischen galt der lateinischen Sprache. Er reiste in jungen Jahren rastlos umher, sucht Kontakte, aus Ehrgeiz und kultureller Neugier. Wie *Gmelin* wird auch *Schmitt* Reisen ins faschistische Italien und nach Spanien unternehmen, allerdings, um dort Vorträge zu halten[735]. *Gmelin* wird auf Reisen zahlreiche unterschiedliche Kontakte knüpfen und auch Freundschaften begründen. *Schmitt* wird „ein Magnet des europäischen Faschismus mit breiter internationaler Wirkung" und infolgedessen wird sein Werk heute zum „Gegenstand globaler Diskussion."[736] Das macht ab dem Jahr 2022, in dem der russische Neofaschist *Wladimir Putin* seinen völkermordenden Krieg gegen die Ukraine begann, besonders besorgt. - *Gmelin* mit seinem internationalen Interesse und vielen ausländischen Freunden wurde durch den Nationalsozialismus an den Rand seines Faches gerückt: „Schon die Heranziehung fremdsprachiger oder gar jüdischer Autoren mochte auf einen unpassenden Relativismus, auf Pazifismus oder sonstwie ‚undeutsches Denken' hindeuten."[737]

---

[735] Vgl. Mehring a.a.O., 245.
[736] Mehring a.a.O. 245.
[737] Stolleis, Geschichte, a.a.O., 384.

414

*Gmelin* und *Schmitt* halten sich französische Periodika und sind mit Straßburger Bibliotheken vertraut, *Schmitt* als ehemaliger Student dieser Stadt, *Gmelin*, weil Straßburg die von Freiburg aus schnellste Verbindung zur französischen Kultur bedeutete, auch als es noch von den Preußen besetzt war. In der Pariser Nationalbibliothek hätten sie sich über den Weg laufen können – was wohl nicht geschehen ist[738]...

In ihrer Haltung zu Juden sind beide Juristen unterschiedlich, obwohl beide dem Judentum nicht nahestehen. Während *Carl Schmitt* sich immer wieder in fiskalische Abhängigkeit von erfolgreichen jüdischen Geschäftsleuten begibt, indem er sie um Geld oder Gefälligkeiten anpumpt, und sie zeitweise als Freunde betrachtet, entwickelt er gleichzeitig – auch in der Angst vor begabten Konkurrenten jüdischer Herkunft – einen vulgären Antisemitismus,[739] der mit dem aufkommenden Nationalsozialismus auf das Schrecklichste kompatibel ist. So denunziert er den mit *Gmelin* befreundeten Kollegen *Erich Kaufmann* auf das Übelste. Auch der verdienstvollste Freund *Schmitts*, der jüdische Lektor des Verlags Duncker & Humblodt, *Ludwig Feuchtwanger*, - dem Bruder des Schriftstellers *Lion* - wird von *Schmitt* fallen gelassen, zusammen mit zahllosen früheren Freunden und Freundinnen[740]. *Mehring* bezeichnet den Fall *Feuchtwanger* als einen der „traurigsten Beziehungsbrüche in *Schmitts* Leben".[741]

Für *Hans Gmelin* gilt – cum grano salis - der gewiss auch nicht unproblematische Verdacht, er sei dem nahe, was *Michael Stolleis* als „augenzwinkernd" geübten gemäßigten Antisemitismus benannt hat. Dieser führte bei ihm indessen nicht dazu, dass er den meisten Personen gegenüber den Respekt versagt hätte. So benutzt *Gmelin* zwar hässliche Klischeebilder aus der

---

[738] Vgl. Mehring, a.a.O. 222.
[739] Mehring a.a.O., vgl. 167 u.ö.
[740] Vgl. Mehring a.a.O., 314ff.
[741] Mehring, a.a.O. 244.

Hetzsprache seiner Gegenwart gegen ihm unbekannte Personen jüdischer Herkunft, aber er erkennt auch vorurteilslos positive Eigenschaften von jüdischen Kollegen und Nachbarn, die er – oft im zweiten Anlauf – als dauernde Freunde gewinnt. Bis zu dessen Exil nach England bleibt auch die Freundschaft zu dem Romanisten *Fritz Schulz*, wenngleich er dessen jüdisches „Blut" thematisiert.

In Temperament und Ehrgeiz überwiegt eine große Differenz: *Carl Schmitt* setzt seine nicht geringen Gaben gezielt für sein Fortkommen ein, mit spitzen Ellenbogen und großer Geste. Er publiziert unaufhörlich, auch außerhalb seiner Kernkompetenz und achtet eifersüchtig darauf, dass seine Werke zur Kenntnis genommen und verlegerisch optimal betreut werden.[742] *Hans Gmelin* hat zwar seine Spanienreise dem Feuilleton einer Zeitung anvertraut, aber unabhängig von beruflichen Vorteilen, die er sich davon hätte versprechen können. Seine weiteren Publikationen dienen allein der Dokumentation seiner fachlichen Erkenntnisgewinne. Die sucht er dort, wo sein Interesse ihn hinführt, nicht dort, wo er derzeit ein besonderes öffentliches oder politisches Interesse wittert. Eine frühe Festlegung mag durchaus als karrierefördernd gedacht gewesen sein: *Hans Gmelin* verfolgte als junger Staats- und Völkerrechtler das Kolonialrecht, dem er eine große Zukunft vorhersah und hatte damit auf das falsche Pferd gesetzt, da der Erste Weltkrieg Deutschland weiterer Möglichkeiten enthob, in seinen Kolonialgebieten weitere Schuld auf sich zu laden. Auch das zweite große Forschungsobjekt von *Hans Gmelin* wurde durch die Folgen des Ersten Weltkriegs beendet: Ein Vergleich der europäischen Verfassungen hätte aus seiner Sicht Reisen in die jeweiligen Länder erfordert, für die in der Zwischenkriegszeit die Devisen gefehlt haben.

Der Vergleich von Greifswald und Gießen zeigt einen wesentlichen Unterschied zwischen *Schmitt* und *Gmelin*: Während *Carl Schmitt* nach seinem Ruf an die kleine Universität Greifswald, an der auch *Rudolf Smend* gelehrt

---

[742] Vgl. Mehring a.a.O. 264.

hatte, Himmel und Hölle in Bewegung setzt, um von dort wieder wegzukommen, lässt sich *Gmelin* nicht nur an die kleine Universität im wenig geliebten Gießen berufen, sondern bleibt ihr auch bis zu seinem Tode treu. Sein kurzes Zwischenspiel zuvor in Kiel wirkt zwar ähnlich, wie *Schmitts* Flucht aus Greifswald, allerdings hätte *Gmelin* in Kiel in einer weitaus bedeutenderen Hochschule gewirkt als in Gießen. Mit dem Ruf nach Gießen auf das lang ersehnte Ordinatriat nimmt er in Kauf, keinen größeren Einfluss auf die Richtung seines Faches zu nehmen. Für die Berufung nach Kiel konnte er *Fritz Schulz* dankbar sein, während die Berufung nach Gießen für ihn nicht vorhersehbar war. Seine o. g. persönliche Initiative, die süddeutschen Staatsrechtler 1919 in Würzburg zu versammeln und zu einer gemeinsamen föderalistischen Initiative im Hinblick auf die Gestalt der Weimarer Reichsverfassung anlässlich deren erstem Entwurf von *Hugo Preuß* zu bewegen, war zwar gescheitert, aber die weiteren Fassungen lehnten sich wieder mehr an die tradierten Länderstrukturen an. - *Schmitt* wird zunächst an die frühere Adelsfakultät in Bonn gehen und von dort nach durchaus erfolgreicher Arbeit den Absprung nach Berlin wagen, um der politischen Herrschaft und ihren Spielfiguren näher zu sein. Dabei wird er unstet bleiben.

Der Unterschied zwischen dem erfolgreichen Modestaatsrechtler und dem Provinzprofessor ist wohl am größten bei ihrer Haltung zur Liberalität: Während sich *Schmitt* darin gefällt, liberale Positionen aus der Perspektive des spanischen Diktaturenfreundes *Juan Donoso Cortés* und damit aus der eines mehr oder weniger katholisch gefärbten Totalitarismus heraus zu kritisieren, gehört der aus protestantisch liberalem Haus stammende *Hans Gmelin* ziemlich direkt zum Feindbild *Schmitts*: *Stolleis* bescheinigt *Schmitt*: „Bourgeoises Sekuritätsdenken und Vermittlung von Widersprüchen in Kompromissen waren ihm verhasst."[743] Im Hass gegen das Bourgeoise ähnelt *Schmitt* gleichzeitigen Philosophen wie *Wittgenstein*, *Heidegger* oder

---

[743] Stolleis, Geschichte, des öffentlichen Rechts in Deutschland, Beck, München, 1999, Bd. III, 180.

*Benjamin*[744], obwohl sich in deren Leben die gleiche Bürgerlichkeit spiegelt. Ging es Leuten wie *Gmelin* darum, bürgerliche Kultur und Lebensweise zu erhalten, gilt für jene, dass sie genau dieses Bürgertum hinter sich zu lassen suchen.

Nach dessen politischer Kaltstellung durch die D.V.P. 1919 galt das Denken *Gmelin*s der Sicherung seiner erst dann gegründeten Familie im Rahmen eines solchen „bourgeoisen Sekuritätsdenkens“: Das entsprach seinem Verantwortungsgefühl seiner Familie gegenüber, während *Schmitt* seine Mitmenschen – Freunde, Ehefrauen, Freundinnen und Prostituierte stets zu Objekten seiner Zwecke machte, für die er nur unwillig einstand.[745] Die politische Liberalität war seit zwei Jahrhunderten entstanden, damit Gesetze das Volk vor der Willkür der Herrschenden schützen sollten. Dazu diente auch die Gewaltenteilung. Unter der Mithilfe und dem Beifall von *Schmitt* setzten die Nationalsozialisten die Gewaltenteilung und auch Gesetze überhaupt außer Kraft, damit sich subalterne Führerchen auf allen Etagen der Macht als autokratische Willkürherrscher im Sinne von „Männern der Tat“ aufspielen konnten.

*Max Weber* – bei dem *Gmelin* in Heidelberg gehört hat - hat die Bürokratie als Grundlage benannt, die sowohl einer staatlichen Ordnung als auch einer Rechtsprechung erst den „Boden für die Durchführung eines begrifflich systematisierten und rationalen Rechts“[746] bieten könne. Die faktische Verweigerung der NS-Rechtswissenschaft, das Staatsrecht neu zu kodieren, verweigert gerade diese Grundlegung zugunsten der persönlichen Willkür

---

[744] Vgl. Wolfram Eilenberger: Zeit der Zauberer, Das große Jahrzehnt der Philosophie 1919-1929, Klett-Cotta, 2018
[745] Vgl. z.B. Mehring a.a.O., 235ff.
[746] Max Weber: Wirtschaft und Gesellschaft: Grundriß der verstehenden Soziologie. J.C.B. Mohr (Paul Siebeck), Tübingen, 5., rev. Aufl. 1976, Halbband 2, 563.

Einzelner. Rechtssicherheit bezeichnet *Hermann Göring* bereits 1933 als etwas Angekränkeltes, das er ablehne.

Daran ändert auch die ideologische Bemäntelung nichts, dass alles im Namen der „Volksgemeinschaft"[747] geschehen würde, hinter der sich ein ähnliches Monstrum verbirgt wie hinter *Rousseaus* „Volonté générale", die sich in der Geschichte immer wieder prachtvoll als Mittel für die totale Unterdrückung von Menschen herausgestellt hat. Irgendwie stellt sich da *Schmitt* aus Gründen seines Ehrgeizes auf die Seite einer politischen Romantik, die dem revolutionären Pathos des Nationalsozialismus entspricht.

Zu den Gründen, die *Gmelin* – abgesehen von seiner Herkunftsfamilie – zu den Liberalen geführt hatte, gehört auch das katholische Zentrumsmilieu, das sich wie Mehltau über die katholische Stadt Freiburg gelegt hatte, nachdem dort bis zu den Vetreibungen der 48er Revolution einmal ein demokratisches Zentrum gewesen war. Die zu seiner Zeit lähmende Zentrumsnähe, die sich nach *Gmelins* Beobachtung mehr nach dem habsburgischen Österreich orientierte als nach Preußen, bekämpft *Gmelin* mit allen Mitteln, auch durch Paktieren mit der Sozialdemokratie. Es ist dies das Milieu, aus dem *Schmitt* kam und mit dem er trotz aller Brüche und Brillanz zeitlebens verbunden bleiben wird[748].

All das hat Folgen für die Reaktion auf den Machtwechsel des Jahres 1933, als die Nationalsozialisten die Herrschaft an sich reißen: *Carl Schmitt* setzt alles daran, das nationalsozialistische Staatsrecht bestimmen zu wollen, während *Hans Gmelin* in die innere Emigration ging, so gut es ging, seinen Hochschulpflichten nachkam, Prüfungen abnahm, deren Inhalte ihm falsch und propagandistisch vorkamen. Dabei musste er erkennen, dass sich ihm ehemals Nahestehende dem Dritten Reich und seinen Protagonisten an-

---

[747] Vgl. Michael Stolleis: Recht im Unrecht, a.a.O., 112, 94ff.
[748] Z.B. Mehring a.a.O., 18, 311.

dienten. *Carl Schmitt* wird unter den Präzeptoren der Nazi-Partei, der er im Mai 1933 beitrat, zahllose ehemalige Katholiken treffen, obwohl die meisten Wähler der NSDAP dem protestantischen Lager entstammten. *Gmelin* hielt das Zentrum grundsätzlich offen für rasch wechselnde Pakte mit allen Seiten und wunderte sich nicht, dass es viele Zentrumsleute leicht hatten, sich dem Nationalsozialismus anzudienen.

*Gmelin* ist 1941 mit 62 Jahren verstorben. Ob er unter anderen politischen Verhältnissen älter geworden wäre, ist sicherlich eine wenig weittragende Spekulation, aber vorstellen kann man sich das. - *Schmitt* wird bereits während des Dritten Reiches durch den SS-Juristen *Reinhard Höhn* und seine willigen oder ahnungslosen Helfershelfer ausgebremst und die spätere Bundesrepublik Deutschland wird beide nicht wieder in ein öffentliches Lehramt zurückkehren lassen. Aber als „Pythia von Plettenberg" (*Michael Stolleis*) wird *Schmitt* die Achtung vieler bedeutender Schüler und Mitmenschen genießen, die bis zu seinem Tod den Kontakt zu ihm aufrecht halten:

„Seine Begriffsspielerei, verbunden mit fundamentalen und gewollten Dunkelheiten, seine ahistorische Kombinatorik mit historischen Ereignissen und Zitaten, seine Selbststilisierung und Selbstüberschätzung, eine oft kläg-liche Gemütsverfassung verbergend, schließlich seine glanzvolle Belesenheit in der Weltliteratur machen ihn zum Grenzfall der Staatsrechtslehre und erklären wohl auch seine Anziehung auf Leser außerhalb der Jurisprudenz."[749]

*Schmitts* zuspitzende und dämonisierende Mischung von anthropologischem Pessimismus mit herrschaftspolitischem Größenwahn fasziniert Menschen bis heute weltweit, während ein bürgerlicher Lehrer wie *Gmelin*, der mit sachlichen Untersuchungen im Dienste einer liberalen Verfassung stand und sich für eine legalisierte Gewaltenteilung einsetzte oder zu Verfas-

---

[749] Michael Stolleis, Geschichte, a.a.O., 181.

sungsfragen vieler Länder der Erde gearbeitet hat, in Fachkreisen in völlige Vergessenheit geriet.

Wäre da nicht die Aktualität des totalitären Faszinosums, wäre das Vergessen keiner Erwähnung wert: Eine Studie, die 2018 in Science veröffentlicht wurde, zeigte anhand von 4,5 Millionen von Twitter geposteten Tweets zu Nachrichten aus den Themenbereichen Politik, moderne Sagen, Wirtschaft, Terrorismus, Wissenschaft, Unterhaltung und Naturkatastrophen, dass sich falsche Informationen auf Twitter weiter und schneller verbreiten als wahre Informationen. Schuld daran seien überforderte Nutzer dieser Medien. Ideologiefreie Aufklärung bleibt lebensnotwendig.

Zuletzt: Im Gegensatz zu *Gmelin* hatte *Schmitt* wie zum Beispiel auch *Goethe* ein langes Leben und somit Zeit, an seiner Legende zu stricken, bevor er am 7. April 1985 mit 96 Jahren gestorben ist.[750]

---

[750] Mehring, a.a.O., 577.

# F. Wer war Hans Gmelin?

Nachdem ich etwa vier Jahre mit *Hans Gmelin* gelebt habe, indem ich täglich ein Stück seiner Lebensgeschichte erfasste, stellt sich mir, wie vielleicht auch einem Leser, der es bis hierher geschafft hat, die Frage, wer das eigentlich gewesen ist, dem dieses Buch gilt.

Manches von dem, was ich gelesen habe, hat mich ihm näher gebracht. So hat mich gefreut, dass *Hans Gmelin* ein kreativer Vater für seine jungen Söhne war, der jede Weihnachten zur Höchstform auflief, um ihnen eine Phantasielandschaft zu gestalten, in der neues Spielzeug seinen Platz fand. Gefreut hat mich auch, dass er als Professor an einer der wirkungsschwächsten Universitäten der damaligen Zeit gut vernetzt war mit vielen Großen seines Faches. Auch war ich von seinen Initiativen überrascht, mit denen er auf die staatsrechtliche Zukunftsgestaltung Einfluss nehmen wollte, während die Weimarer Reichsverfassung beraten wurde. Respekt habe ich davor, dass er es ab 1919 in seinem zunächst nicht besonders geliebten Hessen-Darmstadt zum staatsrechtlichen Regierungsberater in Verfassungsfragen gebracht hat. Ganz persönlich hat mich berührt, dass ich manche Vorliebe von *Hans Gmelin* in meinem Leben entdeckt habe, obwohl zwischen ihm und mir keine Beziehung bestanden hat. Weder meine Großmutter *Martha* noch mein Vater *Günter* hatten je ein Interesse daran, mir etwas von der Lebenswelt des *Hans Gmelin* weiterzureichen. Und dennoch finde ich bei mir selbst sein politisches Interesse, seine Neugier auf Geschichte und Vorliebe für literarische Beschäftigung. Leider allerdings nicht seine Sprachbegabung und seine Vorliebe für gesellschaftliche Verpflichtungen.

Wenig erfreut mich, wie stark *Hans Gmelin* ein Kind seiner Zeit gewesen ist, was das völkische Denken anbetraf und damit verbunden auch die Nachwirkungen des Darwinismus, der nicht nur in Deutschland, aber eben dort sehr mächtig zu rassistischen Anschauungen geführt hat, die unter dem

Mäntelchen der Wissenschaft die Universalität der Menschenrechte bedroht haben. Da das familiäre Narrativ immer *Gmelins* Ablehnung gegenüber dem Nazi-Regime hervorhob, hätte ich mir gewünscht, dass auch seine Gesinnung weiter von dessen Ideologie entfernt gewesen wäre. Insbesondere der von Eifersucht und Neid gespeiste Antisemitismus, der sich zum Beispiel während seines Wartens auf den erlösenden Ruf auf ein Ordinariat zeigte, als es ihn besonders verletzte, dass ihm Juden vorgezogen wurden, hat mich enttäuscht. In diesem Rahmen hat mich wiederum gefreut, dass er viele nahe Freunde jüdischer Herkunft hatte und er sich z.B. für die Berufung *Leo Rosenbergs* auch im Rahmen seiner beruflichen Tätigkeit eingesetzt hat, sogar als sein persönlicher Freund, *Paul Kahle* nicht über seinen antijüdischen Schatten springen konnte. Bei seiner Verlobungsfeier nahmen außer den Verwandten ausschließlich die Eheleute *Levi* und *Cohn* teil.

Das zweite Erbe des völkischen Jahrhunderts ist *Hans Gmelins* Patriotismus. Seit meinen Jugendtagen habe die Forderung vertreten, dass auch wir Deutschen trotz unserer Vergangenheit ein Recht auf einen natürlichen Patriotismus haben. Allerdings wie bei vielen Zeitgenossen damals – und erst recht heute - erweist sich der Patriotismus bei *Hans Gmelin* als Gefängnis, in dem das Ganze des Menschseins nicht gedacht werden kann. Jedes „Deutschland zuerst" lässt den Gedanken an die Menschheit verblassen und damit auch das Menschenrecht, das jedem zukommt, unabhängig von Herkunft oder Status. Da Mächte wie Russland, Belarus und viele andere die Menscherechte aushebeln, indem sie Flüchtlingsströme zum Zweck der Destabilisierung Westeuropas instrumentalisieren, erweist sich bereits die Schwierigkeit, dem Artikel 1 der Präambel des Grundgesetzes gerecht zu werden: „Die Würde des Menschen ist unantastbar. Sie zu achten und zu schützen ist Verpflichtung aller staatlichen Gewalt." Dieser Artikel beruht auf den Erfahrungen der Geschichte, die *Hans Gmelin* miterlitten hat.

*Hans Gmelin* war ein musisch begabter, malender, sich wandernd und der Naturbetrachtung zugewandter Bildungsbürger, immer auf der Suche nach Ausblicken, sowohl im Sinne von Berggipfeln als auch im Sinne von neuen Perspektiven auf fremde Länder oder unbekannte Personen. War er ein Neuromantiker, wie die aus Braunschweig stammende Dichterin *Ricarda Huch*, die 14 Jahre vor ihm geboren wurde? Mit ihr teilt er die Liebe zur Geschichte und das Interesse an Persönlichkeiten, die die Geschichte bewegt haben. Wir können mit Sicherheit ausschließen, dass *Hans Gmelin* ein „Politischer Romantiker" im Sinne *Carl Schmitts* war, denn alle Revolutionen, ob sie sozialistisch oder nationalistisch begründet waren, waren ihm verhasst. Spätestens seit der Daily Telegraph-Krise im Jahr 1908 hatte sich für *Gmelin* die Zeit der Monarchie überlebt, in der er zuvor noch ganz zufrieden gelebt hatte.

Das Liberale in seiner Haltung bestand aus der Forderung nach einer rechtlichen Bindung der Monarchie, die eben nicht Willkürherrschaft sein dürfe, sondern in einer geregelten Konstitution verfasst sein sollte. Da sich die Monarchie selbst durch ihr Versagen im Ersten Weltkrieg auf den Schrotthaufen der Geschichte geworfen hatte, kam nicht eine dauerhafte konstitutionelle Monarchie, sondern die Weimarer Verfassung mit einer Demokratie, deren Spielregeln zunächst hätten eingeübt werden müssen. Letztlich erweist sich hier *Hans Gmelins* politische Nähe zu seinem Heidelberger Lehrer *Max Weber*. Dass Weimar dazu kaum Gelegenheit hatte, lag nach Meinung *Gmelins* an den Bestimmungen des Versailler Vertrags, die die wirtschaftliche Lebensfähigkeit des neuen Staates so weit unter dem Deckel gehalten haben, bis das gesamte System zwischen den Extremisten von rechts und links zerrieben wurde. Obwohl *Gmelin* vielleicht nicht Demokrat der ersten Stunde war, - er trat 1919 in die D.V.P. ein und nicht in die DDP, die die Demokratie bereits im Namen führte, - widmete er einen großen Teil seiner Zeit der Weiterentwicklung des demokratischen Staatssystems, für das er zunächst in Aufsätzen und Gutachten Rechtssicherheit forderte, sich später dann weitgehende Reformen vorstellte, nicht um es zu beseitigen, sondern um es zu festigen. In dieser späteren Phase näherte er sich dem ersten Entwurf für die Weimarer Reichsverfassung von *Hugo Preuß* an, indem auch er größere Länder innerhalb des Reiches forderte, die die tradierten dynastischen Territorien überwänden, um demokratischere und finanziell leistungsfähigere Einheiten zu bekommen, die den Kosten der politischen Führung und der Infrastruktur besser gerecht würden.

Im Umgang mit und der Begeisterung für Geschichte und Kunstgeschichte mag etwas von der Haltung der frühen Romantiker stecken, die ja zum Teil die Suche nach der blauen Blume in die Vergangenheit verlegt hatten. Dabei wirkt bei *Hans Gmelin* die Historizität zuweilen etwas starr und ideologisch, wenn Gebäude hauptsächlich nach ihrem Alter beurteilt wurden oder er die Renaissancemalerei aufgrund ihres Alters – und völlig unabhängig von den inhaltlichen Werten ihrer Zeit und ihrer Künstler - auf den Schild hebt, während z.B. *Caspar David Friedrich* als Landschaftsmaler und Patriot, der ihm ideell ganz nahe stand, keine Erwähnung findet. Bei seinen eigenen „Ölskizzen" ist die Entfernung zu *C. D. Friedrich* gewaltig: Während dieser nur Bilder aus seinem eigenen Kopf malt, malt *Gmelin* in der Natur und bricht ab, wenn sich die Lichtverhältnisse ändern. Ob es ihm dabei um impressionistische Lichtwirkung oder um romantische Stimmung geht, bleibt in der Schwebe. Sein zeitweiser Freund und Reisekamerad in Rom, der Münchener Impressionist *Hans von Faber du Four* scheint ohne Auswirkung auf die Malweise von *Hans Gmelin* geblieben zu sein, die sich über den Ausdruck der Schwarzwaldmalerei *Stefan Kölbles* nicht hinausentwickelt hat. Da die chinesische Landschaftmalerei auf eine 4000 jährige Tradition zurückblickt, können wir das Geheimnis von *Hans Gmelins* Landschaftsmalerei ungelüftet lassen.

In der Beurteilung von Kunst und besonders von Gemälden zeigt er sich als Kind seiner Zeit, indem er sich sachkundige Literatur anliest und deren Bewertung übernimmt, auch wenn sie offensichtlich von fragwürdiger Subjektivität strotzt, wie zum Beispiel in den unerträglichen Vergleichen von

Gemälden oder Malern mit Komponisten, die damals gang und gäbe waren. Solcher sentimentaler Ästhetizismus, wie es der zwölf Jahre ältere Kunsthistoriker und Ikonograph *Aby Warburg* bezeichnet hätte, verstellt den unmittelbaren Zugang zum Kunstwerk und seiner Geschichte. *Warburg* hatte genau zehn Jahre vor *Gmelin* bei dessen Münchener Lehrer für Kunstgeschichte, *Berthold Riehl*, studiert. Die Schilderungen von *Gmelins* Feder aus den Museen der Welt wären wohl dem Verdikt *Warburgs* verfallen, der solchen ästhetischen Enthusiasmus für die Kunst verglich mit einem „Übermenschen in den Osterferien".

Im Hinblick auf seine Kenntnis der sekundären Quellen im Sinne kunsthistorischen Wissens gehört *Hans Gmelin* bestimmt zu den Übermenschen, aber im Hinblick auf die Beteiligung an dem, was solche Kunst hervorgebracht hat, gleicht er dem Osterurlauber, der einfach mal zum Schauen – und zum flotten Beurteilen - dahinschlendert.

Es wäre aufregend gewesen, wenn sich *Gmelin* mit den wirklich wissenschaftlichen Arbeiten *Aby Warburgs* zu der von beiden geliebten Renaissancemalerei auseinandergesetzt hätte, die auch die heidnisch esoterischen Wurzeln und Verästelungen berücksichtigt hätte. Aber das hat offenbar nicht stattgefunden.[751]

[751] Vgl. Aby Warburg, Werke in einem Band. Hrg. Von Martin Treml, Sigrid Weigel und Perdita Ladwig. Suhrkamp, Berlin, 2018, 2022.

Hans Gmelin in der Blüte seiner Tage, 1928, auf
dem oberen Balkon seines neu gebauten Hauses
in Gießen, Am Nahrungsberg 51.

Aus dem Fotoalbum

# G. Tabellarische Biographie
## von Johann Georg Adolf Gmelin, genannt Hans

| | | | |
|---|---|---|---|
| **13. 8. 1878** | In Karlsruhe geboren | Vater: *Moriz Friedrich Gmelin*, * 20.7.1837 in Ludwigsburg, † 16.12. 1879 in Karlsruhe. | Mutter: *Johanna Katharina,,* geb. *Gmelin* *19.10.1851 in Emmendingen, † 31.10.1934 in Hinterzarten. |
| 14. 12. 1879 | Tod des Vaters | *Moriz* | |
| 7.8.1894 | Tod der Schwester | *Elisabeth* | an Diphterie |
| 14.7.1897 | Abitur | am Großherzoglichen Gymnasium in Karlsruhe | Studienziel: Geschichte |
| 1897-1900 | Studium der Rechte | an den Universitäten Tübingen, Heidelberg, München, Berlin, Bonn und Freiburg | |
| 25.11. 1897 | Urkunde zur Einschreibung in **Tübingen** | jur. stud. | Römisches Privatrecht bei *Wendt.* Römische Rechtsgeschichte bei *Geib.* Italienische Kunstgeschichte bei *Lange.* Deutsche Geschichte, Reformation bei *Busch.* Italienische Dichtung bei *Vorwitzsch.* |

| | | | |
|---|---|---|---|
| 30.4.1898 | Urkunde zur Einschreibung in **Heidelberg** | Ohne Fachbezeichnung | Allgemeines Strafrecht bei *G. Meyer*. Germanische Sprachen bei *Braune*. Geschichte 19. Jhd. bei *Erdmannsdörffer*. Kolonialgeschichte bei *Schäfer*. Allg. Nationalökonomie bei *Max Weber*. Dt. Literaturgeschichte bei *Waldberg*. |
| 21.10.1898 | Urkunde zur Einschreibung in **München** | cand. jur. | Bürgerl. Recht, bei *v. Bachmann*. Rechtsgeschichte und Privatrecht, bei *von Amira*. Deutsche Geschichte bei *v. Heigel*. Bürgerliches Recht bei. *Sicherer*. Dt. Handelsrecht, bei *Amira*. Strafrecht, bei *Birkmeyer*. Bürgerl. Recht, bei *Grueber* - Malerei, bei *Riehl*. |

| | | | |
|---|---|---|---|
| 3.11.1899 | Urkunde zur Einschreibung in **Berlin** | studiosus jur. | Abgang am 7.3.1900. Zivilprozeß bei *Kohler.* Völkerrecht bei *Hartitz.* Praktische Nationalökono-mie, bei *Schmoller.* |
| 9.5. 1900 | Urkunde zur Einschreibung in **Bonn** | studiosus iuris | Strafprozess: bei *Seuffert.* Zivilprozess und Kirchenrecht bei *Bergbohm.* Evolution du roman français au XIXe. Siècle. |
| 5.-7.6.1900 18.8.1900 | Ausflug nach Aachen Ausflug nach Chapeau/ Neuenburg CH | | |
| 9.11.1900 | Urkunde zur Einschreibung in **Freiburg** | juris studiosum  Dazu ein autobiographischer Abschnitt im Text. | Rechtswissen-schaft bei *Rohland.* Frz. und bad Zivilrecht bei *Beyerle.* Strafrecht bei *Rohland.* Civilprozeß bei *Richard Schmidt.* Dt. Verwaltungs-recht bei Hofr. *Rosin* Bürgerl. Recht bei *Rosin.* |

| | | | |
|---|---|---|---|
| | | | Repet. Zu Buch 1+2 BGB bei Geh. *Rümelin* Staatslehre bei *R. Schmidt.* Kirchenrecht bei *Stutz.* Gerichtliche Medizin bei v. *Kahlden.* Finanzwissenschaft bei *Fuchs.* |
| 23.11.1900 | Tod des Großvaters | Konrad Adolf stirbt in Illenau | |
| 1901 | Erstes juristisches Examen | in Karlsruhe, „genügend" | Ausführlicher Eigenbericht |
| 3.12.1901 | Ernennung zum Rechtspraktikanten des Großherzogtums Baden | Durch das Ministerium der Justiz, des Kultus und Unterrichts | |
| 27.3.1902 bis 28.6.1903 | Studienreise nach Spanien | Recherchen für Dissertation- auch in Paris und London | |
| 20.11.1902 | Genehmigung der Freiburger Universität, dass *Gmelin* Vorlesungen im WS 02/03 besuchen darf. | | |
| 7.11.1903 | Entlassung aus dem Rechtspraktikum | Auf eigenen Wunsch wird *Gmelin* aus dem Rechtspraktikum entlassen. | |
| 22.6.1912 | Bestallung für *H.G.* durch den Großherzog von Baden | | |

| | | | |
|---|---|---|---|
| 1901-1913 | Postgraduierte Studien im öffentlichen Recht in Freiburg | Gemeinsamer Haushalt mit seiner Mutter | |
| 28.2.1905 bis 23.6.1905 | Studienreise nach Rom | Freundschaft mit röm. Staatsrechtler *Pietro Chimienti* | Vorbereitung der Habilitation |
| 1905 | Dissertation über spanische Verfassungsgeschichte des 19. Jahrhunderts | Lateinische Urkunde „et examine summa cum laude superato" | zum: Doctor iuris utriusque. Rektor: *Rudolf Thurneysen* |
| 1906/07 | Habilitation im Staatsrecht über das italienische Verordnungsrecht | Erteilung der venia legendi durch das Ministerium der Justiz, des Kultus und des Unterrichts von Baden am 30.10.1906 | |
| 30.10.1906 | Erteilung der venia legendi im Fach Staatsrecht in Freiburg | Durch das Ministerium der Justiz, des Kultus und Unterrichts | Karlsruhe |
| 3.9.1909 | Ausflug nach De Panne Belgien | | |
| 18.12.1911 | Anfrage der Universität Basel an *H.G.* | Gescheiterter Ruf | |
| 22.6.1912 | Bestallung für H.G. durch Großherzog v. Baden | Besuch bei Georg Döll in Schutelberg, Bosnien | |
| 1912 | Umzug nach Günterstal | Architekt des Hauses Holtz | |
| 2.5.1913 | Ruf an die Universität Kiel | Bestallung durch den pr. Minister der geistlichen und Unterrichtsan- gelegenheiten | |
| 30.7.1913 | Anfrage der Universität Gießen, die Stelle von *W. v. Calker* für öffentl. Recht zu übernehmen. | Ruf nach Gießen | |

| | | |
|---|---|---|
| 2.9.1913 | Genehmigung der Entlassung von der Kieler Position | Minister der geistlichen und Unterrichts-angelegenheiten |
| 1913 | Ordinarius an der Universität Gießen | Umzug nach Gießen, Wiesenstraße 2 |
| 7.1.1914 | Eintritt in den Verwaltungsgerichtshof | Hessen-Darmstadt in Darmstadt |
| 1913-1941 | Alleiniger Vertreter des Öffentlichen Rechts an der Gießener Ludwigs-Universität | |
| 1917 | Dekan | |
| 24.8.1917 | Ausflug nach Rothenburg o.d. Tauber | |
| 7.-10.9.1917 | Oberstorf und Überlingen | Alatsee bei Füssen |
| 1917/1918 | Aufenthalte in Brüssel | |
| Nov./Dez. 1918 | Beratung der vorläufigen Regierung von Hessen-Darmstadt | über Wahlrecht zur verrfassungsgebenden Versammlung (386) |
| 1918-1929 | Veröffentlichungen zur Rechtsentwicklung in Hessen | Im Jahrbuch des öffentlichen Rechts und im Archiv für Öffentliches Recht |
| 30.4.1919 | Gutachten von Hans Gmelin zum Verfassungsentwurf von Hessen-Darmstadt | |
| Januar 1920 | Kennenlernen von *Martha Meili* | im Zug von Karlsruhe nach Frankfurt |
| August 1920 | Besuch der Eltern von *Martha* | Rötteln |
| 23.8.1920 | Lech/Bayern | Römerkessel bei Vetter Hermann |
| 4.9.1920 | Verlobung mit *Martha Meili* | Verlobungsfeier am 26.9. in Günterstal |

| | | | |
|---|---|---|---|
| 28.11.1920 | Eheschließung mit *Martha* geb. *Meili* | *23.10.1900 in Gütersloh, † 18.11.1982 in Laubach | Gem. Brief *Hans* an *Adolf Mayer* 1920 |
| 1920 | Dekan | | |
| 1921 | Geburt des Sohnes *Ulrich Richard Adolf* | * 4.11.1921 Wird als Sanitätssoldat an TBC am 24.10.1944 in Kronberg (Ts.) sterben | Pate: *Richard Schmidt*, Leipzig |
| 13./14. 10.1922 | Gründungsmitglied der Vereinigung der Deutschen Staatsrechtslehrer | Berlin | |
| 1923 | Geburt des Sohnes *Günter Walter Mehmet* | *11.7.1923, † 31.7. 2008 | Paten: *Mehmet Ali,* Istanbul *Frieda Meili,* Brombach |
| 1924 | Dekan | | |
| 1925 | *Hans Gmelin* erwirbt ein Haus in München, Fürstenrieder Straße | Wegen Mietauseinander- setzungen im gleichen Jahr verkauft. | |
| Sept. 1926 | Reise nach Istanbul, Athen, Ithaka und Korfu | | |
| 1928 | *Hans Gmelin* erwirbt ein Grundstück in Gießen, Am Nahrungsberg 51 | Er baut ein Einfamilienhaus mit drei Etagen. | 30.9.1928 Einzug |
| *1929* | Teilnahme an einer Frankfurter Staatsrechtlertagung | | |
| 1930 | Führerschein | | |
| 1930 | Familientag in Stuttgart | Autofahrt bis Brombach /Lörrach | |
| 5.8.1931 | Reise nach Rügen | | |

| | | | |
|---|---|---|---|
| 26.12.1932 | Antrag auf Entlassung aus der Arbeit am Verwaltungsgerichtshof (Darmstadt) | Hessisches Verwaltungsgericht dankt am 3.1.1933 für geleisteten Dienst. | |
| 1933 | Veränderungen nach der Machtergreifung durch die Nationalsozialisten | Beendigung der föderalen Struktur des Reiches. | Juristische Prüfungen nach NS-Vorgaben |
| 1933 | Beendigung der Arbeit für das Deutschtum im Ausland | | |
| 1934 | Bau eines Hauses für Mutter *Johanna*. Mutter *Johanna* stirbt in Hinterzarten. | *19.10.1851 bis +31.10.1934 | Gesammelte Korrespondenz geht an Hans zurück. |
| April 1936 | Verkauf des Hauses in Hinterzarten | | |
| 6.2.1937 | *Hans Gmelin* kauft das Nachbargrundstück des Nahrungsberg 51 | Verkäufer: *Max von Witzleben* Erben | |
| Juli 1938 | Autoreise nach Österreich | Besuch der Dt. Kunstausstellung in München | |
| 9.5.1939 | Treudienst-Ehrenzeichen der Präsidialkanzlei | Standardauszeichnung durch den Staatsminister *Otto Meissner* | |
| August 1939 | Kur in Baden-Baden | Wegen Gelenkrheumatismus | |
| 1940 | Sohn *Ulrich* macht das Abitur. | | |
| **14. Februar 1941** | **In Gießen verstorben** | | |

# H. Bibliographie

*In chronologischer Ordnung – wenn das Entstehungsjahr feststeht.*
*Bei gleichem Entstehungsjahr sind die Arbeiten alphabetisch geordnet*
*Die Bibliographie bemüht sich um Vollständigkeit, muss aber einschränken,*
*dass ggf. Zeitschriftenaufsätze und Lexikoneinträge nicht gefunden wurden.*

Gmelin, Hans: **Studien zur spanischen Verfassungsgeschichte des neunzehnten Jahrhunderts.** Inaugural-Dissertation.
Stuttgart, Union, Deutsche Verlagsgesellschaft, 1905.

Gmelin, Hans: **Über den Umfang des königlichen Verordnungsrechts und das Recht zur Verhängung des Belagerungszustandes in Italien.** ca. 1907. (Habilitationsschrift)

Gmelin, Hans: **Die Verfassungsentwicklung von Algerien.**
Hamburg, Friederichsen, 1911.

Gmelin, Hans: **Wilsons Einmischung in die inneren Angelegenheiten des Deutschen Reiches.**
Sonderdruck, Gießen, v. Münchow, 1917.

Gmelin, Hans: **Denkschrift über die Amtssprache der Stadt Brüssel und der umliegenden Gemeinden**, im Auftrag des deutschen Generalgouvernements
Staatsdruckerei, 11.1.1918.

Gmelin, Hans: **„Zur Frage der Einführung parlamentarischer Regierung im Reiche".** Zeitschrift für Politik Bd. XI, 1918, S. 294.

Gmelin, Hans: **Warum ist Reichsverfassungs-Entwurf für uns Süddeutsche unannehmbar?** Gießen, Selbstverlag; Druck durch v. Münchow, 1919.

Gmelin, Hans: **Entspricht der zweite Reichsverfassungs-Entwurf unseren Erwartungen?** Gießen, Verlag Roth, 1919.

Gmelin, Hans: **Wie wählen wir die Abgeordneten zur deutschen Nationalversammlung und zur hessischen Landesversammlung?** Gießen, v. Münchow, um 1919.

Gmelin, Hans: **Die übrigen Länder.**
Separatabdruck aus dem Handbuch der Politik, 3.Aufl. Bd. III, Tübingen, Mohr, 1920.

Gmelin, Hans: **Die Vorherrschaft im Mittelmeer: Marokko und Tripolitanien.**
Separatabdruck aus dem Handbuch der Politik, 3.Aufl. Bd. III, Tübingen, Mohr, 1920.

Gmelin, Hans: **Referendum.**
Separatabdruck aus dem Handbuch der Politik, 3.Aufl. Bd. III Tübingen, Mohr, 1920.

Gmelin, Hans: **Die hessische Verfassung und Gesetzgebung von 1920.**
Separatabdruck aus dem Jahrbuch des Öffentlichen Rechts Bd. X (Piloty/Koellreutter) Tübingen, Mohr, 1921.

Gmelin, Hans: **Mittelmeergebiete.**
Separatabdruck aus dem Wörterbuch des Völkerrechts und der Diplomatie (Strupp) Verfasst 1921.
Berlin/Leipzig, de Gruyter, 1923.

Gmelin, Hans: **Verfassungsrecht der übrigen europäischen Staaten.**
Sonderabdruck, Berlin, Springer, 1923.

Gmelin, Hans: **Bericht über die Gesetzgebung in Hessen in den Jahren
1921 und 1922.**
Separatabdruck aus dem Jahrbuch des Öffentlichen Rechts Bd. XII
(Piloty/Koellreutter), Tübingen, Mohr, 1923/1924.

Gmelin, Hans: **Die Rechtsstellung des Präsidenten der Republik.**
„Hessische Rechtssprechung" April 1925, S. 84.

Gmelin, Hans: **Die Stellung des Präsidenten der französischen Republik
und die Bedeutung der Präsidentenkrise von 1924.** Archiv des
öffentlichen Rechts, N.F. 1925, Bd. 8, S. 192ff.

Gmelin, Hans: **Gutachten zum Volksbegehren im August 1926.**
Drucksache des III. Hessischen Landtages, 1924/27 No. 721, S. 24ff,

Gmelin, Hans: **Ausnahmezustand.**
Sonderabdruck, Berlin u.a., de Gruyter, 1926.

Gmelin, Hans: Die neueste **Entwickung der hessischen Verfassung**
(genauer Titel unbekannt) in: Festschrift der Hessischen Zeitschrift für
Staats- und Gemeindeverwaltung, 50. Jahrgang, 1926. 3/342.

Gmelin, Hans: **Die Verfassung der griechischen Republik.**
Separatabdruck aus dem Jahrbuch des öffentlichen Rechts Bd. 16
Tübingen, Mohr, 1928.

Gmelin, Hans: **Hessen.**
Sonderabdruck, Berlin u.a. de Gruyter, 1928.

Gmelin, Hans: **Kabinett.**
Sonderabdruck, Berlin u.a., de Gruyter, 1928.

Gmelin, Hans: **Landtag und Landstände.**
Sonderabdruck, Berlin u.a., de Gruyter, 1928.

Gmelin, Hans: **Republik und Monarchie.**
Sonderabdruck aus Handwörterbuch der Rechtswissenschaft (Stier-Somlo/ Elster), Berlin u.a., de Gruyter, 1928.

Gmelin, Hans: **Staatsangehörigkeit.**
Sonderabdruck, Berlin u.a., de Gruyter, 1928.

Gmelin, Hans: **Staatssprache.**
Sonderabdruck aus Handwörterbuch der Rechtswissenschaft (Stier-Somlo/ Elster), Berlin u.a., de Gruyter, 1928.

Gmelin, Hans: **Das Staatsrecht der Einzelstaaten.**
Sonderabdruck aus dem Jahrbuch des öffentlichen Rechts Bd. 17, Tübingen, Mohr, 1929.

Gmelin, Hans: **Das Staatsrecht der Einzelstaaten.**
Sonderabdruck aus dem Handbuch des Deutschen Staatsrechts, Tübingen, Mohr, 1929.

Gmelin, Hans: **Die Entwicklung des Öffentlichen Rechts in Hessen von 1923 bis Ende 1928.**
Sonderabdruck aus Handbuch des Deutschen Staatsrechts (Anschütz/Thoma), Tübingen, Mohr, 1929.

Gmelin, Hans: in: Kaess, Ludwig: **Die Organisation der allgemeinen Staatsverwaltung auf dem linken Rheinufer durch die Franzosen** während der Besetzung 1792 bis zum Frieden von Lunéville (1801). ca. 1929.

Gmelin, Hans: **Einführung in das Reichsverfassungsrecht.**
Leipzig, Quelle & Meyer, 1929.

Gmelin, Hans: **Kolonieen.**
Sonderabdruck, Berlin u.a., de Gruyter, 1929.

Gmelin, Hans: **Unitarismus und Föderalismus.**
Sonderabdruck, Berlin u.a. de Gruyter, 1929.

Gmelin, Hans: **Verordnung.**
Sonderabdruck, Berlin u.a. de Gruyter, 1929.

Gmelin, Hans: **Die Verlängerung der Legislaturperiode des hessischen Landtags in ihrer verfassungsrechtlichen...**
Sonderdruck, Tübingen, Mohr, 1930.

Gmelin, Hans: **Die Frage der Wirkung eines Mißtrauensvotums gegen ein zurückgetretenes Ministerium oder eines seiner Einzelmitglieder.**
Sonderdruck aus dem Archiv des öffentlichen Rechts (Heckel, Koellreutter, Triepel), Tübingen, Mohr, 1932.

Gmelin, Hans (hrsg. mit Otto Koellreutter): **Festgabe für Richard Schmidt** zu seinem siebzigsten Geburtstag 19. Januar 1932, **Gegenwartsfragen aus der allgemeinen Staatslehre und der Verfassungstheorie** / in Verbindung mit W. Apelt ...
Leipzig, Hirschfeld, 1932

Gmelin, Hans: **Politische Abhängigkeit von Staaten**
Leipzig, Hirschfeld, 1932.

Gmelin, Hans: **Die Entwicklung des Verfassungsrechts in Spanien von 1913 - 1932.** Sonderdruck aus dem Jahrbuch des öffentlichen Rechts (Koellreutter), Bd. 21, Tübingen, Mohr, 1933/1934.

Schwarzwaldhaus in der Gegend des damaligen Hinterzarten.
Zeichnung von Hans Gmelin, ca. 1910.

# Literatur

**Bong, Jörg:** Die Flamme der Freiheit. Die deutsche Revolution 1848/1849, Kiepenheuer&Witsch, Köln, 2022.

**Busch, Wilhelm:** Max und Moritz, Braun und Schneider, München 1865

**Clark, Christopher:** Wilhelm II. Die Herrschaft des letzten deutschen Kaisers. Aus dem Englischen von Norbert Juraschitz, DVA, München, 2008.

**Eilenberger, Wolfram:** Zeit der Zauberer, Das große Jahrzehnt der Philosophie 1919-1929, Klett-Cotta, 2018.

**Friedrich, Manfred:** Geschichte der deutschen Staatsrechtswissenschaft. Schriften zur Verfassungsgeschichte, Bd. 50. Duncker & Humblodt, Berlin, 1997.

**Gmelin, Hans:** Studien zur spanischen Verfassungsgeschichte des neunzehnten Jahrhunderts. Inaugural-Dissertation. Union, Deutsche Verlagsgesellschaft, Stuttgart, 1905.

**Gmelin, Hans:** Die Entwicklung des Verfassungsrechts in Spanien von 1913-1932, Jahrbuch des öffentlichen Rechts Bd. 21, 1933/34, herausgegeben von Otto Koellreutter, J.C.B. Mohr (Paul Siebeck), Tübingen, 1934, 335 – 465.

**Gmelin, Hans:** Die hessische Verfassung und Gesetzgebung von 1920. Separatabdruck aus dem Jahrbuch des Öffentlichen Rechts Bd. X (Piloty/Koellreutter) Tübingen, Mohr, 1921.

**Gmelin, Hans:** Einführung in das Reichserfassungsrecht. Verlag Quelle und Meyer, Leipzig, 1929. Reihe Wissenschaft und Bildung, Einzeldarstellungen aus allen Gebieten des Wissens, Bd. 258

**Gmelin, Hans:** Über den Umfang des königlichen Verordnungsrechts und das Recht zur Verhängung des Ausnahmezustands in Italien. Freiburger Abhandlungen aus dem Gebiete des öffentlichen Rechts, hrg. von Woldemar von Roland, Heinrich Rosin, Richard Schmidt, Heft XII. Druck und Verlag der G. Braunschen Hofbuchdruckerei, Karlsruhe i.B., 1907

Gmelin, Moriz: Stammbaum der Familie Gmelin. G. Braun'sche Hofbuchhandlung, Karlsruhe, 1877.

Gmelin, Otto: Die Krone im Süden. Verlag Eugen Diederichs, Jena, 1936.

Gmelin, Otto: Konradin reitet. Verlag von Philipp Reclam jun., Leipzig, 1933

Gmelin, Otto: Naturgeschichte des Bürgers. Beobachtungen und Bemühungen. Eugen Diederichs, Jena, 1929.

Gmelin, Otto: Temudschin, der Herr der Erde. Diederichs, Jena, 1925.

Haffner, Sebastian: Germany, Jekyll & Hyde, 1939 Deutschland von innen betrachtet (engl. 1940 London), dt. Berlin Verlag, Berlin, 1998. TB-Ausgabe, Knaur-Verlag, o.J.

Hitler, Adolf: Mein Kampf. Zentralverlag der NSDAP, München, Bd. 1, 1925; Bd. 2, 1926.

Jähner, Harald: Höhenrausch. Das kurze Leben zwischen den Kriegen. Rowohlt Berlin Verlag, Berlin, 3. Aufl., 2022.

Kershaw, Ian: Höllensturz, Europa 1914 bis 1949, DVA, München, 2016.

Klemperer, Victor: LTI – Notizbuch eines Philologen (Lingua Tertii Imperii, Sprache des Dritten Reiches'), Leipzig, 1947.

Kretschmer, Ernst: Körperbau und Charakter, Untersuchungen zum Konstitutionsproblem und zur Lehre von den Temperamenten. Springer Verlag, Berlin 1921.

Kriegsfahrten deutscher Maler. Selbsterlebtes im Weltkrieg 1914-1915. Velhagen & Klasing, Bielefeld/Leipzig, 1. Aufl., 1915.

Kunz, Roland: Geschichte der Basler Juristischen Fakultät 1835-2010, hrg. von Felix Hafner, Kurt Seelmann und Thomas Sutter-Somm, Schwabe-Verlag, Basel, 2011.

Mehring, Reinhard: Carl Schmitt, Aufstieg und Fall. Verlag C.H. Beck, München, 2009.

**Mohnhaupt Heinz:** Rechtsgeschichte und Recht. In: Festschriften für Rechtshistoriker und Juristen zwischen 1930 – 1961. Zur Auswertung einer Literaturgattung. In: Joachim Rückert und Dietmar Willoweit, (Hrg.): Die Deutsche Rechtsgeschichte in der NS-Zeit, ihre Vorgeschichte und ihre Nachwirkungen. J.C.B. Mohr (Paul Siebeck), Tübingen, 1995.

**Mühlhausen Walter,** Revolution über Hessen – Demokratiegründung 1918/19. In: Blickpunkt Hessen, Landeszentrale für politische Bildung, Wiesbaden, 2018,

**Neitzel, Sönke:** Deutsche Krieger, Vom Kaiserreich zur Berliner Republik – eine Militärgeschichte. Propyläen, Berlin 2020.

**Ortega y Gasset, José:** Der Aufstand der Massen, (span. La Rebelion de las Masas, 1929), deutsche Ausgabe, 1931, verwendete Ausgabe DVA, Stuttgart, 1957.

**Rüthers, Bernd:** Wir denken die Rechtsbegriffe um ... Weltanschauung als Auslegungsprinzip, Edition Interfrom. Zürich, 1987.

**Rust, Bernhard:** Reichsuniversität und Wissenschaft, Zwei Reden, Gehalten in Wien am 6. November 1940. Herausgegeben von der Deutschen Forschungsgemeinschaft. Berlin, 1940.

**Sauer** Hanno: Moral, die Erfindung von Gut und Böse. Piper Verlag, München, 2023.

**Schmidt, Richard:** Allgemeine Staatslehre. Bd. 1: Die gemeinsamen Grundlagen des politischen Lebens. Verlag C. L. Hirschfeld, Leipzig, 1901.

**Schmitt, Carl:** Politische Romantik. Duncker & Humblot, Berlin, (1919), 1982.

**Schmitt, Carl:** Nationalsozialistisches Rechtsdenken, in Deutsches Recht, 1934, S. 225-229.

**Schwanitz, Dietrich:** Bildung. Alles, was man wissen muß. Goldmann, München, 2002.

**Stolleis, Michael:** Geschichte des öffentlichen Rechts in Deutschland, Band III. Staats- und Verwaltungswissenschaft in Republik und Diktatur 1914 – 1945. Verlag C.H.Beck, München, 1999.

**Stolleis, Michael:** Recht im Unrecht, Suhrkamp, Frankfurt am Main, 1994, 3. Aufl. 2016.

**Warburg, Aby:** Werke in einem Band. Hrg. Von Martin Treml, Sigrid Weigel und Perdita Ladwig. Suhrkamp, Berlin, 2018, 2022.

**Weber, Max:** Wirtschaft und Gesellschaft: Grundriß der verstehenden Soziologie. J.C.B. Mohr (Paul Siebeck), Tübingen, 5., rev. Aufl. 1976.

## Verzeichnis der Jahreszahlen:

Die Seitenzahlen beziehen sich jeweils auf die erste Erwähnung der benannten Jahre.

# Index ausgewählter Personen

Fettgedruckte Ziffern verweisen auf eine Fußnote. Hinter den Namen (von Männern) verbergen sich oft auch die Ehefrauen und Familien)

## Abbildungsverzeichnis

---

[752] Mit herzlichem Dank bei Barbara Gmelin-Braun und Harald Gmelin.

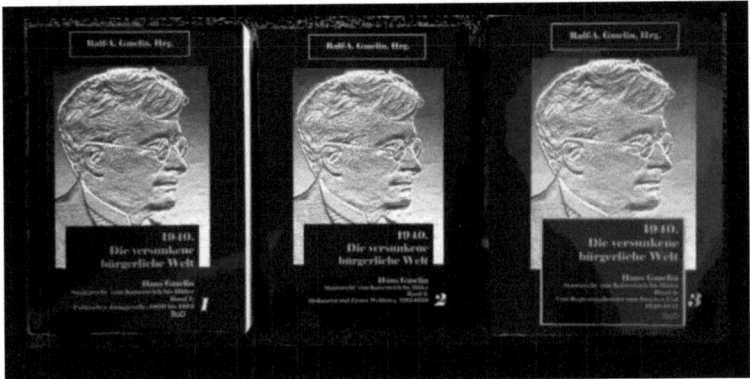

Hans Gmelin im Original: Vom Autor herausgegeben das Fragment der Selbsterlebensbeschreibung von Hans Gmelin in drei Bänden im BoD-Verlag:

1940. Die versunkene bürgerliche Welt. Hans Gmelin Staatsrecht vom Kaiserreich bis Hitler, **Band 1: Politischer Junggeselle, 1900-1912.** ISBN 9783758369971, 21,99 €.

1940. Die versunkene bürgerliche Welt. Hans Gmelin Staatsrecht vom Kaiserreich bis Hitler, **Band 2: Ordinariat und Erster Weltkrieg, 1912-1920.** ISBN 9783759702401, 18,99 €.

1940. Die versunkene bürgerliche Welt. Hans Gmelin Staatsrecht vom Kaiserreich bis Hitler, **Band 3: Vom Regierungsberater zum Inneren Exil, 1920 – 1941.** ISBN 9783759706799, 32,98 €.

**Herzlichen Dank bei den Stadtteilhistorikern Wiesbaden, die diese umfangreiche Edition unterstützt haben.**